대피약졸

지은이 · **박석**

1958년 밀양에서 태어나 부산에서 초 · 중 · 고를 다녔다. 서울대학교 중어중문학과 재
학 중 교내 명상요가회를 통해 명상의 세계에 입문했다. 학업과 명상을 병행하면서
1992년 박사학위를 받은 뒤 상명대학교 중국어문학과 교수로 부임했다.

1993년 여름, 궁극적 깨달음에 대한 갈망으로 깊은 명상을 하던 가운데 화광동진과 대
교약졸의 도를 몸소 깨우쳤다. 이후 역사, 문화, 예술, 사회과학 등에도 관심을 가지고
연구하면서 사회의 명상화, 명상의 사회화를 위해 노력해오고 있다.

현재 상명대학교 중국어문학과 교수로 재직하고 있으며 원장직을 맡고 있는 미래사회
와 종교성 연구원에서 바라보기 명상과 함께하는 고전강좌를 열고 있다.

저서로는 『명상 길라잡이』, 『동양사상과 명상』, 『송대의 신유학자들은 문학을 어떻게
보았는가』 등이 있다.

바라보기 홈페이지 : www.paraboki.net

미래사회와 종교성 연구원 홈페이지 : www.religionship.org

마치 서툰 것처럼 보이는 중국문화
대교약졸

ⓒ 박석, 2005

초판 1쇄 발행 · 2005년 12월 15일
초판 2쇄 발행 · 2007년 9월 10일

지은이 · 박석
펴낸이 · 이정원

펴낸곳 · 도서출판 들녘
등록일자 · 1987년 12월 12일
등록번호 · 10-156

주소 · 경기도 파주시 교하읍 문발리 출판문화정보산업단지 513-9
전화 · 영업 (031)955-7374 편집 (031)955-7381
팩시밀리 · (031)955-7393
홈페이지 · www.ddd21.co.kr

ISBN 89-7527-494-2 (03150)
* 값은 뒤표지에 있습니다. 잘못된 책은 구입하신 곳에서 바꿔드립니다.

마치 서툰 것처럼 보이는 중국문화

대교약졸

박석 지음

들녘

나는 대학에서 중국문학을 연구하고 가르치는 교수지만 사람들에게는 명상가로 더욱 많이 알려져 있다. 중국문학은 대학 2학년 초 전공 과정에 들어갔을 때 접했고, 명상은 2학년 겨울방학 때 접했으니 이 둘은 거의 비슷한 시기에 나에게 다가온 셈이다. 이후 내 삶의 양대 축이 되었다.

처음 명상을 접했을 때는 평생을 산속에서 구도하며 조용히 살고 싶은 마음밖에 없었다. 그러나 현실생활에서 구도하기로 마음먹고 난 뒤에는 학자의 길이 내 적성에도 맞고 명상하기에도 가장 적합하다는 생각이 들어서 대학원에 진학했다. 다행히 전공인 중국문학은 명상과 조화시키기가 쉬운 편이었다. 석사학위 논문은 선禪과 시詩의 만남인 선시를 주제로 썼고, 박사학위 때는 선종과 도교의 영향을 많이 받았던 송대 신유학자들의 문학관에 대한 논문을 썼다. 그리고 최근에는 노자사상이 선종에 미친 영향, 노자의 대교약졸의 미학, 노자의 수양론에 대한 논문들을 쓰고 있는 중이다.

오랜 세월 명상을 하면서 나는 노자의 『도덕경』을 참으로 많이 읽었다. 그러나 노자의 깊은 뜻을 제대로 파악하기가 쉽지 않았다. 그러다가 12년 전 어느 여름날, 깊은 산속에서 오랜 명상 끝에 새로운 시야가 열리는 체험을 했다. 이전에는 노자의 화광동진和光同塵이란 구절을 그저 깨달음의 빛을 감추고 속세에 파묻혀 범속하게 살아가는 의미 정도로 이해했다. 하지만 그 날 이후 진정한 화광동진이란 성스러움과 범속함을 나선형적으로 통합하는 것이고 이를 위해서는 다시 철저하게 현실의 삶으로 되돌아와야 한다는 통찰을 얻었다.

명상을 접한 뒤 현실생활과 조화를 이루기 위해 공부도 하고 교수도 되었지만 마음은 오로지 궁극적인 도의 세계, 깨달음의 세계를 향해 있었기 때문에 현실세계, 특히 역사와 문명, 문화 등에 대한 관심은 거의 없었다. 그러나 화광동진의 의미를 깨친 이후로 현실사회를 제대로 알기 위해 뒤늦게나마 사회과학과 문명사, 문화사 등을 공부했고 시민단체에도 참여하여 활동하기 시작했다. 그리고 주로 개인적인 구도와 내면적 수양의 방편으로만 여겨지는 명상을 어떻게 하면 사회의 발전과 문명의 성숙에 도움을 주는 명상으로 전환시킬 것인가에 대해서도 고민하기 시작했다.

화광동진을 깨치고 나니 대교약졸大巧若拙 또한 같은 논리구조를 지니고 있음을 알게 되었다. 이전까지는 그냥 인위적인 기교를 버리고 무위자연의 졸박함으로 돌아가자는 의미 정도로 이해했지만 그 속에 졸박함과 기교의 나선형적 통합이라는 새로운 의미가 있음을 알 수 있었다. 그리고 대교약졸의 관점에서 동아시아의 문화, 특히 우리 문화를 다시 바라보니 이전에 보지 못했던 많은 아름다움들을 새롭게 발견할 수 있었으며 그것들은 서양문화에 대별되는 우리 문화의 중요한 특징이라는 것도 깨닫게 되었다. 그 뒤 대교약졸의 의미를 제대로 알기 위해 우리 문화에 관련된 많은 책들을 읽고 아울러 우리 문화와 예술을 직접 접하려고 노력했다.

몇 년 전 중국문화에 대한 강의를 맡게 되었을 때 평소 늘 생각하고 있던 대교약졸의 관점에서 중국문화를 소개하기로 마음먹었다. 서양문화에 대해서는 익숙하지만 중국문화를 잘 모르는 일반 학생들에게 중국문화의 특징을 쉽게 소개하기 위해, 중국의 문화와 예술을 각 분야별로 나누어 서양과의 차이를 간략하게 설명하면서 시대의 흐름에 따라 어떻게 변천했는가를 소개하는 방식으로 강의를 진행했다. 그 뒤 여러 차례 강의를 하면서 점차 내용을 다듬었다. 이 책은 그간의 강의본에 약간의 살을 붙인 것이다.

이 책에서는 먼저 대교약졸의 의미와 논리구조를 설명하고 그 속에 담긴 미학적 의미들을 살펴본 다음, 이를 바탕으로 중국의 문학, 회화, 음악, 건축, 태극권, 선종, 유교 등의 문화의 각 영역들을 소개했다. 이들 가운데 문학과 선종, 유교 등은 나의 전공과 직접적으로 관련이 있는 분야들이다. 그리고 회화, 음악, 건축, 태극권 등은 나의 전공은 아니지만 그 사이 꾸준한 관심을 가지고 직접 혹은 간접적으로 접해온 분야들이다. 그리고 요약 정리의 차원에서 중국문화사 전체의 흐름과 특징을 왕조변천사를 중심으로 개괄적으로 서술했다.

이 책의 목적은 중국문화의 각각의 영역 그 자체를 본격적으로 다루기보다는 대교약졸의 관점에서 바라볼 때 이들 영역이 각기 어떤 미학적, 사상적 특징을 가지고 있으며, 서양과는 어떤 차이점이 있는지를 밝히고 아울러 중국역사의 긴 흐름 속에서 대교약졸의 나선형적 통합이 어떤 양상으로 나타나고 있는가를 살피는 것이다. 사실 중국문화 하나만 해도 너무나 방대하고 다양해서 일관된 특징을 추출하기가 쉽지 않은데 그것을 서양문화라고 하는 또 다른 거대한 영역과 비교하는 것은 더욱 어렵다. 설명의 편의를 위해서는 커다란 맥을 중심으로 논의를 진행해야 했고 그러다 보니 소략한 부분도 많이 있으며 때로는 지나치게 도식적인 측면도 있을 것이다. 그러나 중국문화의 핵심적인 특징을 이해하는 데는 무리가 없을 것이며 특히 문학, 예술, 사상, 종교 등의 서로 다른 영역에서 공통적으로 흐르고 있는 하나의 문화정신을 파악하는 데는 많은 도움이 될 것이라 생각한다.

마지막 두 장에서는 대교약졸의 사상과 미학을 바탕으로 중국문화와 우리 문화를 비교하고 아울러 대교약졸이 이 시대를 살아가는 우리에게 어떤 의미가 있는지를 짚어보았다. 사실 대교약졸의 관점에서 우리나라 문화와 중국문화를 비교하는 것이나 이 시대 문명을 진단하는 것은 각기 또 한 권의 책 분량이 될 정도의 방대한 작업이다. 그리고 체제상으로 볼 때도 이 부분은 앞의 열 개 장과는 약간 어울리지 않을지도 모른다. 그럼에도 불구하고 소략하게나마 이 두 장을 다룬 이유는 대교약졸의 사상과 미학이 과거 중국의 문화에 그치는 것이 아니라 우리 문화와 이 시대 문명과 밀접한 관련이 있음을 밝히고 싶었기 때문이다.

사실 옛날에는 중국문화를 공부하면 할수록 중국에 대해서 많은 열등감을 느꼈다. 우리 문화의 너무나 많은 부분이 중국에서 건너왔기 때문이다. 우리 것이라고 해봤자 무속신앙을 비롯한 몇 가지 토속문화밖에 없고 고급문화의 대부분은 중국의 그늘 속에 있다. 그러나 대교약졸의 미학을 이해하면서부터는 관점이 바뀌었다. 외양이 중요한 것이 아니라 속 멋이 더욱 중요하다는 것을 알게 되었고 적어도 속 멋에서는 한국의 문화가 중국의 그것보다 훨씬 깊다는 것을 알게 되었기 때문이다. 나의 전공이 중문학이기 때문에 일단 중국을 먼저 다루었지만 진정으로 다루고 싶은 것은 우리 문화다. 이 다음에 기회가 주어진다면 한국문화 속에 담겨 있는 대교약졸의 미학에 대해서 다루고 싶고 여력이 있으면 대교약졸의 관점에서 한국, 중국, 일본 삼국의 문화를 비교하고 싶다.

대교약졸의 현대적 의미를 다룬 것은 대교약졸의 미학이 단순히 동아시아 문화의 과거 속에 남아 있는 특징에만 그치지 않고 서구의 자본주의 문명이 주류를 이루고 있는 우리 시대 문명의 병폐를 치유하는 좋은 수단이 될 수 있음을 밝히고 싶었기 때문이다. 과거사를 공부하는 것은 단순히 과거사에 대한 지식을 축적하기 위함이 아니라 과거를 통해 현재를 진단하고 미래의 방향을 모색하기 위해서다. 마지막 장은 사실 공부의 부족으로 논리의 비약도 많고 엉성한 부분도 많다. 그럼에도 불구하고 과감하게 이 책에 실은 이유는 화광동진과 대교약졸의 통찰을 얻은 이후 계속되어온 이 시대 문명 전환에 대한 나의 고민을 이제는 사람들과 같이 나누어야 할 때라고 생각했기 때문이다. 강호제현들의 질정과 지도를 부탁한다.

끝으로 지금까지 나의 공부에 많은 도움을 주었던 분들에게 인사말을 올리고 싶다. 먼저 대학의 은사님들, 특히 문학과 인생의 멋을 알려주신 이병한 선생님과 한문 공부에 많은 도움을 준 이영주 선배님께 감사를 드린다. 그리고 시조창과 거문고를 가르쳐주신 이오규 선생님, 서양 발성법을 가르쳐주신 김미선 선생님, 클래식 기타를 가르쳐주신 노근영 선생님, 우리 건축의 멋과 미학을 일깨워준 건축가 조병수 님과 이일훈 님, 태극권을 지도해주고 자문을 아끼지 않은 밝은빛 태극도관의 박종구 원장에게 감사를 드린다. 또한 문명사에 대한 시야를 넓혀준 전 새문명아카데미 송희식 원장님과 미래사회와 종교성 연구원의 이사장님으로서 많은 가르침과 격려를 주시는 서영훈 선생님께 감사를 드린다. 그리고 아낌없는 내조를 할 뿐 아니라 그윽하고 담백한 작품으로 대교약졸의 미적 감흥을 선사해준 아내 김은현에게 감사의 마음을 전하고, 항상 믿고 격려해주시는 부모님과 장모님께 감사를 드린다.

박 석

제1장

대교약졸의 의미

    대교약졸이라는 말은 그리 자주 접하는 말이 아니다. 그것은 우리가 귀로 자주 듣는 말도, 눈으로 자주 볼 수 있는 글도 아니라는 뜻이다. 그러나 자세히 들여다보면 우리의 사고방식, 감정표현 방식, 행동양식, 문화, 예술 등에는 모두 대교약졸이 깊이 스며들어 있음을 알 수 있다. 왜냐하면 대교약졸은 중국을 비롯한 동아시아 문화 전반에 지대한 영향을 미쳤기 때문이다. 그리고 이 책을 다 읽을 무렵이면 대교약졸이라는 말이 우리의 삶 속에 얼마나 깊게 들어와 있는 말인지 알게 될 것이다.

    대교약졸은 노자의 『도덕경道德經』에 나오는 말이다. 그러므로 대교약졸을 제대로 이해하기 위해서는 노자라는 사람과 『도덕경』에 대해 알아야 할 것이다. 이 장은 노자에 대한 이야기로 시작해서 대교약졸 속에 담긴 뜻과 논리구조, 그리고 노자의 수양과 대교약졸의 관계에 대해 살펴보고자 한다.

노자와 『도덕경』

때는 바야흐로 춘추시대 말기, 천하는 겉으로 주나라 천자를 존중하고 받들어 모시는 것 같지만, 실제로는 제후국들이 자국의 실리를 추구하면서 이들 나라 사이에 외교적 책략과 전쟁이 계속 이어졌다. 주나라는 찬란한 문명을 간직한 천자의 나라지만 이미 약소국으로 전락해 주변의 눈치를 보는 신세가 되었다.

주나라의 서쪽 관문을 지키는 수문장 윤희尹喜는 평소 때와 다름없이 부하들이 통행인들의 신원을 확인하는 것을 감독하고 특별한 사항은 없는지 둘러보기 위해 관문 앞으로 갔다. 그때 바람 먼지 휘날리는 저쪽 멀리서 어떤 사람이 소를 타고 관문 쪽으로 다가오는 모습이 눈에 들어왔다. 습관적으로 눈길이 그쪽으로 갔다. 가까이 다가오는 모습을 보니 나이가 좀 많이 들었다는 것밖에는 특별할 것이 없는 지극히 평범해 보이는 노인이었다. 별다른 생각 없이 발길을 돌려 처소로 돌아가려는 순간, 우연히 그의 눈길이 노인의 눈길과 마주쳤다. 그 순간 무언가 말로 표현하기 어려운 이끌림이 있었다.

그는 노인의 모습을 다시 한 번 찬찬히 뜯어보았다. 겉보기에는 평범해 보였지만 찬찬히 보니 지극히 깊고 그윽한 눈매와 온화한 미소 속에는 무언가 범상치 않은 기풍이 감추어져 있음을 느낄 수 있었다. 백발 아래 넓은 이마에는 세월의 흔적이 깊은 주름으로 남아 있지만 그것이 오히려 기품을 더했다. 갑자기 혹시 이 노인이 마음속 깊이 오랫동안 찾아 헤매던 현자가 아닐까 하고 생각했다. 시선이 얼굴 옆으로 가자 보통 사람보다 유난히 크고 긴 귀가 눈에 들어왔다. 큰 귀를 보면서 확신은 더욱 굳어졌다.

그는 노인에게 그리 바쁘지 않으면 잠시 쉬어 가는 것이 어떻겠냐고 청했다. 노인은 뜻밖의 제안에 일순간 머뭇거리다 빙그레 웃으며 소에서 내렸다. 윤희는 노인을 조용한 곳으로 모신 뒤 조심스럽게 물었다.

"제 눈은 못 속입니다. 선생님은 겉으로는 평범해 보이지만 그 속에는 말로 표현하기 어려운 깊은 지혜가 감추어져 있습니다. 제가 지금은 비록 여기서 수문장을 하고 있지만 한때는 우주자연의 도와 인간 세상을 다스릴 수 있는 도를 찾아 온 천하를 두루 방랑하기도 했지요. 저를 위해 한 말씀해주십시오."

노인은 잠시 생각했다.

'수도 낙양을 떠나 이곳까지 오는 동안 나를 알아보는 사람이 없었는데 이곳 문지기는 안목이 꽤 높은 사람이군. 이제 이곳을 벗어나면 더 이상 이야기를 나눌 사람도 없을 것이니 마지막으로 그와 이야기나 나누어볼까.'

노인은 자신을 알아보는 기특한 수문장의 청을 받아들여 마침내 입을 열었다.

"도道를 만약에 도라고 할 수 있으면 그것은 항상 존재하는 궁극적인 도가 아니오. 이름을 이름이라 할 수 있다면 그것은 참 이름이 아니오. 이름 없음은 천지의 시작이고, 이름 있음은 만물의 어머니라오. 그래서 항상 욕심이 있음으로써 그 오묘함을 보고, 욕심이 있음으로써 그 드러남을 본다오. 이 둘은 같은 곳에서 나왔으나 이름이 다를 뿐, 그래서 다 같이 현묘玄妙하다고 하오. 현묘하고도 현묘하여 실로 모든 현묘함의 문이라오."

윤희는 귀가 번쩍 뜨였다.

'얼마나 심오한 가르침인가! 오랫동안 수많은 책을 읽었고 많은 현자들을 찾아다녔지만 이런 이야기는 듣지 못했다. 그렇게 오랫동안 찾아 헤매던 도를 이곳 변방의 끝에서 저 이름 모를 노인의 입을 통해 만나게 될 줄은 정말 생각하지 못했구나. 이 분은 다시없을 대단한 현자임이 틀림없구나. 아, 나에게 이런 복이 주어질 줄이야!'

그의 눈에서는 기쁨의 눈물이 일렁거렸다. 그는 그 자리에서 스승에 대한 예를 갖추고는 노인에게 큰절을 했다. 노인은 그저 담담한 모습으로 그를 바라볼 뿐이었다. 절을 마치자 그는 다시없을 이 기회를 놓칠 수 없다는 생각이 들어 사람을 시켜 얼른 죽간과 붓을 가져오게 했다. 그리고는 자신과 세상 사람들을 위해 소중한 가르침을 글로 남겨달라고 부탁했다.

그러자 노인은 고개를 저으며 말했다.

"내 방금 말하지 않았소? 도를 도라고 하면 이미 그것은 진정한 도가 아님을……. 말과 글은 껍질일 뿐이오. 그것으로 참 도를 담을 수가 없소. 후세 사람들 가운데 내가 남긴 글에 매달려서 진정한 도를 보지 못하는 사람이 생길까 걱정이오. 부질없는 짓은 하지 않으려고 하오."

윤희는 공손하게 그러나 또렷하게 말했다.

"어떠한 언어와 문자도 도를 제대로 담을 수 없다는 선생님의 말씀은 잘 알겠습니다. 그러나 방금 선생님의 그 말씀을 제가 듣지 않았다면 어찌 도라는 것이 언어와 문자 너머에 있다는 사실을 알겠습니까? 그리고 이렇게 글로 남기지 않는다면 나중에 또 어느 누가 진정한 도는 문자 너머에 있다는 것을 짐작이나 할 수 있겠습니까? 지혜로운 사람은 언어의 덫에 걸리지 않고 도의 길을 바로 찾아갈 수 있을 것이니 너무 심려하지 마십시오."

윤희의 지혜로운 말을 듣는 순간 노인은 빙그레 미소를 지었다. 사실은 노인도 세상을 등지기 전에 자신의 가르침을 전하고 싶은 마음이 있었다. 그러나 제대로 받아들일 만한 사람을 만나지 못해 이미 포기했던 터였다. 그런데 이렇게 마지막 관문에서 적임자를 만나게 될 줄이야. 노인은 평생에 걸쳐 터득한 심오한 도를 죽간에 천천히 써내려가기 시작했다. 마지막 가르침을 적고 난 뒤 전체의 글을 헤아려 보니 대략 5천 자 남짓했다.

다 쓰고 난 뒤 노인의 얼굴에서는 해야 할 일을 다한 사람에게서 나타나는 깊고도 편안한 미소가 어렸다. 그는 자리를 털고 일어났다. 옆에서 심오한 가르침이 펼쳐지는 것을 지켜보던 윤희도 얼떨결에 같이 일어나면서 말했다.

"이제 떠나시려는 것입니까?"

"그렇다오."

천재일우의 기회로 만난 스승과 만나자마자 헤어져야 한다는 사실에 윤희는 가슴이 미어지는 듯했다. 그러다 문득 아직 스승의 존함도 물어보지 못했다는 것을 깨달았다.

"참으로 죄송합니다. 어르신의 현묘한 가르침에 취해 존함을 묻는 것을 깜빡 잊었습니다. 어르신의 존함은 어찌되시는지요?"

"성은 이李씨고 이름은 이耳며 자는 담聃이라오. 어릴 때부터 귀가 남달리 크고 귓바퀴가 특이해서 주어진 것이라오."

"어쩐지 가르침이 참으로 깊고 현묘하다고 했더니 선생님이 바로 황실 도서관의 관장으로 계셨던 그분이시군요. 선생님의 지혜가 깊다는 이야기는 풍문으로 들어 알고 있었고, 저 멀리 노나라의 공자 또한 선생님을 찾아가서 예를 물었다는 소문을 들었습니다. 이곳 국경의 끝자락에서 선생님을 만나 뵙게 될 줄은 정말 꿈에도 생각하지 못했습니다."

다시 한 번 윤희의 눈에는 눈물이 일렁거렸다. 갑자기 이런 위대한 스승이 왜 주나라를 떠나 변방으로 사라지려고 하는지 궁금한 마음이 들었다.

"어르신, 왜 서쪽으로 떠나시는 것입니까? 그곳에 무슨 볼일이 있으신가요?"

"특별히 그곳에 볼일이 있는 것이 아니라오. 주나라의 쇠퇴한 모습을 더 이상 보고 있을 수가 없어 그냥 조용히 숨어 지내려고 한다오."

천하의 종주국이었던 주나라가 점차 몰락해가는 것은 변방의 수문장인 윤희 또한 느끼고 있던 터라 새삼 비감한 마음이 들었다. 현자는 천하가 어지러울 때는 조용히 세상 밖으로 사라진다는 것을 익히 들었던 그이기에 스승을 만류할 수 없음을 알았다. 다시 스승을 만날 수 없을 것 같은 예감이 든 윤희는 예를 갖추어 큰절을 올렸다.

노인도 이번에는 제자의 예를 받아들이는 모습이었다. 그리고는 빙그레 웃으면서 천천히 소에 올라타고는 느릿느릿 관문 밖으로 사라졌다. 그 뒤로는 다시 그 노인의 소식을 전하는 사람은 없었다.

이상의 글은 한나라 때의 역사가 사마천司馬遷의 『사기史記』의 「노장신한

장로張路의 노자기우도老子騎牛圖

열전老莊申韓列傳」을 바탕으로 저자가 상상력을 덧붙여 꾸며본 것이다. 사마천의 기록에 따르면 노자의 일생은 다음과 같다.

노자가 태어난 곳은 초나라 고현苦縣 여항勵鄕 곡인리曲仁里다. 이름은 이耳고 자는 담聃이며 성은 이씨다. 주나라 황실의 도서관에서 장서를 관리하는 직책을 맡았다. 공자가 주나라에 가서 노자에게 예禮를 묻자 노자는 공자에게 깊은 충고를 해주었다. 그 내용은 공자가 추구하는 도란 이미 죽은 옛사람들의 말로 껍질에 불과하다는 것과 겉으로 자신의 명성을 드러내려고 하지 말고 자중하라는 것이었다. 공자는 노자를 깊이를 알 수 없는 영물인 용에 비유했다. 노자는 도덕을 수양하는 데 있어 스스로 숨기고 이름이 알려지지 않도록 하는 데 힘썼다. 주나라에 오랫동안 살다가 주나라가 점차 쇠퇴해가는 것을 보고 마침내 떠났다. 관에 이르자 관령으로 있는 윤희가 말했다. "그대는 장차 숨으려고 하니 억지로라도 나를 위해 책을 지어주십시오." 이에 노자는 상·하편의 책을 지었는데 도와 덕의 의미를 5천여 자로 말하고 떠났다. 그가 죽은 곳을 알지 못한다.

사마천은 이 뒷부분에 초나라의 노래자老萊子와 주나라의 태사太史 담儋이라는 인물을 소개하고 이들이 노자라는 설도 있음을 이야기했다. 그런데 노래자는 공자와 비슷한 시기의 사람이고 태사 담은 공자보다 백 년 뒤의 사람이다. 만약 태사 담이 노자라면 노자의 나이는 거의 2백 살 가까이 되어야 한다. 그래서인지 사마천은 노자의 나이에 대해서도 160살 설과 2백 살 설이 있다고 했다. 마지막으로 노자의 자손에 대해서도 소개하고 있다. 그런데 노자 아들의 활동 시기를 추정해보면 노자는 전국시대 중기의 사람이라는 결론이 나온다. 아무튼 대체적으로 앞뒤가 잘 맞지 않는 모호한 이야기들이다. 이는 사마천시대에도 이미 여러 가지 설들이 산재하고 있어 진위를 가리기 어려웠다는 것을 말해준다.

가장 신빙성이 있어야 할 역사서가 이렇게 모호하니 후대로 갈수록 노자의 생애가 신비화되는 것은 당연한 일이라 하겠다. 한나라 후기에는 노자가 주나라를 떠나 신선이 되었다는 설이 나오기 시작했고, 위대한 인물은 태어날 때부터 범상치 않아야 한다고 생각하는 일부 사람들은 노자가 어머니 뱃속에서 무려 80년을 머물렀기 때문에 태어날 때부터 머리가 하얗게 센 상태였다는 전설을 만들기도 했다. 급기야 한나라 말기에 등장한 민간종교인 도교에서는 노자를 태상노군太上老君이라는 신의 지위에 올렸다.

도사들은 한술 더 떠서 노자가 관문을 지나 서쪽으로 갔다는 이야기를 확대 해석하여 노자는 서역으로 가 부처로 환생하여 인도 사람들을 교화했다는 주장을 펼치기도 했다. 물론 이것은 후대 불교와 도교의 세력 다툼이 한창일 때 도사들이 불교를 공격하기 위해 만들어낸 이야기다. 사실의 진위 여부를 떠나서 어린아이들이 우리 아버지가 너희 아버지보다 더 힘세다고 우기는 것과 비슷한 수준이므로 실소를 금치 못하게 하는 주장이지만 당시에는 무척이나 진지한 주장이었다.

후대의 학자들 가운데서도 노자에 대해 이런저런 학설을 제기한 사람들이 많다. 우선 노자의 성은 이씨가 아니라는 설이 있다. 왜냐하면 춘추시대에는 이씨 성이 존재하지 않았고 한참 뒤인 전국시대에 이르러 이씨 성이 나타나기 때문이다. 그리고 만약 성이 이씨라면 이자李子라고 부르지 않고 노자라고 부른 것도 문제가 된다. 공자孔子, 맹자孟子, 순자荀子, 묵자墨子, 장자莊子, 손자孫子 등의 제자諸子의 '子'는 영자英子, 미자美子, 순자順子 등의 일본식 여자 이름에 붙는 '子'와는 달리 성씨에 붙이는 것이다. 예외가 있다면 법가를 집대성한 한비자韓非子인데 이 또한 원래는 한자韓子였다.

성이 '韓'씨고 '非'는 이름이기 때문이다. 그런데 송대 이후 신유학자들이 당나라 때 신유학의 부활을 제창했던 한유韓愈를 추존하여 한자韓子라고 부르는 바람에 이와 구분하기 위해서 그를 한비자라고 불렀던 것이다. 이로 보아 노자의 성은 노씨가 되어야 한다는 것이다. 춘추시대에 노씨는 이미 존재했던 성이다. 만약 노자의 성이 노씨라면 이씨 성의 당나라 왕실에서 자신들이 노자의 후예라고 주장하면서 전국에 노자의 사당을 세웠던 것은 실로 어처구니없는 해프닝이라고 할 수 있다.

어떤 사람은 『도덕경』의 내용 가운데는 전국시대 후기에나 나옴직한 구절들이 있기 때문에 춘추시대의 저작으로 볼 수가 없다고 주장한다. 심지어 한대 초기로 보는 설도 있다. 따라서 노자는 전국시대 후기 사람으로 장자보다 후대 사람이 되는 것이다. 그렇다면 노장사상老莊思想이 아니라 장로사상이 되어야 할 것이다. 또한 『도덕경』은 한 사람의 저작이 아니라는 주장도 있고, 심지어는 노자는 실존 인물이 아니라고 주장하는 사람도 있다.

20세기 말기 『도덕경』과 관련한 경천동지할 두 개의 유물이 발견되는 바람에 노자와 『도덕경』은 또 다시 세인들의 관심을 집중시켰다. 1973년 호남성 장사長沙 지방에서 비단 위에 쓴 백서帛書 『도덕경』 두 종류가 발견되었는데 한대 초기의 것으로 그 내용은 현재의 『도덕경』과 큰 차이가 없다. 두 개의 백서 모두 「덕경」 부분이 상편으로 되어 있고 「도경」 부분이 하편으로 되어 있다는 것이 큰 특징이다. 그러므로 백서는 『덕도경』이라고 불러야 되겠지만 이 책에서는 관례상 그냥 『도덕경』으로 부르기로 하겠다. 백서의 발견으로 『도덕경』의 저작 시기는 상당히 거슬러 올라간다. 무덤에 넣은 부장품으로 쓰일 정도라면 당시의 유통 속도로 보아 책이 나온 지 적어도 1~2백 년은 걸린다고 할 때 적어도 전국시대 중기 이전에는 『도덕경』이 나왔다고 보아야 한다. 1993년 이번에는 전국시대 중기 초나라의 고분에서 대나무 조각에 기록된 『도덕경』이 발견되었다. 원본은 이보다 훨씬 전에 나왔으리라 추정한다면 원래의 춘추 말기 저작설이 다시 설득력을 가지게 된다. 그

『도덕경』 백서본帛書本

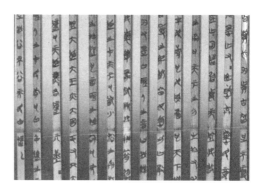
『도덕경』 죽간본竹簡本

런데 죽간본竹簡本은 현재의 판본에 비해 분량이 현저하게 적고 내용도 차이가 많다. 다시 여러 가지 새로운 주장들이 나오는데 어떤 이는 죽간본이 바로 원래 노자가 쓴 것이고 현재의 판본은 주나라의 사관인 태사 담이 쓴 것이라는 주장을 펼치고 있다. 물론 노자와 태사 담은 전혀 다른 인물이라는 것을 전제로 한 학설이다.

이상 노자와 『도덕경』에 대한 역사적 기록과 여러 가지 전설과 학설들을 간략하게 소개했다. 노자에 대해 이렇게 설이 분분한 것은 노자 스스로 자신의 도와 덕을 감추는 데 힘썼기 때문이다.

나의 관점으로는 분명 춘추 말기에 학식이 매우 깊었을 뿐만 아니라 수도를 통해 깊은 경지를 체험했던 어떤 현인이 있었다고 본다. 그가 이씨인지 노씨인지는 그다지 중요하지 않다고 생각한다. 나는 노자의 '老'자에서 그냥 있는 그대로 '늙은이'라는 의미를 살려서 그를 '늙은 선생'으로 부르고 싶다. 물론 그는 단순히 세월 따라 나이만 먹은 늙은 선생은 아니다. 우주와 역사, 사회에 대한 깊은 통찰을 지닌 지혜로운 늙은이다.

사마천의 기록에서 알 수 있듯이 그는 황실 도서관에서 일했던 사람이다. 당시 책은 아무나 접할 수 있는 것이 아니었고, 황실 도서관에서 근무하려면 이미 상당 수준의 지식이 있어야 한다. 또한 황실 도서관에서 근무하면서 다른 사람들이 쉽게 접할 수 없는 고금의 역사와 문명에 관련된 수많은 지식을 접했을 것이다. 후한의 역사가인 반고班固가 저술한 『한서漢書』의 「예문지藝文志」에도 도가의 무리는 사관史官에서 나왔다고 지적한다.

그리고 나의 관점에서는 그는 젊은 날 분명 우주의 궁극적 실체를 탐구하며 수도했던 사람이고 아울러 깊은 깨달음을 체험했던 사람이다. 『도덕경』을 자세히 읽어보면 그가 이야기하는 도는 단순한 사변적인 추리에서 나온 것이 아니라 실제적인 체험에서 나온 것임을 짐작할 수 있다. 또한 『도덕경』 속에는 당시 현실 사회의 문제를 치유하기 위한 여러 가지 제안들이 나온다. 이로 보아 그는 단순히 현실에 아무런 관심이 없는 산중도인이 아니라, 어지러운 사회에 대해서도 깊은 고민을 했던 지성인이었음을 알 수 있다.

이처럼 젊은 날의 진지한 구도열과 방대한 지식, 냉철한 반성이 나이를 먹어가면서 무르익고 곰삭아서 나타난 것이 바로 『도덕경』인 것이다. 물론 그 속에는 노자 자신의 체험과 견해만이 아니라 당시 은자隱者들 사이에서 유행하던 여러 가지 격언들과 지혜들도 함께 수록되었을 것이다. 그리하여 『도덕경』은 당시 안목이 있는 사람들 사이에서 깊은 지혜의 책으로 평가를 받으며 점차 널리 퍼져나갔을 것이다. 비단이나 깎은 대나무 조각에 일일이 손으로 옮겨 적어야 하는 고대의 서적 전래 방법의 특징상 약간의 윤색과 가필 또한 있었을 것이고, 시간이 흘러갈수록 내용 또한 어느 정도 변형이 있었으리라 본다. 그러나 그 속에 담긴 오래되고도 깊은 지혜의 원형은 큰 변화없이 면면히 이어져 중국문화, 나아가 동아시아 문화 전체에 지대한 영향을 미쳤던 것이다.

이 책은 5천 자 남짓한 짧은 『도덕경』 가운데서도 45장에 나오는 '대교약졸大巧若拙'이라는 한 구절을 통해서 중국문화, 나아가 동아시아 문화의 특징을 살펴보려고 하는 독특한 시도의 글이다. 지금까지 노자 또는 도가사상과 중국문화를 논한 글들은 많이 있지만 아직까지 『도덕경』의 한 구절인 대교약졸로서 중국문화를 논한 사람은 아무도 없다. 사실 지금까지 대교약졸을 그다지 크게 중시하지 않았다. 그러나 나는 대교약졸이야말로 노자사상의 깊이를 알 수 있는 매우 중요한 부분이자 후대 중국문화의 틀에 상당한 영향을 미친 중요한 사상이라고 생각한다. 이 책에서는 넉 자밖에 되지 않는 대교약졸이라는 한 구절을 통해 방대하고도 유구한 중국문화의 흐름을 살펴보고자 한다. 그럼 먼저 대교약졸의 뜻부터 차근차근 풀이해보자.

대교약졸의 일반적인 의미

대교약졸大巧若拙이란 무엇인가? 먼저 한자씩 뜻을 풀이해보자. '大'는 '크다'는 뜻 외에 별다른 뜻이 없다. 그리고 '若'은 '만약 ~한다면'의 뜻과 '마치 ~와 같다'는 뜻이 있는데 여기서는 후자의 뜻이다. 여기에서 중요한 개념은 '巧'와 '拙'이다. '교'는 흔히 '기교技巧', '교묘巧妙' 등으로 쓰이는 말로 솜씨가 빼어난 것을 가리킨다. '졸'은 '치졸稚拙', '졸렬拙劣' 등으로 쓰이는 말로서 솜씨가 서툰 것을 가리킨다. '교'와 '졸'은 서로 상반된 개념이다. 이 구절을 풀이하면 '큰 솜씨는 마치 서툰 것처럼 보인다'는 뜻이 된다.

어찌 보면 참으로 황당한 말이기도 하다. 크게 솜씨가 뛰어난 것은 마치 서툰 것처럼 보인다니! 노자의 대부분의 말들이 그렇듯이 이 말 또한 수수께끼 같은 심오함으로 가득 차 있다. 사람들은 흔히 동양은 직관적이고, 서양은 논리적이라는 말을 자주 한다. 물론 여기서의 동양은 중국을 중심으로 하는 동아시아를 가리킨다. 상당히 모호하고 엄밀성이 떨어지는 이야기지만 때로는 고개가 끄덕여지기도 하는 말이다. 확실히 서양 사람들은 대체로 무엇인가를 논리적으로 명쾌하게 분석해야 직성이 풀리는 반면, 동양 사람들은 논리적으로 쉽게 이해될 수 있는 말에 대해서는 별로 높은 점수를 주지 않는다. 논리적으로 금방 이해되지는 않는데 오랫동안 머리를 싸매다가 한순간 탁 풀리면서 눈을 확 뜨게 하는 그런 말들을 좋아한다. 노자의 대교약졸이야말로 바로 그런 구절 가운데 하나라고 할 수 있을 것이다.

앞뒤 맥락을 이해하기 위해 이 구절이 나오는 『도덕경』 45장 전문을 한 번 보도록 하자.

크게 완성된 것은 마치 결손이 있는 듯하지만 그 쓸모가 닳아서 떨어지지 않는다. 크게 가득 찬 것은 마치 비어 있는 듯하지만 그 쓰임이 끝이 없다. 크게 바른 것은 마치 굽은 듯하고, 크게 솜씨가 좋은 것은 마치 서툰 듯하며, 크게 말 잘하는 것은 마치 어눌한 듯하다. 고요함은 떠들썩함을 이기고 차분함은 열기를 이긴다. 맑고 깨끗한 것은 천하의 바른 길이 된다(大成若缺, 其用不弊. 大盈若沖, 其用不窮. 大直若屈, 大巧若拙, 大辯若訥. 靜勝躁, 寒勝熱. 淸淨爲天下正).

이 장에서는 매 구절 모순된 말들을 계속하고 있다. 먼저 첫 번째 두 구절을 살펴보도록 하자. 이 두 구절은 일단 논리적으로 볼 때 역접의 관계다. 크게 완성된 것은 마치 결손이 있는 것처럼 보인다. 그러나 그렇게 결손이 있는 것처럼 보임에도 불구하고 그것을 사용하면 닳아서 떨어짐이 없이 계속 사용할 수 있다고 한다. 크게 완성된 것은 마치 결손이 있는 것 같다고 말하는 것도 그렇지만, 그 뒤에 그 쓰임이 망가지거나 헤져 떨어짐 없다는 말은 더욱 이치에 닿지 않는 말처럼 보인다.

보통 상식의 세계에서는 완성도가 높으면 결함이 없다. 예전에 우리나라의 기술력이 그리 높지 않았을 때 국산 전자제품과 일본산 전자제품은 확연한 차이가 있었다. 일본산 전자제품은 모양도 깔끔하지만 일단 제품의 완성도가 높아서 고장이 나는 일이 거의 없었다. 그러나 국산은 얼마 쓰지 않아도 고장이 나 속을 상하게 하곤 했다. 제품의 기술적 완성도가 낮았기 때문이다. 요즘 국산은 그렇지가 않다. 아무튼 완성도와 결함은 분명히 서로 반비례하는 것이다.

그런데 왜 노자는 크게 완성된 것은 마치 결손이 있는 것과 같다고 말하는가? 그렇게 결손이 있는 것처럼 엉성해 보이는데 아무리 사용해도 고장이 나서 버리는 일이 없다고 하는 것은 또한 얼마나 황당한 말인가?

그 다음 말은 또 어떠한가? 크게 가득 차 있는 것은 마치 텅 비어 있는 것과 같다는 것은 무슨 말인가? 가득 차 있는 것과 비어 있는 것은 분명 양립할 수 없는 말이다. 쌀독이 그득한 것과 텅 비어 있는 것이 어찌 같을 수가 있는가? 지갑이 두둑한 것은 마치 텅 비어 있는 것처럼 보인다고 이야기하면 누구나 다 궤변이라고 여길 것이다. 그런데 그렇게 텅 빈 것처럼 보이지만 실제로 그것을 사용하면 무궁무진하다는 말은 또 어떠한가? 요술지갑이 아닌 한 불가능한 이야기다.

사실 이것은 일상의 논리가 아니다. 이것은 일상의 논리를 뛰어넘은 도道의 현묘한 작용을 이야기한 것이다. 비어 있으면서도 그 쓰임이 무궁무진하다는 이야기는 『도덕경』의 다른 곳에서도 자주 나오는 말이다. 이것들은 모두 노자의 명상과 깊은 깨달음에서 나온 새로운 차원의 논리다. 이 장의 뒷부분에 가서 다시 이야기하겠지만, 노자는 마음을 비우고 고요하게 하는 수양을 통해 어느 순간 우주의 근본 자리는 텅 비어 있고 바로 그 텅 비어 있음에서 삼라만상이 생성되어 나오는 것임을 통찰했다. 후대 중국철학사에서 매우 중요한 논쟁거리의 하나였던 '있음은 없음에서 나온다(有生於無)'고 하는 우주생성론은 바로 노자의 실제적인 체험에서 나온 것이다.

도의 세계는 분명히 텅 빈 것처럼 보인다. 그런데 바로 그 텅 빈 곳에서 온갖 삼라만상의 세계가 펼쳐진다. 그것도 무궁무진하게……. 그것은 인간들이 무언가를 만드는 것과는 전혀 차원이 다르다. 이런 인식을 바탕으로 도의 작용으로 만들어진 대자연을 다시 보자. 겉보기에는 인간이 만든 거대한 성벽이나 웅장한 궁궐처럼 튼튼하고 완성도가 높아 보이지 않는다. 그러나 실은 인공물과는 비교가 되지 않을 정도로 완전하고 쓸모도 무궁무진하다.

이어서 나오는 대직약굴大直若屈이나 대교약졸, 대변약눌大辯若訥 또한 대성약결과 마찬가지로 모두 도의 현묘한 작용, 그리고 도의 작용으로 만들어진 천지만물의 특징을 설명하는 것임을 짐작할 수 있다.

크게 곧은 것은 마치 굽은 듯이 보인다는 말은 무슨 뜻일까? 서양 기하학의 아버지인 유클리드의 기하학에 따르면 한 점과 한 점 사이의 가장 가까운 선은 직선이다. 그것은 의심할 여지가 없는 사실이었다. 그러나 현대 기하학에서는 한 점과 한 점 사이의 가장 가까운 선은 직선이 아니라 곡선이다. 왜냐하면 공간 자체가 휘어져 있기 때문이다. 사실 직선이라는 것은 관념 속에서 존재하는 것이지 실재 자연계 속에서는 존재하지 않는 것이다. 우리의 눈에 직선처럼 보이는 것도 좀더 정밀하게 바라보면 사실은 직선이 아니다.

난해한 기하학을 빌리지 않고 그냥 쉽게 생각해보자. 운동장 한쪽 끝에서 반대편 한쪽 끝까지를 연결하는 가장 가까운 선은 분명 직선으로 보인다. 그러나 서울에서 파리까지 최단 거리의 선을 긋는다고 생각해보자. 그것은 부분적으로는 분명 직선으로 보일지 모르지만 사실은 곡선이다. 왜냐하면 지구는 둥글기 때문에 지구 위에 긋는 선은 결국 곡선이기 때문이다. 그야말로 큰 직선은 결국 곡선이 될 수밖에 없다.

아마도 노자가 이런 기하학적인 관점 또는 지구가 둥근 것을 바탕으로 대직약굴을 이야기한 것은 아닐 것이다. 그러나 명상적 수양을 통한 깊은 직관으로 천지만물에 존재하는 것은 결국 곡선일 수밖에 없다는 것을 터득했을 것이다. 사실 인간이 만든 것 속에는 직선이 있지만 자연계에서는 엄밀히 말해서 직선이란 존재하지 않는다.

그리고 도의 솜씨로 만들어진 대자연은 사람들의 솜씨로 만든 인공물에 비해 일견 서툰 듯이 보인다. 그러나 자연이 만든 아름다움은 인간이 만든 아름다움과는 비교가 되지 않는다. 『성경』에도 나오지 않는가? 화려함의 극에 다다른 솔로몬의 영화가 들에 핀 백합꽃 한 송이만도 못하다고…….

또한 자연은 말을 못하기 때문에 말로써 자신을 변론할 수 없지만 어떤 뛰어난 웅변가보다 자신을 더 잘 설명한다. 봄이 되어 따스한 동남풍이 불어오면 아름다운 꽃이 피고, 여름이 와서 뜨거운 남풍이 불어오면 그 기운으로 만물이 무성해지고, 가을이 다가와 소슬한 서풍이 불면 꽃과 잎사귀들은 색이 바래져 땅에 떨어지고, 겨울이 되어 북풍이 불면 모든 것은 딱딱한 껍질에 쌓여 얼어붙은 땅속으로 숨는다. 말은 하지 않지만 그렇게 질서 정연하고 조리에 합당할 수가 없다. 이에 비하면 인간이 하는 변론은 언뜻 보기에 논리 정연한 것 같지만 그 속을 파고 들어가보면 허점이 없을 수가 없다.

『도덕경』의 전체 흐름을 보면 노자는 도의 세계에서 터득한 원리를 인간계에 적용하려고 한다. 노자가 생각하는 성인聖人은 텅 빈 도의 속성을 좇아 마음을 텅 비운 사람이고, 자기를 앞세우지 않고 천지자연의 도를 좇아 겸손을 실천하며, 무위자연의 도를 좇아 무위의 정치를 펼치는 사람이다. 이 구절을 인간사에 끌어온다면 어떻게 될까? 무언가를 만들 때 완벽하게 이루기보다는 마치 결점이 있는 듯 약간 허술하게 하고, 무언가를 꽉 채우려 하기보다는 약간 빈 듯이 하며, 일을 처리할 때도 곧게 하기보다는 둥그스레하게 하기를 좋아하고, 현란하고 인위적인 기교를 발휘하기보다는 오히려 자연스레 서툴게 하며, 화려한 수사와 정밀한 논리로 달변을 토하기보다는 적게 말하고 어눌하게 말하는 것이 미덕이 될 것이다.

이것들은 오랜 세월 중국 사람을 비롯한 동북아시아 사람들의 처세술에서 매우 중요한 항목으로 작용했으며 지금도 알게 모르게 우리의 무의식을 지배하고 있다. 물론 서구문화의 세례를 받은 현대적 관점에서 볼 때 이것들은 상당히 고리타분하고 소극적이며 심지어는 의뭉스럽게 느껴지기도 할 것이다. 그 장점과 단점에 대해서는 차치하고 여기서는 우리의 주된 관심사인 대교약졸로 초점을 모아보자.

대교약졸은 기교와 서툶에 관련된 것이기 때문에 일차적으로 음악, 미술, 공예, 건축 등의 예술분야와 관련이 있다. 노자사상의 적자라고 할 수 있는 장자 또한 이런 관점에서 대교약졸을 바라보고 있다.

음률을 어지럽히고 악기를 태워 없애고 사광師曠의 귀를 막아야 천하에는 비로소 사람들의 귀가 밝아질 것이다. 무늬를 없애고 다섯 색깔을 흩어버리고 이주離朱의 눈을 붙여놓아야 천하에는 비로소 사람들이 밝음을 지니게 될 것이다. 고리와 줄을 부수고 자를 버리고 공수工倕의 손가락을 비틀어버려야만 천하에는 비로소 사람들이 교묘함을 지니게 될 것이다. 그러므로 큰 교묘함은 마치 졸박함과 같다고 했다. ―『장자』,「거협胠篋」편

사광은 고대의 음악의 달인이고, 이주는 눈이 지극히 밝은 사람이며, 공수는 최고의 장인이다. 고대 중국에는 맹인 음악가들이 많았다. 일반적으로 시각을 잃으면 청각이 더욱 예민해진다고 한다. 그래서 맹인들 가운데는 음에 대한 감각이 보통 사람들보다 훨씬 뛰어난 사람들이 많다. 사광은 바로 그런 사람 가운데서도 음악적인 감각이 남다르게 뛰어난 사람이었다. 이주는 눈이 지극히 밝아 십 리 밖의 사물도 또렷이 보았다고 하고, 공수는 최고의 장인으로 생활에 편리한 수많은 도구들을 만들었다고 한다.

장자는 세상에 통용되고 있는 음률을 파기하고 그 음률을 따라 만들어진 악기도 없애버리고 최고의 음악가인 사광의 귀를 막아버려야 사람들의 귀가 비로소 밝아진다는 극단적인 주장을 펼치고 있다. 시각적 아름다움이나 손의 기교에 대해서도 마찬가지의 이야기를 했다. 이 말은 모든 인위적인 기교를 완전히 부정하고 자연스러운 상태로 돌아갔을 때 비로소 진정한 기교를 알 수 있음을 강조하는 것이다.

노자의 글이 함축적이고 은근한 반면, 장자의 글은 다소 현란하고 과격한 편이다. 글의 스타일만 가지고 말하면 장자는 노자의 대교약졸의 심오한 뜻을 이어받지 못한 것으로 보인다. 그것은 노자와 장자의 개성 차이도 있겠지만 시대 상황과도 많은 관련이 있다. 춘추시대에는 필기도구가 발달하지 않아 길게 기록하는 것이 어려웠던 반면, 전국시대에 이르러서는 필기도구가 발달하여 기록이 훨씬 쉬워졌다. 또한 시대적 분위기도 상당한 차이가 있었

다. 춘추시대에는 비록 제후국들이 각축을 벌렸지만 비교적 점잖은 분위기 속에서 자국의 실리를 추구한 반면, 전국시대에는 제후국들이 노골적으로 약육강식의 치열한 경쟁을 하던 매우 살벌하고 격렬한 분위기였다. 이런 것들이 문체에도 상당한 영향을 미쳤을 것이다. 흔히들 공자의 말은 짧고 엉성한 듯하면서 심오한 깊이가 있는 반면, 맹자의 말은 논리 정연하고 통쾌하지만 무언가 깊이가 부족하다고 평한다. 이것 또한 개인의 수양의 깊이와 기질의 차이와도 관련이 있겠지만, 춘추시대와 전국시대의 기록매체의 발달 수준과 시대 상황의 차이에서 말미암은 부분도 상당히 많다고 보아야 할 것이다.

노자의 완곡한 표현에 비해 장자의 주장이 지나치게 파격적인 면이 있기는 하지만 사실 일리가 없는 것은 아니다. 음악을 봐도 우리는 인간이 만든 악기와 소리만 음악이라고 생각하지만 자연계에도 또한 아름다운 음악이 있다. 깊은 산속 시냇물에서 나는 졸졸졸 물 흐르는 소리, 그리고 그 시냇물 소리 사이로 들려오는 이름 모를 새들의 영롱한 울음소리, 그리고 이따금씩 들리는 낙엽 떨어지는 소리 또한 하나의 음악이다. 그것은 얼핏 보기에 인간이 만든 화려하고 정교한 음악소리에 비해 단순하고 소박해서 음악이라고 말하기 어려울지도 모른다. 그러나 고요히 마음을 비운 상태에서 대자연의 합창이 주는 황홀감을 한 번이라도 체험해본 사람이라면 그것 또한 훌륭한 음악임을 인정할 수 있을 것이다.

무위자연을 강조하는 장자의 관점에서는 자연의 소리나 색깔, 자연이 만들어낸 도구야말로 겉으로는 서툰 것처럼 보일지 모르지만 인간이 추구하는 기교로는 따를 수 없는 최상의 솜씨다. 그러나 대부분의 사람들은 화려하고 현란한 음악에만 귀가 길들여져 있고 그것만을 음악이라고 알고 있기 때문에 자연이 내는 소박하면서도 은은한 음악을 들을 수가 없다. 자연이 주는 소박하고도 은은한 소리를 듣기 위해서는 일단 먼저 인간이 만든 화려하고도 현란한 소리에 물들어 있는 귀를 씻어야 한다. 다른 영역도 마찬가지다. 그래서 장자는 사광의 귀를 막고, 이주의 눈을 붙이고, 공수의 손가락을 비틀어야 한다는 다소 과격한 주장을 했던 것이다.

전통적으로 대교약졸은 노장사상의 중요한 심미이론의 하나로 중국예술, 나아가 언어의 예술인 중국문학에서 인위적 기교미技巧美를 최대한 배제하고 무위자연의 졸박미拙樸美를 중시하는 도구로 쓰였다. 여기까지가 대교약졸의 일반적인 의미다.

대교약졸의 숨은 의미와 논리구조

지금까지 대교약졸을 해석하는 사람들은 인위적인 '교'와 무위자연의 '졸'을 서로 대립적인 것으로 상정하고 인위적인 기교미보다는 자연스러운 졸박미를 지향하는 것으로 이해했다. 『장자』의 해석이 바로 그 전형적인 예다. 물론 이 말은 맞는 말이다. 그러나 대교약졸을 자세히 들여다보면 또 다른 해석의 여지가 있다. 그것은 대교약졸에서의 '졸'이 단순히 '교'와 대립되는 개념으로 '교'를 무조건 배척하고 부정하는 '졸'이 아니라, '교'를 포괄하는 '졸'일 수도 있다는 것이다.

자, 다시 원점으로 돌아와서 '대교약졸'을 문자적으로 풀이해보자. 대교약졸은 '큰 기교는 마치 서툰 듯하다'는 뜻이다. '마치 ~인 듯하다'에서 알 수 있듯이 여기서의 졸은 그냥 단순히 서툰 것이 아니라 겉으로는 서툰 듯이 보이지만 사실은 기교의 최고 경지에 있다는 것이다.

여기서 우리가 주목할 부분은 '대교'다. 대교란 '위대한 기교'라는 뜻으로, 앞에서도 보았듯이 철학적으로는 도의 작용 또는 도의 작용으로 나타나는 자연의 조화를 가리킨다. 대교라는 말에 상대되는 것은 무엇일가? 그것은 소교小巧, 즉 자그마한 기교다. 어차피 '대'라는 말은 '소'를 상정하고 나온 말이기 때문이다. 대교가 천지자연의 기교를 가리킨다면 소교는 노자와 장자의 논법에 따르면 당연히 인간이 추구하는 인위적인 기교다. 인위적인 기교는 자그마한 기교이기 때문에 금방 밖으로 드러난다. 그러나 천지자연의 기교는 위대한 기교이기 때문에 밖으로 잘 드러나지 않는다. 그래서 겉으로는 서툰 듯이 보인다.

그런데 여기서 만약 소교와 대교를 자연과 인위의 대립으로 보지 않고 관점을 바꾸어 그냥 단순히 기교의 수준 차이로 본다면 어떻게 될까? 새로운 해석이 나올 수 있다. 아직 기교가 작아서 무르익지 않았을 때는 기교가 밖으로 그냥 드러나지만 기교가 커져 무르익게 되면 기교는 안으로 감추어지고 겉으로는 다시 서툰 듯이 보인다는 것으로 풀이할 수 있다. 이 경우 졸은 그냥 단순히 교와 대립되는 것이 아니라 교를 통합하면서 한 걸음 더 나아간 새로운 차원의 졸이다.

지금까지 대교약졸을 말한 많은 사람들은 주로 천지조화의 솜씨와 인간의 솜씨라는 대립의 관점에서 졸과 교의 문제를 파악하려고 했다. 그러나 여기서는 인간의 솜씨 속에서 교와 졸이 어떻게 대립하고 나아가 어떤 방향으로 발전하게 되는지에 대해 초점을 맞추려고 한다. 즉, 인간이 어떻게 대교약졸의 경지에 이를 수 있는지에 대해 이야기하려고 한다. 이를 위해 대교약졸 속에 시간이라는 요소를 넣어 동태적으로 풀이해보자.

한 개인이나 한 사회를 볼 때 초기의 상태는 기교를 모르는 상태다. 그림을 예로 들어보자. 구석기시대나 신석기시대 사람들이 동굴의 벽이나 토기의 표면에 그린 그림들을 보자. 얼마나 투박한가. 그 원시적인 투박함 속에서 싱싱한 생명력이 넘치기는 하지만 미적으로 세련되고 아름답다는 느낌을 받기는 쉽지가 않을 것이다. 그리고 이제 막 유치원에 다니는 어린아이가 그린 그림을 보자. 삐뚤삐뚤하게 그은 선, 비례가 전혀 맞지 않는 얼굴, 아무렇게나 칠한 색, 이 귀여운 그림은 입가에 미소를 자아낼 수는 있다. 그러나 미적 감동은 주지 못할 것이다. 이것이 바로 초기의 '졸'의 단계다.

시간이 흐르면서 인류는 원시 상태에서 문명의 단계로 나아가게 되고 미적 감각도 고도로 발달하여 어떻게 그리면 비례에 맞고 어떤 색을 칠할 때 전체 구도에 어울릴까 하는 안목이 생긴다. 마찬가지로 유치한 그림을 그리던 어린아이도 초등학교와 중학교를 거치면서 미술 실력이 늘어감에 따라 점차 교묘함의 단계로 나아간다. 시간이 흐를수록 기교는 더욱 무르익고 온갖 종류의 화려함과 기이함이 시선을 끌 것이다. 대부분 지역의 문명은 그렇게 서툴고 소박한 상태에서 교묘하고 화려한 상태로 나아가는 방향으로 발전해왔다. 이것이 바로 '교'의 단계다.

그러나 깊은 지혜를 지닌 노자는 거기서 한 걸음 더 나아갈 것을 말했다. 노자의 관점에서 볼 때 보통 사람들이 추구하는 기교란 여전히 자그마한 기교에 지나지 않는다. 노자는 그 기교가 진짜 무르익어 큰 기교가 되면 오히려 다시 자연스럽게 졸로 돌아온다는 것을 발견했다. 졸에서 출발하여 소교를 거쳐 마침내 대교에 이르게 되면 다시 졸로 돌아온다는 이야기다.

이렇게 '졸'에서 '교'로 나아갔다가 다시 '졸'로 돌아온다는 말 속에는 회귀回歸 또는 복귀復歸의 개념이 들어 있다. 『도덕경』속에는 '복귀'라는 말이 자주 나오는데 복귀는 노자사상의 중요한 개념 가운데 하나다. 대교약졸의 구절도 시간의 요소를 두고 바라보면 복귀의 개념이 들어 있다. 복귀는 바로 순환을 가리키고 그것을 도형으로 표시하면 원이다.

흔히 동양사상은 원적, 순환적이고 서양사상은 직선적, 발전적이라고 한다. 물론 동양에는 순환만 있고 서양에는 발전만 있다는 것은 아니다. 그러나 전체 흐름으로 보았을 때 분명 일리가 있는 말이다. 종교의 내세관만 보아도 동양을 대표하는 종교인 불교는 끝없는 윤회를 거듭하다가 해탈로 나아가는 것이라고 하지만, 서양을 대표하는 종교인 기독교에서는 지상에서 영생복락의 천국이나 영원한 불지옥으로 단번에 나아가는 것이라고 말한다.

노자의 대교약졸은 바로 동양적 사유형태의 표본인 원적, 순환적 모형을 잘 보여주고 있다. 그러나 앞에서도 이야기했듯이 나중에 다시 돌아온 졸은 처음 출발할 때의 졸과는 다른 것이다. 그것은 원시적인 졸과는 달리 기교를 다 거친 뒤에 새롭게 이른 한 차원 높은 졸이다. 그것은 노자가 말하는 복귀란 말을 곱씹어보면 좀더 쉽게 알 수 있다. 복귀라는 말이 집중적으로 나오는『도덕경』28장을 보도록 하자.

> 수컷을 알고 암컷을 지키면 천하의 골짜기가 된다. 천하의 골짜기가 되면 항상의 덕이 떠나지 않아 다시 어린애로 복귀한다. 흰 것을 알고 검은 것을 지키면 천하의 모범이 된다. 천하의 모범이 되면 항상의 덕이 어긋나지 않아 다시 무극으로 복귀한다. 영화로움을 알고 치욕스러움을 지킬 수 있으면 천하의 골짜기가 된다. 천하의 골짜기가 되면 항상의 덕이 넉넉하여 다시 원목으로 복귀한다.

수컷은 강하고 공격적이다. 그러나 암컷은 부드럽고 수용적이다. 암컷은 생명의 근원이다. 원시사회는 모계사회였다. 그러나 언제부터인가 대부분의 문명권에서는 부계사회가 주류가 되고 세상은 강하고 공격적인 수컷이 지배하게 되었다. 그래서 세상을 살아갈 때도 부드럽고 수용적인 태도보다는 강하고 공격적인 태도가 더 환영받게 되었다. 노자가 살았던 춘추시대 말기는 더 말할 필요도 없을 것이다. 노자는 당시 문명의 주류를 무조건 배격하지 않았다. 먼저 수컷을 알아야 할 것을 강조했다. 그러나 거기서 머물지 않고 한 걸음 더 나아가 다시 암컷을 지킬 수 있을 때 비로소 천하의 골짜기가 될 수 있고 우주자연에 항상 있는 덕에 머물 수 있으며 그럴 때 비로소 다시 어린애로 복귀할 수 있다고 한 것이다. 노자가 말한 어린아이란 생명의 원초적 상태이자 부드러움의 상징이다. 그러나 그 부드러움은 마냥 부드럽기만 한 것이 아니라 강함을 다 알고 있는 부드러움인 것이다. 대교약졸의 논리와 거의 같지 않은가?

흰 것이란 밝고 지혜로움을 말하고, 검은 것이란 어둡고 어리석음을 말한다. 먼저 밝음과 지혜로움을 다 알고 난 뒤에 다시 그것을 감추고 어두운 듯, 어리석은 듯할 수 있을 때 만물의 근원인 무극으로 복귀할 수 있다. 그리고 모든 영예로움을 다 알고 난 뒤에 그것을 감추고 세상의 모욕을 묵묵히 견뎌낼 수 있을 때 비로소 가공하지 않은 자연 상태의 원목으로 복귀한다고 했다. 앞과 같은 논리로 이해하면 된다.

이로 보아 우리는 노자가 말하는 복귀란 그냥 무조건 되돌아가는 것이 아니라, 사물의 양극성을 다 겪은 뒤에 다시 원래의 자리로 돌아오는 것임을 알 수 있다. 즉, 원초적 상태에서 발전의 극을 다한 다음에 되돌아오는 것이다. 이 속에는 순환의 형태와 발전이 공존하고 있다. 발전과 순환을 동시에 지니고 있는 형태는 무엇일까? 평면의 차원에서 보면 이 문제는 풀리지 않는다. 그러나 차원을 바꾸어 생각하면 아주 쉽다. 삼차원적으로 생각해보자. 그러면 금방 답이 떠오를 것이다.

동양적인 세계관의 영향을 많이 받은 베르나르 베르베르의 소설 『개미』를 보면 무척 재미있는 수수께끼가 하나 나온다. 주인공이 어떤 관문을 통과해야 하는데 그러기 위해서 성냥개비 여섯 개로 삼각형 네 개를 만들라는 문제를 풀어야 한다. 평면 위에서 성냥개비 여섯 개로 삼각형을 만들면 아무리 해도 네 개의 삼각형은 나오지 않는다. 그러나 관점을 바꾸어 입체적으로 생각하면 문제는 너무나 쉽게 풀린다. 소설에서의 답은 피라미드인데 실제의 답은 정사면체다.

앞의 형태 또한 마찬가지다. 평면의 차원에서 발전과 순환이 동시에 존재하는 것은 없다. 그러나 삼차원적인 관점에서 보면 쉽게 풀린다. 답은 나선형이다. 나선형은 순환이면서도 발전이고 발전이면서도 순환이다. 이차원의 평면에서 원을 그리면 처음의 출발점과 나중의 종점이 다시 완전히 만나게 된다. 이 속에는 발전의 의미는 없고 완전한 순환의 의미만이 있을 따름이다. 그러나 삼차원의 입체에서 나선형을 그리면 순환과 발전의 의미를 동시에 지니게 된다. 나선형을 위에서 투시하면 그것은 원이다. 그러나 측면에서 바라보면 그것은 나아가는 발전이다.

나선형의 구조는 사실 자연계 운동의 중요한 모형 가운데 하나다. 변기에

물을 내리면 물은 그냥 직선으로 곧바로 빠지지 않는다. 나선형으로 돌면서 아래로 빠진다. 그리고 흘러가는 강물 속에서도 소용돌이가 있다. 기압 또한 마찬가지다. 태풍이나 허리케인 등은 모두 나선형의 회오리바람이 크게 발전한 것이다. 그뿐인가, 우주의 행성과 항성도 나선운동을 한다. 바로 이 '나선형 구조'야말로 대교약졸을 이해하는 데 가장 중요한 핵심어라고 할 수 있다.

대교약졸의 의미를 이해하는 데 또 하나의 중요한 말은 '감추기'다. 대교약졸의 졸은 단순히 교와 대립하는 졸이 아니라 교를 통합한 발전적 졸이다. 모순 대립하는 두 개의 요소를 통합하는 것을 흔히 변증법이라고 한다. 노자의 대교약졸에서의 통합을 헤겔의 변증법과 서로 비교해보면 그 속에 유사성과 차이점이 있음을 알 수 있다.

처음에 자연스런 상태의 질박함을 '정正'이라고 하자. 다음에 이에 대한 반발로서 인위적인 기교미를 추구하는 교의 단계는 '반反'이라고 할 수 있다. 다음의 대교약졸의 졸의 단계는 바로 이 정과 반의 '합合'이다. 기본 얼개는 서로 비슷하다고 할 수 있다. 그러나 헤겔의 변증법이 겉으로도 확실히 모순과 갈등을 통합하는 발전적 모습을 보이는 반면, 대교약졸은 실제로 분명 모순 대립되는 양자를 통합하지만 그 겉에서는 다시 초기 상태로 돌아오는 순환적인 회귀에 더 초점을 맞추고 있다. 서양과 동양의 사고방식의 차이라고나 할까.

이렇듯 겉으로 다시금 처음의 상태로 돌아오는 것처럼 보이기 위해서는 그 과정에서 나타난 발전적 요소를 안으로 감추어야 한다. 즉, 졸을 밖으로 드러내고 교는 안으로 감추어야 한다. 대교약졸을 다른 말로 바꾸면 내교외졸內巧外拙이라고 할 수 있다. 이렇게 교를 안으로 감추게 되면 안목이 없는 사람들은 대교약졸의 졸의 깊은 의미를 파악할 수 없게 된다. 마치 평면적인 차원에 있는 사람들이 나선형의 발전적 구조를 보지 못하고 다만 원적인 순환으로 보는 것과 같이 말이다. 사실 '감추기'는 노자의 삶과 깨달음을 이해하는 데 매우 중요한 관건이 된다.

대교약졸과 노자의 수양

대교약졸 속에는 이렇게 두 가지 의미가 공존하고 있다. 첫 번째 의미를 끄집어내는 것도 쉽지 않지만, 나선형적 논리구조를 지니고 있는 두 번째 의미를 끄집어내는 것은 더욱 어렵다. 그러면 노자는 어떻게 해서 이런 심오한 원리를 발견했을까? 나의 관점으로는 아마도 명상적 직관을 통해 우주만물의 변화 원리를 터득하지 않았을까 생각된다. 위대한 사상은 단순한 이성적인 추론과 사유작용을 넘어서는 깊은 직관에서 나오는 경우가 많은데 때때로 그것은 명상 수양과도 많은 관련이 있다. 나는 노자의 대교약졸의 원리인 나선형 구조는 노자 자신의 수양 과정이나 깨달음과도 매우 밀접한 관련이 있다고 본다.

지금까지 노자가 수양을 통해 깨달은 세계관, 인생관, 문명관, 정치관 등을 사상적 관점에서 연구한 사례는 많다. 그러나 그런 사상들을 얻게 된 수양의 과정에 대한 연구는 별로 없었다. 그것은 노자의 생애가 명확하지 않고, 아울러 노자가 남겼다고 하는 『도덕경』 속에서도 그의 깨달음의 내용들이 일정한 체계 없이 펼쳐져 있을 뿐 체계적인 수양 과정을 엿볼 수 있는 부분들이 별로 없기 때문이다. 심지어 노자가 실존 인물이 아니라는 설도 있는 판국이기 때문에, 노자의 수양 과정을 추적한다는 것은 학술적으로 별 의미가 없는 일일지도 모른다.

그렇지만 나는 노자의 수양 과정을 이해하는 것은 그의 사상을 체계적으로 이해하는 데 많은 도움을 줄 수 있다고 생각한다. 여기서는 『도덕경』이라는 저술을 남긴 어떤 사람이 있다는 것을 가정하고, 그의 사상의 자취를 탐색하여 그 속에서 대교약졸의 논리구조를 설명할 수 있는 부분을 끄집어내

려고 한다. 노자의 수양 단계를 가장 효율적으로 설명해주는 구절은 『도덕
경』 56장에 있다.

구멍을 막고 문을 닫고, 날카로움을 꺾고 얽힘을 풀고, 빛을 부드럽게 해
티끌과 하나가 된다(塞其兌, 閉其門, 挫其銳, 解其紛, 和其光, 同其塵).

이 구절은 세 단락으로 나눌 수 있다. 첫 번째는 구멍을 막고 문을 닫는 색
태폐문塞兌閉門의 단계고, 두 번째는 날카로움을 꺾고 얽힘을 푸는 좌예해
분挫銳解紛의 단계며, 마지막은 빛을 부드럽게 해 티끌과 하나가 되는 화광
동진和光同塵의 단계다.

첫 번째 단계인 구멍을 막고 문을 닫는 것에 대해 역대의 많은 주석가들
은 감각기관을 막아서 외부로부터의 유혹을 막고 생명 에너지를 모으는 양
생養生 수련과 밀접한 관련이 있다고 여긴다. 화려한 소리와 빛깔, 그리고
자극적인 맛은 쾌락을 주는 원천인 동시에 거기에 탐닉할 경우, 우리의 생
명 에너지를 고갈시키는 주범이 된다. 아울러 우리의 마음을 흔들리게 해
깊은 고요를 체험하지 못하게 한다. 그래서 예로부터 마음을 닦는 명상가들
은 감각기관을 막아서 감각적 쾌락을 자제할 것을 강조했다. 노자 또한 마
찬가지다. 『도덕경』 12장에는 다음과 같은 말이 있다.

다섯 가지 색은 사람의 눈을 멀게 하고, 다섯 가지 소리는 사람의 귀를 멀
게 하며, 다섯 가지 맛은 사람의 입을 상하게 한다. 말달리며 사냥하는 것은
사람의 마음을 발광하게 하고, 얻기 어려운 재물은 사람의 행동을 어긋나게
한다. 이 때문에 성인의 다스림은 배를 위하지 눈을 위하지 않는다. 그러므
로 그것을 버리고 이것을 취한다.

여기서 배란 단순히 밥을 먹고 소화시키는 곳을 가리키는 것이 아니다.

배란 복식호흡과 관련이 있는 것으로, 근원적인 생명력을 기르는 곳을 가리킨다. 눈을 버리고 배를 취한다 함은 감각기관에서 얻을 수 있는 값싼 쾌락을 버리고 깊은 생명력을 기르는 것을 말한다.

이렇게 외부로 향하는 감각기관을 닫고 생명력을 기른 뒤에야 비로소 두 번째 단계인 날카로움을 꺾고 얽힘을 푸는 단계로 나아갈 수 있다. 이 단계부터 본격적인 마음 닦기가 시작된다. 여기서 날카로움을 꺾는다는 것은 마음의 모난 부분을 꺾는 것을 말하고, 얽힘을 푼다는 것은 마음속의 여러 가지 얽혀 있는 매듭을 푸는 것을 말한다. 마음이 모난 사람은 끊임없는 갈등 속에서 마음 편히 쉴 날이 없다. 그리고 마음에 얽힘이 많은 사람도 마음이 고요할 날이 없다. 모난 마음이 둥글어지고 얽힌 매듭들이 풀릴 때 비로소 마음은 고요해지고 텅 비게 된다. 그것이 바로 허정虛靜의 경지다. 노자는 허정의 극치에 이르렀을 때 천하만물이 다시 근원으로 돌아가는 것을 볼 수 있다고 했다. 그리고 천하만물이 원래 나왔던 곳이자 다시 돌아가는 그곳을 노자는 '도'라고 했다.

노자는 중국사상사에서 최초로 우주의 본체가 무엇인가 하는 문제를 제기한 사람으로 알려져 있다. 그가 도를 이야기함으로써 중국철학은 실로 엄청난 풍성함과 깊이를 더하게 되었다. 그러나 본체론을 제기한 고대 동서양의 많은 사상가들이 그러하듯, 노자의 도에 대한 이야기는 단순한 철학적인 사색이나 추리에서 나온 것이 아니다. 그것은 실제적인 신비체험 속에서 나온 것이다. 아래 『도덕경』 14장과 25장은 이를 잘 말해주고 있다.

보려고 해도 보이지 않는 것을 '이夷'라 하고 들으려고 해도 들리지 않는 것을 '희希'라 하며 만지려고 해도 만져지지 않는 것을 '미微'라고 한다. 이 세 가지는 궁구하여 밝힐 수도 없는 것인데, 어우러져 하나이기 때문이다. 그 위가 밝지도 않고 그 아래도 어둡지 않으며 끊임없이 계속 이어지는데, 이름을 지을 수 없으니 무無로 되돌아간다. 이를 이름하여 형체 없는 형체

요, 형상 없는 형상이라 하며 '홀황惚恍'이라고 한다. 맞이하려 해도 그 머리를 볼 수 없고, 따르려고 해도 그 꼬리를 볼 수 없다.

어떤 것이 혼돈되어 이루어졌는데 하늘과 땅보다 먼저 생겼네. 소리도 형체도 없는데 홀로 서서 변함이 없고 두루 운행하며 그치지 않아서 가히 천하의 어머니라 할 수 있네. 나는 그 이름을 몰라 글자로 나타내어 도라고 하고 억지로 이름 지어 크다고 하네.

우리가 흔히 사용하는 '희미하다'는 말은 여기서 나온 말로, 원래는 소리도 없고 형체도 없어서 감각으로 포착할 수 없는 현묘한 것을 가리키는 말이었는데, 후에 흐릿하여 잘 보이지 않는다는 뜻으로 쓰이게 되었다. 그리고 '홀황'이라는 말은 오늘날 우리가 쓰는 '황홀'과 같은 뜻으로 글자 순서만 뒤바뀐 것이다. '홀황'은 '희미'와 마찬가지로 어떤 형체나 형상을 넘어선 현묘한 경지를 가리키는 말이었는데, 지금은 감각적 쾌락, 종종 성적 쾌감이 극에 달한 것을 가리키는 말로 쓰이게 되었다. 물론 명상에서 일상의 감각을 넘어선 깊은 경지를 가리키는 말로 쓰기도 하지만 주로 감각적 쾌감과 관련시켜 쓰는 경우가 많다. 아마도 이런 감각적 쾌락이 극에 달하면 정신이 아득해서 사물을 또렷이 볼 수 없게 되기 때문에 그렇게 쓰는 것이 아닌가 여겨진다. 노자의 도에 대한 이야기는 단순한 상상이나 개념적인 것이 아니라 '희미'와 '홀황'의 경지에서 구체적으로 체험한 것이다.

원래 언어는 공적公的 약속이다. 그러나 동시에 언어 속에 담긴 뜻은 각 개개인마다 조금씩 다르다. 그래서 미묘한 주관적인 느낌을 설명하려고 할 때면 언어의 한계를 쉽게 느낀다. 그리고 매우 구체적인 오감의 영역에 속하는 것이라 할지라도 서로의 체험 영역이 다르면 설명하기가 상당히 어렵다. 예를 들면 지금처럼 교통과 통신이 발달하지 못한 과거에 눈을 한 번도 본 적이 없는 적도의 사람들에게 눈과 눈사람, 눈싸움 등을 설명하려고 한다고 상상해보자. 아무리 많은 단어를 동원한다 해도 제대로 설명하기가 쉽지 않을 것이다. 하물며 일상적 오감의 범주를 완전히 넘어선 초월적인 세계는 더 말할 필요가 없다. 그래서 역대 이래 전 세계의 수많은 신비주의자들은 자신이 체험한 세계를 언어로 표현하기가 어렵다고 호소했다.

노자 또한 '희미'와 '홀황'의 깊은 경지에서 체험한 그것을 언어로 표현하기가 무척 어려웠을 것이다. 그래도 언어로 표현하지 않으면 전달할 수가 없다. 그래서 그는 억지로 '도'라고 불렀다. 그러나 이름을 붙이는 순간 다른 사람들은 거기에 자신들만의 이미지를 더하기 때문에 노자가 체험한 그것과는 약간의 차이가 나게 된다. 그 때문에 노자는 『도덕경』의 첫머리에서 "도를 가히 도라고 하면 항상 있는 도가 아니다"고 했던 것이다.

아무튼 노자는 양생의 단계와 수심의 단계를 거쳐 일반적인 수양에서 최고의 경지로 여기는 현묘한 도의 세계를 체험하는 경지에 이르렀다. 그러면 그 다음 단계인 화광동진이란 무엇을 말하는 것인가?

여기서 말하는 빛이란 깨달음의 빛 또는 거기서 나오는 성스러움의 빛이라고 할 수 있다. 일반적으로 종교적 수도나 명상 등을 통해 일상적인 감각과 개념의 지배를 벗어나 깊은 내면세계 또는 초월적인 세계를 체험하게 되면, 그 눈이나 얼굴에서 무언가 성스러움의 광채가 나오게 된다. 모세를 비롯한 수많은 유대의 선지자들은 야훼의 계시를 받거나 야훼를 만났을 때 빛을 체험하고 그 빛이 그들의 얼굴에도 나타나곤 했다. 예수 또한 마찬가지다. 불교를 창시한 석가모니 또한 그러하며 높은 경지에 오른 인도의 요가 수행자나 이슬람교의 성자들 또한 마찬가지다.

물론 이 빛은 육안으로 볼 수 있는 가시적인 빛은 아니다. 신비주의자들은 보통 그것을 후광後光이라고 부른다. 그들은 명상을 통해 영안을 각성시킨 사람들은 실제로 후광을 볼 수도 있다고 주장한다. 그러나 여기서는 신비적 이야기는 논외로 하자.

어쨌든 성자들에게서는 보통 사람들과는 다른 성스러움의 아우라Aura가 있다. 그 때문에 동서양의 대부분의 종교적인 성화聖畵에서 성자들의 머리 뒤에 그려진 후광을 볼 수 있다. 예수, 석가, 크리슈나, 마호메트 등의 종교 창시자나 신의 화신은 물론이고, 그 추종자들 가운데서도 성스러운 경지에 이른 사람에게는 후광이 나타나고 있다. 중세의 유명한 수도자인 아시시의 성 프란체스코나 신라시대의 고승인 원효대사의 초상화를 비교해보면 공간적, 시간적, 문화적 배경이 전혀 다르지만 머리 뒤에서 성스러움의 후광이 나타나는 것은 서로 일치한다. 이를 통해 볼 때 무언가 있기는 있음을 알 수 있다.

천지만물의 근원인 도를 체험한 노자 또한 분명 그런 성스러움의 빛이 뿜어나왔을 것이다. 그런데 노자는 그 빛을 부드럽게 해야 한다고 말한다. 나아가 티끌과 어울려야 한다고 말한다. 여기서 티끌이란 당연히 빛과는 대립되는 개념으로 범속함의 세계를 상징한다. 화광동진이란 바로 깨달음의 성스러운 빛을 부드럽게 하여 그것을 안으로 감추고 다시 범속한 일상의 세계로 돌아와 보통 사람과 어울리는 것을 뜻한다.

화광동진을 중심으로 한 노자의 수행 과정을 도형으로 표시하면 바로 앞에서 이야기한 대교약졸과 마찬가지로 나선형의 구조다. 처음에는 범속함에서 출발한다. 그러다가 색태폐문과 좌예해분의 과정을 거쳐 깨달음으로 나아간다. 이렇게 깨달음으로 나아가면 성스러운 빛이 나타나게 된다. 그러나 최종적으로는 화광동진을 통해 성스러움의 빛을 부드럽게 해 감추고 다시 범속함으로 돌아온다. 그런데 여기서 화광동진을 하고 난 이후의 범속함은 물론 처음의 범속함과는 차원이 다르다. 그것은 겉으로는 범속해보지만 속으로는 범속하지 않다. 깨달음의 빛이 감추어져 있기 때문이다. 즉, 범속함과 성스러움이라는 대립적인 양자가 통합되면서 더 높은 차원의 성스러움으로 나아간 것이다.

보통 사람들은 범속함에 머물러 있기 때문에 성스러움을 전혀 모른다. 이것은 분명 한쪽으로 치우친 것이다. 그러나 수도하는 사람들은 대체로 성스러움에 도취되어 범속함을 멀리한다. 그것 또한 한쪽으로 치우친 것이다. 노자는 범속함과 성스러움을 통합할 수 있을 때 비로소 한 차원 더 높은 성스러움의 경지로 나아갈 수 있음을 알았고 그것을 실천하려고 했던 것이다. 그런데 노자가 택한 통합의 구조는 나선형 구조를 지니고 있다. 그리고 그것은 '감추기'의 특징으로 말미암아 겉으로는 마치 되돌아오기로 보인다.

화광동진은 사실 대교약졸과 너무나 비슷하다. 나선형 구조는 물론이고 감추기를 중시하는 것도 똑같다. 실제로 대교약졸의 구절에서 중간의 '교'자와 '졸'자만 성스러울 '성'자와 범속할 '범'자로 바꾸어보자. 그러면 대성약범大聖若凡이 된다. 이 말은 '크게 성스러운 것은 범속한 것처럼 보인다'고 풀이할 수 있다. 대성약범은 화광동진을 문자만 바꾼 것으로 그 속의 내용은 똑같은 것이다. 이로 보아 노자의 대교약졸의 나선형 논리는 바로 노자의 수양 과정과 매우 밀접한 관계에 있음을 알 수 있다.

그러면 과연 노자는 나선형과 감추기의 구조를 어떻게 알게 되었을까? 그냥 개인적인 수양을 통해 스스로 깨친 것일까? 그렇지 않으면 스승의 가르침을 통해서 깨치게 되었을까? 노자와 관련한 기록 어디에도 노자가 스승을 모셨다는 기록은 없다. 그러나 당시 노자처럼 깊은 지혜와 깨달음을 가지고 있으면서도 그것을 감추고 평범한 농사꾼으로 은둔하는 사람들은 기록에 많이 보인다. 이로 보아 노자가 체득한 화광동진의 논리는 혼자만의 깨달음이 아니라 그런 토양 속에서 나온 것이라 생각할 수도 있다. 그리고 화광동진이나 대교약졸이라는 말 자체가 노자 자신의 말이 아니라 당시 은자들 사이에서 유행했던 경구였을 가능성도 있다. 더 크게 보면 나선형의 논리와 감추기 구조는 당시 중국 문화와 사상 전체의 토양 속에서 나온 것이기도 하다. 이 부분은 제10장에서 좀더 상세하게 다룰 것이다.

그러나 중요한 것은 노자가 화광동진과 대교약졸을 최초로 서술했다는 것이고, 비록 체계적이지는 않지만 『도덕경』 전체를 관통하는 중요한 논리 구조로 사용하고 있다는 것이다. 그러므로 그것들은 노자의 사상이다. 그리고 노자가 화광동진이나 대교약졸을 서술함으로써 중국문화 속에 있는 그런 성향들은 더욱 구체화되어갈 수 있었던 것이다. 사상의 위대함은 바로 여기에 있다.

또 한 가지 중요한 사실은 설령 화광동진이 당시의 은자들의 경구였다 해도 그들은 대부분 단순한 감추기에 급급하여 그 속에 있는 통합의 의미를 간과한 데 비해 노자는 통합을 지향하면서 감추기를 했다는 사실이다. 『도덕경』에서 노자는 초월적이고 본질적인 도의 세계에 대한 많은 이야기를 했지만 당시의 사회와 문명에 대해서도 많은 관심을 나타냈다. 그래서 어떤 것이 바람직한 정치고 사회인가에 대해서도 말하고 작위作為와 탐욕을 조장하는 당시의 사회분위기를 비판하며, 그 결과로 수반되는 전쟁을 강력하게 반대하고 있다. 노자의 화광동진은 단순한 감추기가 아니라 초월의 성스러움과 현실의 범속함을 통합하는 새로운 차원으로 나아가는 나선형적 발전이었던 것이다.

다만 한 가지 아쉬운 것은 그 통합이 미완의 통합이라는 것이다. 노자는 현실 사회에 대한 관심을 가지고 처방책을 제시했지만 지나치게 이상적이고 막연한 것이어서 부분적인 쓸모는 있을지 몰라도 현실적인 대안이 되지는 못했다. 그리고 그의 삶도 범속한 일상으로 완전히 돌아오지 못하고 결국 감추기에 치우치고 말았다. 그리하여 자신의 깨달음과 도를 드러내지 않으려고 하는 데 너무 많은 에너지를 낭비했고, 결국 주나라를 떠나 철저한 은둔의 길을 택했다. 역사와 문명 밖으로 사라져버린 것이다. 만약 노자의 감추어진 성스러움과 지혜를 알아볼 수 있었던 관문의 수문장 윤희의 깊은 안목이 없었다면 그의 가르침은 이 세상에 전해지지 않았을지도 모른다.

그런 한계가 있음에도 불구하고 그의 대교약졸과 화광동진 사상은 실로 위대하다. 그것은 2천 5백 년의 긴 세월을 흐르면서 중국인들의 사고방식과 종교, 예술, 나아가 중국문화 전반에 걸쳐 지대한 영향을 미쳤다. 그리고 주변의 여러 나라들에게도 많은 영향을 미쳤다.

이상으로 대교약졸의 의미와 논리구조에 대해 간략하게 살펴보았다. 대교약졸 속에는 두 가지 의미가 있다. 첫째는 인위적 기교와 자연스러움 가운데서 자연스러움을 더 높게 평가하고 그것을 지향한다는 의미가 있다. 이 것은 세계의 여타 문화권, 그 가운데서 특히 서양문화권과는 대별되는 중국문화의 특징을 이해하는 데 매우 중요하다. 둘째는 시간의 흐름 속에 자연스러움과 인위적 기교미를 통합하면서 다시 자연스러움으로 회귀한다는 의미가 있다. 이것은 중국문화사의 흐름을 이해하는 데 매우 큰 도움을 줄 것이다. 자, 이제 대교약졸, 이 짧은 넉 자의 구절을 나침반 삼아 다양한 갈래와 긴 역사를 지닌 중국문화의 심오한 세계로 여행을 떠나도록 하자.

대교약졸 속의 아름다움(美)

노자는 대교약졸 속에서 구체적으로 어떤 아름다움을 지향했을까?

사실 노자는 아름다움에는 관심이 없었던 사람이다. 『도덕경』 전체에서 아름다울 '美'자는 모두 아홉 번 나오는데, 대부분 동사나 형용사로서 서술어나 수식어로 쓰이고 명사로 쓰인 곳은 한 군데밖에 없다. 철학은 개념의 학문이다. 철학에서는 개념을 잘 설명할 수 있는 명사가 중요하다. 『도덕경』 전체에 아름다움이라는 명사가 거의 없다는 것은 노자가 아름다움에 대해 그다지 관심이 없다는 것을 말해준다. 그럼 노자가 유일하게 아름다움을 명사로 사용한 부분을 보자.

천하 사람들이 모두 아름다움을 아름다움이라고 아는데 이는 추함이고, 모두 선함을 선함이라고 아는데 이는 악함이다. 그러므로 있음과 없음이 상대적으로 생기고, 쉬움과 어려움이 상대적으로 이루어지며, 김과 짧음이 상대적으로 나타나고, 높음과 낮음이 상대적으로 의지하며, 음과 성이 상대적으로 어울리고, 앞과 뒤가 상대적으로 따르는 것이다. —『도덕경』 2장

여기서 노자는 아름다움이니 추함이니 선함이니 악함이니 하는 것들이 사실은 항상 서로 짝을 이루어 존재하지 홀로 존재하는 것이 아님을 강조하고 있다. 이는 좀더 엄밀히 말하면 이원성에 대한 이야기다. 이원성의 특징은 한쪽 끝을 잡으면 다른 한쪽 끝이 반드시 따라온다는 것이다. 왜냐하면 홀로 존재하는 것이 아니라 서로 의지해서 존재하기 때문이다.

이 세상은 이원성으로 이루어져 있다. 자석을 보라. 자석은 항상 N극과 S극 양극으로 이루어져 있다. 어느 한쪽 극만 가지고 싶어서 자석을 잘라보라. 두 동강 난 S극의 한쪽 끝에는 다시 N극이 생기고 N극의 한쪽 끝 또한 S극이 다시 생긴다. 자석은 아무리 잘라도 항상 N극과 S극으로 나누어진다. 이원성의 세계에서는 한쪽 끝만 잡을 수는 없다. 한쪽 끝을 잡는 순간 반대편 끝이 어느새 다가와 있다. 다만 잘 보이지 않을 뿐이다.

이런 이원성의 세계에서 아름다움만을 잡으려고 하는 것은 어리석은 짓이다. 아름다움을 잡는 순간 어쩔 수 없이 추함도 같이 잡게 된다. 그렇기 때문에 노자는 이원성의 한계를 극복하기 위해 이것도 저것도 잡으려고 하지 않는 무위를 강조했다.

장자는 여기에서 한 걸음 더 나아가 아름다움이나 추함에는 어떤 절대적인 기준이 없는 것임을 강조했다. 장자는 춘추시대 최고의 절색이었던 서시西施의 아름다움을 예로 들면서 "서시는 사람들이 모두 아름답다고 여기는 대상이지만, 물고기가 그를 보면 물 깊숙이 숨고 새가 그를 보면 하늘 높이 날며 고라나 사슴이 그를 보면 재빨리 도망친다. 사람, 물고기, 새, 사슴 가운데 누가 천하의 진정한 아름다움을 안다고 하겠는가?"라고 했다.

참 재미있는 말이다. 사실 아름다움이란 매우 주관적이다. 제 눈에 안경이라는 말도 있지 않은가? 그러나 많은 사람들이 공유할 수 있는 대략적인 기준은 있고 그래서 거칠게나마 보편적인 아름다움의 기준을 끄집어낼 수도 있다. 물론 여기서 말하는 보편성이라는 것 또한 규모의 문제가 있다. 어느 집단 속에서는 통용되지만 다른 집단에 가면 통용되지 않는다는 말이다.

자기 집단 속에 있는 사람들에게는 어느 정도 객관적인 기준이 될지 모르겠지만 그 집단 밖에 있는 사람들에게는 전혀 먹혀 들어가지 않을 때 그것은 절대 객관적인 기준이 아니라 집단의 주관적인 기준이다. 근대 이전에 동아시아 사람들이 생각한 아름다움의 기준과 유럽 사람들이 생각한 아름다움의 기준과 아프리카 사람들이 생각한 아름다움의 기준은 상당히 달랐다. 이 시대는 그 집단의 규모가 엄청나게 확장되어 대략 인류 전체가 공유할 수 있는 틀이 형성되어가는 중이다. 물론 대부분 서구적인 기준이다.

장자는 통이 참 큰 사람이다. 집단의 범주를 좀더 확장해서 아예 영장류, 어류, 조류, 포유류에까지 미치고 있다. 그는 서시가 아름답다는 것은 인간이라는 영장류 집단이 가지고 있는 집단주관에 불과한 것이지, 어류나 조류, 포유류에게는 통용되지 않는다는 것을 강조한다. 즉, 모든 인간이 다 공감할 수 있는 절대적인 기준이 있다 해도 그것 또한 전체 생물계에서 보면 상대적인 기준에 불과하지, 절대적인 기준은 될 수 없다는 것이다. 물론 이것은 아름다움과 추함의 문제만이 아니라 선과 악, 참과 거짓에도 적용된다. 장자가 이런 말을 한 뜻은 결국 아름다움이니 추함이니, 선함이니 악함이니 하는 것들은 원래 어떤 절대적인 기준이 없는 상대적인 것이니 거기에 얽매이지 말라는 이야기 정도가 될 것이다.

노자와 장자는 이렇게 아름다움에 대해 철학적이고 본질적인 질문을 던졌지, 아름다움 자체에 대해서 논한 바는 없다. 그러므로 대교약졸에 숨어 있는 아름다움을 찾아내는 것은 결국 뒷사람들의 몫이다. 나는 여기서 대교약졸의 아름다움으로 정련된 소박미素樸美, 심오한 단순미單純美, 숙성된 평담미平淡美, 분산된 통일미統一美, 배경과의 조화미調和美를 들고자 한다. 하나씩 이야기를 풀어나가도록 하겠다.

정련된 소박미

대교약졸에 내포되어 있는 아름다움의 의미 가운데서 가장 먼저 떠오르는 것은 소박미素樸美라고 할 수 있다. 기교미技巧美에 대립되는 것으로 일차적으로 떠오르는 것은 소박미다. 기교란 무엇을 꾸미는 것이고 소박이란 아무것도 꾸미지 않은 것을 말하는 것이기 때문이다.

'소'란 원래 염색하지 않은 실을 가리키는 말이다. 염색을 하지 않은 실의 색은 흰색이다. 그래서 이 '소'자는 '희다'는 뜻으로 쓰인다. 소복素服이라 함은 흰옷을 말한다. 가공을 가하지 않았기 때문에 '바탕'이라는 의미로도 쓰인다. 소질素質이라는 말은 여기에서 나온 말이다. '박'이란 갓 벌채하여 아직 다듬지 않은 원목을 가리키는 말이다. 가공하지 않은 채로 본바탕을 드러내고 있다는 의미가 강하다. 그래서 바탕을 가리키는 '질'자와 같이 '질박質樸'으로도 쓰이고, 기교가 없다는 '졸'자와 같이 '졸박拙樸'으로도 쓰인다. 소박이란 원래 가공되지 않은 사물의 원형을 가리키는 말로, 미학적으로는 인위적 기교가 더해지지 않은 자연스러운 아름다움을 가리킨다.

처음으로 미적 행위를 시작할 때는 모든 것이 소박하다. 아직까지 어떤 기교를 부릴 수 있는 능력이 없기 때문이다. 원시시대의 예술은 대부분 소박함이 특징이다. 어린아이들의 예술 또한 마찬가지다. 어린아이가 그리는 그림이나 아이들이 부르는 동요는 얼마나 소박한가?

인간의 지혜가 열리고 사회가 발달하고 문화가 발달할수록 미적 안목이나 기교도 점차 발달한다. 미적 기교의 일차적인 발현은 주로 화려함으로 표현된다고 할 수 있다. 하얀 바탕의 실에 빨강이나 노란 또는 파란 색을 입히고 그것도 모자라 알록달록한 여러 가지 색을 입힌다. 소박한 단색보다는 화려하고 다채로운 색을 좋아하는 것은 인지상정이다. 눈길이 저절로 끌리기 때문이다. 사람들이 기교가 생길수록 원시적 소박함으로부터 벗어나 무언가 화려함을 표현하고자 하는 것은 당연한 일이다. 대부분의 문명권에서 예술의 발전은 소박함에서 화려함으로 나아가는 것을 일반적인 특징이다. 일반인들의 심미안에는 화려함이 원시적 소박함에 비해 미적으로 더 세련되고 발전된 것으로 보이기 때문이다.

요즘은 텔레비전과 인터넷으로 인해 도시와 시골의 차이가 상당히 좁혀졌지만 텔레비전도 없던 시절, 깊은 산골에서 자란 소박한 시골 처녀가 도시에 와서 가장 먼저 놀라는 것은 바로 도시의 화려함이다. 거리에 즐비한 가게들의 현란한 간판들, 쇼윈도에 전시되어 있는 사람의 마음을 쏙 빼놓는 화려한 상품들은 시골 처녀의 마음을 선망으로 가득 차게 하기에 충분하다. 특히 밤거리를 환하게 밝히고 있는 화려한 전등들, 번쩍거리는 네온사인은 사람의 마음을 빼앗기에 충분하다. 시골의 밤은 단색이다. 그저 까만색에 불과하다. 그러나 도시의 밤은 온갖 휘황찬란한 색깔로 가득 차 있다. 화려함의 극치인 것이다. 조금 단순화시켜서 말하면 문명화는 도시화고 도시화는 바로 화려함이다.

그리하여 소박한 산골 처녀는 밋밋하고 소박한 자신의 모습을 부끄러워하기 시작하면서 소박함을 버리고 화려함을 배우기 시작한다. 물론 화려함에도 등급이 있다. 처음 화려함을 추구하는 사람들은 대부분 조잡한 화려함에서 출발한다. 싸구려 화장품일수록 조잡하다. 그러나 처음 화려함을 추구하는 시골 처녀는 그것이 조잡하다는 것을 알지 못한다. 그저 화장품을 바른다는 것 자체에 의기양양해 한다. 그러다가 미적 안목이 점차 성숙될수록 세련된 화려함으로 나아간다. 조잡한 화려함과 세련된 화려함은 상당한 차이가 있다. 그러나 일단 화려함을 기본적으로 한다는 점에서는 같다.

그러나 대교약졸의 관점에서 본다면 화려함이 발전의 끝은 될 수가 없다. 화려함이 극에 이르면 다시 자연스러운 소박함으로 돌아와야 하는 것이다. 그래서 노자는 소박을 중시했다.

성스러움을 끊고 지혜로움을 버리면 백성들의 이익이 백 배가 될 것이고,

인을 끊고 의를 버리면 백성들이 다시 효도하고 자애롭게 될 것이며, 기교를 끊고 이익을 버리면 도적이 없게 될 것이다. 이 세 가지는 꾸밈이기 때문에 부족하다. 그러므로 사람들로 하여금 귀속하는 바가 있게 해야 한다. 바탕을 드러내고 질박함을 지녀야 하고, 사심을 적게 하고 욕심을 줄여야 한다. ─『도덕경』19장

성스러움과 지혜는 사람들이 추앙하는 바다. 그러나 노자는 그것들을 버려야 진정으로 백성들이 행복하게 될 것이라고 말한다. 노자의 관점에서는 사람들이 추구하는 성스러움과 지혜는 자연스러움에서 우러나오는 진정한 성스러움과 지혜가 아니라 인위적인 것이기 때문에, 도리어 참다운 행복을 추구하는 데 방해가 되는 것이다. 인仁과 의義는 유가에서 늘 강조하는 기본 덕목이다. 그러나 노자의 관점에서는 인과 의를 강조하는 사회는 사실 인과 의가 제대로 실현되지 않는 사회다. 타율적이고 작위적인 인의 교육이 사라지게 되었을 때 진심에서 우러나오는 효도와 자애가 이루어질 수 있다는 것이 노자의 주장이다. 재주와 이익을 중시하는 사회에는 도적이 많아질 수밖에 없다. 이런 것들은 모두 인위적인 것으로 사람들로 하여금 진정 바람직한 삶으로 이끌 수가 없다. 그래서 노자는 이들을 대신해서 바탕을 드러내고 질박함을 끌어안으며 사심을 적게 하고 욕심을 줄여야 함을 강조했다.

여기서 바탕을 드러내고 질박함을 지니는 '현소포박見素抱樸'의 '소박'은 미에 관련된 용어는 아니다. 그것은 사람들의 성품에 관련된 말이다. 그러나 중국에서는 인물의 풍격風格에 관련된 용어가 나중에 문학이나 예술의 품평 용어로 쓰이는 경우가 많았다. 원래 풍격이라는 말은 사람의 개성을 표현하는 말이었다. '풍'이란 바람과 같이 느낄 수는 있지만 구체적으로 표현하기 어려운 어떤 분위기를 가리키고, '격'이란 하나의 격자 또는 틀로서 가변적인 것을 고정시키는 의미가 있다. 여기서 틀이란 다른 존재와는 구분되는 그 존재 고유의 틀이란 의미가 내포되어 있다. 그러므로 풍격이란 어떤 사람에

게서 풍겨나는 그 사람만의 독특한 분위기를 가리킨다. 이것이 나중에는 어떤 작가의 작품에서 묻어나는 고유의 분위기를 가리키는 말로 쓰이게 된 것이다.

소박함은 단순히 사람의 품성이나 개성을 표현하는 말일 뿐만 아니라 예술의 아름다움을 논하는 말이다. 그리고 그 아름다움은 그야말로 물들이지 않은 실처럼, 아직 가공하지 않은 원목처럼 원시적인 투박함에서 나온다. 그러나 그 투박함, 그 원시적 소박함이 천하의 어떤 아름다움보다 더 뛰어난 것이다. 노자를 계승한 장자 또한 소박에 대해서 최고의 찬사를 보내고 있다.

고요히 있으면 성인이 되고 움직이면 천하를 다스리게 된다. 아무것도 하지 않아도 존경을 받고 소박한 채로 있어도 천하에 그와 더불어 아름다움을 다툴 자가 없다. ―『장자』「천도天道」편

여기서 장자가 표현하고자 하는 인물은 무위자연無爲自然의 도를 체득한 이상적인 인물이다. 무위자연의 도를 완전히 체득한 인물은 고요히 있을 때는 자기 속으로 깊게 들어가 내면의 덕성을 완성하여 성인의 경지에 들어가고, 움직이면 세상을 향해 나아가서 천하를 다스리는 성군이 될 수 있다. 안으로 성인의 경지를 이루고 밖으로 천하를 다스리는 것을 흔히 내성외왕內聖外王이라고 하는데 이것은 『장자』의 「천하」편에 나오는 최고의 이상적인 경지다. 유가에서 추구하는 이상적인 경지인 수기치인修己治人이나 수신제가치국평천하修身齊家治國平天下도 결국은 내성외왕과 크게 다르지 않는 말이다. 이런 높은 경지에 있는 사람이기 때문에 아무것도 하지 않아도 존경을 받는 것이다. 또한 이런 사람은 아무런 꾸밈이 없이 소박하게 있어도 그 존재 자체에서 이미 찬연한 아름다움이 뿜어나오기 때문에 세상의 어떤 아름다움도 그것과 비교할 수가 없다. 무위자연과 소박함에 대한 극찬이라고

할 수 있다.

이상의 이야기는 물론 최고의 경지에 이른 사람에게 해당하는 이야기다. 그런데 만약 보통 사람이 무위자연을 흉내 낸다고 아무것도 하지 않고 가만히 있으면 어떨까? 앞에서와 같은 그런 찬사를 받을 수 있을까? 무위자연이 아니라 무위도식無爲徒食이라는 비난을 받기가 십상일 것이다. 무위자연과 무위도식은 앞의 두 글자는 같지만 뒤의 두 글자 때문에 그 가리키는 바가 하늘과 땅 차이다.

앞의 두 글자도 사실은 전혀 다른 뜻이다. 무위도식의 무위란 단순히 아무것도 하지 않는 것이지만, 무위자연의 무위는 아무것도 하지 않는다는 게 아니라 작위가 없다는 것이다. 작위가 없기 때문에 '저절로 그러함'이 드러난다. 자연自然, 즉 '저절로 그러함'은 도가사상에서는 '도'보다 한 단계 더 높은 최고의 개념이다. 노자는 사람은 땅을 법칙으로 삼고, 땅은 하늘을 법칙으로 삼으며, 하늘은 도를 법칙으로 삼고, 도는 자연을 법칙으로 삼는다고 했다. 이렇게 도보다 더 높은 '저절로 그러함'의 단계에 이르렀기 때문에 모든 일은 저절로 이루어진다. 『도덕경』의 다른 장에 '아무것도 하지 않지만 하지 않는 것이 없다(無爲而無不爲)'는 말이 있음을 보면 그 뜻을 짐작할 수 있다.

아무것도 함이 없어도 모든 것이 저절로 이루어지는 경지는 사실 저절로 되는 것이 아니다. 그것은 기나긴 수양의 과정을 거쳐 저절로 그러함의 도를 완전히 체득하고 자신의 삶 속에서 온전히 체화시킬 수 있어야 가능한 것이다. 그렇지 않고 그냥 아무것도 하지 않으면 무위도식이 된다.

마찬가지로 아무런 꾸밈이 없이 가만히 있어도 존재의 아름다움이 저절로 뿜어나와 사람들을 감동시키는 경지 또한 저절로 되는 것이 아니다. 여기서 말하는 소박함은 원시적 상태의 소박함과는 차원이 완전히 다르다. 아름다움에 대한 깊은 통찰을 체화시켜 기교 아닌 기교를 부릴 수 있을 때 이를 수 있는 지극히 높은 경지의 소박함이다. 그것은 겉으로 소박해 보이지만 사실 오랜 세월의 정련精鍊된 기교가 그 속에 담겨져 있다. 그래서 나는 그것을 '정련된 소박미'라고 부르고 싶다.

미학적으로 볼 때 소박미의 가장 큰 장점은 원초적 생명력이다. 햇볕에 탄 까무잡잡한 피부빛의 시골 아이에게는 아파트풍의 말끔하고 화사한 도시 아이들에게서는 느낄 수 없는 싱싱한 생명력이 있다. 마찬가지로 아무런 가공이 없는 원시적 소박미는 우리에게 풋풋하고도 싱싱한 생명력을 느끼게 해준다. 그러나 원시적 소박미는 잘 꾸며지고 다듬어진 기교미와 비교해 볼 때 풋풋한 생명력은 있지만 고도의 미감은 주지 못한다. 아쉬움이 있다. 그래서 대부분의 경우 소박미에서 기교미를 추구하게 된다.

그런데 잘 다듬어진 기교미를 추구하다 보면 풋풋하고도 싱싱한 생명력을 잃어버리기 십상이다. 너무 기교를 많이 부린 것을 보았을 때 오히려 거부감을 느끼는 것은 그 속에 생명력이 결핍되어 있기 때문이다. 화려한 기교미를 안으로 감추고 다시 소박함으로 돌아올 때 비로소 다시 원초적 생명력을 느낄 수 있는 것이다. 이것이 바로 정련된 소박미다.

물론 최고의 이상적인 경지는 화려한 기교미를 마음껏 부리면서도 원초적 생명력이 싱싱하게 넘쳐흐르는 경지라고 할 수도 있을 것이다. 그러나 현실적으로 그 두 가지를 완벽하게 조화하기란 그리 쉽지가 않다. 하나라도 제대로 하기 어려운 게 현실이다. 노자의 대교약졸 사상의 영향을 받은 중국인들은 화려한 기교미를 추구하기보다는 다시 소박미로 돌아오는 길이 더 바람직하다고 여겼다. 물론 그들이 추구했던 소박미는 그냥 원시적 소박미가 아니라 화려미의 한계를 극복하기 위해서 창출해낸 진일보한 소박미임은 다시 설명할 필요가 없을 것이다.

중국 시가나 회화의 품평용어 가운데 고졸古拙, 졸박拙樸 등의 용어가 있다. 고졸이라는 말은 예스럽고 질박하다는 뜻이고, 졸박이라는 말은 질박과 같은 의미로 결국 소박미를 말하는 것이다. 이 용어들은 결코 낮은 단계의 품평용어가 아니다. 화려한 기교미보다는 훨씬 높은 단계의 품평용어다. 이

거칠고 투박한 가운데 인물의 생동감이 잘 드러나고 있다(양해梁楷의 「발묵선인도潑墨仙人圖」).

런 용어들이 처음부터 높은 경지를 나타내는 용어로 쓰인 것은 아니다. 화려한 기교미를 추구하던 송대 이전에는 주로 그리 좋지 않은 의미로 많이 쓰였지만 대교약졸의 의미를 이해하기 시작한 송대 이후에 들어와서야 비로소 높은 경지를 나타내는 품평용어로 쓰이기 시작했다. 이에 대해서는 제10장에서 다시 본격적으로 논하기로 하겠다.

　삶에도 소박함은 정말 중요한 미덕이다. 우리는 얼마나 많은 인위적 기교들을 덕지덕지 붙이고 살아가고 있는가? 그 화려한, 그러나 대부분의 경우 가식적인 장식들을 걷어내고 소박하고 진솔하게 살아갈 수 있다면 제대로 살았다고 할 수 있을 것이다. 나 또한 삶의 소박미를 체득하고 싶은 것이 소박한 꿈이다.

심오한 단순미

　대교약졸에서 끄집어낼 수 있는 두 번째 아름다움은 단순미單純美다. '단'이란 하나를 가리키고 '순'은 이런저런 색깔이 뒤섞임 없는 생사生絲를 가리킨다. 다 같이 생사를 가리키는 말이지만 '소'자가 원래의 바탕을 강조하는 것이라면 '순'자는 뒤섞이지 않음을 강조하는 것이다. 단순이란 다채로움이나 변화함의 반대말로 쓰인다. 기교미를 추구하는 것은 대체로 다채로움과 변화함의 방향으로 나아감을 말한다. 단순미란 다채로움과 변화함의 교와는 대립적인 개념으로 졸에 속하는 것이라고 할 수 있다.

　원시적 상태에서는 모든 것이 단순하고 간단하다. 아직 다채롭고 복잡하게 표현할 수 있는 능력이 없기 때문이다. 신석기시대의 빗살무늬토기를 보라. 얼마나 단순한가? 토기에다 투박한 도구로 그냥 줄을 직직 그어놓은 것이 전부다. 당시의 기술로는 그 정도밖에 표현할 수 없었을 것이고 미감 또한 그다지 발달하지 못했기 때문에 그 이상의 아름다움은 생각하지 못했을 것이다.

　그러다가 인지가 열리고 사회가 발달하게 되면 점차 모든 것은 단순하고 간단한 데서 복잡하고 다양한 방향으로 나아가게 된다. 문명이라고 하는 것 자체가 복잡함으로 나아가는 것이다. 아득한 고대에는 사람이 살아가는 데 그리 많은 법규가 필요하지 않았다. 고조선시대에 사람들이 지켜야 할 법규는 여덟 가지밖에 되지 않는다. 그러나 삼국시대만 되어도 그 정도의 단순한 법규로는 사회를 통치할 수 없다. 고도의 문명 수준에 이른 현대 산업사회의 법규는 우리의 상상을 초월할 정도로 복잡하다.

　우리의 미감도 개인마다 편차가 없는 것은 아니지만 평균적으로 보았을 때 문명의 발달에 따라 점차 단순함보다는 다채로움 쪽으로 나아간다. 원시시대의 지극히 단순한 아름다움은 복잡한 기교의 아름다움으로 대체된다. 단순한 선율에 간단한 박자의 조촐한 음악은 다채로운 선율과 변화 있는 박자로 가득 차 있는 풍성한 음악으로 바뀌고, 몇 가지 안 되는 색깔과 단순하고 어설픈 구도로 이루어진 그림은 풍부하고 다양한 색상과 복잡하면서도 정교한 구도의 그림으로 바뀌게 된다.

왜 문명의 발달은 일반적으로 단순함에서 다채로움과 변화함으로 나아갈까? 생물학적으로 볼 때 그것은 너무나 당연한 질문일 수도 있다. 단세포에서 복잡한 고등생물로 발전하는 것은 진화의 필연적인 추세이기 때문이다. 미감의 차원에서 설명하면 아마도 단순한 것은 일정 시간 이상 접하거나 반복해서 접하면 지루함을 주기 때문이 아닐까 생각한다. 우리의 감각이란 참으로 간사하다. 처음에는 신선하게 느껴지는 것도 시간이 지나서 익숙하게 되면 금방 싫증이 난다. 그래서 새롭고 신선한 자극을 추구하게 되는 것이다. 그런 점에서 볼 때 지루함을 이기기 위해 무언가 다채로운 변화를 추구하는 것은 인지상정이다. 물론 지나치게 다채로워지면 복잡해져서 오히려 부담감을 주기도 하지만, 일반적인 추세는 단순미에서 다채롭고 변화한 아름다움으로 나아가는 것이다.

텔레비전만 해도 그렇다. 요즈음 사람들은 날이 갈수록 지루함을 참지 못한다. 이야기의 전개가 느리거나 화면이 단순하거나 움직임이 별로 없는 것을 보면 금방 지루함을 느낀다. 리모컨이 없던 시대에는 채널을 바꾸러 몸을 움직이는 것이 귀찮아서 그 지루함을 참기도 했지만, 요즘은 손가락 하나로 간단하게 지루함을 해결할 수 있다. 그래서 대부분의 오락프로그램이나 연속극은 빠른 전개와 함께 다채롭고 역동적인 화면의 움직임이 필수다. 광고는 더욱 그렇다. 시대가 흘러갈수록 그만큼 단순하고 느린 것보다 복잡하고 빠른 것을 선호한다는 이야기다.

아무튼 단순함에서 다채로움으로, 간단한 데서 복잡한 양상으로 나아가는 것은 사물의 변화 발전의 자연스러운 길이라고 할 수 있다. 그러나 다채로움과 복잡함이 종점은 아니다. 미감이 점차 깊어지고 안목이 열릴수록 단순한 다채로움과 복잡함에는 만족할 수가 없게 되기 때문이다. 왜냐하면 그 속에는 단순함이 주는 안정감이 결여되어 있기 때문이다. 단순함 속에는 깊은 안정감이 있다. 우리의 미감이란 참으로 간사하여 단순함이 주는 지루함이 싫어서 신선한 자극을 받기 위해 다채로움과 복잡함을 추구하지만, 그것이 지나치게 되면 피로를 느끼게 된다. 자극의 강도가 부담스럽기 때문이다. 그래서 다시 단순함이 주는 안정감을 구하게 된다. 일반적으로 볼 때 에너지가 밖으로 발산하는 젊은 시절에는 다채로움과 변화함에 쉽게 매료되지만 나이를 먹어 점차 안정감을 추구하게 되면서 자연스럽게 단순함으로 다시 눈길을 돌리게 된다. 단순함의 미학을 재발견하게 되는 것이다.

물론 가장 이상적인 경지에 이르렀다면 밖으로 다채로움과 변화함을 발산하면서도 심오함을 견지할 수 있을 것이다. 그러나 그것은 현실적으로는 상당히 어려운 일이다. 어느 한쪽을 중시하면 어느 한쪽은 자연 소략하기 마련이다. 넓이를 갖추게 되면 깊이가 부족하게 되고, 깊이를 추구하면 넓이가 부족한 것이 일반적인 현상이 아닌가? 넓고도 깊은 박이심博而深의 경지는 자주 볼 수 있는 것이 아니다.

대교약졸의 영향을 많이 받은 중국인들은 결국 변화함을 안으로 감추고 겉으로는 다시 단순함으로 돌아오는 것을 택했던 것이다. 물론 이때의 단순미는 이전의 단순미와는 성격이 다르다. 복잡함과 변화함을 추구하던 기교를 내면으로 함축하고 있는 단순미라고 할 수 있다. 그것은 보통의 단순미가 아니라 실로 심오한 단순미다. 겉으로나 속으로나 그냥 단순하기만 한 것은 별로 미적 감흥을 자아내지 않는다. 겉으로는 단순하지만 속으로는 무언가 깊은 기교가 함축되어 있을 때 우리는 비로소 미적 감흥을 느낄 수 있다. 흔히 중국회화에서 거론되는 심간미深簡美는 바로 이것을 말한다. 깊으면서도 간단한 데서 우러나오는 아름다움이야말로 서양회화에서 찾기 어려운 중국회화만의 특징 가운데 하나다.

사실 대부분의 경우 다채롭고 변화한 아름다움을 추구하는 것일수록 그속에 깊은 맛은 별로 없다. 왜냐하면 외적 기교에 몰두하느라 속의 깊은 맛

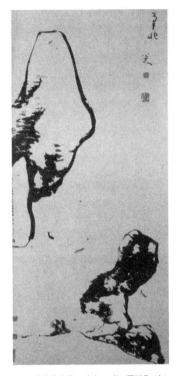

바위 사이에서 물고기가 노니는 풍경을 선으로 단순하게 처리하여 간결하지만 깊은 맛이 있다(팔대산인八大山人 「어락도魚樂圖」).

을 응축할 여유가 별로 없기 때문이다. 속으로 깊은 맛을 지니려면 겉은 아무래도 단순하게 두는 편이 낫다. 거꾸로 말하면 단순한 것을 제대로 표현하려면 진정 깊은 내공이 필요하다. 다채로움과 번화함 속에서는 자신의 내공의 부족함을 감출 수 있는 여지가 있지만 단순함 속에서는 너무 빤히 드러나기 때문에 감출 수가 없기 때문이다.

붓글씨를 쓰는 사람들의 말을 들어보면 획수가 적은 글자일수록 제대로 잘 쓰기가 더 어렵다고 한다. 획수가 많고 복잡한 글자를 쓸 때보다 자신의 필력이 더 잘 드러나기 때문이다. 사군자를 그리는 사람들도 마찬가지의 이야기를 한다. 사군자 가운데서도 가장 단순해 보이는 난초를 제대로 그리는 것이 가장 어렵다고 한다. 그래서 난초 하나를 제대로 그리기 위해 무려 십 년을 단순 반복한다는 이야기도 들었다. 악기를 다룰 때도 마찬가지다. 동아시아 문화권에서는 진정으로 대가의 경지에 오르려면 현란하고 다채로운 변화가 있는 곡조보다는 굴곡이 별로 없는 단조로운 곡을 제대로 연주할 수 있어야 하고, 이를 위해 겉으로 보기에는 그다지 어려워 보이지 않는 곡을 몇 년 동안 수도 없이 연습해야 한다는 이야기를 많이 한다.

단순 반복을 계속하는 것은 어찌 보면 무척이나 따분하고 갑갑한 일이다. 그렇지만 많은 스승들이 그것을 강조하는 이유는 기초를 튼튼히 한다는 의미도 있겠지만 그보다는 단순함에서 우러나는 심오함의 미학을 터득하게 하기 위함이 더 큰 이유가 될 것이다. 이런 것들은 바로 노자의 대교약졸의 미학에서 나온 것이라고 할 수 있다.

삶도 마찬가지가 아닐까? 예술의 미학과 인생의 미학은 그리 멀지 않다. 나이를 먹어갈수록 삶이란 게 그리 녹녹하지가 않다는 것을 느끼면 느낄수록 실제 삶에서 진정으로 필요한 것은 매우 기본적이고 단순한 미덕이라는 사실을 발견하게 된다. 예를 들면 정직하라, 성실하라, 겸손하라 등이다. 이런 것들을 어릴 때부터 수도 없이 들어온 너무나 잘 아는 단순한 미덕이다. 그러나 철이 들어 자신을 제대로 바라보는 사람일수록 자신이 얼마나 끊임없이 자신을 혹은 남을 속이려고 하고 있는지, 성실하지 못하고 허황되게 살고 있는지, 자신을 치켜세우며 잘난 체하고 있는지를 발견하게 될 것이다. 삶의 기초가 되는 단순한 미덕일수록 실천하기가 어렵다. 그렇기 때문에 지겨워하지 않고 부단히 연습하는 끈기가 필요하다.

현자라 불리는 삶의 대가들이란 바로 끊임없는 수련을 통해 그 심오한 단순미를 터득한 사람들이다. 현자에게 심오한 인생의 지혜를 구하러간 젊은 이들은 대부분의 경우 현자의 충고가 너무 단순해서 실망하는 경우가 많다. 그러나 나이를 먹어서야 비로소 그 단순한 답 속에 얼마나 심오한 진리가 숨겨져 있었는가를 이해하게 된다. 그러나 그때는 이미 너무나 많은 시간이 흘러버린 뒤다. 아쉽게도 삶을 꽃피울 수 있는 수많은 기회들은 이미 지나쳐버렸고 초라한 현재의 모습에 대한 회한만이 남아 있을 뿐이다. 그래도 뒤늦게나마 그것을 깨우치게 되면 다행이다. 눈을 감기 전에 자신의 삶을 제대로 정리나마 할 수 있기 때문이다. 자신이 그린 삶의 그림이 어떤 그림인지도 모르는 채 눈을 감는 사람도 많다.

숙성된 평담미

대교약졸 속에서 발견할 수 있는 또 하나의 아름다움은 평담미平淡美다. '평'은 평범함 또는 평이함으로 기이하거나 난해함에 상대되는 개념이고, '담'은 맛으로 이야기하면 담백한 맛으로서 농염濃艶한 맛에 상대되는 개념이다. 그래서 평담미라고 하면 '평범하면서 담백한 아름다움'으로 풀이하면 큰 무리가 없다.

미의식의 초기 단계는 기이함과 농염함을 모르는 평범하고 담백함에서 출발한다. 그것은 아직 아무런 기교가 없는 평담의 단계다. 그러다가 미적 의식이 점차 발달하고 미적 기교도 점차 발달하게 되면 사람들은 가만히 평담함에 머무르려고 하지 않는다. 더 신기하고 특이한 그 무엇인가를 찾아 나서려고 하고 더 찐하고 자극적인 그 무엇을 찾게 된다. 기이하고 농염한 아름다움을 추구하게 되는 것이다. 세계의 대부분의 문명권에서는 초기의 평범하고 담백한 단계에서 문명이 발달할수록 점차 특이하고 농염한 아름다움을 추구한다.

우리의 감각이 강렬한 대상에 더 쉽게 매료되는 것은 일반적인 현상이다. 특히 젊음의 에너지가 마구 발산하는 시기에는 감각적으로 특이하고 찐한 대상에 마음이 끌리는 것은 자연스러운 현상이다. 이성을 사귈 때도 그저 평범하고 수수한 대상보다는 무언가 농염한 매력을 발산하는 대상에게 더욱 끌린다. 물론 결혼이라는 현실을 생각하면 감각적인 아름다움 외에 여러 가지 사회적 배경이나 조건을 고려하겠지만, 순수한 연애를 생각하면 대부분 농염한 매력을 발산하는 이성에게 끌리는 것이 일반적이다. 문화와 예술도 마찬가지다. 여러 가지 사회적, 정치적 또는 종교적 통제로 인해 기이하고 농염한 것을 배제하는 경우도 있겠지만 그것은 일시적이거나 부분적인 것이고, 자연스런 흐름으로 보았을 때는 기이함과 농염함을 추구하는 것이 일반적인 추세다.

그러나 대체로 나이를 먹어갈수록 특이하고 농염한 아름다움을 추구하는 취향은 점차 사그라지고 대신 평담함을 찾는 마음이 다시 생기기 시작한다. 왜냐하면 역동적이고 발산적인 젊음의 시기와는 달리 나이를 먹어갈수록 편안함을 그리워하기 때문이다. 기이하고 농염한 것은 신선한 자극과 매력을 발산하여 우리의 시선과 관심을 끌지만 존재감을 너무 강하게 드러내기 때문에 오랫동안 접하고 있으면 무언가 불편함을 주어 오히려 싫증을 느끼게 만든다. 이에 비해 평담한 것은 자신의 존재감을 강하게 드러내지 않고 그저 있는 듯, 없는 듯 그 자리에 있기 때문에 부담 없이 편안하다. 평담한 것은 딱히 끌리는 것도 없지만 오래 있어도 싫증이 나지 않는다. 음식으로 말하면 불갈비는 농염한 맛이고 밥은 평담한 맛이다. 불갈비가 아무리 맛있어도 몇 끼를 연달아 먹으면 물린다. 그러나 밥은 언제 먹어도 물리지 않는다.

물론 가장 이상적인 것은 기이함과 농염함을 마음껏 발산하면서도 사람을 편안하게 포용하는 경지라고 할 수 있다. 그러나 앞에서도 거듭 말했지만 그것은 그리 쉽지가 않다. 대교약졸의 영향 아래에 있던 중국 사람들은 기이함과 농염함보다는 평담함을 추구하는 방향을 선호했다. 물론 이때의 평담함은 처음의 평담함과는 달리 기이함과 농염함을 추구하던 기교미를 숙성시켜서 내재화시킨 평담함이다. 그러므로 이 평담함은 겉으로는 평이하고 담담한 것 같지만 속으로는 여러 가지의 맛이 함축되어 있는 것이다. 숙성된 평담함이라고 할까.

평담미는 중국 시가詩歌 미학에서 매우 중요한 풍격용어다. 특히 대교약졸의 미학이 본격적으로 피어나기 시작한 송대의 시가에서 평담미는 최고의 풍격용어로 각광받기 시작했다. 송시의 평담미를 개척하는 데 앞장섰던 매요신梅堯臣이라는 시인은 "시를 짓는 데는 고금을 막론하고 평담하게 쓰는 것이 가장 어렵다"고 말했다. 그러나 그가 제창한 평담은 그냥 평이하고 밋밋한 평담은 아니었다. 여러 가지 깊은 맛이 함축되어 있는 평담이었다. 그래서 그는 감람시인으로 추종받았다. 감람나무 열매는 처음에는 쓴맛이

소나무와 달, 배를 제외한 풍경을 모두 여백으로 처리하여 은은하면서도 담백한 느낌을 준다(하규夏圭의 「송계범월도松溪泛月圖」).

나지만 씹으면 씹을수록 달콤한 맛이 우러난다는 데서 붙여진 이름이다. 적절한 비유라고 생각한다. 그러나 평담미를 설명하는 데는 국화만한 것이 없다. 국화의 평담미를 시적으로 잘 표현한 서정주의 「국화 옆에서」를 보자.

한 송이의 국화꽃을 피우기 위해
봄부터 소쩍새는
그렇게 울었나 보다.

한 송이의 국화꽃을 피우기 위해
천둥은 먹구름 속에서
또 그렇게 울었나 보다.

그립고 아쉬움에 가슴 조이던
머언 먼 젊음의 뒤안길에서
인제는 돌아와 거울 앞에서 선
내 누님같은 꽃이여.

노오란 네 꽃잎이 피려고

간밤에 무서리가 저리 내리고

내게는 잠도 오지 않았나 보다.

이 시는 1947년에 쓴 서정주의 대표작으로, 흔히 생명 탄생의 지난함을 한국적 정서와 운율을 빌려 잘 표현한 수작이라고 여겨져왔다. 그러나 최근에는 그의 친일 성향을 잘 설명하는 시라고 비평하는 사람들도 있다. 노란 국화(黃菊)는 남성적인 꽃이고 일본 왕실을 상징하는 꽃이며, 거울도 일본 『고사기古史記』에서 일왕이 현인신現人神의 지위를 얻는 데 결정적인 역할을 한 상징물이라는 주장이 바로 그것이다. 루스 베네딕트라는 인류학자가 쓴 『국화와 칼』에서 국화와 칼은 일본문화의 양면성을 잘 보여주는 대표적인 상징물이다. 『세계상징사전』에서도 국화는 일차적으로 태양을 상징하는 일본 왕실과 제국주의를 가리킨다고 한다. 이 시는 광복 이후에 발표된 시기 때문에 친일과는 직접적인 상관이 없고 여기서 국화는 이승만 정권의 탄생을 상징한다는 설도 있다. 시라고 하는 것은 워낙 다양한 해설의 여지가 있기 때문에 설이 분분할 수밖에 없다.

여기서는 이 시의 정치적, 역사적 배경에 대한 것은 일단 논외로 하고, 대교약졸의 평담미와 관련시켜 이야기하고자 한다. 일반적으로 국화는 가을을 대표하는 꽃으로 알려져 있다. 흔히 봄을 대표하는 꽃으로 많이 드는 것은 복숭아꽃과 배꽃이다. 이들은 모두 농염한 화사함의 상징으로 많이 쓰인다. 봄이란 계절이 주는 이미지와 딱 맞는 꽃이다. 이와는 달리 쓸쓸한 가을날 고즈넉한 들판에 피어 수수하고도 담백한 아름다움을 은근히 드러내는 국화는 바로 전형적인 평담의 아름다움을 간직한 꽃이 아닌가? 그래서 옛 선비들은 선비의 기상을 나타내는 사군자 가운데 하나로 국화를 들었다. 매화나무는 차가운 겨울을 뚫고 봄의 소식을 전하는 선비의 선구자적 이미지를 보여주고, 난초는 선비의 청초하면서도 맑은 정신세계를 보여주며, 대나무는 선비의 곧고도 굳센 절개를 나타낸다면 국화는 바로 농염하고 화사한 아름다움과는 대비되는 수수하고 담백한 아름다움을 나타낸다. 국화는 바로 평담미의 상징인 것이다.

그러나 이 시에서의 국화는 단순히 화사하고 농염한 아름다움에 대비되는 평담미를 가리키는 것은 아니다. 젊은 날의 그 화사함과 격정이 모두 숙성되어 이루어진 평담함이다. 기나긴 봄밤의 애처로운 소쩍새의 울음소리와 뜨거운 한여름의 사나운 천둥소리가 녹아 들어가 이루어진 평담함이다. 그리하여 마침내 '그립고 아쉬움에 가슴 조이던 머언 먼 젊음의 뒤안길에서 인제는 돌아와 거울 앞에 선 내 누님 같은 꽃'이 되어버린 것이다. 젊음은 격동적이고 농염하다. 설레는 그리움과 가슴 시린 아쉬움이 있다. 그 진한 가슴앓이를 다 겪은 뒤 중년의 여인이 되어 거울 앞에서 조용히 자신을 관조하는 여인의 모습에는 예전과 같은 화사한 청춘의 아름다움도, 젊은 날의 격정도 별로 보이지가 않는다. 그저 평범하고 담백한 모습이 있을 뿐이다. 그러나 눈가에 살짝 비치는 잔주름 속에는 지나간 격정과 농염함이 감추어져 있다.

평담미는 참으로 부담이 없고 편안하다. 이 시에서 국화는 가슴을 두근거리게 하는 이성이 아니라 누님 같은 꽃이다. 누님이라는 말은 얼마나 푸근한가? 그러나 그렇게 편안한 평담은 그냥 얻어지는 것이 아니다. 숙성된 평담미를 만드는 데는 봄과 여름을 거치는 긴 세월이 필요할 뿐만 아니라 많은 인고를 요구한다. 간밤에 무서리가 내리고 잠도 오지 않았다 함은 바로 평담미를 창출하는 것이 그만큼 지난하다는 것을 말하는 것이다.

소박미나 단순미도 그러하지만 평담미는 정말 나이가 지긋해져야 이해할 수 있는 아름다움이다. 한참 화려하고 농염한 아름다움을 추구하는 젊은이에게 평담미를 강요하는 것은 무리다. 젊을 때는 젊은이답게 삶의 에너지를 마음껏 발산하고 짜릿하고 찐한 아름다움을 추구하는 것이 더욱 아름답다. 새파란 젊은이가 평담한 것만 좋아한다면 그것은 일종의 조로早老현상이다. 그런 평담은 그냥 밍밍한 평담에 그칠 뿐이다. 맵고 달고 시고 쓰고 짠 맛을 다 겪은 뒤에야 진정 숙성된 평담미를 알 수 있다. 그런데 나이가 지긋해졌는데도 여전히 농염한 아름다움만을 추구하는 것 또한 바람직하지 않다. 나이 값은 해야 하지 않겠는가?

분산된 통일미

대교약졸의 미적 의미로서 또 하나 들 수 있는 것은 분산된 통일미다. 통일미란 문자적으로 풀이하면 여러 것이 하나로 통합되어 나타나는 아름다움이다. 여기에는 모든 것이 획일적으로 통일되어 나타나는 아름다움도 있지만 일반적으로 전체 속의 개개의 구성체들이 서로 어긋나지 않고 조화와 질서를 이룸으로써 나타나는 아름다움을 말한다. 하나하나의 세부적인 구성 요소는 아름다우나 그것들이 서로 질서와 조화를 이루지 못할 때 전체적으로는 미감을 자아내지 못하는 경우가 있다. 반면, 개개의 부분은 그다지 아름답지 않지만 부분과 부분들이 서로 질서와 조화를 이룰 때 훨씬 거시적인 차원에서 고도의 미감을 창출해내는 경우도 많다.

통일미를 이해하려면 적어도 전체에 대한 안목이 있어야 한다. 서예나 회화에서 부분 부분의 묘사는 뛰어나지만 전체적인 짜임새에 통일미가 없으면 훌륭한 작품이 될 수가 없다. 한 편의 글을 쓰는 데도 마찬가지다. 한 구절 한 문장씩은 멋들어지게 잘 쓰지만 전체적으로 보았을 때 하나의 주제를 향해 통일된 아름다움을 보이지 못하고 산만하게 흩어져 있으면 아름다운 글이라 할 수 없다. 더군다나 긴 이야기를 풀어나가는 장편 서사 형식의 작품들은 더욱 그러하다. 그 소재가 아무리 재미있는 것이라 할지라도 스토리의 전체적인 구성이나 사건의 전개에 통일성이 결여되어 있으면 미감을 자아내지 못한다. 서구 문학비평의 원류라고 할 수 있는 아리스토텔레스의

『시학』에서는 서사시와 극시를 쓰는 데 구성plot의 통일성이 얼마나 중요한 가를 역설하고 있다.

집단예술에서는 통일미의 중요성이 더욱 높아진다. 합주를 예로 들어보면 쉽게 알 수 있다. 합주는 여러 개의 악기들이 모여서 종합적인 소리를 만들어낸다. 합주를 할 때는 먼저 개개 악기를 다루는 사람들이 일정 수준 이상의 연주 실력을 지니고 있어야 한다. 그러나 개개 악기의 연주자들이 아무리 수준 높은 연주 실력을 지니고 있다 해도 전체적인 조화와 질서가 없으면 좋은 음악이라고 할 수 없다. 하나의 개체가 아름다움을 발휘하는 것도 그리 쉬운 일은 아니지만 그 모든 개체들이 모여서 전체적인 조화를 이루는 것은 더욱 어렵다. 그것은 고도의 미감을 요구한다.

통일미란 이처럼 전체에 대한 미적 안목이 성숙되었을 때 나타나는 것이므로 기교의 초기 단계에서는 기대하기가 어렵다. 초기 단계에는 아무래도 각 부분의 미적 완성도를 높이는 데 관심이 가 있기 때문에 통일미에 힘을 쏟을 겨를이 없다. 그래서 부분과 부분이 따로 논다. 그러다 점차 미적 기교가 높아지게 되면 전체를 바라보는 안목이 차츰 높아지면서 부분과 부분을 어떻게 배열하고 구성할 때 전체적으로 통일미를 구현할 수 있는가를 알게된다.

그런데 통일미를 구현하는 데는 관점에 따라서 크게 둘로 나눌 수 있다. 우선 어느 한 구심점을 중심으로 전체가 일목요연하게 조화를 이루는 집중적 통일미를 들 수 있다. 여기서 집중적이라는 말의 의미를 좀더 명확히 할 필요성이 있다. 그것은 단순히 획일적이라는 뜻이 아니라 어느 하나의 중심점이 있다는 뜻이다.

통일미의 초보적인 단계에서는 아무래도 모든 것이 일목요연하고 기계적으로 조화를 이루는 단계라고 할 수 있다. 이것은 획일적 통일미고 기계적 통일미다. 이 경우 통일이라는 일차적인 목적은 달성하지만 단조로움은 피할 수가 없다. 게다가 통일미가 지나치게 강조된 나머지 각 부분의 개성이 제대로 살지 못하는 폐단도 있다. 미적 안목이 깊어지게 되면 자연스럽게 각각의 부분들이 고유의 개성을 어느 정도 유지하면서도 전체적으로는 조화를 이루는 단계에 이를 수 있다. 이것이 바로 유기적 통일미의 단계다. 그러나 그것이 초보 단계인 기계적 통일미든 아니면 좀더 원숙한 단계인 유기적 통일미든 간에 적어도 하나의 중심점이 계속 유지되고 있는 것은 동일하다.

서구에서는 주로 이런 집중적 통일미를 추구한다. 우선 회화에서 초점투시焦點透視를 통해 시각적으로 사실적인 통일미를 표현하는 것을 중시한다. 서구의 회화는 시선이 하나로 고정되어 있다. 투시법이 본격적으로 발달한 르네상스 이후는 말할 필요도 없고, 그 이전의 회화에서도 한 그림의 화면은 하나의 초점으로 그려진다. 드라마나 소설에서도 아리스토텔레스가 구성의 통일성을 중시한 이후 통일성은 매우 중요한 원칙으로 여겨져왔다.

건축물에서도 마찬가지다. 서양건축의 특징 가운데 하나는 공간의 배치가 어느 한 중심 공간을 초점으로 해 일목요연하게 집중되는 통일미를 드러내는 것을 추구한다는 것이다. 오케스트라에서도 집중적인 통일미를 중시한다. 오케스트라의 모든 연주자들은 항상 그들 앞에 서서 음악 전체를 지휘하는 지휘자에게 집중해야 한다.

일단 우리가 쉽게 생각할 수 있고 현재 우리에게 익숙한 것은 바로 이 집중적 통일미다. 왜냐하면 일단 눈으로 쉽고 명료하게 확인할 수 있기 때문이다. 서양의 문화는 기본적으로 명료함을 중시하기 때문에 집중적 통일미를 더 많이 추구했다.

그런데 이와는 다른 성격의 통일미가 있다. 그것은 바로 분산적 통일미다. 사실 분산이라는 말과 통일이라는 말은 서로 반대되는 말이다. 통일이란 말 자체는 무언가 한 군데로 집중되는 것인데 분산은 흩어지는 것이기 때문이다. 그러나 적당한 용어가 없기 때문에 그대로 사용하기로 하자. 분산적 통일미의 특징은 뚜렷하게 가시적인 구심점이 잘 보이지 않는다는 것이다. 그렇다고 해서 모든 부분이 완전히 따로 노는 것은 아니다. 그 속에는 무언가 보이지 않는 통일미가 있다. 다만 모호해서 잘 느껴지지가 않을 뿐이다.

이렇게 분산적 통일미를 추구하게 되면 전체적인 집중도가 떨어져 약간 산만해 보이는 것은 사실이지만 대신 각 부분의 개성을 살리는 데는 더 유리하다. 앞에서 말한 집중적 통일미에서도 유기적 통일미의 단계에 이르면 각 부분들이 어느 정도의 개성을 살리면서도 얼마든지 전체적으로 조화를 이룰 수 있다. 그러나 아무래도 전체의 구심점을 잡는 데 치중하다 보면 부분에 대한 배려가 제약받는 것을 피할 수 없다. 상대적으로 볼 때 분산적 통일미가 개개 영역의 특징과 개성을 살리기가 더욱 쉽다.

중국예술은 바로 분산적 통일미를 강조한다. 먼저 회화를 보면 서양회화가 초점투시를 위주로 그림을 그리기 때문에 하나의 그림에는 하나의 시각밖에 존재하지 않는다. 반면 중국회화는 산점투시散點透視를 추구하기 때문에 하나의 그림에 여러 개의 시각이 동시에 존재할 수도 있다. 물론 중국회화도 초점투시를 위주로 하는 그림들도 있다. 그러나 중국회화의 가장 중요한 영역이라고 하는 산수화에선 산점투시를 사용하는 경우가 많다.

산수화에서는 한 폭의 그림 속에서 산을 밑에서 위로 바라보는 시각과 멀리 펼쳐진 풍경을 바라보는 시각과 산 뒤쪽의 감추어진 그윽함을 바라보는 시각이 동시에 존재할 수가 있다. 한 폭의 그림에서 여러 개의 시각이 분산되어 나타나면 시각적 통일미는 분명 찾기가 어렵고 어찌 보면 산만해 보일 수도 있다. 그러나 산에 대한 다양한 시각들이 어우러져 초점투시에서는 느낄 수 없는 색다른 운치와 느낌을 살릴 수 있다.

건축물에서도 중국은 분산적 통일미를 추구한다. 서양의 대표적인 건축물, 예컨대 성당이나 궁전들이 대개 하나의 덩어리로 이루어져 있는 반면 중국의 대표적인 건축물인 궁전이나 사원들은 넓은 공간에 흩어져 있다. 이렇게 흩어져 있으면 하나로 집중된 건물에 비해 통일미가 잘 느껴지지 않는다. 특히 원림건축에서는 각각 분리된 공간들의 개성을 최대한 살리는 것을

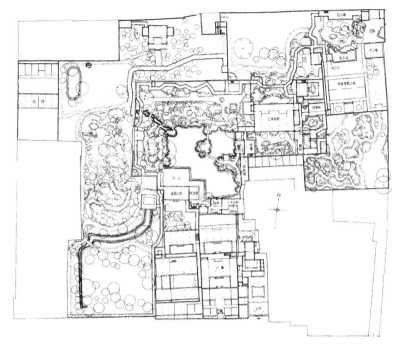

크고 작은 공간들이 어지럽게 나뉘어 있는 것 같지만 전체적으로는 가운데 호수를 중심으로 유기적인 통일미를 보이고 있다(소주蘇州 유원留園 평면도).

중시한다. 그러나 거시적인 안목으로 보면 흩어진 각각의 건축물들이 어우러져 나름대로의 통일미를 이루고 있다. 이것은 분명 다른 차원의 통일미인 것이다.

음악 또한 마찬가지다. 서양의 오케스트라에는 반드시 지휘자가 있지만 중국의 합주에는 한가운데 서서 전체 음악을 지휘하고 조율하는 지휘자가 없다. 각각의 악기들이 지휘자 없이 제각기 놀면서도 전체적인 호흡을 맞추는 것을 중시한다. 한 명의 지휘자가 수십 명의 단원들을 이끌어가는 오케스트라에 비해 통일미가 부족한 듯이 보일 수도 있지만 분명 그 속에는 조화로움이 있다. 다만 집중적 통일미에 익숙한 사람들에게 잘 보이지 않을 따름이다.

사실 집중적 통일미와 분산적 통일미는 직접적인 우열을 논하기가 어렵다. 처음부터 서로 다른 관점을 지니고 있기 때문이다. 그런데 집중적 통일미는 쉽게 감지할 수 있기 때문에 그것이 통일미를 구현하고 있는지 아닌지도 쉽게 알 수가 있다. 즉, 졸과 교를 명료하게 구분할 수 있다. 이에 비해 분산적 통일미는 감추어진 통일미이기 때문에 교와 졸이 명확하지가 않다. 겉으로 보아서는 집중적 통일미에 비해 무언가 뒤떨어진 느낌을 줄 수가 있다. 즉, 졸로 보일 수가 있다는 것이다. 그러나 그것은 결코 처음부터 통일미를 이룰 수 있는 능력이 없어 산만한 상태에 머물러 있는 것이 아니다. 분명 그 속에는 통일미가 있는데 잘 감지되지 않을 뿐이다. 이렇게 감추기 구조를 가지고 있다는 점에서 분산적 통일미는 대교약졸의 아름다움이라고 할 수 있다.

서양이 집중적 통일미를 중시한 데 비해 중국이 분산적 통일미를 중시한 것은 양자의 사유방식의 차이에서 말미암는 부분이 크다. 서양은 아무래도 가시적이고 명료한 것을 선호했던 반면, 중국은 눈에 보이지 않는 무의 세계 또는 다소 모호한 기의 세계 등을 더 선호했기 때문이다.

배경과의 조화미

대교약졸의 관점에서 생각할 수 있는 또 하나의 아름다움은 배경과의 조화미다. 여기서 말하는 배경이란 작품 외적인 요소로서 예를 들면 어느 한 문학작품이나 예술작품에서 그 자체의 미학적 요소 외에 정치적 또는 윤리적 요소 등의 다른 배경들을 말한다. 그리고 건축물이나 야외 조형물인 경우에는 주변의 자연환경 또한 배경이 될 수 있을 것이다. 배경과의 조화미란 문학이나 예술작품, 건축물이나 조형물 그 자체가 지니고 있는 아름다움과 그것을 둘러싸고 있는 외적 배경 또는 자연적 배경이 적절히 조화를 이룰 때 나타나는 아름다움이다.

서양의 문학이나 예술에서는 아름다움 그 자체를 추구하는 예술지상주의적인 경향이 짙은 작품들이 많지만, 중국은 전통적으로 예술지상주의적인 작품이 별로 없다. 문학에서도 문학 자체의 아름다움보다는 문학의 정치·사회적 공용성을 더 많이 강조하는 편이다. 그래서 서양문학에 비해 윤리성이 매우 강하다. 음악 또한 마찬가지다. 고대 중국의 음악이론을 집대성한 『예기禮記』의 「악기樂記」편을 보면 음악의 정치적 사회적 효용성에 대해서 구구절절이 강조하고 있다. 회화에서는 문학이나 음악만큼 그런 강한 구속은 없지만 그래도 예술지상주의적인 성향은 보이지 않는다.

그래서 혹자는 서양의 문학과 예술은 처음부터 정치나 윤리 영역에서 분리 독립되면서 그 자체의 발전과 아름다움을 충분히 구가할 수 있었던 반면, 중국의 문학과 예술은 정치나 윤리의 구속을 벗어나지 못한 미분화 단계에 있다고 주장하기도 한다. 그러나 그것은 관점의 차이에 따라 전혀 다른 각도로 볼 수 있다. 문학이나 예술 그 자체만의 아름다움을 보았을 때는 분명 분화되는 것이 발전에 도움을 줄 것이다. 그러나 중국처럼 처음부터 배경 요소와의 조화미를 중시하는 경우에는 그것이 발전이라고 볼 수는 없다. 오히려 조화미를 깨뜨리는 것이기 때문에 퇴보라고 볼 수도 있다. 문학과 예술 자체의 관점에서 볼 때 중국은 분명 졸에 가깝다고 할 수 있다. 그러나 그 속에는 배경과의 조화미를 추구하는 보이지 않는 미학이 있다. 어떤 점에서는 그것이 더 차원 높은 미학일 수도 있다. 이런 점에서 중국 문학과 예술의 미분화는 대교약졸의 미학에서 나온 것이다.

서양인들이 문학과 예술을 일찍부터 분화하고 자체적인 발전을 추구한 데 비해 중국인들이 배경과의 조화미를 중시하면서 미분화를 추구했던 것은 사회환경과 밀접한 관계가 있다. 중국은 애당초 노동 집약적인 농경사회 속에서 주변과의 관계를 중시하는 예禮 문화가 발달했던 사회였기 때문에 아무래도 아름다움의 추구에서도 배경과의 조화미를 더 중시했다. 이에 비해 서양은 고대 그리스시대부터 상업이 발달하여 개인의 능력과 개성이 더 중시되었기 때문에 아름다움의 추구에서도 개개의 분화 발전을 더 중시했다고 볼 수 있다.

중국인들은 건축물이나 조형물에서도 자연환경과의 조화를 중시했다. 건축물이나 조형물 자체의 규모나 인공적인 아름다움을 중시하여 주변 자연환경과의 조화를 깨트리기보다는 전체적인 어울림을 중시한다. 거시적 규모의 조화미인 배경과의 조화미를 중시하기 때문이다.

물론 중국의 전통적인 건축물과 조형물들은 우리나라의 그것들에 비하면 훨씬 인위적인 아름다움을 과시하는 편이고, 규모에서도 우리나라에 비해서는 웅장함을 과시하는 경향이 많다. 자금성의 규모를 보라. 엄청나게 방대한 규모로 사람을 압도하지 않는가? 옛날 중국에 사신으로 갔던 주변 국가의 사람들은 자금성의 규모에서 일단 중국의 힘을 느꼈을 것이다. 용문龍門이나 운강雲崗 석불들의 규모는 사람이 입을 다물지 못할 만큼 압도적이고, 그들이 자랑하는 만리장성은 인간이 만든 건축물 가운데 가장 긴 건축물이다.

그러나 이렇게 몇몇 특수한 경우를 제외하고는 서양문명과 비교할 때 중국은 아무래도 자연과의 조화미를 더 강조하는 편이다. 특히 사람이 사는 집은 더욱 그렇다. 그들은 풍수지리의 이론을 바탕으로 집을 지을 때 뒤에 산을 배경으로 하면서 앞에는 시냇물이 흘러가는 배치를 최고의 이상으로 삼았고, 집의 방향에도 세심한 주의를 기울였으며, 심지어 지형에서 나오는 땅의 기운과 조화를 이루는 곳에 집을 지어야 사람이 건강하게 살 수 있고 가세도 흥성할 수 있다고 생각했다. 물론 풍수지리 이론은 현대 과학의 관점에서 잘 납득이 가지 않는 부분도 있다. 그러나 인간과 자연의 조화, 집과 인간의 조화를 중시하는 관점은 새롭게 조명할 필요가 있다.

이렇게 자연환경과의 조화를 중시하기 때문에 집을 지을 때 무작정 규모를 크게 해 주변 자연환경을 해치는 것을 원하지 않았다. 특히 산중에 집을 지을 경우에는 아무리 큰 규모라 할지라도 그 집이 주변의 경관을 압도하는 경우는 없다. 서양의 중세 봉건영주의 성곽이 산 중턱에 우뚝 솟아 위엄을 과시하는 것과는 다르다. 물론 궁전건축의 경우 황제의 위엄을 과시해야 하고 또한 자연환경과는 약간 떨어진 대도시에 있기 때문에 전체 규모는 매우 방대한 것이 사실이지만, 그래도 모든 건물들은 나지막하게 땅에 접해 있고 건물 하나하나의 규모가 그다지 크지 않다.

그리고 불교사찰이나 도교의 사원 또한 마찬가지다. 규모가 꽤 큰 사원이 많이 있지만 서양의 성당이나 교회처럼 압도적인 높이로 사람을 위압하지는 않는다. 전체적으로 볼 때 중국의 건축물은 서양의 건축물에 비해 자연 위에 우뚝 서서 자연을 압도하고 사람에게도 위압감을 주는 느낌은 그다지 강하지 않다. 그것은 물론 목조건물로는 석조만큼 높고도 웅장하게 지을 수 없다는 점에서 말미암는 바도 있겠지만, 그보다는 건축과 자연환경과의 조화미를 배려하는 데서 말미암은 바가 더 크다고 할 수 있다.

건축물이나 조형물에서 그 자체의 아름다움만을 고려할 때와는 달리 주변 배경과의 조화미를 추구하다보면 아무래도 그 자체의 아름다움을 마음껏 추구하는 것을 자제해야 한다. 왜냐하면 그 자체의 아름다움만을 중시하는 경우 주변의 자연 배경과 조화를 이루지 못하기가 십상이기 때문이다. 주변의 자연 배경에 어울리는 적당한 규모와 형태, 그리고 지나치게 튀지 않고 주변의 배경과 잘 어우러질 수 있는 미적 표현들이 가해졌을 때 비로소 전체적인 조화가 살아나게 된다.

이렇게 자연 배경과의 조화를 중시하여 건축물이나 조형물 자체의 규모나 아름다움에 대해 제약을 가하게 되면 건축물이나 조형물 자체의 아름다움만으로 보았을 때는 무언가 미진한 느낌이 있어 졸로 보일지도 모른다. 그러나 그것은 분명 원시적 단계의 졸이 아니다. 배경과의 조화미를 이해해야 비로소 감지할 수 있는 높은 차원의 졸이다. 이런 점에서 볼 때 자연과의 조화미는 대교약졸의 졸과 밀접한 관련이 있다.

연못가의 건물들이 숲과 조화를 잘 이루고 있다(졸정원拙政園 중부수지中部水池).

　자연과의 조화미는 단순히 미적 문제만이 아니라 인간이 자연을 바라보는 시각, 즉 자연관과도 직접적인 관련이 있는 문제다. 서양인들의 자연에 대한 관점은 중국인들의 그것과는 상당히 다르다. 서양인들은 고대 그리스 시대부터 자연을 대상화하여 탐구하고 분석하기를 좋아했다. 그리고 헤브라이즘에서도 인간이 자연을 정복하고 모든 동식물을 지배하여 번성하는 것을 강조했다. 그들은 한편으로는 자연이 주는 위대함에 경외감을 느끼곤 했지만, 전반적으로 자연 위에 군림하는 것을 지향하는 경향이 있다.

　그러나 중국의 전통사상은 자연을 정복의 대상으로 생각하기보다는 삶의 터전으로 바라보았다. 특히 도가사상은 자연의 조화에 순응하는 것을 강조하기 때문에 자연과의 친화성이 더욱 높다. 그들은 자연이 주는 경외감에 압도당하지도 않았고 자연 위에 군림하려는 오만한 자세를 지니지도 않았다. 그저 자연을 삶의 터전인 동시에 친근한 어머니로 받아들였다. 그래서 겸손함 속에서 자연과 함께 잘 어우러지는 법을 배우려고 했다. 이런 자연관의 차이로 인해 중국에서는 아무래도 건축물이나 조형물을 지을 때 자연 배경과의 조화미에 더 많은 배려를 했을 것이다.

이상으로 대교약졸에서 끄집어낼 수 있는 몇 가지 아름다움에 대해 간략히 살펴보았다. 사실 대교약졸의 사상에서 끄집어낼 수 있는 아름다움은 참으로 많다. 여기에서는 그 가운데서 중국 문화와 예술을 효율적으로 설명하기 위해 필요한 몇 가지 요소만 추려보았다. 이들 각각의 아름다움들은 문화의 각 장르를 설명할 때 다시 좀더 상세하게 다루게 될 것이다.

그런데 앞에서 제시한 다섯 가지의 아름다움 가운데 정련된 소박미, 심오한 단순미, 숙성된 평담미는 대교약졸의 두 가지 의미 가운데서 나선형적 발전에 더 초점을 맞추어 서술했다. 즉, 소박미에서 화려미를 거쳐 한 단계 더 발전하여 다시 소박미로 돌아온 것임을 강조한 것이다. 다른 것들도 마찬가지다. 이것들은 주로 중국 문화와 예술 자체의 발전 과정 속에서 쉽게 발견할 수 있는 것들이다.

이에 비해 분산된 통일미와 배경과의 조화미는 나선형적 발전이라고 단정할 수 없는 것들이다. 즉, 처음 통일미를 모르는 단계에서 집중적 통일미를 거쳐서 다시 분산적 통일미로 돌아오는 것이 아니다. 집중적 통일미와 분산적 통일미는 객관적으로 우열을 논하기가 어려운 것이다. 분화 발전을 더 중시하는 것과 배경과의 조화미를 더 중시하는 것도 마찬가지다. 우열을 논하기가 애매하다. 이것은 서양과 중국의 개성 차이라고 볼 수 있는데 아무래도 서양의 교가 가시적으로 확연하게 드러나는 반면 중국의 교는 잘 드러나 보이지 않는다. 그런 점에서 일단 서양이 교이고 중국이 졸에 가깝다고 할 수 있다. 그러나 중국의 졸이 그냥 단순한 졸이 아니라 무언가 기교가 감추어진 졸이라는 측면에서 그것은 대교약졸이라고 할 수 있다.

여기서 제기한 다섯 가지 아름다움의 공통점은 모두 수렴의 미학을 중시한다는 것이다. 정련된 소박미나 심오한 단순미나 숙성된 평담미는 모두 아름다움을 밖으로 드러내기보다는 안으로 감추는 것을 중시한다. 분산된 통일미나 배경과의 조화미도 눈에 금방 드러나지 않는다는 측면에서 안으로 감추기의 한 양태다. 이것들은 모두 수렴미와 관련이 있다. 아름다움의 빛을 찬연히 발산하기보다는 그 빛을 안으로 수렴시키고 대신 은은하고 차분한 빛만 약간 보여주는 모습이다. 깨달음의 빛을 안으로 감추고 자신의 이름조차 감추었던 노자는 대교약졸이라는 짧은 구절을 통해 중국문화에 오랫동안 영향을 미쳤던 것이다.

문 학

중국문학의 역사는 실로 장구하다. 중국문학의 원조인『시경詩經』은 무려 3천여 년 전의 작품이다. 그러나 중국문학의 경이로운 점은 단순히 역사의 유구함에 있기보다는 안정성과 연속성에 있다. 사실 중국보다 더 오래된 문학작품을 지닌 나라는 많다. 그러나 중국처럼 3천 년 전의 고대의 작품이 이후로도 지속적인 영향을 미치면서 이어져나가는 나라는 없다. 어느 정도의 소양만 있으면 대략 2천 5백 년 전의 문헌도 독해할 수 있는 경우는 중국밖에 없다. 프랑스문학이나 영국문학이라면 어떨까? 1천 년만 거슬러 올라가도 극소수의 전문가를 제외하고는 판독 불능이다. 중국문학에서 그것이 가능한 이유는 한문이 지니고 있는 안정성 때문이다. 한문의 문법은 사실 춘추시대나 청나라 말기나 큰 차이가 없다.

도도한 장강과도 같은 유구한 역사와 헤아릴 수 없을 만큼의 방대한 작품을 지니고 있는 중국문학은 3천 년이라는 긴 세월 동안 부분적으로 외래문화의 영향을 받기는 했지만 크게 보았을 때 중국만의 독자성을 잘 보존해왔다.

이 장에서는 먼저 오랜 세월 고유한 독자성을 지니고 발전했던 중국의 고전문학이 서양문학과는 어떤 차이가 있는지를 살펴보고자 한다. 물론 이 책의 주제인 대교약졸의 관점에서 양자를 비교하고자 한다. 사실 문화라고 하는 것, 특히 문학이라고 하는 것은 과학기술과는 달리 우열을 가리기가 쉽지 않다. 그러므로 엄밀히 말해서 교와 졸로 비교한다는 것은 무리가 있을 수도 있다. 그러나 성향이나 지향하는 바를 보았을 때 교와 졸로써 논할 수 있는 부분은 분명히 있다.

그 다음으로는 중국문학 자체 내에서 시대의 흐름에 따라 대교약졸의 양상이 어떻게 나타나고 있는가에 대해 살펴보고자 한다. 서양문학과 비교할 때는 주로 대교약졸의 일반적 의미를 중심으로 논하는 데 비해, 중국문학 자체의 발달을 논할 때는 대교약졸의 숨은 의미인 나선형적 발전에 초점을 두고 이야기를 전개할 것이다. 즉, 초기의 졸의 상태에서 교로 나아갔다가 그 교를 내재화하고 다시 졸로 돌아오는 과정을 설명하는 데 중점을 두었다. 이하 제9장까지는 모두 기본적으로 이 장의 이런 형식에 따라 서술했다.

중국문학과 서양문학

문학의 여러 갈래 가운데 그 기원이 가장 오래된 것은 시詩다. 그리고 기록된 자료로서 가장 최초로 등장한 것 또한 대체로 시다. 고대의 문자나 필기도구의 발달 수준으로 보았을 때 많은 분량의 소설이나 산문 등은 기록을 남기기가 쉽지 않았기 때문이다. 그래서 먼저 시를 중심으로 중국문학과 서양문학의 차이를 살펴보고자 한다.

일단 크게 보았을 때 서양문학의 원류인 고대 그리스문학은 서사시와 극시 위주로 발달했던 데 비해 고대 중국문학은 서정시 중심으로 발달했다는 점이 가장 큰 차이다.

고대 그리스 시의 주류는 서사시 또는 극시다. 장님 시인 호메로스가 정리했다고 하는 『일리아스』와 『오디세이아』는 모두 트로이전쟁을 소재로 한 서사시다. 『일리아스』는 트로이전쟁 10년째를 노래한 것이고, 『오디세이아』는 트로이전쟁의 중요한 영웅이었던 오디세이아 왕이 전쟁을 마친 뒤 배를 타고 자신의 고국으로 돌아가는 도중에 겪는 모험을 노래한 것이다. 모두 웅대한 규모로 영웅의 무용담과 모험담을 노래한 영웅 서사시의 전형으로서 후대 서양의 서사시 발달에 결정적인 영향을 미쳤을 뿐 아니라 서양문학 전체에 큰 영향을 끼쳤다.

극시란 극의 형식을 따오거나 극적인 수법을 사용하여 만든 시를 말한다. 고대 그리스에서는 일찍부터 연극이 발달하여 많은 문인들이 연극을 위한 극시를 지었다. 우리에게 널리 알려진 『오이디푸스왕』이나 그 딸의 이야기 『안티고네』 등은 모두 당시에 연극무대에서 공연되었던 극시들이다. 서양 문학비평의 원류라고 할 수 있는 아리스토텔레스의 『시학』은 바로 서사시와 극시에 대한 비평이다.

서사시가 좀더 자유로운 시공간 속에서 이야기를 펼쳐나가는 것이라면 극시는 연극을 위한 것이기 때문에 시공간의 제약이 있는 편이다. 서사시는 웅장한 규모 속에서 영웅의 파란만장한 모험을 묘사하여 강렬한 흥미와 뜨거운 감동을 자아내는 것을 중시하는 데 비해 극시, 특히 비극적 내용의 극시들은 극적 긴장감을 높이고 카타르시스라고 하는 일종의 심리적 정화기능의 효과를 가져오는 것을 중시한다. 이들은 각각 후대에 소설과 희곡으로 발달한다. 서사시와 극시는 이런 차이가 있지만 이야기의 통일성과 완결성, 구성plot의 치밀성과 일관성을 중시한다는 점에서는 동일하다.

이에 비해 중국문학의 주류는 서정시다. 중국문학의 원류라고 할 수 있는 『시경』은 서주시대에서 동주시대 초기까지의 시가를 모은 시가집으로, 공자가 정리하여 제자들의 교육에 필요한 교재로 사용했는데 후대에는 유교 경전의 으뜸으로 여겨지게 되었다. 사실 『시경』은 낭송을 위한 시가 아니라 노래의 가사를 모은 것이다. 원래는 곡조를 붙여 부르는 것이었지만 후대에는 곡조는 사라지고 가사만 남은 것이다. 공자와 관련된 기록을 보면 공자

당시에는 곡조가 남아 있었음을 알 수 있다.

『시경』은 크게 풍風, 아雅, 송頌으로 구성되어 있는데, 풍은 각 지방의 민요의 가사를 수집한 것이고, 아는 귀족계층에서 불리던 좀더 고급스러운 노래의 가사며, 송은 종묘제례에 쓰이는 노래의 가사다. 이 가운데 전체 분량의 절반 가까이 차지하며 문학성이 가장 높은 것은 풍이다. 『시경』에서 송 부분은 다소 서사적인 요소가 있기는 하지만 대부분의 작품들은 감정을 자연스럽게 드러낸 서정시라고 할 수 있다.

서사시와 극시가 치밀한 이야기 구성을 위주로 해 주로 일상의 삶에서 쉽게 체험하기 힘든 특이한 상황이나 정서를 표현하는 것임에 비해, 서정시는 일상적인 정서를 자연스럽게 표현하는 것이다. 게다가 중국의 서정시는 특히 소박하고 자연스러운 정서를 표현하는 것을 중시한다. 그것은 물론 일상생활에서 흔히 접할 수 있는 것들이다. 남녀간의 연애의 감정, 시집가는 여인에게 다산을 기원하고 행복하게 살기를 축원하는 마음, 전쟁 나간 남편을 그리워하는 아낙네의 감정, 탐관오리에게 착취당하는 민중의 억울한 심정 등이 『시경』의 「국풍」에 등장하는 주된 정서들이다. 그래서 그리스의 서사시나 극시에 비해 밋밋한 편이다.

물론 중국에서도 서사시가 없었던 것은 아니다. 『초사楚辭』에 나타나는 굴원屈原의 「이소離騷」는 그리스의 대서사시에 비하면 매우 작은 규모지만 분명 서사시라고 할 수 있다. 그리고 내용에서도 현실주의적이고 일상적인 감정을 중시하는 『시경』과는 달리 현실세계를 벗어나 환상의 세계를 노래하는 부분이 많다. 그러나 일단 전체적인 이야기가 지극히 단순하다. 초나라의 귀족인 굴원이 임금에게 충성을 다하지만 간신배들에게 눈이 먼 임금은 굴원의 충정을 알아주지 않고 오히려 굴원을 멀리하게 되고, 굴원은 이 때문에 괴로워하다가 결국 자살한다는 내용이다. 그리고 초현실적이고 몽환적인 부분들은 모두 굴원이 추방당한 뒤의 심경을 묘사한 것으로, 상상속에서 하늘의 끝, 땅의 끝, 해가 뜨고 지는 곳에 가보았지만 결국 어디에도 머물 곳이 없다는 것을 말해준다. 서사적인 전개방식이 아니라 자신의 심경을 나열하여 묘사한 것에 불과하다. 이런 점에서 볼 때 고대 중국의 대표적인 서사시인 「이소」는 그리스의 서사시와는 성격이 상당히 다르다.

서로 다른 장르를 두고 우열을 비교하는 것은 쉽지가 않다. 그러나 굳이 대비시키면 서사시가 교이고 서정시가 졸이라고 할 수 있다. 서사시나 극시의 경우 대부분 긴 이야기 속에 다양한 사건들이 전개되어야 하는데 큰 덩치 속에서 통일성을 잃지 않기 위해서는 매우 치밀한 구성력을 필요로 한다.『시학』에서도 시의 여러 요소 가운데 가장 중요한 것은 구성이라고 했다. 치밀한 구성력을 가지려면 상당한 기교가 필요하다. 이에 비해 중국의 서정시는 아무래도 분량도 적고 이야기 구조보다는 정서의 발로를 중시하기 때문에 훨씬 자연스럽게 써나갈 수가 있다. 분명히 졸에 더 가깝다. 그리고 정서의 표현방식에서도 서사시가 교에 가깝다면 서정시는 졸에 가깝다.

서양의 서사시나 극시는 감정의 표현방식이 실로 격정적이고 다채롭다. 희로애락이 분명하고 때로는 인간이 상상할 수 없을 정도의 극한적인 상황으로 몰아넣는 것을 좋아한다.『오이디푸스왕』에서 마침내 자신이 아버지를 죽이고 어머니와 결혼했다는 엄청난 사실을 알게 된 오이디푸스왕은 그 비극적 운명을 조금 먼저 알고 절망하여 자살을 택한 어머니이자 아내인 이오카스테 왕비의 주검 앞에서 절규한다. 그리고는 왕비의 옷에 달려 있는 황금 브로치로 자신의 눈을 마구 찔러 스스로 빛을 보기를 거부한다. 그리고는 미친 듯이 절규한다. 그 모습을 보고 사자使者는 노래를 부른다.

오오 차마 눈 뜨고 볼 수 없는 무서운 운명이여,
일찍이 이 눈으로 본 것 가운데 가장 무서운 운명이여!
오오 불쌍하신 분이여, 어떤 광증이 그대를
덮쳤나이까? 대체 어떤 신이
인간의 한계를 넘어서는 도약으로

그대의 불운한 인생을 덮쳤나이까?
아아 슬프도다, 그대 불행하신 분이여!
묻고 싶은 일, 알고 싶은 일,
보고 싶은 일 많건만
내 차마 그대를 쳐다볼 수가 없나이다.
그런 전율로 그대가 나를 채우시는구려.

　　이것은 정말 보통의 슬픔과 절망이 아니다. 차마 눈뜨고 볼 수 없는, 인간의 한계를 넘어서는 전율이 아닐 수 없다. 아무리 비극의 목표가 일상생활에서 체험할 수 없는 연민과 공포를 통해 심리적 카타르시스를 유도하는 것이라고 하지만 동양적 관점에서 볼 때 지나치게 격렬한 것이 사실이다. 하기야 오늘날은 연극이나 영화 속에서 이것보다 더 강렬한 전율을 일으키는 사건과 장면들을 많이 보았기 때문에 그다지 충격적이지 않을 수도 있다. 그러나 만약 고대의 중국인들이 이 연극을 보았다면 어떠했을까? 그 강렬한 비극성에 실로 엄청난 충격을 받았을 것이다. 고대 중국의 서정시, 특히 『시경』에서는 이런 격한 감정은 눈을 씻고 찾아보아도 발견할 수 없다.
　　『시경』의 첫머리에 나오는 「관저關雎」편을 보도록 하자.

關關雎鳩 在河之洲　꾸억꾸억 우는 물수리새 황하의 섬에 있는데,
窈窕淑女 君子好逑　우아하고 정숙한 아가씨 군자의 좋은 짝이네.
參差荇菜 左右流之　들쑥날쑥 마름풀 이리저리 찾는데,
窈窕淑女 寤寐求之　우아하고 정숙한 아가씨 자나깨나 구하네.
求之不得 寤寐思服　구하여 얻지 못해 자나깨나 생각하는데,
悠哉悠哉 輾轉反側　깊고 깊은 시름에 뒤척뒤척 잠 못 이루네.
參差荇菜 左右采之　들쑥날쑥 마름풀 이리저리 뜯는데,
窈窕淑女 琴瑟友之　우아하고 정숙한 아가씨 금슬 퉁기며 벗하네.

參差荇菜 左右芼之 들쑥날쑥 마름풀 이리저리 가려 뽑는데
窈窕淑女 鍾鼓樂之 우아하고 정숙한 아가씨 종과 북 치며 즐기네.

이것은 일종의 연애시다. 물론 그냥 일반 평민의 연애시라고 보기는 어렵고 양갓집 자제가 양갓집 규수인 요조숙녀窈窕淑女를 그리워하는 연애시라고 할 수 있다. 이 시의 작자는 분명 임을 잊지 못해 오매불망 그리워한다. 그리하여 전전반측 뒤척이며 잠 못 이룬다. 그러다 마침내 짝을 이루어 금과 슬을 퉁기며 벗하고 종과 북을 치면서 즐긴다. 근심과 기쁨이 없는 것은 아니지만 전체적으로 은근하고 담담하다.

물론 중국 시에도 비분강개하는 심정을 표현하는 시들도 있고 열렬한 격정을 토로한 시들도 있다. 그러나 주류는 감정을 밖으로, 직설적으로 드러내기보다는 안으로 은근히 머금는 함축형의 시들이다. 그리고 격정적이고 발산적인 시라 해도 서양의 시에 비하면 매우 차분하고 수렴적이다. 감정 표현방식을 그림에 비유하면 서양 시가 마치 강렬한 유화의 세계라면 중국 시는 담백한 수묵화의 세계다. 그리스의 서사시와 극시의 감정 표현방식은 다채롭고 농염하며 참으로 입체적이다. 그래서 교에 가깝다. 이에 비해 중국 서정시의 감정 표현방식은 단조롭게 보이고, 무미건조한 듯이 보이며, 평면적으로 보이기도 한다. 졸에 가깝다. 물론 지금까지 말한 졸들은 모두 대교약졸의 졸로, 처음부터 지향하는 바가 달라서 그런 것이지 반드시 수준이 낮아서 그렇다고 볼 수는 없다.

다음으로 중국 사대부문학에서 시 다음으로 중요한 장르인 산문에 대해 이야기하도록 하겠다. 요즈음 우리가 사용하는 산문이라는 용어는 영어 prose의 일본식 한역어고 전통적인 중국인들은 그저 문文이라고 불렀다. 중국에서는 흔히 시와 문을 합쳐 시문이라고 한다. 시문은 사대부들의 필수 교양이라고 할 수 있다.

원래 고대에는 동양이나 서양을 막론하고 산문이라는 장르가 따로 존재

하지 않았다. 여러 가지 공문서의 실용적인 문장 또는 역사, 철학 등의 학문적인 문장이 먼저 나왔고, 나중에 예술적인 수사기교가 담긴 멋들어진 문장으로 사상을 서술하는 에세이와 신변잡기를 서술하는 미셀러니가 따로 문학의 한 갈래로 발전하게 되었다.

그러나 중국에서는 고대뿐만이 아니라 서구의 영향으로 현대문학이 본격적으로 시작되기 전까지 문학, 사학, 철학 등의 구분이 애매했다. 지금도 중국문학사에는 사마천의 『사기』와 같은 사서들이나 『장자』와 같은 사상서들도 모두 산문의 한 영역으로 다루어지고 있다. 그뿐만 아니라 신하가 임금에게 바치는 상소문, 임금이 신하에게 내리는 조서 같은 정부의 공식 공문들이나 죽은 사람에게 바치는 제문, 비석에 새겨 넣는 비문 등과 같은 특수한 문장, 서간문, 책의 서문 등의 일상적인 실용문들도 모두 산문의 한 영역으로 다루어지고 있다. 중국산문사에서 빼어난 문장의 하나로 우리에게 널리 알려진 제갈량의 『출사표出師表』도 신하가 임금에게 바치는 공문의 일종이다.

요컨대 중국에서는 실용문과 예술문의 구분이 별로 없었다고 할 수 있다. 이것은 서구의 관점에서 보면 원시적 미분화의 상태라고 할 수 있고 순수산문의 미발달이라고 할 수도 있다. 그러나 한편으로 보면 모든 실용문의 예술화라고 할 수도 있고 문학의 일상화라고 할 수 있다. 즉, 실용문과 예술문의 통합이라고 볼 수 있다.

분화 발전이라는 점에서 볼 때 중국산문은 분명 졸의 단계에 머물러 있는 것으로 보일지도 모른다. 그러나 그것은 전체적 관계를 중시한 배경과의 조화미를 추구하는 데서 나온 개성이지 미발달의 결과라고 볼 수는 없다. 즉, 대교약졸의 졸이다.

고대 중국의 지식인들에게 시와 문은 하나의 필수 교양이었다. 그리고 문사철文史哲 또한 따로 전문 영역이 있는 것이 아니라 사대부가 익혀야 할 보편적인 학문 영역이었고, 심지어는 시를 짓는 것, 붓글씨를 쓰는 것, 그림을 그리는 것 세 가지를 겸비하는 문인들도 많았다. 이를 시서화詩書畵 삼절三絶이라고 한다. 이것들은 모두 교양 있는 사대부 집안의 자제가 배워야 할 학습항목의 한 부분으로 어느 하나를 특히 잘하기보다는 전체에 두루 통하는 것을 이상으로 삼았다. 이는 개개의 부분을 독립적으로 발전시키기보다는 전체 배경과의 관계 속에서 조화를 이루는 것을 더 아름답게 보는 사고방식에서 나온 태도라고 할 수 있다.

다음에는 중국의 소설과 희곡에 나타나는 특징을 간략히 살펴보자. 서양문화의 원류인 고대 그리스의 문학 가운데서 일찍부터 탄탄한 이야기 구조를 지닌 서사시와 극시가 발달함으로써 후대 서양문학은 소설과 희곡이 주류를 이루었다. 그러나 중국에서는 처음부터 서정시가 문학의 주류였고 이로 말미암아 소설과 희곡의 발달이 매우 느렸다. 소설이라는 말 자체가 대도大道가 되지 못하는 '자질구레한 이야기'라는 뜻이다. 서구문학이 들어오기 전까지 사대부들에게 천시를 받아 정통문학의 대열에 들어가지 못했다. 희곡도 마찬가지였다. 희곡이 본격적으로 발달하게 된 것도 이민족이 중국을 통치하던 원대에 몽고인들에게 멸시를 받아 갈 곳이 없던 사대부들이 극작가로 나서게 되면서부터였다.

중국에서 소설이 처음으로 등장하기 시작한 것은 흔히 위진남북조시대라고 한다. 이 당시의 소설들은 대부분 짧막한 이야기들로 구성이라 할 것도 없다. 주로 귀신, 도깨비, 사후 세계 등의 기괴한 이야기를 담은 지괴志怪와 당시 인물들의 인품을 드러내는 일화를 담은 지인志人으로 나눌 수 있다. 지괴나 지인은 사실 소설이라고 하기에는 너무 짧고 세밀하지 못하다. 당대唐代에 들어서서야 비로소 본격적인 소설이 등장했는데 이를 전기傳奇라고 한다. 풀이하면 '기이한 이야기를 전한다'는 뜻인데, 초기에는 귀신이나 여인으로 둔갑한 여우, 용왕의 딸 등의 기이한 소재가 위주였지만 후기로 갈수록 점차 연애소설, 협객소설 등도 등장했다. 지괴에 비하면 편폭도 꽤 길어지고 이야기 구조도 제법 지니고 있다. 그러나 대략적으로 볼 때 지금의 단편소설과 콩트의 중간 정도로 보면 될 것이다. 지괴와 지인, 그리고 전기는 모두 문어체로 쓰여 있는데 문인들이 여가를 틈 타 심심풀이로 쓴 것들이다.

전기는 당대 이후 큰 발전이 없다가 중국 고전문학이 총정리되는 시기인 청대에 이르러 다시 한 번 크게 흥성했다. 청대에는 전기 모음집이 대량으로 쏟아져 나왔는데 그 가운데 가장 유명한 작품은 포송령蒲松齡의『요재지이聊齋志異』다. 총 431편으로 구성되어 있는데 대부분 귀신이나 둔갑하는 여우 등에 대한 이야기들이다. 몽환적 분위기의 귀신영화로 한때 세계에 명성을 떨쳤던 홍콩영화「천녀유혼倩女幽魂」도 바로『요재지이』에서 소재를 따온 것이다.

중국소설의 진가는 문어체가 아니라 구어체로 쓰인 소설에 있다. 구어체 소설은 송대 이후부터 서서히 형성되기 시작했다. 송대에는 도시의 발달과 더불어 도시민들을 위한 민간오락이 발달했는데 그 가운데 하나가 바로 전문 이야기꾼들의 설화공연이다. 그 공연 가운데는 1회 공연으로 끝나는 단편이 있는가 하면 오늘날의 연속극처럼 몇 달 동안 공연하는 장편도 있었는데 중국소설의 수준을 격상시켜준 것은 바로 장편설화이다. 이야기꾼들은 대개 역사적 사실이나 앞 시대에 실제로 활약했던 의적들의 활동, 불경을 구하러 인도에 다녀온 승려들의 기행문 등에서 소재를 따서 새롭게 각색하고 살을 붙여 공연하곤 했다.

원대를 거쳐 명대에 이르는 동안 수많은 설화공연이 명멸했지만 그 가운데 몇 개의 작품들은 민중들의 사랑을 받으면서 끈질기게 살아남았다. 그들 이야기꾼들의 공연 대본을 글재주가 있는 문인이 최종적으로 정리한 것이 바로 오늘날 우리가 보는 나관중羅貫中의『삼국지연의』, 시내암施耐庵의『수호전』, 오승은吳承恩의『서유기』 등이다. 이들은 사실은 모두 몇 백 년에 걸쳐 이야기꾼들과 청중들의 호흡 속에서 다듬어진 집체창작集體創作이라고 할 수 있다. 이들과 함께 사대기서四大奇書 가운데 하나로 불리는『금병매』는 음란한 내용 때문에 금서가 되었다. 작자의 이름은 밝혀지지 않았지만 개인의 창작이다. 청대에 이르러서는 본격적으로 개인 창작의 장편소설들이 대거 등장하는데, 이 가운데 가장 뛰어난 작품은 조점曹霑의 『홍루몽紅樓夢』으로 흔히 역대 중국소설의 최고봉이라고 말해진다. 사대기서와 『홍루몽』을 묶어 오대기서五大奇書라고 한다.

이들 오대기서는 제각기 웅장한 규모, 방대하고 복잡한 이야기, 그리고 각 부분부분 감칠맛 나는 멋들어진 묘사로 사람들을 몰입시키는 면이 있다. 그러나 전반적으로 볼 때 사건이 인물의 성격이나 갈등에 따른 치밀한 필연성이나 개연성을 바탕으로 전개되기보다는 우연성이 너무 많다. 서구소설의 기준인 플롯의 통일성이라는 점에서는 확실히 부족한 느낌을 준다. 이런 점에서 중국소설은 분명 졸에 속한다고 할 수 있다.

그것은 먼저 서사문학의 역사가 짧은 데서 말미암은 것이라고 볼 수 있다. 그러나 또 한편으로는 아름다움에 대한 기준의 차이에서 나온 부분도 있다. 서양의 통일미는 집중적 통일미를 중시한다. 서사구조 또한 마찬가지다. 아리스토텔레스의 『시학』에서는 구성의 통일성을 누차 강조하고 있으며 마지막 장에서는 비극이 서사시에 비해 통일성이 더 많기 때문에 우수한 형식의 예술임에 틀림없다고 주장했다. 여기서의 통일성은 물론 집중적 통일미를 말한다.

그러나 중국인들은 분산적 통일미를 더 중시했다. 그들은 각 부분을 정채롭게 묘사하여 개성을 살리면서 전체적으로 조화를 이루려고 했다. 서구적 관점에서 볼 때 『수호전』은 이야기 구조가 엉성한 것 같지만 양산박에 모이는 108호걸들에 대한 묘사는 실로 제각기 생동감이 넘치고 그것들이 어우러져 전체적으로 독특한 기운을 만들어낸다. 『수호전』은 초점투시의 관점에서 감상할 것이 아니라 산점투시의 관점에서 보아야 한다. 서로 다른 각도의 시각들이 함께 어우러져 기운생동氣韻生動하는 것을 중시하는 중국화를 보듯이 말이다. 이런 점에서 볼 때 중국소설의 미학은 분명 단순한 졸은 아니라 대교약졸의 졸이라고 할 수 있다.

중국희곡은 구어체 소설과 마찬가지로 송대 이후 민간예술의 하나로 성장했다. 그러나 중국문학사에 희곡이 본격적으로 꽃피기 시작한 것은 원대다. 원대의 희곡을 잡극雜劇이라고 하는데, 그 당시까지 발전했던 여러 민간예술의 각종 표현수단과 내용을 집대성한 종합 공연예술이다.

명대에는 잡극이 쇠퇴하고 대신 전기傳奇가 성행했다. 여기서의 전기는 소설의 전기와는 다른 것이다. 잡극이 강건하고 호쾌한 북방음악을 위주로 했다면 전기는 부드럽고 감미로운 남방음악을 위주로 했다는 것이 가장 큰 차이다. 구성이나 각색에서도 약간의 차이가 있다. 그러나 기본적으로는 잡극의 예술적 목적이나 성과를 그대로 이어받고 있다. 명대의 전기는 초기에는 여러 지방의 음악이 공존했으나 중기에 이르러 옛 오나라 땅에서 나온 곤곡崑曲이 크게 유행하게 되자 천하는 곤곡 일색이 되었다.

곤곡의 여세는 청대까지 계속되었는데 후대로 갈수록 지나치게 형식화되고 귀족화되어 민중으로부터 점점 멀어졌다. 그러다 청대 중기에는 다시 지방의 토속조를 사용하는 희곡들이 유행하기 시작했는데, 오늘날 중국을 대표하는 희곡인 경극京劇도 그 가운데 하나다. 경극은 원래 호북성湖北省과 안휘성安徽省 일대에서 유행하던 음악을 중심으로 만든 희곡인데, 약 2백 년 전에 북경에 입성하여 일반 백성으로부터 황제에 이르기까지 폭넓은 사랑을 받으면서 지금껏 내려오고 있다.

중국희곡의 소재는 참으로 다양하지만 그 가운데 가장 많은 사람들의 사랑을 받은 것은 역시 재자가인才子佳人의 사랑 이야기다. 원나라 잡극의 대표적인 작품인 『서상기西廂記』와 명대 전기의 대표적인 작품인 『환혼기還魂記』가 바로 그것들이다. 이 가운데 『환혼기』는 꿈속에서 만난 남자를 잊지 못해 상사병으로 죽은 여인이 그 남자의 꿈에 나타나 다시 사랑을 나누고, 둘의 극진한 사랑이 죽은 여인을 무덤에서 되살려서 결국 모든 난관을 극복하고 부부로 결합하게 된다는 이야기다. 그야말로 생사를 초월한 몽환적 사랑인데 이것은 중국의 소설과 희곡에서 자주 등장하는 소재다.

황제와 궁녀의 사랑 이야기 역시 중국인들이 무척 애호하는 소재인데 유명한 당 현종과 양귀비의 사랑 이야기는 원대에는 『오동우梧桐雨』라는 잡극으로 사람들의 눈시울을 적셨고, 청대에는 『장생전長生殿』이라는 전기로 다시 한 번 위세를 떨쳤다. 한나라 원제元帝 때 흉노족을 달래기 위해 흉노족의 군왕에게 시집간 한나라의 궁녀인 왕소군의 이야기는 원대에 『한궁추漢宮秋』라는 잡극으로 상연되어 힘 있는 이민족 아래에 시달리던 한족의 마음을 달랬고, 천하장사 항우와 그의 애첩 우미인의 사랑 이야기는 『패왕별희霸王別姬』라는 경극으로 남아 지금도 사람들의 마음을 적시고 있다.

　서양연극의 관점에서 볼 때 중국연극의 가장 큰 특징은 소설과 마찬가지로 사건의 전개가 치밀하지 못하고 우연성이 많으며, 배우들의 노래와 대사, 동작들이 전체적으로 통일성이 별로 없다는 것이다. 즉, 사건 전개에 불필요한 대사나 동작 또는 노래들이 자주 보인다. 이런 것들은 서양연극의 미학적 관점에서 볼 때 극적 긴장감을 떨어트리고 내용을 산만하게 만드는 것들이다. 이런 점에서 볼 때 중국연극은 서양연극에 비해 졸이라고 할 수 있다.

　이것은 물론 앞에서 보았던 것처럼 분산된 통일미를 중시하는 데서 말미암은 것으로, 서양보다 열등한 것이라고 볼 수는 없다. 중국 관객들은 분산적 통일미에 더 익숙하기 때문에 연극을 관람할 때도 치밀한 사건 전개에 따라 드러나는 반전이나 새로운 발견 등에서 극적 감동을 느끼기보다는 각 장면장면에서 배우들이 보여주는 노래의 깊은 울림이나 동작의 완숙도 등에서 더 많은 극적 쾌감을 느꼈다. 중국연극에서는 이런 각 개별 장면에서 느껴지는 극적 쾌감을 극대화시키기 위해서 정형성을 중시한다. 배우들의 노래와 대사는 물론, 웃고 울고 걷고 절하고 술 마시는 모든 동작들이 그 자체로 독립적인 연기의 한 토막으로, 그 절차와 방식이 엄격히 정형화되어 있어 손짓 하나 발짓 하나에도 최대한의 완숙한 멋을 부려야 한다. 중국연극은 이렇게 정채로운 장면에서 나오는 감동도 중시하지만 그렇다고 해서

각 부분들이 따로 놀지는 않는다. 자세히 보면 그 속에는 나름대로의 통일성이 있다. 다만 분산된 통일미를 추구하기 때문에 쉽게 눈에 잘 띠지가 않을 뿐이다. 중국연극 미학은 대교약졸의 미학을 추구하고 있는 것이다.

이상으로 졸과 교의 관점에서 중국문학과 서양문학을 비교해보았다. 다음에는 중국문학 자체가 가지고 있는 졸과 교의 흐름을 역사의 흐름에 따라 살펴보도록 하겠다. 중국문학의 갈래는 실로 많지만 그 가운데 가장 역사가 오래되고, 그래서 대교약졸의 흐름을 가장 뚜렷이 알 수 있는 영역은 시문이다. 게다가 가장 정통이자 주류로 여겨지는 것도 시와 문이다. 그러므로 여기서는 시와 문에 대해서만 논의를 전개하도록 하겠다.

중국 시의 발달

중국에서 운문 장르를 대표하는 것은 『시경』에서 연원하여 당·송대에 극치를 이룬 시다. 원래 '시詩'라는 말은 춘추전국시대에는 『시경』을 가리키는 고유명사였다. 그것은 마치 '서書'가 『상서尚書』를 가리키고 '하河'가 황하黃河를 가리키며, '강江'이 장강長江을 가리키는 고유명사였던 것과 같다. 그러나 후대에 이르러 시는 『시경』에서 연원한 하나의 운문 장르를 가리키는 일반명사가 되었다.

오늘날 우리가 중국 고전시라고 하면 대부분 5언시와 7언시고, 그 가운데서도 5언시가 가장 대표적인 형식이다. 원래 『시경』의 시들은 앞에서도 보았듯이 4언이 위주다. 그런데 어떻게 해서 5언 위주로 변했을까? 그것은 음악의 변화와 밀접한 관계가 있다. 한대 이전까지 중국 시의 기본은 4언이었다. 그런데 한대에 들어 국력의 융성에 힘입어 정복 전쟁과 해외교역이 활발해지면서 많은 종류의 외래 음악이 중국으로 물밀듯이 수입되었다. 한대에는 음악을 관장하던 악부樂府라는 관청이 있어 민간에서 유행하던 다양한 음악들을 수집하여 정리했는데 이를 악부시樂府詩라고 한다. 악부시에는 전통적인 4언 리듬과는 다른 들쭉날쭉한 자구에 다양한 리듬의 시들이 포함되어 있다. 이 가운데 자구가 정제되어 있으면서도 빠르고 경쾌한 5언 리듬의 노래들이 점차 환영을 받으면서 유행하기 시작했다.

4언에 비해 5언이 빠르고 경쾌하다고 함은 4언시에서는 두 구가 합쳐서 한 의미 단락이 되는 것에 비해 5언시에서는 그 자체로 하나의 의미 단락이 되기 때문이다. 앞에서 본 「관저」편을 예를 들면 앞의 구절 '꾸억꾸억 우는 물수리새(關關雎鳩)'가 주어가 되고 '황하의 모래톱에 있네(在河之州)'가 술어가 된다. 5언시는 대체로 두 자, 세 자(○○/○○○)로 나뉘는데 이것만으로 충분히 하나의 문장이 된다. 뒤의 예문을 보면 금방 알 수 있을 것이다. 7언시는 5언시의 앞에다 두 글자를 첨가한 형태로 네 자, 세 자(○○○○/○○○)로 나뉜다. 5언시에 비해서 조금 무겁다고 할 수 있다.

5언시의 정확한 성립 시기에 대해서는 여러 가지 설이 많이 있는데 대체로 동한 시기에는 확실하게 정착되었다고 본다. 초기의 5언시는 물론 매우 소박한 형태였다. 5언시 가운데 가장 이른 시기에 지어졌다고 하는 「고시 19수」의 한 작품을 보자.

行行重行行　가고 또 가니
與君生別離　그대와 생이별이네.
相去萬餘里　서로 만여 리나 떨어져서
各在天一涯　각기 하늘가에 있네.
道路阻且長　길은 험하고도 머니
會面安可知　만날 수 있을지 어찌 알까?
胡馬依北風　오랑캐 말은 북풍에 의지하고
越鳥巢南枝　월나라 새는 남쪽 가지에 깃드네.
相去日已遠　서로 떨어진 것이 날로 멀어지고

衣帶日已緩　옷과 허리띠는 날로 느슨해지네.

浮雲蔽白日　뜬 구름이 밝은 해를 가려서

游子不顧反　나그네는 돌아오지 못하네.

思君令人老　그대 생각에 사람은 늙어가는데

歲月忽已晚　세월은 벌써 이미 느즈막하네.

棄捐勿復道　다 버려두고 다시 말하지 않겠으니

努力加餐飯　부디, 밥이나 잘 드소서.

　멀리 떠난 남편을 그리워하는 아낙의 애절한 심정이 잘 드러나 있다. 이 시는 수사기교가 별로 없는 매우 소박한 시다. 첫 구부터 '행' 자가 여러 번 반복되고 전반적으로 구어체에 가깝다. 이 시에서 가장 멋있는 구절은 '오랑캐 말은 북풍에 의지하고 월나라 새는 남쪽 가지에 깃드네(胡馬依北風 越鳥巢南枝)' 부분이다. '말이나 새 같은 미물들도 고향을 그리워하는데 집 떠난 그대는 고향이 그립지 않느냐'는 뜻이다. 앞 구절과 뒤 구절이 문법적으로 비슷하게 배열되면서 단어들이 서로 짝을 이루고 있다. 이렇게 의미에서 서로 짝을 이루면서 어법으로도 유사성을 지니고 있는 것을 대구對句라고 한다. 대구는 중국 시에서 매우 중요한 수사기교 가운데 하나다. 이 시 전체에 대구는 이 구절밖에 없다. 한나라 때의 시는 대부분 이런 수준이었다.

　그러나 중국 문예사조에서 기교를 추구하던 위진남북조에 이르면 대구는 극도로 발전한다. 남조 송나라 때의 귀족시인인 사령운謝靈運이라는 시인의 시를 한 수 보도록 하자. 사령운은 중국문학사에서 본격적으로 산수시를 개척한 시인으로 유명하다. 그는 산수를 좋아하여 호화로운 산천유람을 많이 다니면서 귀족적이고 세련된 감각과 언어로 아름다운 산수를 표현하는 시를 많이 지었다. 그의 산수시 가운데 「어남산왕북산경호중첨조於南山往北山經湖中瞻眺」라는 시를 보도록 하자. 제목은 '남산에서 북산으로 가다가 호수를 지나면서 바라다보다'는 뜻이다.

朝旦發陽崖 아침 밝아올 때 남쪽 언덕을 출발하여

景落憩陰峰 해질 무렵 북쪽 산봉우리에서 쉰다.

舍舟眺迥渚 배를 버리고 멀리 잔 물섬을 바라보다

停策倚茂松 지팡이 멈추고 우거진 소나무에 기댄다.

側逕旣窈窕 비탈진 길은 이미 그윽한데

環州亦玲瓏 동그란 물섬 또한 영롱하다.

俯視喬木杪 고개 숙여 큰 나무 끝을 바라보다

仰聆大壑淙 고개 들어 큰 골짜기 물소리 듣는다.

石橫水分流 바위 가로 놓여 있어 물은 나뉘어 흐르고

林密磎絶踪 숲은 빽빽하여 길에는 발자취 끊기었네.

解作竟何感 비가 내리면 결국 무엇이 감응하는가?

升長皆丰容 자라나니 모두 무성한 모습들이네.

初篁苞綠籜 갓 자란 대나무는 푸른 죽순 껍질을 감싸고

新蒲含紫茸 새로 자란 부들은 붉은 싹을 머금고 있네.

海鷗戲春岸 바다 갈매기는 봄 언덕에서 장난하고

天鷄弄和風 들꿩은 부드러운 봄바람을 희롱하네.

撫化心無厭 조화를 느끼는데 마음에 실증 없고

覽物眷彌重 경물을 바라보니 사랑이 더욱 두터워지네.

不惜去人遠 떠난 사람 멀다 애석해하지 않지만

但恨莫與同 다만 함께 노닐 벗 없음이 한스럽네.

孤遊非情歎 외로운 유람길 마음으로 한탄하는 것이 아니라네.

賞廢理誰通 감상이 사라지면 깊은 이치를 누가 통하겠는가?

앞의 시와 비교하면 수사기교의 차이가 뚜렷하다. 일단 이 시는 앞의 시보다 훨씬 길지만 중복되는 글자가 한 자도 없다. 게다가 중간중간 평소 잘쓰지 않는 한자들이 많이 등장하고 있다. 그만큼 글자 한 자 한 자에 신경을

썼다고 할 수 있다. 그리고 전체가 모두 대구를 이루고 있다. 온갖 종류의 다양한 형식의 대구를 이용하여 산수의 경치와 산수 속에서 노니는 시인의 심경을 표현하고 있다.

그리고 압운押韻에서도 엄청난 진보를 보여준다. 압운이란 시의 운을 맞추는 것으로 중국 시의 가장 기초적인 수사기교다. 한자의 발음은 성모聲母와 운모韻母 두 부분으로 이루어져 있다. 성모는 우리말의 초성에 해당하는데 예를 들면 '초'나 '성'에서 'ㅊ'과 'ㅅ'이 바로 성모고 나머지 부분이 운모다. 중국 시에서는 대개 매 연의 끝 글자들은 성모는 다르되 운모는 같은 글자를 써서 발음에서의 조화를 추구한다. 앞의 시에서는 압운이 중간에 변하지만 이 시에는 압운이 처음부터 끝까지 동일하다. '봉蜂', '송松', '농瓏', '종棕' 등 압운하는 글자들이 모두 같은 운모에 속한다. '용容'이나 '용茸', '풍風', '중重' 등은 우리나라 한자음으로는 운모가 다르지만, 고대 중국의 한자음에서는 같은 운모에 속하는 글자들이다.

이 시의 가장 큰 단점은 수사기교에 너무 신경을 쓰다 보니 표현은 화려하지만 내용이 부실하다는 것이다. 그저 멋들어진 대구로 이런저런 아름다운 경치를 나열하고만 있지 작자의 진솔한 감정이나 깊은 사상은 전혀 없다. 이 시는 전형적인 외화내빈外華內貧의 시다. 중국 시가사詩歌史에서 위진남북조시대는 화려한 형식주의에 치우쳤다는 비판을 받는다. 그러나 중국 시의 수사기교의 발전에는 상당한 공헌을 했다.

위진남북조시대에 크게 발전한 시의 수사기교는 대구와 압운 외에 평측平仄과 전고典故가 있다. 평측이란 중국어의 특징인 사성四聲을 이용하여 발음에서의 음양의 조화를 추구하는 것이고, 전고는 시 속에 경전經典이나 고사故事를 적절히 활용하는 것을 말한다. 이 가운데 더 중요한 것은 평측이다.

평측을 이해하기 위해서는 먼저 사성을 알아야 한다. 사성이란 성조의 고저장단에 따른 네 가지 유형을 말한다. 사성은 중국어를 중국어답게 하는 매우 중요한 요소로 외국인에게는 골칫거리이기도 하다. 현재 중국의 표준

어인 북경어의 사성은 1, 2, 3, 4성을 가리키지만 고대 중국어의 사성은 평성平聲, 상성上聲, 거성去聲, 입성入聲 네 가지였다.

고대의 사성을 현대의 사성과 비교해서 간단하게 살펴보자. 평성은 음과 양으로 나누어진다. 음평은 지금의 1성으로 줄곧 높은 소리를 내는 것이고, 양평은 지금의 2성으로 중간쯤 높이에서 아주 높은 소리로 올라가는 것이다. 상성은 지금의 3성으로, 낮은 데서 더 낮은 데로 내려갔다가 다시 올라오는 소리로 변화가 가장 심한 성조다. 거성은 4성으로 아주 높은 데서 가장 낮은 데로 소리를 떨어트리는 것이다. 사실 음의 고저장단의 네 가지 종류는 여기서 끝나는 것이다. 입성은 음의 고저장단과 상관없이 발음상 끝을 촉박하게 닫는 받침이 있는 소리를 가리키는데, 현대 북경어의 발음에서는 존재하지 않는다. 그러나 중국의 방언 가운데는 입성 발음을 보존하고 있는 방언이 많고 우리나라 한자음에도 입성이 남아 있다. 예를 들면 '국國'자나 '입入'자, '불不'자 등이 바로 그것이다. 현재 우리나라의 한자음에서 받침이 'ㄱ, ㅂ, ㄹ'로 끝나는 한자는 모두 입성이라고 생각하면 될 것이다.

중국 고전시의 평측법에서는 평성만 평성에 해당하고 나머지 상성, 거성, 입성은 모두 측성에 해당한다. 평성은 평탄하면서도 유장한 느낌을 주는 반면 측성은 모두 변화가 많고 급격하고 촉박한 느낌을 준다. 평이 양이라면 측은 음에 해당한다. 평측을 잘 배합하면 성조가 음양의 조화를 이루어 청각적으로 매우 아름답게 들린다.

앞에서 말한 수사기교 가운데 중국 시의 특징을 가장 두드러지게 만들어주는 것은 대구와 평측이다. 사실 운을 맞추는 것은 중국 시뿐만 아니라 서양 시에서도 기본적으로 나타나는 것이다. 영시에서는 이를 '라임rhyme'이라고 하는데 시라면 반드시 라임을 맞추어야 하고 노래 가사 또한 대부분 라임이 있어야 한다. 시 속에 고전의 구절이나 유명한 고사를 활용하는 전고 기법은 서양 시에서도 흔히 볼 수 있다. 또한 시에서 반드시 필요한 것도 아니다.

이에 비해 대구와 평측은 중국어의 언어적 특징을 가장 잘 드러내는 수사기교다. 물론 서양 시에서도 대구가 없는 것은 아니지만 중국 시만큼 그렇게 중시되지 않고 치밀하지도 않다. 일단 중국 시처럼 그렇게 글자 수가 정제되어 있지 않다. 중국 시의 대구는 일단 글자 수가 완전하게 대칭이어야 하고 또한 문법구조도 비슷해야 한다. 이것은 중국어가 글자 한 자 한 자가 독립된 고립어이기 때문에 가능한 것이다. 평측은 사성에서 나온 음양의 조화이기 때문에 처음부터 중국 시에서만 가능한 것이다. 중국 시에서는 평측 또한 대구의 한 수단으로 발전했다.

중국 시의 역사에서 위진남북조시기, 특히 남조시기는 화려한 수사기교에 지나치게 치우쳐 외화내빈의 시기라고 한다. 후대의 많은 시인들은 이 시기의 시에 그리 높은 점수를 주지 않았다. 그러나 형식미의 추구가 반드시 부정적인 것만은 아니다. 그것은 중국 시의 정화라고 할 수 있는 근체시近體詩를 탄생시키는 역할을 했다. 근체시는 남북조시대가 끝나고 수나라를 거쳐 당나라 초기에 완성되었다. 근체시라는 말은 고체시에 대비되는 말로 중국 고전시의 형식미를 집대성한 것이라고 할 수 있다. 근체시에는 여러 가지 까다로운 규칙이 있는데 그 가운데 가장 중요한 기준이 되는 것은 바로 대구와 평측이었다.

이제 중국 시의 형식미는 완성되었고 남은 것은 그 속에 진실한 내용을 담는 것이었다. 그 일은 성당盛唐시대의 시인들에게 맡겨졌다. 성당시기란 현종 대에서 숙종을 거쳐 대종 초기까지 약 50여 년을 말하는데, 대략 전반 30년은 현종의 훌륭한 정치로 당나라의 번영이 극에 이르렀던 시기고, 다음 10년은 양귀비와 사랑에 빠져 정사를 돌보지 않아 서서히 내부적 모순이 심해지는 시기며, 마지막 10년은 안록산安祿山과 그의 부하 사사명史思明이 일으킨 안사安史의 난으로 나라가 쑥대밭이 되었던 시기다. 짧은 시기에 최고의 번영과 처참한 파국을 모두 체험했기에 시인들의 삶의 폭은 매우 컸고 감정의 변화도 많았다. 이런 풍부한 삶의 체험과 다양한 감정의 색깔들이 시에 담기면서 중국 시는 전례 없이 아름다운 꽃을 활짝 피우게 된다. 흔히들 이 시기를 중국 시가사詩歌史에서 최고의 황금기라고 부른다. 먼저 중국 시의 수준을 최고의 정점에 올린 두보杜甫의 시를 보도록 하자.

「春望」봄의 바람

國破山河在 나라는 망가졌어도 산하는 여전한데

城春草木深 성은 봄이 되니 초목이 무성하구나.

感時花濺淚 시절을 느끼니 꽃에도 눈물을 뿌리고

恨別鳥驚心 이별을 서러워하여 새소리에도 마음 놀랜다.

烽火連三月 봉화는 석 달을 이어가는데

家書抵萬金 집의 편지는 만금 값에 달하네.

白頭搔更短 흰머리 긁으니 더욱 짧아져

渾欲不勝簪 비녀도 전혀 지탱하지 못할 듯이 되었네.

이 시는 안록산의 난이 일어난 뒤 장안에 잡혀 있던 두보가 멀리 떨어져 있는 가족들을 그리워하며 쓴 시다. 앞에서 든 사령운의 시에 비해 훨씬 평이한 글자들을 사용하고 있고 문장도 훨씬 평이한 느낌을 준다. 그러나 실제로는 훨씬 치밀하고 정교한 시다. 이 시는 8구 4연으로 이루어져 있는데 기승전결起承轉結의 구조를 지니고 있으며 대구와 평측의 법칙이 매우 잘 들어맞는 전형적인 근체시다. 이런 시를 5언 율시律詩라고 한다.

기는 전란으로 장안은 무너졌지만 봄이 오니 초목이 무성해졌다는 말로 시작하고, 이를 이어받은 승에서는 봄이 오니 피어나는 꽃과 찾아드는 새를 이야기하면서 시절에 대한 감상과 이별의 아픔을 말하고 있다. 전에서는 분위기를 약간 바꾸어 전쟁의 상황과 가족들의 소식을 걱정하는 마음을 보이고, 나라에 대한 근심과 가족에 대한 걱정 때문에 괴로워하는 자신의 심경을 드러내면서 결을 맺고 있다.

이 시는 마지막 연을 제하고는 모두 대구로 이루어져 있으며 평측이 매우 정교하다. 근체시의 기법을 하나하나 다 설명하기는 어렵고 우선 첫째 연만이라도 좀더 심도 있게 분석하여 중국 시의 맛을 한 번 느껴보도록 하자.

첫째 연은 일단 먼저 10자밖에 되지 않는 짧은 구절 속에 참 많은 이야기를 하고 있다. 한 구절이 두 개의 단문이 합쳐진 복문으로 이루어져 있으니 모두 네 개의 문장이 들어 있다. 그만큼 글자 한 자 한 자의 역할이 다 살아 있고 압축된 느낌이 있다. 그리고 첫째 구절과 둘째 구절은 어법이나 의미에서 완벽하게 대구를 이루고 있다. 그런데 그보다 더 절묘한 기교로는 평측에서도 대구를 이루고 있다는 것이다. 글자 하나씩 뜯어보도록 하자.

현재 북경 표준말을 사용하는 사람들은 평측을 가리기가 쉽지 않다. 왜냐하면 현대 중국어에는 입성이 없기 때문이다. 그래서 고대 발음에 관련된 운서韻書를 보지 않으면 평측을 가릴 수가 없다. 그러나 우리나라 한자음에는 입성이 남아 있기 때문에 현대 중국어의 성조만 알고 있으면 평측을 쉽게 가릴 수 있다. 만약 중국어도 알고 우리나라 한자음도 아는 사람이라면 앞으로 중국 시를 읽을 때는 평측을 따져보기를 권하고 싶다. 이전까지 보지 못했던 중국 시의 새로운 맛을 느낄 수 있을 것이다.

먼저 '國破'는 입성과 4성이기 때문에 모두 측성이다. 그러나 다음 글자인 '山河'는 1성과 2성이므로 모두 평성이다. 그리고 '在'는 4성이므로 측성이다. 아래 연에서 '城春'은 2성과 1성이므로 모두 평성이고 매우 울림이 유장한 소리다. '草木'은 3성과 입성이므로 측성이고, '深'은 1성이므로 평성이다. 평성을 ○으로, 측성을 ●으로 표시해서 첫째 연의 평측을 보자.

國破山河在

●●○○●

城春草木深

○○●●○

이렇게 시각적으로 표시하니 서로 대조를 이루고 있음을 쉽게 알 수 있다. 그러나 여기서의 평측은 단순히 서로 대조를 이루는 것에 그치지 않고 시의詩意와도 잘 어우러지고 있다. '國破'는 뜻도 그렇지만 발음에서도 측성이기 때문에 매우 다급하고 촉박한 느낌을 준다. 다음으로 평성인 '山河'로 분위기를 약간 풀어주고, 다시 측성 '在'로 끝을 맺는다. 첫째 구는 전체적으로 측성이 주조를 이루고 있어 암울한 느낌이다. 둘째 구의 '城春'은 앞 구절의 '國破'와 대조를 이루는 단어다. 일단 뜻에서 강한 대비를 이룬다. 나라는 망가졌지만 그래도 계절의 순환은 어김이 없어 봄이 찾아온다는 뜻이다. 발음에서도 정반대로 평성이다. 게다가 이 발음들은 비음이 있기 때문에 더욱 유장하게 들린다. 다음에는 다시 측성인 '草木'을 배열하고 마지막으로 평성이자 비음이 있는 '深'을 써서 깊고 유장한 느낌을 이어간다. 전란으로 망가진 장안의 황폐함과 세상사와는 무관한 자연의 유장함이 평측의 효과로 인해 더욱 강하게 대비되고 있다. 글자 한 자 한 자에 실로 심오한 공력이 깃들어 있다고 할 수 있다.

두보는 흔히 시성詩聖이라고 일컬어진다. 그의 시 속에 우국충정과 가족을 걱정하는 마음 등 유교적 윤리가 많기 때문이기도 하지만, 글자 한 자 한 자에 심혈을 기울이는 성실한 태도가 유교적 성인에 가깝기 때문에 붙여진 이름이다.

다음에는 두보의 7언 율시 한 수를 감상하도록 하자. 7언 율시는 5언 율시보다 조금 늦게 발달했는데 두보가 가장 뛰어난 문학적 성취를 보이고 있는 영역이다.

「登高」 높은 데 올라

風急天高猿嘯哀 바람이 빠르고 하늘은 높은데 원숭이 휘파람 슬프고

渚淸沙白鳥飛廻 물가 맑고 모래 흰데 새는 날아 돌아오는구나.

無邊落木蕭蕭下 끝없이 낙엽은 쓸쓸히 떨어지고

不盡長江滾滾來　다함없는 장강은 도도히 흘러오는구나.

萬里悲秋常作客　만 리에 가을을 슬퍼하며 항상 나그네되어

百年多病獨登臺　한평생 병이 많아 홀로 누대에 오르는구나.

艱難苦恨繁霜鬢　가난에 서리 같은 귀밑머리 무성한 것을 슬퍼하는데

潦倒新停濁酒杯　늙고 지쳐 새 탁주잔을 다시 멈추었노라.

　이 시는 두보의 만년에 가족들과 헤어져 장강을 정처 없이 떠돌다 음력 9월 9일 중양절에 지은 시다. 이 시 또한 앞의 5언 율시와 마찬가지로 기승전결의 구조를 가지고 있다. 기는 풍경을 묘사하고 승에서는 그 풍경 묘사를 심화하고 있다. 사실 기와 승을 풍경 묘사로 하는 것이 더 일반적이다. 전에서는 풍경 묘사에서 일변하여 작자 자신의 심경을 드러내고 있고 마지막으로 그 심경을 심화하면서 결을 맺는다.

　그러나 기와 승에서 풍경을 묘사했다고 해서 작자의 감정이 들어가지 않은 것은 아니다. 자세히 들여다보면 풍경 하나하나에 작자의 감정이 짙게 묻어나고 있다. 원숭이 울음소리에는 가족을 그리워하는 마음이 담겨 있고 새가 날아 돌아오는 광경에는 고향으로 돌아가지 못하는 심경이 담겨 있다. 쓸쓸히 떨어지는 낙엽에는 유한한 인생에 대한 비애가 담겨 있고, 도도히 흘러가는 장강에는 자연의 무한함을 부러워하는 마음이 담겨 있다.

　이 시의 마지막 장면은 탁주잔을 잡고 머뭇거리고 있는 시인의 늙고 지친 손이다. 높은 하늘, 광활한 장강에서 시작한 시야는 점차 시인 한 사람에게 집중되더니 결국 술잔을 잡은 시인의 손에서 끝이 난다. 이 시는 전체적인 구도도 정교하고 대구도 기가 막히지만 평측법 또한 절묘하다. 그 가운데서 가장 압권은 둘째 연이다. 평측을 따져보면서 감상해보자.

　먼저 ‘無邊’은 2성과 1성이므로 둘 다 평성이다. 다음에 ‘落木’은 둘 다 입성이므로 측성이다. ‘蕭蕭’는 평성이고, ‘下’는 4성이므로 측성이다. ‘不盡’은 입성과 4성이므로 둘 다 측성이다. ‘長江’은 2성과 1성이므로 둘 다

평성이다. '滾滾'은 3성이므로 측성이다. '來'는 2성이므로 평성이다. 이것을 앞에서와 마찬가지로 기호로 표시해보자.

○○●●○○●

●●○○●●○

이 연의 문장구조는 앞에서 든 「춘망」의 첫째 연에 비해 단순하다. 한 구에 단문 하나씩밖에 없다. 첫 구에서 '無邊'과 '蕭蕭'는 수식어고, 중심어는 '落木'이라는 주어와 '下'라는 동사다. 이 구절은 떨어지는 낙엽을 보며 인생의 무상함을 느끼는 장면이다. 이런 시의와 어울리게 이 구절의 중심어는 모두 촉박한 느낌의 측성이다. '낙목'은 입성인 동시에 성조 또한 위에서 아래로 떨어지는 4성이기 때문에 더욱 촉박한 느낌을 준다. 그리고 동사인 '下' 또한 위에서 아래로 떨어지는 4성이다. 아래 구절은 인생의 유한함과 대비되는 자연의 무한함을 노래하는 것으로 중심어는 '長江'과 '來'다. 첫 구절과는 반대로 편안한 느낌의 평성이다. 특히 '長江'은 둘 다 매우 유장한 느낌을 주는 발음들이고, '來' 또한 상쾌하게 올라가는 소리다. 위아래가 얼마나 절묘한 조화를 이루고 있는가? 사실 모든 구절에서 이렇게 다 평측과 시의의 조화를 이루기란 쉽지 않다. 이런 구절들은 완성도가 특히 높은 구절이라고 할 수 있다.

마지막으로 평측의 배열을 통해 근체시의 구성미를 감상하도록 하자. 원래 근체시에서 평측법을 쓸 때 모든 글자를 다 평측의 틀에 맞출 수가 없기 때문에 5언에서는 둘째와 넷째 글자를 반드시 지키고 나머지는 융통성 있게 했다. 7언에서는 둘째, 넷째, 여섯째 글자를 반드시 지켜야 한다. 7언의 평측 배열을 보면 5언은 저절로 알 수 있으니, 여기서는 7언의 배열을 보도록 하자. 「등고」의 둘째, 넷째, 여섯째 글자의 평측을 기호로 표시하면 다음과 같다.

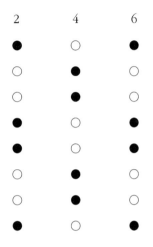

평측의 기본 원칙은 같은 연 안에서는 무조건 서로 엇갈리게 하는 것이다. 측으로 시작했으면 다음은 무조건 평을 써야 하고, 다음은 다시 측, 이런 식이다. 그런데 연을 바꿀 때는 앞 연의 틀을 완전히 뒤집어야 한다. 앞의 연에서 측으로 시작했다면 다음 연에서는 평으로 시작해야 한다. 그 결과 앞의 그림과 같은 아름다운 대칭도가 나오게 된다. 평측법에는 「등고」와 같이 측으로 시작하는 것도 있지만 반대로 평으로 시작하는 것도 있다. 그러면 정반대의 구조가 될 것이다.

당대 이후 시인들이 근체시만 썼던 것은 아니다. 고체시도 여전히 유행했는데 고체시는 특히 시상을 자유롭게 표현할 수 있는 장점이 있다. 근엄하고 치밀한 성격의 두보가 근체시에 최고의 기량을 보여준 반면, 같은 시대의 또 한 사람의 천재시인인 이백李白은 고체시에 매우 능숙했다. 그의 시를 한 수 보도록 하자.

「月下獨酌二」 달 아래의 독작 2

天若不愛酒　하늘이 만약 술을 사랑하지 않았다면

酒星不在天　주성이 하늘에 있지 않았을 것이고

地若不愛酒　땅이 만약 술을 사랑하지 않았다면

地應無酒泉　땅에는 마땅히 주천이 없었으리라.

天地旣愛酒　하늘과 땅이 이미 술을 사랑하고 있으니

愛酒不愧天　술을 사랑하는 것은 천지에 부끄럽지 않다.

已聞淸比聖　이미 청주를 성인에 비유하고

復道濁如賢　또한 탁주를 현인에 비유하여 말하기도 하네.

聖賢旣已飮　성인과 현자를 이미 마셨으니

何必求神仙　어찌 구태여 신선이 되기를 구하겠는가?

三盃通大道　석 잔을 마시면 큰 도에 통하게 되고

一斗合自然　한 말을 마시면 자연에 합하게 된다.

但得醉中趣　다만 술 취해 얻은 정취이니

勿謂醒者傳　깨어 있는 사람에게 말하여 전하지 마라.

　참으로 호방하다. 이백은 흔히 시선詩仙이라고 불리고 주선酒仙이라고도 불린다. 그는 신선사상에 심취하여 현실을 초월한 낭만주의를 구가하기도 했으며, 때로는 술에 취해 천자가 불러도 응하지 않을 정도의 호방함을 보여주었다. 물론 그에게도 정치적 야망은 있었고 어지러운 세상에 대한 격분을 노래한 시도 있지만 그의 개성을 가장 잘 드러내는 시들은 바로 술에 관련된 시다.

　주성은 하늘에 있는 별자리 이름이고 주천은 장안에서 서역으로 이어지는 실크로드에 있는 땅 이름이다. 모두 사람들이 붙인 이름이지만 그것들이 하늘과 땅이 이미 술을 사랑하고 있음을 말해주는 증거라고 궤변을 펼치고 있다. 그리고 청주를 성인에, 탁주를 현인에 비유하는 술꾼들의 이야기를 들어 자신은 이미 성현의 경지에 이르렀으니 굳이 신선을 추구할 필요가 있겠느냐고 넉살을 부리고 있다. 가장 정채로운 구절은 그 다음 구절이다. 석 잔을 마시면 큰 도에 통하고 한 말을 마시면 자연에 합한다는 이 구절은 후세 주당들의 입에 오르내리는 천하의 명구가 되었다. 대도보다는 자연을 더 중시하는 이유는 노자의 "사람은 땅을 본받고, 땅은 하늘을 본받고, 하늘은 도를 본받고, 도는 스스로 그러함을 본받는다"는 구절 때문일 것이다.

이 시는 한눈에 보아도 앞에서 보았던 근체시와는 전혀 다르게 매우 자유로운 형식을 지니고 있음을 알 수 있다. 대구나 평측에 구애받지 않고 단순 반복도 꺼리지 않으며 거침없이 시상을 펼치고 있다. 두보는 이백에 대해 "술 한 말에 시 백 편"이라고 찬탄했고 "붓을 대면 비바람도 놀라게 하고 시가 완성되면 귀신도 울린다"고 극찬했다. 이백의 호탕한 기상은 다음의 시에 잘 드러나고 있다.

「將進酒」술 권하는 노래

君不見黃河之水天上來　그대는 보지 않는가? 황하의 물이 하늘에서 내려와

奔流到海不復廻　바다로 바삐 흘러 들어가 다시 돌아오지 못하는 것을…….

君不見高堂明鏡悲白髮　그대는 보지 않는가? 좋은 집, 밝은 거울 앞에서 백발을 슬퍼하나니

朝如靑絲暮成雪　아침에 검은 머리 저녁에 하얗게 세는 것을…….

人生得意須盡歡　인생살이는 모름지기 뜻을 얻었을 때 마음껏 즐겨야 하나니

莫使金樽空對月　금 술동이로 하여금 홀로 달을 보게 하지 마라.

天生我才必有用　하늘이 나 같은 인재를 낳은 것은 반드시 쓸 데가 있어서이니

千金散盡還復來　천금의 돈도 다 쓰면 다시 돌아오는 것.

烹羊宰牛且爲樂　양을 삶고 소를 잡아 그저 즐겨야 하나니

會須一飮三百杯　한 번 마시면 반드시 삼 백 잔은 마셔야 한다네.

岑夫子, 丹丘生　잠부자, 단구생이여

將進酒, 君莫停　술을 권하노니 멈추지 말고 드시오.

與君歌一曲　그대들과 더불어 노래 한 곡 부를 터이니,

請君爲我側耳聽　그대들은 나에게 귀를 기울여 들어보시오.

鐘鼓饌玉不足貴　화려한 음악에 좋은 음식 귀한 것이 아니고

但願長醉不願醒　다만 오래도록 취해 깨어나지 않기를 바라네.

古來聖賢皆寂寞　고래의 성현들 모두 적막하고

唯有飮者留其名　다만 술꾼들만 그 이름을 남겼네.

陳王昔時宴平樂　진사왕陳思王이 옛날 연회를 즐길 때는

斗酒十千恣讙謔　말술에 만금짜리를 마음껏 즐기게 했지.

主人何爲言少錢　주인은 어찌 돈이 적다고 하시오.

徑須沽取對君酌　즉시 술을 사 와서 그대들과 대작하리라.

五花馬, 千金裘　다섯 빛깔 말, 천금의 털옷

呼兒將出換美酒　아이를 불러 빨리 좋은 술로 바꾸어

與爾同銷萬古愁　그대들과 함께 만고의 시름을 풀어보리라.

　이 시는 한대 이래로 유행한 악부시로 앞의 고체시보다 더 자유분방한 형식이다. 글자의 자수도 변화가 많지만 압운도 변화무쌍하고 자유롭다. 이 시의 가장 큰 장점은 역시 호쾌한 기상에 있다. 술에 관한 시 가운데서 이처럼 거침없이 호방한 시는 전무후무하다고 할 수 있다.

　한 번 흘러갔다가는 다시 돌아오지 못하는 황하처럼 인생도 흘러가면 다시 오지 못하는 것, 그래서 시인은 기회가 닿을 때 마음껏 즐기라고 소리친다. 천금도 아까워하지 말고 양도 소도 다 잡아먹고 한 번 마시면 최소 삼백 잔이다. 부귀와 영화도 소용없고 다만 늘 취해 있는 것이 최고이고, 역사에 이름을 남긴 성현도 부질없고 다만 술꾼으로 이름을 남기고 싶다는 이야기다. 호방하다 못해 방자한 느낌을 주는 정도다. 그러나 최고급 명마, 천금의 털옷도 다 팔아서 밤을 새워 술을 마시겠다는 그 호쾌함 속에는 만고의 시

름이 숨어 있다. 어찌할 수 없는 비애감이 숨겨져 있다.

　다음으로 들 시인은 시불詩佛이라고 불리는 왕유王維다. 그의 자는 마힐摩詰인데 이름과 합치면 『유마경維摩經』의 주인공인 유마힐維摩詰 거사가 된다. 그는 불교를 사랑하여 평생 수도를 했고 만년에는 장안 근처에 별장을 짓고 산수 속에서 고요한 여생을 보냈다. 그는 주로 고요하고 관조적인 마음으로 한적한 전원생활과 산수의 아름다움을 노래하는 데 능했다. 그의 근체시 가운데 5언 절구에서 높은 문학적 성취도를 보이고 있다. 5언 절구는 가장 짧은 형식의 시로 은근한 함축미를 표현하기에 좋은 시형이다.

　「鹿柴」 사슴 우리
　空山不見人　빈 산 사람 보이지 않고
　但聞人語響　다만 사람 말소리 울림만 들리네.
　返景入深林　저무는 햇빛 깊은 숲으로 들어와
　復照靑苔上　다시 파란 이끼 위에 비추네.

　빈 산에는 사람이 보이지 않는다. 그러나 사람이 없는 것은 아니다. 왜냐하면 어디선가 사람 말소리의 은은한 울림이 들리기 때문이다. 분명 가까이 사람이 있으면서도 보이지 않는 것은 그만큼 숲이 깊기 때문이다. 깊은 숲은 어찌 보면 참선을 통해 쌓아올린 마음의 보호막인지도 모른다. 그 보호막은 세속의 번거로움도 뚫고 들어오지 못한다. 그러나 해질 무렵의 햇살이 살며시 비집고 들어온다. 그리고는 사람의 발길이 닿지 않은 파아란 이끼 위를 비춘다. 은은한 저녁 햇살은 참선을 통해 얻은 관조의 힘을 상징하고, 푸른 이끼는 시인의 마음 깊은 곳의 태고의 정적을 비유한다. 짧은 시지만 매우 함축적이고 특히 담백한 맛이 일품이다. 그의 시를 한 수 더 보도록 하자.

「鳥鳴澗」 시냇물에서 지저귀는 새

人閑桂花落　인적 드문데 계수나무꽃 떨어지니

夜靜春山空　밤은 고요하고 봄 산은 비어 있네.

月出驚山鳥　달이 떠올라 산새를 놀라게 하니

時鳴春澗中　봄 시냇물에서 간간히 지저귀네.

　저녁 무렵 사람의 자취는 없다. 계수나무꽃만이 저 홀로 떨어질 따름이다. 밤은 고요하고 봄 산은 텅 비어 있다. 어둠과 적막의 극치다. 그러나 사실 봄이란 생명이 약동하는 계절이 아닌가? 정적의 극치는 달이 솟아오름으로써 깨진다. 어둠 속에 은은한 달빛이 비춤으로써 만물은 감추어진 모습을 드러낸다. 그리고 그 달빛에 놀란 산새가 잠에서 깨어나 갑자기 지저귄다. 그 전까지 들리던 소리는 오직 졸졸졸 흐르던 봄 시냇물 소리였다. 그러나 이제 산새 소리가 더해지면서 새로운 생동감이 더해진다. 이 시의 압운은 빌 '空'과 가운데 '中'이다. 그야말로 텅 빈 고요 가운데 움직임의 찰나를 매우 잘 포착한 시로 정중동靜中動의 운치가 잘 드러나 있다.

　왕유 시의 또 하나의 특징은 시 속에 회화적인 구도가 잘 나타나고 있다는 것이다. 앞의 시에서도 깊은 산속에 해질 무렵의 햇살이 비추어 들어오는 것을 잘 묘사하고 있고, 이 시에서도 어둔 밤의 산속에서 달빛이 비춤으로써 나타나는 숲속 풍경의 생동감이 회화적으로 잘 묘사되고 있다. 실제로 왕유는 산수화가로 흔히 남종화의 시조라고 한다. 그래서 송대의 소동파蘇東坡는 왕유의 시를 두고 시 속에 그림이 있고 그림 속에 시가 있다고 했다.

　이상으로 중국 시의 최고봉이라고 하는 성당의 세 대가들의 시를 감상해 보았다. 당나라의 시는 화려하고 까다로운 수사기교를 추구하던 위진남북조시대의 시에 비해 전반적으로 평이하고 자연스러운 느낌을 준다. 앞에서 보았듯이 까다로운 글자나 특이한 문구를 추구하지 않는다. 그러나 자세히 보면 기교는 기교대로 최고의 수준에 올라 있었다. 어설프게 기교를 자랑하지 않을 따름이다. 더욱 중요한 것은 이들 시 속에는 깊고도 다채로운 사상과 감정이 담겨 있다는 것이다. 어떤 사람은 전란 중에 우국충정의 마음을, 어떤 사람은 호방하고도 방자한 술기운을, 어떤 사람은 대자연 속에서의 관조의 경지를 담았다. 그리고 시의 내용과 형식이 서로 절묘한 조화를 이룬다. 이것은 분명 작은 기교를 넘어서 큰 기교를 이해하게 된 경지라고 할 수 있다. 당대의 시는 위진남북조시대의 시에 비해 확실히 나선형적 발전을 이룬 대교약졸의 경지에 이른 것이다. 많은 사람들이 성당의 시를 최고로 삼는 것은 바로 이 때문이다.

그런데 중국문화사의 전체적인 흐름으로 볼 때 대교약졸의 미학은 안사의 난이 끝난 중당 이후부터 서서히 피어나기 시작하여 송대에 이르러서 본격적으로 활짝 피어났다. 시는 다른 분야에 비해 조금 일찍 대교약졸의 아름다움이 피어난 것이라고 할 수 있다. 그것은 시가 다른 문학 장르나 예술 분야에 비해 가장 일찍부터 사랑과 관심을 받아왔기 때문이다. 시는 당대에 이르러 이미 내용과 형식이 절묘하게 조화를 이루며 최고의 전성기를 구가했기 때문에 송대에 이르러서는 새로운 관점에서 대교약졸의 미학을 추구했다. 그것은 바로 풍격상의 새로운 변화이다.

송시宋詩와 당시唐詩는 풍격에서 상당한 차이가 있다. 당대의 시는 전반적으로 감정의 표현이 다채롭고 화사한 맛이 있다. 마치 울긋불긋한 온갖 아름다운 꽃으로 가득 찬 봄날의 정원과도 같다. 북송 초만 해도 당대의 시풍을 그대로 따랐고 특히 만당시기의 화려하고 농염한 시가 유행했다. 이런 화려하고 농염한 시풍을 배격하고 송시의 분위기를 일신하는 데 앞장섰던 사람은 매요신梅堯臣이다. 그는 일찍이 "시를 짓는 데는 고금을 막론하고 평담하게 쓰는 것이 가장 어렵다"고 해 평담의 시풍을 제창했다.

물론 이 평담이 그냥 무미건조한 평담이 아니라 농염한 맛을 안으로 숙성시킨 평담인 것은 말할 필요가 없을 것이다. 송대 고문운동古文運動의 제창자로 유명한 구양수歐陽修는 그를 감람시인이라고 불렀다. 감람 열매는 처음에는 떨떠름하고 쓴맛이 있지만 씹을수록 나중에는 달콤한 맛이 나오기 때문에 붙여진 이름이다. 이후 평담이라는 말은 송시를 이해하는 데 매우 중요한 용어가 되었다. 송대를 대표하는 시인이자 문인인 소동파 역시 시에서 숙성된 평담미의 중요성을 다음과 같이 역설했다.

> 메마르고 담담함을 소중히 여기는 것은 그 바깥은 메마르면서도 속은 기름지고, 담담한 것 같으면서도 사실은 아름답기 때문이다. …… 만약 안과 겉이 모두 메마르고 담담하다고 하면 또 무슨 말을 할 값어치가 있겠는가?

당시에 대한 송시의 차이를 설명하는 말이 많이 있다. 예를 들면 당나라 사람은 정情으로 시를 썼지만 송나라 사람은 이치로 시를 썼다는 말 따위다. 그러나 가장 적절하고 포괄적인 말이 바로 평담미다. 다음의 평評은 당시와 송시의 풍격을 잘 묘사한 유명한 글이다.

> 당시의 아름다움은 다정한 시어에 있으니 그래서 풍부하고 기름지다. 송시의 아름다움은 기세와 뼈대에 있으니 그래서 메마르면서도 굳세다. 당시는 작약이나 해당처럼 농염하면서도 화려하다. 송시는 겨울 매화나 가을 국화처럼 그윽한 운치와 차분한 향기가 있다. 당시는 여지를 씹는 것처럼 한 알을 입안에 넣으면 단맛과 향기가 양 볼에 가득 찬다. 송시는 감람나무 열매를 씹는 것처럼 처음엔 떨떠름한 맛을 느끼지만 뒷맛이 빼어나고 오래간다.

이밖에 당시는 봄날 온갖 꽃들이 만발하는 정원을 다정한 연인과 함께 거니는 기분으로, 송시는 마치 가을날 국화꽃이 피어 있는 쓸쓸한 들판을 홀로 산책하는 느낌에 비유하는 학자도 있고, 당시는 마시면 사람을 얼큰하게 취하게 하는 술에, 송시는 마시면 사람을 차분하게 하는 차에 비교한 사람도 있다.

당시가 위진남북조시대의 번화한 수사기교를 안으로 머금고 새로운 차원의 대교약졸의 경지를 이루었다면, 송시는 당시의 화사하고 농염한 풍격을 안으로 심화시켜서 새로운 차원의 대교약졸을 열었다고 할 수 있다. 당시와 송시의 차이를 설명할 때 흔히 나오는 시를 예로 둘이 지닌 맛의 차이를 느껴보도록 하자.

「望廬山瀑布」 여산폭포를 바라보며
日照香爐生紫煙　향로봉에 햇빛 비쳐 안개 어리고
遙看瀑布掛長天　멀리 폭포는 하늘에 매달려 있는 듯,
飛流直下三千尺　날라 떨어지는 삼천 척 물줄기
疑是銀河落九天　마치 은하수가 구천에서 떨어지는 듯.

「題西林壁」 서림사 벽에 쓰다
橫看成嶺側成峯　비스듬히 보면 고개요, 옆에서 보면 봉우리
遠近高低各不同　멀리 가까이 높게 낮게 제각기 다르구나!
不識廬山眞面目　여산의 참모습을 알지 못하는 것은
只緣身在此山中　다만 내가 이 산중에 있기 때문이리라.

앞의 시는 당대를 대표하는 시인인 이백이 여산폭포를 바라보며 쓴 시고, 뒤의 시는 송대를 대표하는 시인 소동파가 여산의 전체 모습을 노래한 것이다. 하나는 부분적인 풍경을 노래한 것이고, 다른 하나는 산 전체의 모습을 노래한 것이기 때문에 엄격한 의미에서의 비교는 어렵지만 다 같이 여산이라는 대상을 노래한 것이기 때문에 어느 정도의 비교는 가능하다. 전자가 호방한 기상으로 여산폭포의 웅장함을 노래한 것이라면, 후자는 보는 관점에 따라 끊임없이 변모하는 여산의 모습을 노래한 것이다. 전자가 과장 기법을 동원하여 여산폭포를 바라보면서 느끼는 감정을 극명하게 드러내는

발산형이라면, 후자는 이리저리 다양한 각도를 제시하며 여산의 모습이 보는 각도에 따라 바뀐다는 것을 사변적으로 설명하면서 차분하게 스스로 생각할 여지를 남겨두는 수렴형이라고 할 수 있다.

중국 고전시의 발전은 사실 송대가 마지막 황금기라고 할 수 있다. 그 뒤로도 시는 중국 지식인들의 필수 교양의 하나로서 꾸준히 창작되어졌지만 미학적으로 새로운 경지를 개척하지는 못했다. 몽골족이 다스렸던 원대에는 중국 정통문학의 꽃인 시는 크게 쇠퇴했고 명대에는 다시 시를 되살리는 운동이 일어났지만 그것은 새로운 차원의 발달로 나아간 것이라기보다는 그저 단순히 과거를 복원하려는 수준의 복고주의에 머물렀다. 명대 이후 청말에 이르기까지 중국 시는 대부분 당시를 추종하는 종당파從唐派와 송시를 추종하는 종송파從宋派로 나뉘어 답보 상태에 머물렀다. 물론 소수의 사람들은 복고주의에 반대하고 개인의 독창성을 강조하기는 했지만 미학적으로 새로운 경지를 개척하지는 못했다.

중국산문의 발달

전통적인 중국 지식인들이 가장 중시하던 문학 장르는 시와 문이었다. 사실 그것은 문학이라기보다는 일종의 필수 교양에 가까운 것으로, 과거시험의 과목으로 채택되기도 했다. 앞에서도 말했듯이 중국산문은 문사철의 구분이 없었기 때문에 사상가의 문장이나 역사가의 문장 또한 산문의 한 영역으로 다루어지고 있다. 그리고 여러 가지 공문서나 실용적인 문장 또한 산문의 하나로 여겼으며 오히려 주류로 여기기도 했다. 특히 순수 예술적인 목적으로 쓰인 문장들이 본격적으로 출현하기 시작하는 위진남북조시대 이전까지는 그런 경향이 더욱 심하다.

이처럼 고대 중국의 산문은 예술을 위한 목적이라기보다는 실용적인 목적이 더 앞서는 문장이었지만 그렇다고 해서 수사기교가 아주 없는 것은 아니었다. 공자는 일찍이 "말에 문체가 없으면 멀리 전해지지 않는다"고 했는데, 아무리 실용적인 목적을 지닌 문장이라 해도 어느 정도의 수사기교가 있어야 더 많은 사람들에게 오래 전해질 수 있다는 것을 강조한 것이다. 실제로 중국산문들은 『논어』에서도 볼 수 있듯이 고대로부터 문장의 멋을 추구하고 있다.

> 子曰, 智者樂水, 仁者樂山. 智者動, 仁者靜. 智者樂, 仁者壽.
> 공자가 말씀하셨다. "지혜로운 자는 물을 좋아하고 어진 자는 산을 좋아한다. 지혜로운 자는 활동적이고 어진 자는 고요하다. 지혜로운 자는 즐기고 어진 자는 장수한다."

물론 이런 문장들은 수사기교라고 하기에는 너무 초보적이지만 그래도 글자 수를 맞추고 서로 짝을 이루는 데서 대구의 원형을 발견할 수 있다. 『도덕경』 또한 분명히 산문의 영역에 속하지만 때로는 글자 수를 맞추기도 하고 대구를 적절히 활용하기도 하며 운도 맞추고 있다. 제1장에서 대교약졸을 설명하면서 든 예문을 다시 보자. 번역은 생략한다.

> 大成若缺, 其用不弊. 大盈若沖, 其用不窮. 大直若屈, 大巧若拙, 大辯若訥. 靜勝躁, 寒勝熱. 淸淨爲天下正.

처음 네 구는 초보적인 수준이기는 하지만 서로 짝을 이루고 있기 때문에 대구라고 할 수 있다. 그리고 '대직약굴大直若屈', '대교약졸大巧若拙', '대변약눌大辯若訥' 이 세 문장의 마지막 글자를 보라. '굴屈', '졸拙', '눌訥'은 같은 계열의 운으로 압운한 것들이다. 전체적으로 보았을 때 넉 자 위주로 문형이 정제되어 있고, 필요한 곳에서는 압운도 하고 있어 수사기교에 상당한 공을 들였음을 알 수 있다.

한대에 들어오면 문장은 훨씬 더 세련되기 시작한다. 동양 역사학의 아버지라고 불리는 사마천의 「보임소경서報任少卿書」의 일부분을 보도록 하자. 이 글은 옥중에 있는 임소경에게 답장하는 편지다. 이 글은 간언을 했다가 억울하게 황제의 노여움을 받아 궁형이라는 치욕적인 형벌을 받고도 이를 꾹 참고 『사기』를 쓰게 된 자신의 처절한 심정이 잘 드러나 있는 명문이다.

僕聞之, 修身者, 智之符也, 愛施者, 仁之端也, 取予者, 義之表也, 恥辱者, 勇之決也, 立名者, 行之極也. 士有此五者, 然後可以托於世, 列於君子之林矣. 故禍莫憯於欲利, 悲莫痛於傷心, 行莫丑於辱先, 而詬莫大於宮刑.

제가 듣건대 자신의 몸을 수양하는 것은 지혜의 표시고, 남에게 베풀기를 좋아하는 것은 어짊의 실마리며, 주고받는 것은 의로움이 드러나는 바고, 치욕을 당하면 용기를 결단하며, 뜻을 세우는 것은 행동의 목적이라고 합니다. 선비는 이 다섯을 갖춘 뒤에야 세상에 몸을 의탁하고 군자의 대열에 설 수 있을 것입니다. 그러므로 화는 이익을 탐내는 것보다 더 참혹한 것이 없고 슬픔은 마음을 상하는 것보다 더 고통스런 것이 없으며, 행동은 선조를 욕되게 하는 것보다 더 추한 것이 없고 치욕은 궁형을 받는 것보다 더 큰 것이 없습니다.

사마천은 선비의 덕목 다섯 가지를 설명하고 살아가면서 피해야 할 화, 슬픔, 행동, 치욕을 이야기하면서 문법적으로는 단어만 바꾸면서 같은 형식의 문형을 반복하고 있다. 이렇게 문법적으로 같은 형식의 문장을 반복할 때 문장의 멋을 부리면서도 의미를 더 효율적으로 전달할 수 있다. 이런 것들은 모두 초보적인 대구라고 할 수 있다.

그러나 한대의 문장까지는 대구의 발달이 아직 초보적인 단계고 위진남북조시대에 이르러 본격적으로 매우 정교한 대구를 위주로 하는 변려문駢儷

文이 등장한다. '변려騈儷'이란 원래 두 마리의 말이 마차를 끄는 것을 말하고 '여儷'란 남녀 한 쌍을 말한다. 그러므로 변려문이란 말 자체가 대구로 이루어진 문장이라는 뜻이다. 남조의 유협劉勰이 쓴 『문심조룡』은 중국문학사에서 최고의 종합 문학비평서로, 후대에 미친 영향이 매우 큰데 그 가운데 일부를 보자.

古人云, 形在江海之上, 心存魏闕之下, 神思之謂也. 文之思也, 其神遠矣. 故寂然凝慮, 思接千載, 悄焉動容, 視通萬里. 吟詠之間, 吐納珠玉之聲, 眉睫之前, 卷舒風雲之色, 其思理之致乎?

옛 사람이 이르기를 "몸은 강이나 바다에 있어도 마음은 높은 궁궐에 있다"고 했는데 상상력을 말한 것이다. 문장을 구상할 때 그 상상력은 원대하다. 그러므로 고요히 생각을 모아 사념은 천 년과 접하고 조용히 얼굴을 움직여 시야는 만 리에 통한다. 읊조리는 가운데 옥구슬의 소리를 토했다 삼켰다 하며 눈썹 앞에서 바람 구름의 모양을 말았다 폈다 할 수 있음은 상상의 힘의 작용이 아닌가?

이 문장은 글을 쓸 때 상상력의 소중함을 논한 것인데, 몇 개의 예외가 있지만 대부분 넉 자와 여섯 자로 이루어져 있다. 또한 몇 개의 문장을 제외하고는 대부분이 대구로 이루어져 있다. 그리고 대부분의 대구가 단순히 서로 짝을 이루는 데 그치는 것이 아니라 절묘한 표현들로 이루어져 있다. 사실이 글은 문학비평서이기 때문에 개념을 좀더 명료하게 설명해야 하는데, 문장의 멋을 추구하는 데 치우쳐서 글이 모호한 편이다. 이것은 분명 변려문의 한계라고 할 수 있다.

그러나 이미 중국인의 마음을 사로잡은 변려문의 위세는 너무나 커서 문학에 관련된 글뿐만 아니라 정부 문서나 역사 기록 등의 실용문도 잠식하여 여러 가지 폐단을 낳았다. 그러나 이런 폐단을 지적하는 사람은 극소수였고

대부분의 문인들은 더욱 더 수사기교에 공을 들여 좀더 완전한 변려문을 만들려고 했다. 다음의 문장은 당대 초기의 문장가인 왕발王勃이 지은 「등왕각서滕王閣序」인데 그야말로 수사기교의 극을 달리고 있다.

> 時維九月, 序屬三秋. 潦水盡而寒潭淸, 煙光凝而暮山紫. 儼驂騑於上路, 訪風景於崇阿. 臨帝子之長州, 得天人之舊館. 層臺聳翠, 上出重霄, 飛閣翔丹, 下臨無地. 鶴汀鳧渚, 窮島嶼之縈廻, 桂殿蘭宮, 卽岡巒之體勢.

> 때는 구월, 계절은 늦가을. 빗물 마르니 차가운 연못 맑아지고, 노을 엉기니 해 저무는 산은 보랏빛이 된다. 길을 나서면서 수레 끄는 말들 위엄을 갖추고, 높은 언덕에서 좋은 경치를 찾는다. 황제의 아들이 발견한 긴 모래섬에 이르러 신선이 놀았던 옛 누각을 찾았다. 층층의 누대는 푸른빛으로 솟아 있고, 날으는 듯한 전각은 붉은빛으로 떠올라 바닥이 보이지 않는 물을 굽어보고 있다. 학이 노는 물가와 오리 노는 강가는 구불구불 둘러싼 섬으로 이어져 있고, 계수나무 전각과 목란 궁전은 언덕과 산봉우리의 형세에 따라 지어져 있다.

이 문장은 모든 문장이 완벽하게 대구를 이루고 있다. 또한 거의 모든 구절이 4자 또는 6자로 이루어져 있으며 간혹 7자로 이루어진 구절이 있기는 하지만 그것은 일부러 약간의 파격을 추구한 것이라고 할 수 있다. 이렇게 철저하게 4자와 6자를 중심으로 이루어져 있기 때문에 흔히 사륙문四六文이라고도 한다. 너무나 정형화되어 있어 산문이라기보다 운문에 더 가깝다고 할 수 있다. 심지어는 평측의 대비도 추구하고 있다. 앞의 네 구절의 평측을 한 번 보도록 하자.

時維九月, 序屬三秋.

潦水盡而寒潭淸, 煙光凝而暮山紫.

완전하게 들어맞지는 않지만 대부분 대비를 이루고 있지 않는가? 웬만한 시를 쓰는 것보다 더 치밀하고 정교한 수사기교를 보여준다. 문제는 지나치게 멋들어진 문장을 만들려고 하다 보니 내용이 모호하거나 공허하다는 데 있다.

이런 기풍은 당나라 전기까지 이어지다가 당나라 후기에 이르러 큰 변화를 맞이한다. 당나라 후기에는 한유韓愈, 유종원柳宗元 등의 대문장가들이 나와 그때까지 유행하던 변려문을 반대하고 다시 한나라 이전의 고문으로 돌아가자는 운동을 펼쳤다. 이것이 고문운동이다.

겉으로 볼 때 고문운동은 지나치게 수사기교만을 추구하는 당시의 변려문을 배격하고 변려문 이전의 소박한 형식의 고문으로 돌아갈 것을 주장하는 문체개혁운동이다. 그러나 그 속을 들여다보면 고문운동은 단순한 문체개혁운동이 아니라 정치개혁운동이자 사상개혁운동이다. 안사의 난은 대지주 세습귀족들의 몰락을 불러왔으며 이에 중당 이후부터는 중소지주 출신의 지식인들이 과거시험을 통해 대거 정계에 진출할 수 있게 되었다. 고문운동의 주창자인 한유와 유종원은 바로 과거시험을 통해 새롭게 등장한 신진사대부들이었다. 그들의 고문운동 속에는 단순히 문체개혁의 의지만 담겨 있는 것이 아니라 변려문을 사용하던 문벌귀족들을 배격하려는 의미와 위진남북조 이래 번창해온 불교를 배척하고 다시 유교를 부흥시키려는 의지도 동시에 담겨 있었다. 여기서는 사상적 측면이나 정치 사회적 측면은 제외하고, 주로 문학 내적인 부분인 문체와 심미관에 대해서 논의를 전개하고자 한다.

변려문은 자구를 정제하고 매 구절마다 대구를 이루어야 하며 심지어 평측까지 신경을 써야 하는 까다로운 문체다. 이처럼 언어의 조탁에 지나친 신경을 써다보면 내용이 부실해질 수밖에 없는 것은 당연한 이치일 것이다.

고문운동가들은 이런 폐단을 강력하게 비난하면서 변려문이 나오기 이전인 삼대양한의 소박한 문체, 즉 대구를 별로 구사하지 않고 자연스럽게 자신의 뜻을 펼치는 고문으로 돌아가자고 한 것이다.

삼대양한시대의 고문으로 돌아가자고 했다는 점에서 고문운동은 분명 복고주의의 혐의가 있다. 그러나 그것은 단순한 복고는 아니었다. 그 속에는 새로운 발전이 있다. 고문운동은 일단 작위적인 대구를 배격하고 자연스러운 형식을 추구한다는 점에서는 분명 과거로 되돌아간 측면이 있다. 그러나 완전히 변려문 이전의 고대의 문장으로 돌아간 것은 아니다. 그들은 변려문처럼 노골적으로 대구에만 치중하지는 않았지만 변려문을 통해 축적된 세련된 기교를 완전히 버리지는 않았다. 그래서 자연스러운 문장의 흐름 가운데 때로는 적절히 대구를 구사하면서 문장의 멋을 부린다. 이 속에는 분명 이전의 고문과는 차원이 다른 새로운 미학이 담겨 있다. 고문운동의 주창자였던 한유의 「사설師說」의 일부를 보자.

師道之不傳也久矣, 欲人之無惑也難矣. 古之聖人, 其出人也遠矣, 猶且從師而問焉. 今之衆人, 其去聖人也亦遠矣, 而恥學於師. 是故, 聖益聖, 愚益愚. 聖人之所以爲聖, 愚人之所以爲愚, 其皆出於此乎?

스승의 도가 전해지지 않은 지가 오래되었고, 사람들이 의심이 없게 되기를 바라기는 어렵다. 옛 성인은 남보다 훨씬 뛰어났지만 그대로 여전히 스승을 좇아 그들에게 물었는데, 지금의 많은 사람들은 성인보다 훨씬 뒤떨어지면서도 스승에게 배우는 것을 부끄러워한다. 이 때문에 성인은 더욱 성스러워지고 어리석은 사람은 더욱 어리석어진다. 성인이 성인다워지고 어리석은 사람이 어리석어지는 것은 아마도 모두 여기에서 나오는 것이 아닐까?

이 문장은 스승의 가치와 필요성을 역설한 명문이다. 물론 여기서 말하는 스승이란 단순히 지식을 전수하는 스승이 아니라 도를 전수하는 스승이고 그 도는 물론 유가의 도다. 한유는 스승을 찾지 않는 당시의 폐단을 통렬히 비판하고 있는데, 이것은 그때만 적용되는 것이 아니라 지금 이 시대에도 통하는 말이다.

수사기교에서 보았을 때, 이 문장은 변려문과 같이 겉으로 드러내놓고 대구나 평측을 추구하거나 자수를 맞추려고 하지 않았다. 그러나 거의 대부분 대구로 이루어져 있다. 그리고 중간 부분에 옛 성인들이 끝없이 배움을 추구했던 것과 그 당시의 사람들이 스승에게서 배우기를 부끄러워하는 것을 대비하는 문장에서는 글자 수에서는 대구가 아니지만 전체적인 문장의 흐름이 자연스럽게 대구를 이루고 있다. 얼마든지 글자 수를 맞출 수 있었겠지만 일부러 약간의 파격을 준 것이라고 할 수 있다. 아마도 글자 수를 너무 맞추어버리면 답답하고, 오히려 이렇게 약간씩 변화를 주어야 더 자연스러운 리듬이 살 수 있다고 느꼈기 때문이리라.

이로 보아 고문은 대구를 효율적으로 구사할 수 있는 능력이 아직 축적되지 않았던 시기의 문장과는 질적으로 다름을 알 수 있다. 그리고 기계적으로 대구를 짜맞추는 변려문에 비해서도 한 차원 더 높은 미적 안목을 보여준다. 왜냐하면 겉으로 봐서는 특별한 규칙 없이 자유롭게 흘러가지만 속으로 잘 조화된 리듬을 만들어낸다는 것은 그리 쉬운 일이 아니기 때문이다. 이런 것이 바로 정련된 소박미로, 나선형적 발전의 대교약졸의 심미관을 잘 보여주고 있다고 할 수 있다.

대교약졸의 심미관은 미적 안목이 일정 수준 이상에 이르렀을 때 감지할 수 있는 것이다. 한유와 유종원이 고문운동을 주장했던 당나라 중기에는 정치, 경제, 사회, 문화 전반에 걸쳐 새로운 변화가 시작되던 시기였다. 그래서 문학에서도 새로운 심미관의 모색이 있었던 것이다. 그러나 이 시기는 대교약졸의 심미관이 보편화되기에는 아직 이른 시기였다. 당시 일반 사람들의 관점에서는 고문이란 변려문에 비해 서툴고 조잡한 것으로 보였을 것이다. 그래서 고문운동은 소수 선각자들의 외로운 외침에서 그치고 당나라 말기에는 다시 변려문이 유행하게 된다.

고문운동이 본격적으로 성공을 거두게 되는 것은 그로부터 약 2백여 년이 지난 북송 중기에 이르러서다. 송대 고문운동의 선구자인 구양수의 「취옹정기醉翁亭記」의 일부를 보도록 하자.

若夫日出而林霏開, 雲歸而巖穴暝, 晦明變化者, 山間之朝暮也. 野芳發而幽香, 佳木秀而繁蔭, 風霜高潔, 水落而石出者, 山間之四時也. 朝而往, 暮而歸, 四時之景不同, 而樂亦無窮也.

아, 해가 뜨면 수풀의 안개가 열리고, 구름이 돌아가면 석굴이 어두워지니, 어둡고 밝음이 변화하는 것은 산간의 아침과 저녁인 것이다. 들꽃이 피어나 은은한 향기가 일고, 아름다운 나무가 빼어나서 무성한 녹음을 이루며, 바람과 서리가 높고 깨끗하고, 물이 줄어 돌이 드러나는 것은 산간의 사계절인 것이다. 아침에 갔다가 저녁에 돌아옴과 사계절의 경치가 같지 않으니, 즐거움도 또한 다함이 없다.

취옹은 구양수의 호이고, 취옹정은 그가 지방관리로 있을 때 지었던 정자의 이름이다. 당송의 고문가들은 신진사대부로서 사명감이 투철했기 때문에 시대를 걱정하고 도리를 밝히는 글도 많이 썼지만 그렇다고 해서 풍취가 없었던 것은 아니다. 「취옹정기」는 지방의 백성들을 잘 다스리고 그들과 스스럼없이 어울리면서도 자연의 아름다움을 놓치지 않는 구양수의 면모를 잘 볼 수 있는 글이다.

이 부분은 전체 문장 가운데서 대구의 수사기교가 비교적 잘 드러나는 부분이다. 첫째 구의 '若夫'는 그냥 의미 없는 감탄사 같은 것이다. 이 부분을 빼면 첫째 구와 둘째 구는 변려문과 같은 수준의 완벽한 대구로서 산간의 아침과 저녁을 잘 묘사하고 있다. 그리고 '野芳' 이하 4구는 산간의 사계절을 묘사한 것인데, 봄과 여름은 완전한 대구를 이루고 있지만 가을과 겨울

부분은 완전한 대구가 아니다. 이 또한 일부러 파격을 취한 것이라고 할 수 있다. 너무 완벽하게 대구를 이루면 멋이 없다고 생각했기 때문이다.

얼마든지 화려한 기교를 부릴 줄 알지만 안으로 감추고 겉으로는 수수하고 소박한 아름다움을 유지하는 대교약졸의 미학은 중당시대에서는 호응이 별로 없었지만 이 시대에 와서는 대대적인 호응을 받게 된다. 구양수의 문하에 소동파, 사마광司馬光, 왕안석王安石을 비롯한 빼어난 문인들이 모여들면서 고문은 활짝 피어나게 되었고, 이후 청대 말기까지 중국산문의 주류가 되었다. 송대 이후에도 수많은 문장가들이 있었고 세부적인 발전은 있었지만 거시적인 관점에서 볼 때는 답습의 상태에 머물렀다.

중국문학사의 큰 흐름으로 볼 때 송대는 정통 사대부문학의 정화라고 할 수 있는 시문이 최고조에 이른 시기였다. 동시에 송대는 민간문학이 본격적으로 피어나기 시작한 시기였다. 상업의 발달로 거대한 도시가 형성되면서 도시민들을 위한 여러 가지 공연예술이 등장하여 성행했다. 송대 도시의 전문 극장에서는 많은 전문 이야기꾼들이 입장료를 내고 들어온 청중들을 위해 『삼국지』의 조조와 유비와 제갈공명의 역사적 사실을 재미있게 꾸며서 청중들의 환호성을 받았고, 많은 소리꾼들이 이야기와 노래로 청중들을 울리고 웃기기도 했으며, 일부는 전문 가무극단을 만들어 재미있는 이야기를 노래와 춤과 대사로 사람들에게 보여주고 들려주기도 했다. 그리하여 원대 이후에는 사대부들의 정통문학인 시문은 답보 상태에 머무른 반면 민간에서 나온 희곡과 소설이 문학사의 주류가 되었다.

앞에서도 보았듯이 중국문학은 사대부의 정통문학인 시문은 물론이고 소설과 희곡에 이르기까지 모두 서양과는 다른 대교약졸의 미학이 숨겨져 있다. 그리고 중국인들의 문학에 대한 자부심은 대단했다. 이 때문에 그들은 외국문학의 존재를 인정하지 않았다. 근대 이후 그들은 서양의 과학기술에 대해서는 어느 정도 관심을 보였고 특히 아편전쟁 이후로는 서양의 과학기술을 적극적으로 수용하려고 노력했지만 문학에는 거의 관심을 보이지 않았다. 그들에게 문학이란 성인의 가르침의 정수 가운데 하나요, 자기네 문화의 근간이었기 때문이다. 20세기 초에 들어 봉건제국이었던 청나라가 무너지고 난 뒤에야 비로소 서양문학을 전격적으로 받아들이기 시작했다. 이후 다른 동아시아의 여러 나라와 마찬가지로 중국문학도 서양문학의 영향을 지대하게 받고 있다. 중국 전통의 줄을 고수하는 단계에서 새로운 교의 학습이 계속되고 있는 것이다. 그것이 어떤 양상으로 전개될지는 두고 보아야 할 일이다.

회 화

문학과 예술이 매우 밀접한 관계가 있다는 것은 익히 알고 있는 사실이다. 그러나 중국의 문학과 예술의 거리는 분명 서양의 문학과 예술의 거리보다는 더욱 가깝다고 할 수 있다. 그 가운데서도 문학의 한 갈래인 시와 미술의 한 갈래인 회화의 거리는 가까이 있는 정도가 아니라 서로가 꼭 껴안고 있는 형상이다. 많은 시들이 회화의 소재로 쓰였을 뿐만 아니라 회화 속에 시를 써넣는 것도 흔하다. 그래서 시와 그림은 하나라는 시화일률론詩畵一律論을 주장하는 사람도 있었다.

시와 그림이 이렇게 가까운 것은 중국이 전반적으로 미분화의 경향이 있기 때문이라고 볼 수 있다. 그러나 적어도 시와 그림에서는 미분화가 아니라 통합이라고 할 수 있다. 왜냐하면 시와 그림은 처음부터 붙어 있었던 것이 아니라 대교약졸의 미학이 피어나는 송대에 들어오면서 더욱 가까워지게 된 것이기 때문이다.

이 장에서는 대교약졸의 관점에서 중국회화와 서양회화의 차이를 비교하고 중국회화사의 흐름 속에서 대교약졸의 미학이 어떤 모습으로 나타나는지에 대해서 살펴보고자 한다. 문학과 비교를 해보면 훨씬 쉽게 이해할 수 있을 것이다.

그림은 형상을 닮게 그리는 것이다

사실 그림이 예술 감상의 대상이 된 것은 그리 오래된 일은 아니다. 그러면 고대인들은 왜 그림을 그렸을까? 주술적 목적? 창조적 유희? 실용적 목적? 정확한 답은 아무도 모른다. 인류가 남겨놓은 그림 가운데 가장 오래된 것은 스페인의 알타미라 동굴벽화와 프랑스의 라스코 동굴벽화다. 대략 1만 5천 년 전후에 그려진 것이라고 한다. 그 속에는 들소, 사슴, 말 등의 동물들이 그려져 있는데, 왜 그들이 동굴 속에 벽화를 남겼는지는 수수께끼지만 여러 가지 정황으로 볼 때 이 벽화들은 많은 사냥감을 획득하기 위한 주술행위의 하나로 보는 것이 가장 타당하다고 여겨진다.

그런데 한 가지 놀라운 사실은 이들 구석기시대의 벽화들이 너무나 사실적이고 생동적이라는 것이다. 그래서 처음에는 이들 벽화들이 구석기시대의

스페인 알타미라 동굴벽화

프랑스 라스코 동굴벽화

작품이라고는 상상도 하지 못했다. 왜냐하면 이 벽화들은 후대에 나온 신석기시대의 그림들보다 훨씬 사실적이고 세련된 작품들이기 때문이다. 그러나 과학적인 감정에 의해 구석기시대 작품임이 증명되었다.

그러면 신석기시대의 회화를 하나 보도록 하자. 중국 섬서성의 서안西安 근처의 반파촌半坡村에서 발굴된 앙소仰韶문화의 유물 가운데는 매우 재미 있는 그림이 그려져 있는 토기가 있다. 이 유물은 기원전 5천 년 정도의 유물이다.

그림을 보면 양쪽의 물고기 그림은 비록 사실성이 떨어져 조금 엉성하지만 물고기임을 금방 알아차릴 수 있다. 그러나 위아래의 그림은 얼른 보아서는 마치 우주인 같기도 하고 로봇 같기도 해서 무엇을 그린 것인지 짐작하기가 쉽지 않다. 그러나 자세히 보면 가운데 둥근 모양은 얼굴을 그린 것임을 대충 알 수 있고, 얼굴 양쪽에는 물고기를 그린 것임을 알 수 있다. 과연 이 그림은 무슨 의미를 지니고 있을까?

전문가들의 연구에 따르면 이 토기를 그린 부족은 물고기 토템을 가지고 있는 부족이라고 한다. 그리고 이 토기는 어린아이의 시체를 담은 커다란 질그릇의 뚜껑이라고 한다. 그러면 대충 고개가 끄덕여질 것이다. 이것은 어린아이의 영혼을 사후의 세계로 인도하는 종교적 목적의 그림임을 알 수 있다. 토템은 그 부족의 조상신이자 수호신이다. 물고기의 그림들은 바로 어린아이의 영혼을 인도하는 부족 조상신 또는 수호신이라고 할 수 있다. 그리고 둥근 얼굴 위의 톱니바퀴가 있는 삼각형은 죽음과 관련이 있는 토기에서만 발견되는 문양으로 여성의 성기라는 설도 있고 남성의 성기라는 설도 있다. 성기는 생명의 탄생을 상징하는

앙소문화 반파半坡 출토 토기

것으로 망자와는 어울리지 않는다는 설도 있지만, 아마도 죽은 다음에 새로운 생명을 얻기를 기원하는 마음을 담지 않았을까 추측된다.

이렇게 신석기시대의 그림은 앞의 구석기시대의 두 동굴벽화에 비해 훨씬 추상적이고 또한 엉성한 느낌을 준다. 이것은 단순히 중국의 그림만 그런 것이 아니다. 전 세계 신석기시대의 회화 가운데 사실성에서 알타미라나 라스코 동굴벽화보다 뛰어난 것은 없다. 거의 대부분 사실적인 묘사가 아니라 추상적인 묘사를 위주로 하고 있다. 마치 어린아이들이 사람을 그리거나 동물을 그릴 때 사실적으로 묘사하지 못하고 동물의 중요한 특징을 중심으로 엉성하게 추상적으로 묘사하는 것처럼 말이다.

그렇다면 왜 구석기시대의 그림이 신석기시대의 그림보다 더 사실적이고 생동감이 있는가? 어떤 사람들은 이렇게 해석한다. 수렵과 채취가 주요 생활수단이었던 원시시대에는 아직 추상적 사유가 발달하지 않았기 때문에 사물을 있는 그대로 보고 표현해낼 수 있었다. 그러나 농경과 목축이 시작되고 문명이 발달하기 시작하면서 서서히 추상적, 관념적 사유가 발달하기 시작하자 사람들은 사물을 그릴 때 '보는 대로' 그리는 것이 아니라 '생각하는 대로' 그리기 시작했다는 것이다.

사실 구석기시대의 회화는 발견된 것이 별로 없고 간혹 있다 해도 알타미라나 라스코 동굴벽화만큼 그렇게 생생하고 사실적인 작품들이 없기 때문에 위의 설을 일반화하기는 조금 무리가 있어 보인다. 왜냐하면 두 동굴벽화가 특별한 예외일 수도 있기 때문이다. 그렇지만 고대인들은 사물을 그릴 때 보는 대로 그렸던 것이 아니라 생각하는 대로 그렸다는 설은 매우 설득력 있게 들린다. 세계 7대 불가사의의 으뜸인 피라미드를 건설하고 찬란한 문명을 자랑했던 이집트의 회화를 보면 더욱 그런 생각이 든다.

고대 이집트의 피라미드의 벽화들을 보면 얼굴은 항상 옆으로만 그려져 있고 가슴은 항상 정면을 보고 있으며 다리도 옆으로 벌려져 있다. 그들은 사람을 사실적으로 묘사하기보다는 사람의 특징을 잘 드러내기 위해 인체의 각 부분을 이미 축적된 시각적 지식에 근거하여 그 부분이 가장 효과적으로 드러나는 각도에서 그렸던 것이다. 즉, 얼굴은 옆에서 볼 때 그 특징이 가장 잘 드러나며 가슴은 앞에서, 다리는 정면보다는 옆에서, 그것도 벌린 자세가 되었을 때 그 특징이 잘 드러나기 때문이다. 그들은 관념적으로 완전해 보이는 그림을 추구했기 때문에 시각적 어색함에 대해서는 그다지 신경을 쓰지 않았던 것이다.

서양회화의 원류라고 할 수 있는 그리스의 회화도 초기에는 이집트처럼 관념적으로 완전하게 보이는 방식에서 출발했지만 점차 자신들의 개성을 찾아가면서 사실적이면서도 비례를 중시하는 그림으로 나아갔다. 원시적인 관념성과 추상성에서 한 걸음 더 나아가 서서히 사물을 객관적이고 사실적으로 보기 시작했던 것이다.

조각과는 달리 고대 그리스의 회화에 관한 자료는 그리 많지 않다. 도자기에 새겨진 그림이 가장 주된 자료인데 기원전 5백 년 전후의 작품인 적회식 도자기에는 이집트와는 확연하게 다르게 다리를 정면으로 그리면서 단

이집트 벽화

「전사의 작별」
에우티미데스의 서명이 있는
적회식 도자기

축법Foreshortening으로 묘사한 것이 있다. 단축법이란 인체를 그림 표면과 경사지게 또는 직각으로 겹치게 배치하여 투시도법적으로 축소되어 보이게 하는 회화기법이다. 쉽게 설명하면 발을 그릴 때 이집트인들처럼 항상 옆으로 표현하여 길쭉한 특징을 완벽하게 드러내려고 하지 않고 발의 모양을 정면에서 그림으로써 압축된 모양을 사실적으로 표현하는 것을 말한다.

현대적 관점에서 보면 크게 대수롭지 않은 발견이기는 하지만 어떤 미술사학자는 그것을 서양미술사에서 놀라운 발견이라고 높게 평가한다. 그리고 그것이 당시 그리스문명의 화려한 개화와 관련이 있음을 강조한다. 사실 이 시기는 그리스의 문화와 사상에서 매우 중요한 시기다. 이때 들어서 그리스인들은 신들에 대한 전설과 전통에 대해 의문을 제기하기 시작하고 철학과 과학에 대한 눈을 뜨기 시작했다. 원래 디오니소스 신을 위한 제례의식의 하나였던 연극도 이 시기에 이르러서 비로소 하나의 공연예술이자 문학으로 본격적으로 발달하기 시작한다. 문화, 예술, 사상이 서로 불가분의 관계에 있음을 보여주는 좋은 예다.

그리스문명이 찬란한 꽃을 피웠던 기원전 5~6세기 전후는 중국에서도 제자백가諸者百家들이 일어나 찬란한 문명을 꽃피웠던 춘추전국시대다. 춘추전국시대의 회화 역시 원시적인 추상성과 관념성을 벗어나 점차 사실성을 확보하게 된다. 춘추전국시대의 사상가들 가운데 그림에 대해 직접적으로 이야기한 사람은 거의 없다. 유일한 것이 전국시대의 위대한 사상가인 한비자다. 『한비자』에는 다음과 같은 글이 있다.

제나라 왕을 위해 그림을 그리는 화객이 있었다. 왕이 물었다. "그림은 무엇이 가장 어려운가?" 객이 말했다. "개와 말이 가장 어렵습니다." "무엇이 쉬운가?" "귀신과 도깨비가 가장 쉽습니다."

무릇 개와 말은 사람들이 아는 것이다. 아침저녁으로 앞에서 보는 것이기 때문에 같게 그릴 수 없다. 그래서 어려운 것이다. 귀신과 도깨비는 형체가 없기 때문에 앞에서 볼 수가 없다. 그래서 쉬운 것이다.

사람들이 일상생활에서 흔히 보는 사물을 그렸을 경우에는 그 그림이 잘 그린 것인지 아닌지를 구분할 수 있는 잣대가 있지만, 상상 속의 사물을 그렸을 경우에는 그 그림이 잘 그린 것인지 아닌지를 구분할 수 있는 기준이 없다는 이야기다. 이 말은 그림을 그릴 때는 사실성이 중요한 기준이 된다는 점을 강조한 것이다.

현재 춘추전국시대의 그림은 자료가 별로 없지만 기원전 3세기 무렵에 비단 위에 그려진 「인물어룡도」를 보면 인물이 매우 사실적으로 그려져 있음을 알 수 있다.

물론 이 그림의 분위기는 그리스의 사실성과는 또 다르다. 선의 흐름에서 중국적인 냄새가 풍긴다. 그렇지만 신석기시대나 청동기시대의 추상적인 행태에서 좀더 사실적인 형태로 발전하고 있다는 점에서는 그리스와 다를 바가 없다. 갓을 쓴 사람 얼굴의 옆모습을 보라. 이전과는 비교할 수 없을 정도로 사실적이다.

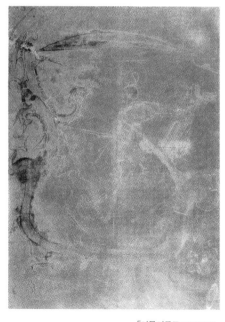

「인물어룡도人物御龍圖」

다른 문명권의 회화 또한 마찬가지다. 대부분 엉성하고 추상적인 그림에서 문명이 발달할수록 사실적인 묘사의 방향으로 나아가고 있다. 이로 보아 그림의 가장 기본적인 전제는 일단 눈에 보이는 사물의 형상을 닮게 표현하는 것임을 알 수 있다.

중국회화와 서양회화

회화의 기본 목표는 동서를 막론하고 눈에 보이는 사물의 형상을 닮게 표현하는 것이다. 그러나 중국과 서양의 회화는 처음부터 서로 다른 문화적 배경 속에서 다른 양상으로 나타났다. 그리고 시간이 흘러갈수록 그 차이는 더욱 심화되는 경향이 있다. 여기서는 대교약졸의 관점에서 중국회화와 서양회화의 차이를 설명하고자 한다.

사실 중국회화라고 하지만 아득한 고대인 하·은·주시대에서 근대인 명·청대까지 시대에 따라 엄청나게 많은 변화가 있고 또한 지역에 따라서도 차이가 있으며, 같은 시대 같은 지역이라 할지라도 인물화, 화조화, 산수화, 문인화, 민화, 종교화 등의 갈래에 따라 차이도 크다. 서양화 또한 마찬가지일 것이다. 시대에 따라, 갈래에 따라 차이가 클 것이고 나라에 따라서도 차이가 클 것이다. 그리고 조금 더 깊이 들어가면 각 작가마다 개성의 차이도 있기 때문에 일괄적으로 논의하기가 힘들다.

그럼에도 불구하고 서양회화와 중국회화 사이에는 무언가 서로 뚜렷이 구별될 수 있는 차이점들이 존재한다. 여기서는 둘의 차이점을 좀더 부각시키기 위해 둘의 특징이 가장 쉽게 잘 드러나는 시기를 중심으로 이야기하고자 한다. 중국회화의 특징이 가장 잘 나타나는 것은 역시 송대 이후의 회화이고 그 가운데서도 산수화라고 할 수 있다.

최근에는 우리나라의 그림과 중국의 그림을 구분하기 위해 한국화, 중국화 등의 용어를 사용하지만 얼마 전까지만 해도 중국 그림이나 우리나라 그림이나 뭉뚱그려서 동양화라고 했고 지금도 많은 사람들이 그렇게 부르고 있다. 그리고 동양화라고 할 때 가장 먼저 떠오르는 것은 역시 산수화다. 그 가운데서도 가장 흔히 보는 장면들은 구름과 안개에 싸인 산과 시냇물 등이다. 물론 그림 속에는 사람들이 있기는 하지만 거대한 산수 속에 파묻혀 잘 드러나지 않는다.

그리고 이런 그림들의 중요한 특징 가운데 하나는 화폭 전체에 여백이 많다는 것이다. 여백은 산을 감싸는 구름이나 안개로 표현되기도 하지만 구름이나 안개가 없을 경우에도 화폭 전체를 채색하지는 않고 주변을 여백으로 남겨두는 것이 일반적이다. 이런 것들은 다음 절에서 중국회화의 흐름을 이야기할 때 다시 논의하겠지만 송대 이후의 산수화에서 나타나는 일반적인 특징들이다.

송대 이후의 회화가 중국회화의 전형을 보여주고 있다면, 서양회화의 전형은 대개 르네상스시대 이후부터 인상파시대까지의 그림들이다. 중세의 암흑을 뚫고 고대 그리스·로마의 인본주의를 재발견함으로써 시작된 르네상스는 서양문명이 세계적인 보편성을 지닐 수 있도록 만든 원동력이었다. 회화 또한 이때부터 본격적으로 피어나기 시작하여 인상파까지 서양회화사에서 가장 찬란한 황금기를 맞이하게 된다. 인상파 이후는 근대가 쌓아올린 미학적 성과들을 타파하기 위한 여러 가지 새로운 시도들이 시도되고, 동서교류의 결과로 중국회화나 일본회화의 많은 기법들이 서양에 소개되어 접목되고 있기 때문에 여기서는 논하지 않기로 한다.

장르로 볼 때 중국의 산수화에 가장 가까운 것은 서양의 풍경화라고 할 수 있다. 그러나 서양에서는 풍경화가 주류는 아니고 또한 풍경화에서 풍경만을 따로 그리는 그림은 그리 많지가 않다. 서양화의 주류는 인물화이고 풍경화 속에서도 인물의 비중은 중국의 산수화에 비해 훨씬 높다. 그러므로 동등하게 비교하기란 불가능하다. 대략 그 특징을 중심으로 이야기하고자 한다.

첫째, 서양회화가 우리의 시각에 비치는 대상 세계를 가급적이면 사실적으로 표현해내는 것을 중시하는 데 비해 중국회화는 대상 세계를 있는 그대로 사실적으로 그려내기보다는 그 속에 담긴 정신세계를 표현하려고 한다.

사실성은 서양회화의 생명이었다. 그들은 사물을 사실적으로 표현하기 위해 원근법과 명암법, 다양하고도 풍부한 색채를 개발했다. 원근법에 대해서는 뒤에 따로 이야기하도록 하고 빛과 풍부한 색채를 이용하여 만들어내는 사실적인 그림들은 실로 감탄을 자아낼 만하다. 이런 사실성은 특히 인물화에서 잘 드러난다.

그들의 인물화는 정말 사진과도 같이 살아 있는 실물의 모습을 생생하게 보여준다. 마치 물끄러미 이쪽을 바라보고 있는 듯하다. 실제로 당시의 상당수의 귀족들이 화가들에게 초상화를 부탁했던 것은 예술적인 목적이라기보다는 실용적인 목적에 더 가깝다. 마치 오늘날 사진관에 가서 사진을 찍는 것과 같은 행위였다. 그들은 사람의 모습을 좀더 사실적으로 그리기 위해 해부학과 인체 골격에 대해서도 공부했다. 지금도 인물화를 제대로 그리려면 자세에 따른 근육의 변화를 공부하는 것은 기본이다. 풍경화 또한 사실성을 중시하는 것은 마찬가지다. 서양회화에서 사실성을 중시하는 태도가 일변하기 시작한 때는 사진기가 발명되고 난 뒤부터라는 것은 많은 점을 시사해준다.

중국은 이와는 다르다. 중국에서는 회화가 본격적으로 발달하기 시작했던 육조시대부터 형사形似와 신사神似 이론이 등장했고 형사보다는 신사를 더 중시하는 풍토가 형성되었다. 여기서 형사란 사물의 형상을 닮게 그리는 것을 말하고, 신사란 그

티치아노의 「한 남자의 초상」(일명 「젊은 영국인」)

속에 담긴 정신세계를 표현하는 것을 말한다. 육조시대에 형성된 이 이론은 이후 줄곧 중국 회화이론의 기본 바탕이 되어왔다.

증경曾鯨의 「왕시민소상王時敏小像」

중국에서는 신사를 더 중시했기 때문에 서양의 풍경화가 중국의 산수화에 비해 훨씬 사실성이 높은 것은 당연한 일이라고 할 수 있다. 그리고 인물화의 경우에도 마찬가지의 경향이 나타나고 있다. 서양의 인물화들이 인물을 사실적으로 묘사하는 것을 중시하는 반면, 중국에서는 인물의 기백이나 내면세계를 얼마나 잘 표현하는지가 그림의 관건이 되었다.

둘째, 서양회화가 초점투시를 중시하는 데 비해 중국회화는 산점투시를 중시한다. 초점투시란 하나의 특정한 지점에 초점을 맞추는 것을 말하고, 산점투시란 하나의 특정한 지점에 초점을 맞추는 것이 아니라 초점이 여러 군데로 흩어져 있는 것을 말한다. 이것은 중국의 산수화와 서양의 풍경화의 가장 큰 차이점 가운데 하나다.

투시법은 원근법과 매우 밀접한 관계가 있다. 서양회화에서의 원근법은 당연히 초점투시에 바탕을 둔 원근법이다. 그리스인들이 발견한 단축법은 일종의 원근법이기는 하지만 본격적인 원근법이라고 할 수는 없다. 충분하게 입체감을 표현하기에는 부족하다. 중세의 그림은 원근법과 명암법이 없기 때문에 단조롭고 평면적인 느낌을 준다. 원근법을 최초로 발견한 사람은

마사초의 「성 삼위일체, 성모, 성 요한과 헌납자들」

15세기 초의 르네상스 건축의 창시자인 브루넬레스키Brunelleschi다. 그는 물체는 뒤로 갈수록 수학적인 법칙에 따라 작아지고 나중에는 결국 한 점이 되어 사라진다는 것을 발견했다. 사실 이전의 그림에서 가로수가 늘어서 있는 길이 지평선 위의 한 점으로 사라지게 그릴 수 있는 사람은 하나도 없었다. 그는 화가가 아니었으므로 이를 화가인 친구 마사초Masaccio에게 알려주었다. 마사초는 원근법을 이용하여 입체적인 느낌을 훨씬 사실적으로 표현하는 그림을 그렸고 그것은 당시의 많은 사람들에게 큰 충격을 주었다.

그러나 중국에는 이런 원근법은 존재하지 않는다. 대신 세 가지 원근법이 공존하고 있다. 세 가지 원근법이란 고원高遠, 심원深遠, 평원平遠을 말한다. 고원이란 산 아래에서 산꼭대기를 바라보는 것을 말하고, 심원이란 산 앞에서 산 뒤를 넘겨다보는 것이며, 평원이란 가까운 산에서 먼 산을 바라보는 것을 말한다. 이 삼원은 작가에게 산수를 다양하게 표현할 수 있는 관점을 제시해준다. 화가는 한 폭의 그림에 삼원법을 종합적으로 이용하여 형상을 배치할 수도 있다.

산수의 풍경을 묘사할 때 서양과 중국이 이렇게 초점투시와 산점투시로 나누어지게 되는 가장 큰 원인은 서양인들이 풍경화를 그릴 때 고정된 어느 한 지점에서 바라보는 풍경을 사실적으로 묘사하는 것을 중시하는 데 비해 중국인들은 산수화를 그릴 때 시점의 이동에 따른 공간의 변화를 표현하는 것을 중시하기 때문이다.

이것은 그들의 자연관과 밀접한 관계가 있다. 서양인들은 자연을 하나의 관찰의 대상이자 탐구의 대상으로 생각한다. 특히 근대 이후 자연을 객관적이고 과학적으로 관찰하는 차원을 넘어 속속들이 파헤쳐서 그 속살을 드러내고 그것을 변형시켜 인간에게 필요한 이익을 착취하는 지경에 이르고 있다. 이런 자연관 때문에 풍경을 그릴 때도 한 지점에서 객관적이고 사실적으로 묘사하는 것을 중시한다. 그리하여 서양의 풍경화가들은 그림을 완성할 때까지 절대로 지점을 옮기지 않는다. 그들의 원근법도 바로 거기에서 나온 것이다.

그러나 중국인의 자연관은 완전히 다르다. 중국에도 격물치지格物致知의 관점에서 자연에 가깝게 다가서서 그 속에서 지식을 얻으려는 태도가 있기는 하지만 서양처럼 그렇게 객관적이고 사실적인 관찰을 중시하지는 않았다. 그리고 중국인에게 산수란 관찰의 대상이 아니라 그 속에서 같이 마음껏 노닐 수 있는 친구와 같은 존재였다. 그래서 중국의 산수화가들은 서양화가처럼 한 지점에서 경치를 묘사하려고 하지 않았다. 그것은 너무 딱딱하고 비인간적이다. 친구에게 대하는 태도가 아니다. 그들은 자연을 객관적이고 사실적으로 묘사하기보다는 그 속에서 우러나는 느낌을 담으려고 했다.

그래서 산수화를 그리는 화가는 우선 산과 계곡을 오르락내리락하면서 마음껏 노닐면서 눈에 들어오는 인상과 정취를

곽희郭熙의 「조춘도무春圖」

가슴에 품어야 한다. 그런 다음에 집에 돌아와서 가만히 눈을 감고 가슴에 품었던 인상과 정취를 떠올린다. 충분히 그 느낌이 떠올랐을 때 비로소 본격적인 작업에 들어가는 것이다. 그들은 산수의 느낌을 좀더 충분히 드러내기 위해서 다양한 시점을 한 화폭에 담기도 했다. 그렇게 여러 가지 시점이 흩어져서 존재하기 때문에 그림의 사실성을 담보하기가 어려운 것이 사실이다. 그렇지만 그들은 개의치 않았다. 그들이 표현하고자 하는 것은 형사가 아니라 신사였기 때문이다. 즉, 산의 사실적인 모습이 아니라 산의 기상과 정취였던 것이다.

초점투시와 산점투시로 말미암아 생기는 서양화와 중국화의 또 하나의 차이는 화폭의 비례다. 서양회화는 하나의 그림에 하나의 시점만이 존재하기 때문에 대체로 화폭도 큰 변화가 없다. 대략 가로 3, 세로 2 정도의 비율의 화폭이 일반적이다. 이것이 시각적으로 보았을 때 가장 적절하고 과학적이다. 그러나 중국화는 화폭의 변화가 훨씬 많다. 상하로 길게 그린 그림이 있는가 하면 옆으로 하염없이 펼쳐놓은 그림도 있다. 심지어 가로와 세로의 비율의 차이가 20배 이상되는 그림도 때때로 볼 수 있다. 그것이 가능한 이유는 시점을 고정시키지 않고 계속 옮길 수 있기 때문이다.

셋째로, 서양회화가 면을 중시하는 데 비해 중국회화는 선을 중시한다. 서양회화는 인물화를 그리거나 풍경화를 그릴 때 그 대상 사물의 윤곽 안에 들어 있는 면들을 색으로 가득 채우는 것을 중시한다. 그리고 그 색에서도 단순히 평면적으로 하나의 색만 사용하는 것이 아니라 명암의 대비에 따른 입체감을 살리기 위해 풍부하고 다양한 색을 사용한다. 물론 서양화에서도 명암의 대비에 따른 입체감은 르네상스 이후에 본격적으로 발달한 것이다. 명암법이 발달하면서 서양화는 시각적으로 더욱 풍성한 느낌을 줄 수 있게 되었다.

이렇게 명암에 따른 입체감을 중시하기 때문에 그들은 연필로만 그림을 그리는 소묘에서도 여러 선을 겹치고 겹쳐서 면을 만들고, 그 면 또한 명암의 차이를 두어서 입체감을 표현하는 것을 기본 테크닉으로 삼는다. 이로 보아 그들은 선보다는 면을 지향하고 면 또한 풍부한 입체감으로 표현하는 것을 좋아함을 알 수 있다.

중국회화에서도 물론 서양처럼 윤곽선 속의 면을 가득 채우는 것도 많이 있지만 기본적으로 선으로 면이나 입체를 표현하는 것을 더 선호한다. 이것은 글씨와 그림의 뿌리는 하나라는 서화동원書畫同源의 사상과 많은 관련이 있다. 중국 글자는 상형문자고 상형문자는 바로 그림과 직접적인 관련이 있다. 그렇기 때문에 그들은 거꾸로 그림을 그릴 때도 글자의 원리를 중시했다. 글자를 제대로 쓰기 위해서는 획을 잘 그어야 한다. 즉 선의 아름다움이 중시되는 것이다. 그래서 중국회화의 아름다움은 선의 아름다움에 있다는 말도 있다.

중국회화에서는 처음부터 서양에 비해 면보다는 선을 중시하는 경향이 있었지만, 이런 경향은 송대 이후의 산수화에서 더욱 많이 나타나며 특히 송대 이후에 본격적으로 발달하기 시작한 문인화나 선화禪畫에서 더욱 강하게 나타난다. 「이백음행도」는 놀라울 정도로 단순한 몇 개의 선으로 인물을 표현하고 있다.

이렇게 서양회화가 풍성하고 입체적인 면을 중시하는 데 비해 중국회화가 단순하고 소략한 선을 중시하는 것은 그림의 도구와도 많은 관련이 있다. 오늘날 우리가 박물관에서 감상할 수 있는 대부분의 서양회화는

양해梁楷의 「이백음행도李白吟行圖」

천으로 된 캔버스에 유화물감으로 그린 것이다. 그리고 붓은 뭉뚝하고 뻣뻣하다. 이런 도구들은 덧칠을 하면서 입체감을 살리는 데 매우 유리하다. 서양의 그림들이 풍성하고 입체감이 있어 보이는 것은 이 덧칠 기법과도 많은 상관이 있다.

중국회화는 원래 비단에 그리던 것이다. '繪'자에 비단을 가리키는 부수가 있는 것을 보면 알 수 있다. 비단은 무척이나 부드럽기 때문에 덧칠하기에는 부적합하다. 그리고 중국 붓 또한 서양 붓에 비해 부드럽고 끝이 뾰쪽하기 때문에 물감을 듬뿍 찍어 바르기에는 불편하다. 그렇기 때문에 서양과 같은 덧칠이 발달할 수가 없었던 것이다.

게다가 송대 이후 수묵화와 문인화가 발달한 뒤에는 종이 위에 먹물 또는 물기가 많은 물감을 사용하여 그림을 그리기 때문에 덧칠을 더욱 꺼려하고 그 대신 먹물이나 물감이 종이에 번지는 효과를 중시하는 미적 안목이 형성되었다. 이것은 하나의 선으로 면의 효과를 내려는 것이라고 할 수 있다. 물론 물감이 너무 많이 스며들면 곤란하기 때문에 이를 막기 위해 비단이나 종이에 명반 혼합물로 풀을 먹이는 방법을 사용하기도 했다. 그러나 그것은 결국 스미는 효과를 더욱 잘 드러내기 위한 수단이라고 할 수 있다.

넷째로, 서양회화가 화면 전체를 가득 채우는 데 비해 중국회화는 여백의 미를 중시한다. 서양화는 빈틈이 없다. 전체 구도에서도 모든 화면을 가득 채워서 끝까지 물감을 칠해야 하지만 그림 가운데서도 빈 곳을 남겨 두어서는 안 된다. 예를 들면 하얀 구름이나 안개를 표현한다 해도 하얀 물감으로 채워야지 하얀 캔버스를 그대로 비워두는 경우는 없다. 만약 캔버스에 물감이 다 칠해지지 않은 부분이 남아 있으면 그것은 미완성의 작품으로 여기는 것이 일반적이다.

그러나 중국화는 그렇지가 않다. 중국화는 서양화에 비해 처음부터 여백의 미를 중시했다. 그들은 바탕색이 있는 경우는 있어도 그림 전체를 온갖 색으로 가득 채우지는 않았다. 물론 불교벽화 가운데서는 여백 없이 화면 전체를 가득 채우는 화풍이 있지만 그것은 인도풍을 그대로 따른 것이고 중국회화의 전형은 아니다. 그들은 인물화, 화조화, 산수화 어디에서도 화면 전체를 채색하지는 않았다.

여백의 아름다움이 가장 강조되는 것은 역시 산수화고 그것도 송대 이후에 더욱 두드러지게 나타나고 있다. 그들은 산에서 피어나는 안개나 산 중턱에 걸쳐 있는 구름 등을 표현할 때 채색을 하지 않는다. 그냥 원래의 바탕을 그대로 남겨둔다. 그리고 많은 경우 화면 전체에 그림을 채우려하기보다는 여백을 남겨두는 것을 좋아한다. 거기에 낙관을 찍거나 시를 쓰기도 한다. 이런 것들은 모두 송대 이후에 나타난 현상들이다.

마린馬麟의 「석양산수도夕陽山水圖」

사상적으로 보았을 때, 여백은 노자의 무의 쓰임을 중시하는 사상에서 나온 것이라고 할 수 있다. 노자는 일찍이 눈에 보이지 않는 무의 쓰임을 강조했다. 흙으로 그릇을 만들지만 그 진정한 쓸모는 흙이 만들어내는 무의 공간에 있다는 이야기는 실로 놀라운 안목이 아닌가?

이상으로 서양회화와 중국회화의 차이를 살펴보았다. 회화는 기본적으로 인간의 시각적 모방 본능에서 나온 것이다. 우리의 시각에 비친 대상 세계를 그대로 모방하여 묘사하는 것이다. 대상 세계를 얼마나 잘 모방하여 묘사하는가의 관점에서 볼 때 중국회화는 서양회화에 비해 미발달로 보일 수가 있다. 실제로 일부 서양 우월주의자들은 중국회화를 발달이 덜 된 회화로 보는 경우가 있다. 이런 점에서 서양회화가 교라면 중국회화는 졸이라고 할 수 있다.

그러나 이미 알고 있다시피 회화분야야말로 중국 예술정신의 정수로서 다른 어떤 분야보다도 서양에 당당히 맞설 수 있는 저력이 있는 분야로 받아들여지고 있다. 그것은 그만큼 독특한 미학체계와 예술정신을 지니고 있기 때문이다.

중국회화가 사실성이 떨어지는 것은 기교의 미발달 때문이 아니라 대상을 시각적으로 사실성 있게 표현하기보다는 대상의 기상이나 운치를 표현하는 것을 더 중시했기 때문이다. 그들은 대상의 기상이나 운치를 제대로 표현하기 위해 서양회화에는 없는 여러 가지 고도의 테크닉들을 개발했다. 그것은 겉으로 보기에는 기교미가 없는 소박미지만 그 속으로 들어가 보면 눈에 보이지 않는 기교들이 함축되어 있다. 그러므로 정련된 소박미라고 할 수 있다.

그리고 서양회화는 초점투시 일변도인데 비해 중국회화가 산점투시를 많이 애용하는 것은 집중적 통일미와 분산된 통일미의 차이에서 나온 것이라고 할 수 있다. 분산된 통일미는 겉으로는 분명히 집중된 통일미에 비해 미발달로 보일지도 모른다. 그러나 그 속에는 분산된 가운데서도 서로 유기적인 조화를 이루어야 하는 통일미가 있기 때문에 어떤 면에서는 더욱 어려운 것일지도 모른다.

서양회화가 면을 중시하는 데 비해 중국회화가 선을 중시하는 것 또한 마찬가지다. 선은 면에 비해서 훨씬 단순하다. 그래서 일견 소략하고 엉성해 보일지도 모른다. 그러나 중국회화에서 강조하는 선의 단순미는 그냥 아무런 기교 없는 단순함이 아니다. 그 속에는 덧칠을 하는 것으로는 낼 수 없는 또 다른 차원의 깊은 맛이 있다. 그것은 바로 심오한 단순미다.

마지막으로 여백을 중시하는 태도는 미학적으로 말하면 담백함을 좋아하는 것이라고 할 수 있다. 서양의 그림이 주는 느낌은 매우 화려하고 농염하다. 물론 중국 그림에서도 웅장하면서도 사람을 압도하는 그림들이 많이 있다. 그러나 여백을 강조하는 그림들이 주는 느낌은 대체로 담담하다. 그림 전체에 무채색이 많기 때문이다. 그러나 무채색의 담백한 여백 속에는 미지의 세계에 대한 동경, 구름과 안개 너머에 있을 듯한 무릉도원의 세계에 대한 아련한 그리움이 숨겨져 있다. 각박한 현실세계에서 제대로 펼치지 못한 청운의 꿈과 그에 대한 불만 등도 숨겨져 있다. 그러므로 그 여백의 담백함은 그냥 아무 맛없는 담백함이 아니라 실로 여러 가지 많은 꿈과 그리움 등이 감추어져 있는 숙성된 담백함이다.

이것으로 보았을 때 중국회화는 서양회화에 비해 겉으로는 분명 졸처럼 보이지만 조금만 깊게 들여다보면 단순한 졸이 아니라 대교약졸의 졸임을 알 수 있다. 그리고 앞에서 말한 특징들 대부분이 대교약졸의 미학이 활짝 피어나는 송대에 와서 두드러지기 시작했다.

중국회화의 흐름

중국문학이 실로 장구한 역사를 자랑하고 있지만 사실 중국회화는 그보다 더 긴 역사를 가지고 있다고 보아야 할 것이다. 의미를 지닌 글자보다는 그냥 눈으로 바로 알 수 있는 그림이 먼저 발달했기 때문이다. 중국회화사에서 가장 오래된 그림은 몽고 음산의 암각화로 약 1만 년 전의 작품이다. 그리고 신석기시대의 토기, 청동기시대의 종이나 솥에는 여러 가지 많은 그림들이 남겨져 있다.

그러나 중국문학에서는 서주시대부터 여러 작품들이 나왔고 동주시대에는 이미 개인의 창작품에 대한 기록이 나오며 한대에 이르면 개인 창작이 상당히 활발해지고 있는 반면 중국회화에 관련된 자료나 기록은 실로 빈약하다. 근래에 이르러 고고학적인 발굴로 전국시대와 한대의 벽화나 백화帛畵가 조금씩 발견되고 있지만 전체적인 모습을 알기에는 상당히 부족하다. 현재까지 발굴된 자료들을 중심으로 볼 때 중국의 그림은 신석기시대의 유치한 수준에서 한대에 이르러서는 상당히 정교한 수준에 이르렀다고 할 수 있다. 서한 초기의 고분인 마왕퇴에서 발견된 T자 모양의 비단에 그려진 그림을 보자.

이 그림은 화려하고 풍부한 색상의 안료를 사용하여 장중하면서도 우아한 분위기를 잘 드러내고 있다. 그리고 필치도 유려하면서도 힘이 있어 당시 회화의 수준이 이미 상당한 경지에 이르렀음을 보여주고 있다. 그러나 한대는 대부분의 문화와 예술의 분야가 그러하듯이 그림에서도 본격적인 기교를 펼치기 전의 졸의 단계라고 할 수 있다.

마왕퇴馬王堆 백화 「대후처묘정번 軑侯妻墓旌幡」

중국문학에서 본격적으로 문학 자체의 아름다움을 추구하고 그에 대한 여러 가지 이론을 발달시키기 시작한 시기가 위진남북조이듯이 중국회화도 이 시기에 이르러서야 비로소 본격적으로 개화되기 시작했다. 위나라의 황제였던 조비曹丕가 문장은 나라를 다스리는 대업이고 썩지 않는 위대한 사업이라고 말해서 문학의 지위를 격상시켰듯이, 진나라의 육기陸機는 그림을 그리는 것은 『시경』의 아와 송의 저술에 비교할 만하고 위대한 업적의 향기를 찬양하는 것이라고 해 비록 문학만큼은 아니지만 회화의 지위를 어느 정도 향상시켰다. 이런 사회적 분위기에 힘입어 이 시기는 여러 가지 놀랄 만한 변화가 있었다. 회화의 수법이나 이론 등이 앞 시대와는 확연히 비교될 정도로 비약적인 발전이 있었고, 회화의 종류도 늘어나고 표현 범위도 확장되었다는 것 이외에 전업 화가의 숫자도 비약적으로 늘어났다.

이 시기를 대표하는 화가로는 고개지顧愷之, 육탐미陸探微, 장승요張僧繇 등을 들 수 있는데 그 가운데서도 고개지가 단연 대표작가라고 할 수 있다. 그는 중국회화사에서 최초로 이름을 남긴 본격적인 화가다. 이전의 그림들에 화가의 이름이 남지 않았던 것은 화가가 천직賤職이었기 때문이었다. 그러나 이 시대에 들어와서는 그림에 대한 인식이 높아지면서 비로소 귀족 출신으로 교양을 두루 갖춘 화가가 등장했다. 고개지가 바로 대표적인 귀족화가이다. 기록에 따르면 그의 작품은 70여 점에 이르며 주제가 풍부하고 다채로워 역사, 불교, 선인, 인물, 시녀, 산수, 짐승, 문학작품의 내용까지 다양한 소재의 작품을 그린 것으로 알려져 있다. 그러나 아쉽게도 현재까지 전하는 그의 작품으로 「여사잠도」와 「낙신부도」 등 몇 작품뿐이다.

이 가운데 가장 유명한 「여사잠도」는 서진의 문인인 장화張華가 쓴 「여사잠」을 소재로 그린 작품이다. 「여사잠」이란 궁중의 여인들이 지키고 따라야 할 일종의 궁녀 도덕 지침서 같은 글이다. 고개지는 「여사잠」을 열두 단락으로 나누어 그렸는데 오랜 세월을 거치면서 일부는 유실되고 현재 아홉 단락이 남아 있다. 그나마 후대의 모작임이 밝혀졌다. 그러나 고개지의 화풍을 짐작하는 데는 무리가 없다.

그의 그림기법을 흔히 춘잠토사春蠶吐絲라고 하는데 마치 봄 누에고치가 실을 토해내듯이 선들이 끊어짐이 없이 가지런하고 리듬감 있게 계속 이어져나가기 때문에 붙여진 이름이다. 그림을 보면 동작의 표현이나 인물의 표정 등이 이전과는 확연히 비교가 될 정도로 놀랄 만한 발전을 이루었음을

人咸知脩其容莫知飾其性之不飾或愆禮正斧之藻之克念作聖

고개지顧愷之의 「여사잠도女史箴圖」의 한 부분

고개지의 「낙신부도洛神賦圖」의 한 부분

알 수 있다.

이처럼 고개지는 문학작품 속의 주제를 그림으로 그리기를 좋아했는데 조식曹植이 낙수洛水에서 강의 여신을 만난 내용의 「낙신부」를 그린 「낙신부도」는 신화적인 상상력이 잘 드러나는 그림이다.

이 그림은 궁중 여인들의 삶을 묘사한 「여사잠도」와는 달리 대자연 속에서 신화를 찾아 헤매는 내용이기 때문에 산수의 묘사가 많다. 그런데 그림 속에서는 인물이 중심이고 자연은 자그마하고 소략하게 그려져 있다. 위진 남북조시기는 산수시가 발달한 시기고 그 영향으로 산수화가 시작되었다고는 하지만 산수화의 수준은 아직 초보적인 단계라고 할 수 있다.

고개지는 위대한 화가였을 뿐만 아니라 회화이론에도 기여한 바가 크다. 형사形似보다 신사神似를 중시하는 풍토는 바로 고개지가 주장한 것이다. 고개지는 인물화를 그릴 때 특히 전신傳神을 강조했는데, 이는 그 사람의 겉모습보다는 그 사람의 정신적인 특징이나 기백을 잘 그려내는 것이 더욱 중요하다는 이야기다.

고개지 외에 또 한 사람 주목해야 할 회화이론가는 사혁謝赫이다. 그는 그림을 그리는 데 필요한 여섯 가지 법칙을 말했는데, 기세와 운치가 생동감이 있어야 한다는 기운생동氣韻生動, 붓을 사용함에는 기골이 있어야 한다는 골법용필骨法用筆, 사물에 맞추어 형태를 그려야 한다는 응물상형應物象形, 대상의 성격에 따라서 색을 부여해야 한다는 수류부채隨類賦彩, 그림의 구도를 잘 잡아야 한다는 경영위치經營位置, 선배들의 성과를 잘 이어받아야 한다는 전이모사轉移模寫가 바로 그것이다.

사혁의 회화이론은 후대 중국회화의 기본 이론이 되었는데 그의 이론 가운데서 가장 중요한 것은 바로 기운생동이다. 대상의 묘사가 아무리 뛰어나고 구도가 좋고 색채가 아름다워도 기세와 운치가 없으면 그 그림은 좋은 그림이 될 수가 없다. 그러나 그 기세와 운치가 구체적으로 무엇인가에 대해서는 정확한 설명이 없다. 다만 묘사, 구도, 색채와는 또 다른 차원의 아름다움으로, 전체가 어우러져서 내는 오묘한 아름다움이라고 할 수 있다.

위진남북조 회화에서 주목해야 할 사항은 불교의 전래와 함께 중국에 들어온 서역미술의 유행이다. 이들 불교미술은 대부분 벽화로 많이 남겨져 있는데 특히 매우 이국적이고 강렬한 색채를 사용하고, 주제 또한 중국인들에게는 매우 낯선 것들이다. 특히 돈황 막고굴의 벽화는 유명하다.

돈황 막고굴의 그림들 가운데는 살타나 태자가 굶주린 호랑이 새끼를 불쌍히 여겨 자신의 몸을 던져 그들의 생명을 구하는 이야기, 시비왕이 매에게 쫓기는 비둘기를 구하기 위해 자신의 살을 베는 이야기 등이 있는데 물론 이 이야기들은 모두 석가모니의 전생담을 바탕으로 만든 작품들이다. 그 가운데 시비왕의 이야기를 그린 그림을 보자.

이 장면은 시비왕이 앉은 채로 자신의 넓적다리의 살을 베게 하는 장면인데 화면을 가득 채운 강렬한 색과 선들이 중국의 전통적인 그림과는 매우 다른 이국적인 풍모를 보여주고, 시비왕의 얼굴 표정과 매우 육감적으로 그

「시비왕본생도」

려진 가슴 등은 인도풍을 그대로 답습하고 있음을 알 수 있다. 그리하여 심지어 이 그림이 중국인의 작품이 아니라 서역인의 작품이라고 주장하는 사람도 있다. 아무튼 불교회화는 중국회화를 다채롭고 풍성하게 하는 데 일조했다.

당 왕조 전기는 전례 없는 강력한 국력을 자랑하던 시기로, 그 문화의 특징은 기본적으로 국제적이고 화려하다. 이 시기는 중국회화의 전통적인 주제인 인물화가 최고의 단계에 오르고 불교회화 또한 인도의 이국적인 화풍을 중국적으로 변모시켜 성숙한 단계로 들어간 시기라고 할 수 있다. 후기에 들어서는 외향적이고 화려한 기풍이 가시고 점차 내면적인 깊이에 대한 관심이 일어나게 된다. 이에 따라서 수묵화와 산수화가 서서히 등장하기 시작한다. 전체적으로 보았을 때 위진시대로부터 내려오던 기교의 추구가 극대화되는 시기이자 대교약졸의 미학이 서서히 싹을 틔우는 시기라고 할 수 있다.

당대唐代 인물화를 대표하는 화가는 염입본閻立本이다. 그는 당 태종대의 궁정화가로, 태종과 관련된 그림을 많이 남겼을 뿐만 아니라 역대 제왕들의

염입본閻立本의 「역대제왕도歷代帝王圖」의 한 부분

초상화를 그리기도 했다. 그의 대표작은 「역대제왕도」다.

이 그림에서 먼저 눈에 띠는 것은 제왕의 얼굴이나 몸집은 모두 크고, 주변에서 시중을 드는 사람의 얼굴이나 몸집은 모두 작게 그려졌다는 것이다. 이것은 물론 봉건시대에 제왕의 권위를 높이기 위한 표현법이라고 할 수 있는데, 불교회화 가운데 중앙에 본존불을 크게 그리고 양쪽의 보살들을 작게 그리는 삼존상三尊像 형식의 영향에서 온 것이라고 할 수 있다.

인물화나 초상화를 그릴 때 고개지가 선을 중심으로 하고 나머지는 평면적으로 채색한 데 비해 염입본은 선을 살리면서도 인물의 입체감을 나타낸 것이 특징이다. 이것은 분명 회화기술의 발전이다.

당대唐代에는 궁정화가 외에 민간화가로서 유명한 오도자吳道子가 있다. 염입본이 선 중심의 회화에서 입체감을 살리는 데 공력을 쏟았다면, 오도자는 선의 기법을 최고로 발전시켜 백묘화白描畵를 제창했다. 백묘화란 색채를 사용하지 않고 선만 가지고 그리는 그림을 말한다. 이전의 그림에서는 비록 선이 화면 구성의 중요한 요소가 되었지만 선으로 그린 면에다 색감을 채워 넣는 방식을 취하는 것이 일반적이었다. 그러나 오도자는 선만 가지고 그림을 그렸기 때문에 선의 속도와 경

오도자吳道子의 「송자천왕도送子天王圖」

중 등에 다양한 변화와 리듬감을 주어 선 자체가 가진 생명력을 최대화했다.

오도자의 그림에서는 선 하나하나의 방향이 몇 차례씩 바뀌면서 여러 가지 독특한 효과와 멋을 내고 있다. 앞에서 고개지의 선을 춘잠토사라고 했는데 오도자의 선은 오대당풍吳帶當風이라고 한다. 마치 바람에 날려서 하늘을 날아가는 느낌을 주기 때문에 붙여진 이름이다. 풍부한 색상으로 면을 가득 채워 입체감을 표현하기보다는 선으로 면을 표현하는 것은 중국회화의 중요한 특징 가운데 하나인데, 오도자는 이 부분에서 타의 추종을 불허하는 독보적인 경지를 개척했다.

당대에는 인물화 외에 말을 그리는 것이 유행했다. 당나라는 국력이 왕성하여 정벌전쟁을 많이 했으며 이 때문에 사회 전반적으로 무武를 숭상하는 분위기였다. 당대에 벼슬을 구하는 가장 빠른 길은 전쟁에 나가 공을 세우는 것이었다. 이런 사회분위기 속에서 당대 사람들은 말의 그림을 애호했다. 당대에 말을 그린 그림 가운데 가장 유명한 것은 한간이 그린 「조야백도」이다. 조야백은 현종이 아낀 백마로서 눈처럼 하얀 몸이 밤을 비춘다고

한간韓幹의
「조야백도照夜白圖」

해서 붙여진 이름이다.

천 리를 달릴 수 있는 말이 너무나 짧은 끈에 묶여 있어서 그런지 눈빛은 불만으로 가득 차 있고 머리를 높이 쳐들어 울부짖고 있다. 네 발굽은 땅을 구르고 있어 줄이 풀리기만 하면 곧바로 천 리를 단숨에 달릴 기세다. 이 그림에서 특히 사람들의 찬사를 받는 부분은 선의 아름다움이다. 이 그림은 눈 근처와 다리, 가슴 등에 부분적으로 음영 기법을 사용하고 있지만 전체적으로는 매우 단순한 선만으로 말의 기상을 잘 표현하고 있다. 그림을 보고 있노라면 약동감과 긴장감이 그대로 전달되는 듯하다. 사혁이 말한 기운생동은 이를 두고 하는 말인 듯하다.

당대에 이르러서는 불교회화의 성격도 많이 변했다. 일단 소재 면에서 많은 변화가 있었다. 위진남북조시대에는 호랑이를 살리기 위해 목숨을 버리거나 비둘기를 위해서 살을 떼주는 등 지극히 강렬한 종교적 경외감을 자아내는 소재를 많이 사용했으나 당대에는 더 이상 그런 소재는 별로 환영받지 못했다. 당대의 불교회화를 그리는 사람들이 가장 즐겨 그렸던 소재는 보살상이었다. 그 가운데서도 깊이 사유하는 보살상을 선호했다.

인문주의적 성격이 강한 중국의 사상적 전통에서 볼 때 인도불교에서 강조하는 강렬한 종교적 헌신과 성스러움은 실로 신선한 충격이었을 것이다. 그리하여 처음에는 그 강렬한 성스러움의 빛에 심취했을 것이다. 그러나 시간이 흘러가면서 지나치게 강렬한 성스러움의 빛은 화광동진을 추구하는 중국인들의 심성에는 맞지 않는다는 것을 알고 점차 은은한 빛의 성스러움을 추구하기 시작했다. 그리하여 모든 중생들의 아픔을 감싸고 달래주는 자애로운 어머니의 모습을 지닌 보살, 무언가를 깊이 생각하며 명상적 사색에 잠긴 보살을 선호하기 시작했던 것이다.

그리고 회화적 표현에서도 변화가 있다. 위진남북조시대의 벽화가 강렬한 원색으로 면을 가득 채우는 방법을 주로 사용하여 전체적으로 농염한 맛을 자아내고 있다면, 당나라 때의 불교회화들은 색감이 훨씬 부드러워지고 선의 아름다움을 살리는 그림들이 등장하기 시작하며 전체적으로 볼 때 담백해진 느낌이다.

「보살도」에서 나타나는 보살상의 표정은 매우 원만하고 부드러운 분위기다. 앞 시대의 그림에서 보이는 강렬한 색감이 많이 부드러워져 있음을 알 수 있다. 그리고 특히 선의 아름다움이 매우 두드러져 있다. 옷주름을 표현한 선들을 보면 마치 바람에 휘날리듯 가볍고도 한 겹 한 겹 질서 정연하다. 이렇게 선의 아름다움을 중시하는 것은 인도의 기법이 아니라 중국의 춘잠토사나 오대당풍의 영향으로 형성된 기법이다. 인도회화와 중국회화의 기법이 서로 어우러져서 새로운 아름다움을 창조하고 있는 것이다.

「보살도」(당나라 벽화)

　당대 후기는 중국회화에서 근본적인 전환이 서서히 싹트기 시작하는 시기다. 이전까지의 중국회화는 인물화와 채색화가 주종을 이루고 있었다. 그러다 당대 후기에 들어서면서부터는 회화의 관심이 인물 중심에서 산수 중심으로 서서히 옮겨지기 시작했으며, 표현방식에서도 채색화 일색에서 수묵화가 새롭게 등장하기 시작했다. 후대의 사람들은 성당의 시불詩佛이라고 불렀던 왕유를 수묵산수화의 시조라고 했지만 당대까지는 수묵산수화보다는 채색산수화가 주류를 이루었다. 당대의 채색산수는 흔히 청록산수靑綠山水 혹은 금벽산수金碧山水라고 불렀는데 농염한 청록색을 많이 사용했고 때

이소도李昭道의 「명황행촉도明皇幸蜀圖」

로는 황금색을 곁들여 매우 화려한 효과를 냈기 때문에 붙여진 이름이다.

「명황행촉도」는 현종이 안록산의 난을 당하여 촉지방으로 피난가는 상황을 묘사한 것이다. 분명히 황제의 피난이라고 하는 중요한 사건을 그림으로 담은 것이지만 이 그림에서 사람은 그 비중이 매우 작아 오른쪽 아랫부분에 자그마하게 드러날 뿐 촉지방의 기기묘묘한 높은 산들이 그림의 중심이 되고 있다. 이후 산수화에서는 청록산수든 수묵산수든지 사람의 비중은 현저하게 줄어서 눈을 부릅뜨고 자세히 찾아보아야 비로소 한쪽 구석에서 조그만 사람의 모습을 발견할 수 있게 되었다.

당대 후기부터 청록산수화가 점차 유행하다가 오대삼국시대에 이르러서는 수묵산수화가 점차 유행하기 시작했고, 송대에 이르러서는 본격적으로 수묵산수화가 중국회화의 주류로 등장하게 된다. 간혹 색을 사용하는 경우에도 이전처럼 강렬한 색을 쓰지 않고 담백한 채색을 사용한다.

수묵화란 다양한 채색을 중시하지 않고 먹물이라고 하는 단색을 통해 형상을 표현하는 것을 말한다. 단색을 통해 표현하기 때문에 먹의 농담濃淡과 건습乾濕을 조절하는 것이 매우 중요한 기법이 된다. 수묵화가들은 먹의 색깔은 단색이지만 그 오묘함은 오색을 뛰어넘는다고 생각했다. 이것은 담백함이 농염함보다 더 깊고, 단순함이 번화함보다 더 깊은 아름다움이라고 여기는 대교약졸의 미학을 그대로 보여준다.

원래 수묵화의 기원은 상당히 오래된다. 수묵화는 서예의 발달과 매우 밀접한 관련을 가지는데 위진남북조시대에 이미 수묵화의 초보적인 이론이 형성된다. 그러다 당대에 이르러 왕유나 장조張璪와 같은 인물들이 비로소 수묵화를 그리기 시작했고, 오대삼국을 거쳐 송에 이르러 본격적으로 개화하게 된다.

송대의 산수화도 시기에 따라 상당한 차이가 있다. 북송시대의 산수화는 지역 자체가 산이 많은 편이고 아직 당대의 유풍이 약간 남아 있어 주로 웅혼한 산세를 그리는 것이 주류를 이루었지만, 남송으로 갈수록 강과 호수가 많아서 물이 많이 등장하고 웅혼한 기상보다는 담백하면서도 그윽한 운치를 표현하는 데 더 많은 역점을 두었다. 그리고 남송대에는 그림 옆에 그림과 관련된 시구나 문구를 넣는 것이 유행하기 시작했다는 것도 특기할 만하다.

「계산행려도」는 북송대의 범관이 그린 그림인데 북송 산수화의 웅혼한 기상이 잘 드러난 작품이다. 이 그림에서 가운데 부분을 여백으로 처리한 이유는 그림의 오른쪽 바위틈에서 쏟아져내리는 폭포 때문에 피어난 물안개를 묘사하기 위해서다. 그리고 한 그림에서 고원, 심원, 평원이 동시에 나타나는 산점투시를 이용하여 경물에 대한 주관적인 느낌을 잘 표현하고 있다. 이밖에 이 그림을 깊이 이해하기 위해서는 준법皴法에 대한 이해가 필요하다. 준법이란 가벼운 필치로 주름을 그려 입체감을 주는 기법을 말하는데 오대의 산수화들이 개발한 이래 산수화 기법의 중요한 부분이 되었다. 이 그림에서는 준법을 이용하여 바위들의 견고하고 투박한 질감을 잘 그려내고 있다. 이 그림에서 사람들의 모습은 오른쪽 아랫부분에 마치 개미 정도의 크기로 묘사되고 있다.

「계산청원도」는 앞의 「계산행려
도」에 비해 여백이 훨씬 많고 담
백한 수묵을 사용하고 있기 때문
에 웅혼한 느낌보다는 깊고 그윽
한 풍치가 잘 드러나고 있다. 이
그림에서 사람은 맨 아랫단에서
가운데서 약간 오른쪽 지점에 있
다. 그리고 오른쪽의 여백은 강을
그린 것이고 강에는 두 척의 배가
희미하게 보인다. 이 그림은 실제
세로 46.5센티미터에 가로가 무
려 889.1센티미터나 되는 엄청나
게 옆으로 긴 그림의 일부분이다.
오른쪽 옆으로는 강의 그림이 계
속 이어진다. 「계산행려도」처럼
높은 산을 묘사하기 위해 위아래

범관范寬의 「계산행려도谿山行旅圖」

하규夏圭의 「계산청원도溪山淸遠圖」의 한 부분

로 길게 그린 그림을 흔히 입축立軸이라고 부르는데 비해 이 그림처럼 옆으로 하염없이 긴 그림을 횡권橫卷 또는 장권長卷이라고 했다.

송대 회화의 또 다른 특징으로는 문인화의 흥성을 들 수 있다. 송대 이전에도 문인이면서 그림을 잘 그린 사람은 있었다. 성당의 왕유가 그 대표적인 사람이다. 그러나 송대의 문인화는 그 성격이 조금 다르다. 소동파와 그의 친구인 미불, 문동 등이 주

문동文同의 「묵죽도墨竹圖」

창한 문인화란 단순히 문인이 그린 그림이라기보다는 문인의 정신과 기상이 담긴 그림을 말한다. 물론 이때의 문인의 정신 속에는 당연히 대교약졸의 미학이 감추어져 있다. 그들은 세련된 기법으로 완숙한 그림을 그리기보다는 고졸스러운 수법으로 마음의 경지를 표현하는 것을 더 중시했고, 화려한 채색을 버리고 담백한 수묵을 고집했으며, 그림의 소재도 담백한 산수나 문인의 기백을 잘 드러내는 매, 난, 국, 죽 등의 사군자를 선호했다.

문인화의 주창자라고 할 수 있는 소동파는 흉중성죽胸中成竹을 강조했는데 '대나무를 그리기 전에 이미 마음속에 대나무의 형상이 있다'는 뜻이다. 이는 대나무를 제대로 그리기 위해서는 눈에 보이는 대나무를 그리는 것이 아니라 마음속에서 대나무의 기상을 먼저 터득하고 난 뒤에 그것을 화폭에 옮겨야 함을 강조한 말이다.

이 속에는 외형보다는 내면적 정신세계를 표현한다는 신사의 이론이 있고 아울러 단순미 속에서 심오함을 추구하는 대교약졸의 미학이 담겨져 있

다. 문인화의 대표적인 소재인 사군자는 모두 단일한 색의 선으로 이루어진 것으로, 복잡함보다는 단순함을 더 중시한다. 그러나 그것은 겉으로는 단순해 보이지만 실제로는 매우 고도의 수련을 요구하는 심오한 단순함이다. 사군자에서 표현되는 선은 그냥 밋밋한 선이 아니다. 그 속에는 먹물의 농담과 붓끝의 기세에 따라서 실로 다양하게 표현되는 입체적으로 매우 풍부한 선이다. 이것이야말로 대교약졸의 심미안의 전형적인 유형이다.

　송대에는 불교회화에서도 새로운 변화가 일어난 시기다. 대교약졸의 미

양해梁楷의 「육조작죽도六祖斫竹圖」

학이 흥성함에 따라 송대의 불화나 보살도는 당대에 비해 훨씬 담백해졌다. 그보다 더 관심을 끄는 것은 송대에 이르러 불화와 보살도와는 다른 조사화祖師畵가 등장했다는 것이다. 조사화란 선종 조사들을 그린 그림을 말한다. 선종은 당대에 흥성한 이래 송대에 이르러서는 다른 종파에 비해 압도적인 우위를 차지하게 된다. 이런 영향으로 조사들을 화제로 삼는 풍조가 서서히 유행하기 시작했다.

　「육조작죽도」는 중국 선종의 가장 중요한 인물인 육조대사가 대나무를 자르는 것을 묘사한 그림이다. 조사화는 선사들의 담담한 정신세계를 표현하는 것을 중시하기 때문에 다른 불화들에 비해 훨씬 소박하면서도 단순미와 담백한 아름다움

을 강조한다.

송대 회화의 또 하나의 특징은 화조화의 발달이다. 화조화는 앞에서 든 송대의 다른 그림들과는 달리 매우 섬세하고도 사실적인 묘사를 중시하고 있다. 송대 이후 대교약졸의 미학이 본격화되면서 중국의 회화는 전반적으로 시각적 사실성보다는 주관적 이미지를 표현하는 쪽으로 기울게 되지만, 회화의 기본이라고 할 수 있는 시각적 사실성에 대한 욕구가 완전히 사라진 것은 아니었다. 시각적 사실성을 중시하는 흐름은 화조화에 집중되었다.

사실 이 속에도 송대의 대교약졸의 문화정신이 담겨 있다. 당대에는 제왕의 얼굴이나 정치적 사건, 그리고 전쟁을 상징하는 말 등 굴직굴직하고 중요한 대상을 그리는 데 주력했지만 송대에는 이전 사람들이 그다지 중시하지 않았던 꽃이라든지 새, 곤충 등 일상생활에서 늘 접하는 자그마한 대상에 더 많은 관심을 기울였다. 일상의 새로운 발견이라고 할 수 있다. 웅장하고 위대한 대상보다는 작고 평범한 대상에 관심을 기울이는 것 또한 대교약졸의 미학정신과 일맥상통하는 부분이 있다고 할 수 있다.

「작매산금도」를 그린 조길은 북송의 마지막 황제인데 그림에 너무 심취해 정사를 제대로 돌보지 않아서 결국 금나라에게 나라를 빼앗긴 망국의 군주가 되고 말았다. 역대 황제 가운데 그림에 가장 조예가 깊었던 사람이다.

이상 송대의 회화에 대해서 간

조길趙佶(북송 휘종)의 「작매산금도鵲梅山禽圖」

황공망黃公望의 「부춘산거도富春山居圖」의 부분

략하게 살펴보았다. 송대에 이르러 확립된 회화의 새로운 방향은 이후 그대로 이어져서 우리가 알고 있는 중국회화의 주된 특징이 되었다. 원, 명, 청의 회화 가운데서 송대보다 더 높은 성취를 이룬 때는 원대다. 특히 원대의 문인산수화는 송인들이 채 숙성시키지 못한 평담의 미학을 더욱 깊게 완성시킨 것으로 유명하다. 몽골의 지배 아래 사회적으로 천시를 받았던 한족 문인들이 더 이상 정치적으로 자신의 뜻을 펼칠 수 없게 되자 깊은 산에 은거하면서 오로지 그림에만 몰두했기 때문이다. 그들은 그림을 통해서 망국의 울분을 털어내고 무욕과 허정의 상태에 이를 수 있었기에 어느 시대보다 깊은 예술적 성취를 달성할 수가 있었다.

　「부춘산거도」는 원대 사대가 가운데 한 사람인 황공망이 그린 것이다. 이 그림은 세로 33센티미터에 가로가 무려 639센티미터나 되는 엄청나게 긴 그림이다. 이 그림은 황공망이 자신이 오랫동안 살고 있던 집 주변의 아름다운 경치를 담은 것인데 몇 년 동안 공을 들여 완성한 작품이라고 한다. 처음 그림을 보면 고요하고 담백하여 별다른 맛이 없는 것 같지만, 보면 볼수록 깊은 맛이 우러나는 작품으로 많은 사람들이 주저 없이 역대의 산수화 가운데 최고의 작품으로 지목하기도 한다.

명대와 청대에도 회화는 계속 발전했다. 명대에는 시민의식의 성장으로 민화가 크게 발전했고 청대에 이르러서는 서양회화가 도입되면서 회화에서도 새로운 시도들이 있었다. 그러나 이런 새로운 발전들은 주류는 되지 못했다. 명청대 회화의 주류는 역시 수묵산수화인데 부분적인 발전은 있었지만 크게 보았을 때 송원대의 회화를 답습하는 수준을 벗어나지 못하고 있다.

19세기 말 서양의 문물이 물밀듯이 들어오면서 회화 또한 크게 변했다. 현대 중국의 화가들은 서양화를 열심히 모방하고 있다. 물론 일부는 여전히 전통회화를 고수하고 있다. 그리고 중국의 전통회화와 서양회화의 접목을 시도하는 화가들도 있다. 전체적으로 보았을 때는 새로운 교를 학습하는 시기라고 할 수 있다. 그들이 새로운 대교약졸을 창출할 수 있을지는 좀더 두고 보아야 할 것이다.

음 악

    회화 분야는 근대 서구회화의 거센 물결에도 불구하고 중국 나름대로의 독특한 미학과 예술성을 자랑하고 있고 그래서 많은 서양 학자들도 중국회화에 대해 지대한 관심을 보이고 있다. 그러나 음악은 그렇지가 않다. 서양음악의 위력이 워낙 막강하기 때문에 중국 고전음악은 사실 거의 설자리가 없다고 해도 과언이 아니다. 소수의 사람들만이 외롭게 전통을 고수하고 있을 뿐이다. 서점에 가봐도 중국회화에 대한 책은 산더미처럼 싸여 있지만 중국음악에 대한 책은 그리 많지 않다. 여기에는 음악은 회화와는 달리 책으로는 설명하기 어렵다는 이유도 있을 것이다.

    회화가 공간예술이라면 음악은 시간예술이다. 공간예술은 시간이 흐른 뒤에도 남아 있어 그 흔적을 쉽게 알 수 있지만 시간예술은 시간을 따라 공간에 퍼져나가고는 사라져버린다. 그래서 흔적이 남지 않는다. 음악을 원하면 언제라도 다시 들을 수 있게 된 것은 실로 최근래의 일이다. 이 때문에 회화와는 달리 음악은 그 살아 있는 전체의 모습을 찾기가 힘들다. 그저 낡은 책에 남아 있는 기록들, 박물관에 전시되어 있는 오래된 악기들을 통해 옛 모습을 어렴풋이 짐작할 수 있을 뿐이다.

이런저런 이유로 중국음악의 미학을 설명하기란 회화에 비해서는 훨씬 어렵다는 느낌이 드는 것이 사실이다. 이 장에서는 주로 음악에 대한 개념, 음계, 악기 등을 중심으로 중국음악과 서양음악의 차이를 설명했다.

중국과 서양의 음악 개념

중국 사람들은 음악을 무척이나 중시했다. 고대에는 『악경樂經』이 따로 존재했고 공자는 그것을 중요한 교재의 하나로 사용했다. 그러나 진시황의 분서갱유 때 소실되었다고 한다. 오늘날 고대 중국인들의 음악에 대한 관념을 이해하는 데 가장 도움이 되는 글은 오경 가운데 하나인 『예기禮記』 속에 있는 「악기樂記」편이다. 그런데 여기에는 음악이라는 단어는 없다. 지금 우리가 사용하는 음악音樂이라는 말은 서양의 music을 일본식 한자로 옮긴 말이다. 원래 중국에서는 음과 악은 별개의 것이었다. 「악기」편을 보도록 하자.

무릇 음이 일어나는 것은 사람의 마음을 좇아 생긴다. 사람의 마음이 움직이는 것은 사물이 그렇게 만들기 때문이다. 사물에 감응하여 움직이면 소리(聲)로 나타난다. 소리가 서로 응하면 변화가 생기는데 변화가 소절을 이루면 그것을 음이라고 한다. 소리에 맞추어 연주를 하고 방패와 도끼, 깃털과 깃대에까지 미치면 그것을 악이라고 한다.

고대 중국인들은 단어를 사용할 때 그리 엄밀성을 추구하지 않았기 때문에 명확히 개념 정의를 하기가 어려운 면이 있지만, 대체로 '성聲'은 단순한 소리를 가리키고 '음音'은 그 단순한 소리가 곡조를 이루는 것이라고 보면된다. 그리고 '악樂'이란 거기에다 연주를 하고 무용까지 더한 것으로 훨씬 포괄적인 것이다. 여기서 방패와 도끼는 무무武舞라고 하는 남성적이고 강건함을 위주로 하는 춤에 쓰이는 도구고, 깃털과 깃대는 문무文舞라고 하는 여성적이고 부드러움을 위주로 하는 춤에 쓰이는 도구다. ʻmusicʼ의 어원인 그리스어 ʻmusicaʼ라는 말도 원래 음악, 무용, 무대공연까지 포괄하는 개념이었던 것을 보면 고대에는 음악의 개념이 매우 포괄적이었음을 알 수 있다.

그러면 중국인들과 서양인들은 음악에 대해 어떤 관념의 차이를 지니고 있었을까? 음악도 문학에서와 마찬가지로 고대 중국과 그리스의 차이를 살펴보도록 하자. 최근의 중국학자 장파張法는 『동양과 서양, 그리고 미학』에서 중국과 서양의 음악을 비교하면서 중국에서는 음악을 바람의 조화라고 여겼고, 그리스에서는 음악을 수의 조화라고 여겼다고 서술하고 있다. 다소 도식적인 측면이 있지만 중국음악과 서양음악의 특징을 이해하는 데 매우 재미있는 관점이라고 생각되어 여기서도 차용하고자 한다.

고대인들에게 음악은 신과 소통할 수 있는 매우 중요한 수단이었다. 그래서 대부분 지역의 제례의식에서는 음악을 없어서는 안 될 필수 요소로 여겼다. 이성의 힘이 점차 증대하면서 신과의 소통수단으로 사용되던 음악은 자연과의 소통수단 내지는 자연의 조절수단으로 변모된다.

일찍부터 농경사회로 진입한 중국인들은 자연을 면밀하게 관찰하고 체험하는 가운데 음악과 기후의 상관관계에 대한 독특한 관념을 도출했다. 농경사회에서 자연의 변화, 운동, 법칙, 위력을 집중적으로 드러내는 것은 기후다. 중국인들은 기후를 대표하는 것으로 바람을 택했다. 그리하여 음악은 바람을 통해서 나오고 바람을 조절할 수 있다는 관념을 형성하게 된다.

음악은 눈으로 볼 수는 없어도 바람을 통해 전달되기 때문에 몸으로는 느낄 수 있다. 마찬가지로 바람도 볼 수는 없지만 느낄 수는 있다. 바람에 닿은 사물은 흔들리기 때문이다. 이런 공통점으로 인해 음악은 자연과 인간의 관계를 매개하는 중요한 역할을 하게 된 것이다. 중국 고대 문헌에서 나타나는 다음과 같은 말들은 이를 잘 보여주고 있다.

천자는 바람을 살펴서 음악을 만들었다. ─『좌전左傳』, 「소공昭公」

무릇 음악이란 그것으로써 산천의 바람을 여는 것이다. ─『국어國語』, 「진어晉語」

중국인들에게 음악은 조화의 상징이었다. 음악의 조화는 바로 바람의 조화로 이어지고 그것은 바로 천지기운의 조화로 이어진다. 그리하여 그들은 음악이 조화를 이루면 비와 바람이 제때 제 기능을 다하게 되어 농사가 잘되고 백성들이 풍요로울 수 있다고 생각했다.

중국인들은 음악이 단순히 인간과 자연의 조화를 추구하는 수단에 그치는 것이 아니라, 여기에서 한 걸음 더 나아가 인간의 심신의 조화를 추구하는 수단으로도 쓰일 수 있다고 여겼다. 중국에서 심신의 조화는 기氣와 밀접한 관련을 갖는데 그들은 음악도 기와 직접적으로 관련을 지니고 있다고 생각했다.

입으로 맛을 받아들이고 귀로 소리를 받아들이는데 맛과 소리가 기를 만든다. 기는 입에서는 말이 되고 눈에서는 밝음이 되는데 말로 명분을 신실하게 하고 밝음으로 행동을 시의적절하게 한다. 명분으로 정치를 이루고 행동은 생명을 자라게 한다. 정치가 이루어지고 생명이 잘 자라는 것이 음악의 극치다. ─『국어』, 「주어周語」

중국 고대의 제왕은 식사 때 음악을 들으면서 밥을 먹었다. 이는 물론 원시 제례의식에서 출발한 것이다. 그러나 후대로 갈수록 음악은 심신의 조화와 건강한 운행을 보조해준다는 개념으로 바뀌게 된다. 그리고 단순히 제왕한 사람의 심신의 조화에 그치는 것이 아니라 그것이 바로 정치와 관련된다고 생각했다.

사실 기라는 말은 개념이 모호하고 쓰임이 광대해서 설명하기가 무척 어렵다. 날씨를 가리키는 기후에도 '기'자를 쓰고 사람 몸의 생명력을 가리키는 '기운'에도 '기'자를 쓴다. 하여튼 음악은 밖으로는 기후를 조절하여 천지조화를 이끌어오고, 안으로는 기운을 조절하여 제왕의 눈과 입을 밝게 해서 정치에 도움을 줄 수 있다는 이야기다. 다소 비약이 심한 논리지만 그들이 얼마나 음악의 효능을 중시했는지를 짐작하는 데는 무리가 없다.

사실 중국인뿐만 아니라 대부분의 고대인들은 음악이 신비한 힘을 가지고 있다고 생각했다. 『구약성서』에도 다윗이 하프를 연주하여 사울왕의 정신병을 고친 이야기와 여호수아가 여리고 성을 공격할 때 나팔소리로 성벽을 무너트렸다는 기록이 나온다. 고대 그리스인들도 마찬가지다. 그리스신화에 나오는 오르페우스는 아폴로에게 하프를 배워 하프의 대가가 되었는데, 그가 하프를 연주하면 나무와 돌이 춤을 추고 맹수들도 얌전해졌다고 하며, 배를 타고 항해하다 폭풍을 만날 때도 하프로 거센 폭풍을 잠재웠다고 한다.

서양 음정학의 아버지인 피타고라스는 신화와 과학의 가운데 서 있었던 사람이었다. 우리에게 수학자로 널리 알려진 피타고라스는 오르페우스를 숭배하는 신비주의적인 색채가 짙은 종교의 교주였다. 그는 인간의 영혼은 육체의 소멸과 함께 사라지는 것이 아니라 완전한 정화를 통해 우주의 순수한 정신과 하나가 될 때까지 하나의 육신에서 다른 육신으로 윤회한다고 믿었다. 그리고 윤회의 과정에서 꼭 사람의 몸만 받아서 태어나는 것이 아니라 동물의 몸을 입을 수도 있다고 했다. 이런 윤회설은 힌두교나 불교의 윤회설과 상당히 근접하는 면이 있다.

피라고라스는 영혼의 정화를 위해서는 자극적인 쾌락을 자제하고 소박하고 순수한 생활을 해야 함을 강조했다. 그래서 육식을 하지 않고 채식을 했으며 옷도 색깔이 없는 흰옷만 입었다고 한다. 성에 대해서도 금욕적인 자세를 견지했다.

오늘날 서양과학의 뿌리로 여겨지는 수학도 피타고라스에게는 종교적 수도의 한 방편이었다. 그는 과학자의 마음으로 수를 탐구했던 것이 아니라 우주의 신비를 탐구하는 구도자의 마음으로 수를 탐구했다. 그에게 수는 숨겨진 우주의 마음이자 비밀이었다. 그는 바로 수의 비밀을 통해 우주의 조화를 발견했다. 그는 우주의 조화는 수의 비례에 따라서 유지된다고 여겼다. 오르페우스교의 신봉자인 동시에 수학자였던 그가 수와 음악 사이의 비밀을 탐구한 것은 당연한 귀결이라고 할 수 있다. 그는 천체의 음악, 즉 별이 돌아가면서 내는 음악소리를 들을 수 있는 신비한 능력이 있었다고 전해진다.

그는 수의 비례를 연구하여 서양 음정학을 확립했다. 재질과 장력이 같은 팽팽한 두 개의 현을 퉁겼을 때 그 길이가 2분의 1로 줄면 8도 음정이 되고, 3분의 2로 줄면 5도 음정이 되는데, 이 두 비율은 완벽히 어울리는 음정이 된다고 여겼다. 여기서 1도 음정이란 같은 음정을 말하고 2도 음정이란 한 음 차이가 나는 음정을 말한다. 서양음악은 7음계이므로 8도 음정이란 바로 한 옥타브 위의 음정을 말한다. 원래 옥타브라는 말은 라틴어의 'octa'에서 나온 것이고 그것은 8을 가리키는 말이다. 오늘날의 도를 기준으로 했을 때 5도음은 솔이고, 8도 음정은 한 옥타브 위의 도다.

그런데 이번에는 기준 도 음정의 현을 1.5배 늘리면 어떻게 될까? 5도 낮은 음이 된다. 이것은 한 옥타브 아래의 파다. 이 한 옥타브 낮은 파의 줄을 1/2로 줄이면 정상적인 4도 음정이 된다. 그러므로 4도 음정은 1도 음정의 줄과 비교할 때 3/4이 된다. 그는 1도, 4도, 5도, 8도 음정은 서로 완벽하게 어울리므로 완전협화음이라고 했다.

피타고라스는 1:2와 2:3, 이 두 개의 비율을 기본으로 하여 모든 음정의 수치를 도출했다. 예를 들면 5도 음정인 솔의 줄을 다시 3분의 2로 줄이면 5도가 올라가서 한 옥타브 위의 레가 된다. 이것을 두 배로 늘리면 한 옥타브가 내려가서 2도 음정인 레가 되는 것이다. 도와 레의 비율은 $2/3 \times 2/3 \times 2$이므로 8/9이다. 레에서 다시 2/3으로 줄이면 5도가 올라가서 6도 음정인

라가 된다. 라의 비율은 8/9×2/3＝16/27이 된다. 이런 식으로 계산해보면 도에서 한 옥타브 높은 도까지의 현의 비율은 1, 8/9, 64/81, 3/4, 2/3, 16/27, 128/243, 1/2이 된다.

물론 지금 서양의 음악에서는 피타고라스 음계를 그대로 쓰지는 않는다. 그것을 약간씩 개량한 순정률의 음계와 순정률을 다시 개량한 평균율의 음계를 주로 사용하고 있다. 그러나 피타고라스가 수학적 원리를 이용하여 정밀하고 과학적인 음정을 찾으려고 했던 정신은 후대에도 지속적으로 이어졌다.

음악의 아름다움은 바로 조화에 있다고 여겼던 것은 중국인이나 고대 그리스인이나 마찬가지였다. 그러나 그리스인은 조화의 근원을 바람에서 찾지 않고 수에서 찾았다. 바람과 수는 중국과 서양 문명의 특징을 잘 대변해주는 말이다.

물론 이 말은 중국 사람들이 음정을 만들 때 수학을 무시하고 그저 바람과 같이 모호한 느낌만으로 만들었다는 이야기가 아니다. 중국의 악률에도 수학은 매우 중요했다. 중국에서 최초로 악률을 정립한 사람은 참된 우정의 본보기인 관포지교管鮑之交로 널리 알려진 관중管仲이다. 그는 피타고라스보다 약 140년 정도 먼저 태어난 사람인데 당시의 수학을 이용하여 궁宮, 상商, 각角, 치徵, 우羽의 오음을 삼분손익법三分損益法으로 음정을 정했다.

삼분손익법이란 말 그대로 풀이하면 3등분해서 빼고 더하는 법이라는 뜻이다. 피타고라스가 1을 기준으로 한 비례를 중시한 반면 관중은 우선 모든 음의 기준이 되는 궁음의 숫치를 완전수인 9를 제곱한 81로 잡았다. 그런 다음에 81의 3등분인 27을 더하면 108이 되는데 이것을 치음이라고 정했다. 이번에는 108에다 108의 3등분인 36을 빼면 72가 되는데 이것이 상음이라고 했다. 여기서 다시 72의 3등분인 24를 더하면 96이 되는데 이것을 우음이라고 했다. 그리고 96에다 96의 3등분인 32를 빼면 64가 되는데 이것을 각음이라고 했다. 현의 길이가 긴 것은 당연히 낮은 음이다. 낮은음의 순서대로 배열하면 108, 96, 81, 72, 64가 될 것이다. 재미있는 것은 기준음인 궁음이 오음의 한 가운데 있다는 것이다.

그런데 한 가지 신기한 것은 중국의 5음은 분명히 서양의 7음과는 전혀 다른 방법으로 음을 산출했지만 음의 비례가 서로 같다는 것이다. 서양과 비교하기 위해 중국의 기준음도 1로 맞추어 계산해보자. 모든 숫자에 분모 81을 붙이면 108/81, 96/81, 81/81, 72/81, 64/81가 된다. 이것은 4/3, 32/27, 1, 8/9, 64/81가 된다. 서양과 비교하기 위해 이 가운데서 1보다 낮은 음들에 1/2을 곱하면 이것들은 2/3, 16/27이 되고, 이들은 64/81보다 높은 음이 된다. 다시 배열을 해보면 1, 8/9, 64/81, 2/3, 16/27이 되는데 이것은 앞에서 본 서양의 7음계 중에서 1도, 2도, 3도, 5도, 6도 음정과 그 비율이 완전히 일치한다. 참으로 놀랍지 않은가? 그래서 흔히들 궁, 상, 각, 치, 우를 도, 레, 미, 솔, 라에 대비시키는 것이다.

춘추시대 말기에는 5음의 음정체계에서 더 나아가 12음의 음정체계가 정립되었고 이 또한 삼분손익법으로 음정을 정했다. 이후에도 수학의 발달에 따라 이전의 악률의 단점을 보완하는 작업이 계속되었다. 이로 보아 중국의 음정도 매우 엄밀한 수학적인 원리에 의해 만들어졌음을 알 수 있다.

여기서 서양음악을 수에 대비시키고 중국음악을 바람에 대비시킨 것은 양쪽의 음악이 가지고 있는 특징을 좀더 부각시키기 위해서다. 그리스인들은 음악을 수와 비례로 관련지으면서 그것의 과학적 측면을 강조했던 반면, 중국에서는 음악을 바람과 기에 관련시키면서 그것의 정치적 측면을 더 강조했다.

서양인들에게 음악은 과학이었다. 그들은 과학적인 방법으로 소리의 원리를 탐구하고 소리가 어떤 비례에 있을 때 우리의 귀에 가장 조화롭게 들리는지를 집중적으로 탐구했다. 피타고라스 이후 많은 수학자와 과학자들이 진동과 음향을 연구하고 소리의 높낮이와 진동수의 관계 등을 밝힘으로써 음악과 음향이론을 발전시켰다. 그뿐만 아니라 악기를 만들거나 발성법을 연구하거나 공연장을 건설하는 데도 그들은 과학기술을 중시했다.

바이올린이라는 악기가 그렇게 작은 악기임에도 불구하고 놀랄 정도의 풍부한 음량을 지니게 된 것은 소리를 효율적으로 내기 위해 치밀한 과학적 연구와 실험을 계속한 덕분이고, 피아노와 같이 엄청나게 넓은 음역을 지닌 악기를 만들어낸 것도 그들의 과학기술 덕분이라고 할 수 있다. 그리고 그들은 좀더 높고 멀리 가는 소리를 만들어내기 위해 발성기관에 대한 해부학적, 생물학적 지식을 총동원하여 여러 가지 발성법들을 개발했다. 오페라하우스는 어떠한가? 음향에 대한 고도의 과학기술을 이용하여 건물을 지었기 때문에 수십 미터 뒤의 구석에 있는 청중도 가수들의 육성을 생생하게 들을 수가 있다. 서양에서 음악과 수학, 그리고 과학은 도저히 분리시켜 생각할 수가 없는 것이다.

이에 비하면 중국인들은 음악의 명료한 과학성보다는 음악이 지니고 있는 다소 모호한 기의 작용과 그것이 만들어내는 정치적 효용성을 더욱 중시했다. 중국의 음정 비율은 서양과 마찬가지로 수학적 원리에 의해서 도출된 것이다. 그러나 중국인들은 음과 음의 비례와 수학적 규칙에 더 많은 관심을 쏟기보다는 음정이 지니고 있는 상징적 의미를 더욱 중시했다. 궁, 상, 각, 치, 우 오음은 음양오행의 오행의 기운과 밀접한 관련이 있다. 그들은 궁은 토土의 기운, 상은 금金의 기운, 각은 목木의 기운, 치는 화火의 기운, 우는 수水의 기운에 대응한다고 여겼다. 그뿐이 아니다. 그들은 또한 오음을 정치적 의미와 관련지어 궁은 군君, 상은 신臣, 각은 민民, 치는 사事, 우는 물物에 대비시키고 있다. 그리하여 궁상각치우가 서로 조화를 이룰 때 임금, 신하, 백성, 일, 물건 등이 모두 조화를 이루어 정치가 조화롭게 될 수 있다고 생각했다.

이런 점에서 볼 때 중국음악의 특징은 확실히 과학성보다는 정치성에 있다고 할 수 있다. 게다가 공자의 영향으로 중국음악은 정치와의 연관성이 더욱 커진다. 공자는 정치가이자 사상가이며 교육자로 널리 알려져 있지만 음악에서도 후대에 막대한 영향을 미쳤다. 그는 음악에 지대한 관심과 소질이 있었다. 그는 고대의 순임금이 만들었다는 소韶 음악을 듣고 아름다운 음률에 석 달 동안 고기 맛을 잊어버릴 정도였다. 그리고 실제로 악기를 잘 다루고 노래 부르기를 좋아했다. 만년에는 고대음악을 정리하여 그것을 제자들의 교육에 활용했다.

공자가 음악을 좋아했던 것은 물론 개인적 취향도 있었겠지만 음악의 정치 사회적 효용성에 대한 관심 때문이었다. 공자는 음악에 담겨 있는 정치적 가치를 충분히 이해했다. 물론 이 말은 음악을 정치적으로 이용한다는 말이 아니라 음악을 수기치인修己治人의 좋은 방편으로 사용한다는 말이다. 즉, 음악을 통해서 스스로의 성정을 도야하고 나아가 세상을 교화할 수 있음을 강조했다. 서양음악사에서도 플라톤이나 아리스토텔레스가 음악의 윤리 도덕적 효용과 정치적 기능에 대해서 말한 적이 있지만 중국처럼 강력하고도 지속적이지는 않았다.

공자는 일찍이 군자는 바람이고 소인은 풀이니 풀은 바람이 부는 대로 눕는다고 했다. 이 말은 물론 정치에 대한 이야기다. 앞에서도 보았듯이 바람은 음악과 직접적인 상관이 있다. 『시경』에서 민간가요를 '풍'이라고 부르는 것도 우연은 아니다. 그리고 '풍'에 대한 한나라 때의 주석을 보면 "윗사람은 풍으로써 아랫사람을 교화하고 아랫사람은 풍으로써 윗사람을 풍자한다. 문사를 잘 다듬어 완곡하게 간언하니 말하는 사람은 죄가 없고 듣는 사람은 족히 그로써 경계로 삼을 만하다. 그러므로 풍이라고 한다"고 해 풍이 지니고 있는 정치적 함의를 밝히고 있다. 그뿐인가? 같은 문장 속의 다음 글은 음악과 정치의 관계를 직접적으로 밝히고 있다.

잘 다스려지는 세상의 음악은 편안하고 즐거우니 그 정치가 조화롭다. 어지러운 세상의 음악은 원망스럽고 노여우니 그 정치가 일그러져 있다. 망한 나라의 음악은 슬프고 비통하니 그 백성이 곤고하다. 그러므로 정치의 득과

실을 바로 잡고 천지를 움직이고 귀신을 감동시키는 데는 시보다 더 좋은 것이 없다. 옛 임금은 이로써 부부를 다스리고 효도와 공경을 이루고 인륜을 두텁게 하고 교화를 아름답게 하고 풍속을 변화시켰다.

여기서 말하는 시란 당연히 음악의 일부분으로서의 노래를 말한다. 이 때문에 유교에서 시로써 백성을 교화시키는 시교詩敎와 음악으로써 백성을 교화시키는 악교樂敎는 거의 같은 의미다. 그리고 그것은 예로써 백성을 교화하는 예교禮敎와도 통한다. 실제로 악은 중국에서는 예를 보조하는 수단으로 쓰였으며 그래서 흔히 예악이라는 말을 자주 쓴다. 고대 중국 음악이론을 집대성한 『예기』의 「악기」편에서는 예와 악의 관계에 대해 다음과 같이 말하고 있다.

악이란 동화하는 것이요, 예란 차별하는 것이다. 동화되는 즉 서로 친하게 되고 차별하는 즉 서로 공경하게 된다. 악이 앞지르게 되면 넘쳐흐르고 예가 앞지르게 되면 소원해진다. 성정에 화합하고 용모를 가꾸는 것은 예악의 일이다. 예의 의법이 바로 서면 귀천의 등급이 나누어지고 악의 문장이 조화롭게 되면 상하가 서로 화합할 것이다.

악이라고 하는 것은 하늘과 땅의 조화로움이고 예라고 하는 것은 하늘과 땅의 질서다. 조화로우므로 만물이 모두 화육되고, 질서가 있으므로 만물이 모두 구별된다. 악은 하늘을 본떠 만든 것이고 예는 땅으로써 제정한 것이다. 예를 잘못 제정하면 문란해지고 악을 잘못 지으면 난폭해진다. 하늘과 땅이 밝은 뒤에야 예악을 흥성하게 할 수 있다.

고대 중국에서 예의 본질은 사회 계층과 신분 사이의 질서의 확립이다. 그리고 그 질서란 차별적인 것이다. 이렇게 차별적인 질서가 확립될 때 사회는 안정된다. 그러나 차별성을 강조할 때 사람과 사람 사이는 소원해지고 사회는 삭막해진다. 그것을 해결하기 위해 악이 필요한 것이다. 악의 본질은 서로 동화되는 것이다. 그래서 서로 가까워진다. 그러나 악이 너무 강조되면 질서가 흩어지면서 난잡해진다. 반대로 질서를 너무 강조하게 되면 서로 거리감이 있게 된다. 그 둘 사이의 균형을 잡는 것이 중요하다.

중국인들은 인간사에서 일어나는 일을 하늘에 비유하기를 좋아한다. 그들은 예란 천지의 질서이고 악이란 천지의 조화로움이라고 강조한다. 천지 간에 차별과 조화가 있듯이 인간 세상 속에서도 차별과 조화가 있음을 말한다. 그래서 예와 악을 제대로 흥성시키려면 하늘과 땅의 조화와 질서를 알아야 한다고 힘주어 말하고 있다.

이렇게 악을 예의 보조수단으로 쓴다는 것은 예술에서 윤리도덕성을 중시한다는 뜻이다. 공자는 일찍이 순임금의 음악을 들으면서 아름다움과 선함이 극진하다고 했다. 그러나 무왕이 만든 음악을 듣고는 아름다움은 극진하지만 선함은 극진하지 않다고 평했다. 미와 선이 하나가 되는 것을 최고의 이상으로 삼았던 것이다.

이런 공자의 음악사상은 중국음악의 성격을 결정짓는 데 지대한 영향을 미쳤다. 물론 중국음악은 한족 고유의 음악에만 머물지 않고 수많은 전쟁과 교역을 통해서 주변의 여러 민족의 음악과 많은 교류를 했고 실로 다양한 모습으로 발전했다. 그러나 성정을 도야하고 풍속을 순화시켜야 한다는 음악의 기본 목적과 미와 선을 통합하려는 방향성은 줄곧 계속되었다.

교와 졸의 관점에서 볼 때 음악의 과학성을 중시하는 것이 아무래도 음악 자체의 발전에 더 유리하고 음악이 윤리의 구속으로부터 자유로운 것이 음악을 훨씬 다채롭고 풍성한 방향으로 발전할 수 있게 해준다. 중국음악은 처음부터 정치 사회적 효용성과 윤리성이 강조되었기 때문에 아무래도 서양음악에 비해 제약이 있었던 것이 사실이다.

이런 점에서 서양음악이 교에 속하고 중국음악은 졸에 속한다. 실제로 대부분의 서양 사람들은 중국음악을 들으면서 비과학적이라고 생각하며 서양음악에 비해 단조롭고 구속이 많다고 생각한다. 그러나 그것은 배경과의 조화를 중시하는 중국문화의 특징에서 나온 것으로 단순히 기교의 부족으로서의 졸은 아니다. 중국의 음악, 특히 사대부들의 음악은 고아하면서도 단정한 선비의 정신 세계를 엿볼 수 있게 해주고 내면으로 깊게 침잠하게 해준다. 이것은 음악을 심신수양의 차원으로 격상시킨 것으로, 음악의 기술적 차원의 발전을 더 중시한 서양음악에서는 찾기 어려운 깊은 맛이 있다. 이런 점에서 중국음악의 졸은 대교약졸의 졸이라고 할 수 있다.

중국과 서양의 음계와 악기

일반적으로 중국음악에서는 5음계를 사용한다. 그러나 그것은 사용 음계이고, 음악의 재료로 삼는 음계는 12음계다. 중국음악의 12음계는 다음과 같다.

황종黃鐘 대려大呂 태주太簇 협종夾鐘 고선古洗 중려仲呂
유빈蕤賓 임종林鐘 이칙夷則 남려南呂 무역無射 응종應鐘

서양음악은 일반적으로 7음계를 사용한다. 그러나 서양음악에서도 한 옥타브 안의 반음을 모두 합하면 12음이다. C, C$^\#$, D, D$^\#$, E, F, F$^\#$, G, G$^\#$, A, A$^\#$, B가 그것이다. 중국과 서양이 모두 12음을 기준으로 하고 있다는 것은 재미있는 일이다. 물론 중국의 12음과 서양의 12음이 완전히 일치하지는 않는다. 그것은 음을 계산하는 방식이 다르기 때문이다.

12음 가운데 서양음악에서는 주로 7음계를 사용하는 데 비해 중국음악에서는 주로 5음을 사용한다. 물론 서양음악에도 5음이나 6음만 사용하는 경우도 있지만 그것은 특수한 경우의 예고 대부분은 7음을 모두 사용한다. 중국음악에서도 7음을 사용하는 경우가 있다. 그러나 5음계가 주류라고 보아야 한다.

앞에서 설명했듯이 중국의 5음계는 궁, 상, 각, 치, 우다. 이것은 앞에서도 보았듯이 서양음계에 비교하면 도, 레, 미, 솔, 라가 된다. 변궁變宮과 변치變徵를 더해 7음계를 사용하는 경우에는 변궁은 시에 해당하고 변치는 파에 해당한다고 할 수 있다. 7음계를 사용하는 경우 나머지 두 음에다 '변'자를 붙인다는 것 자체가 5음계가 정통이고 주류라는 것을 말해준다.

왜 중국은 5음계를 선호했고 서양은 7음계를 선호했는가에 대한 명확한 이유는 알 수 없다. 아마 숫자에 대한 선호 때문이 아닌가 생각한다. 서양에서는 7을 선호한다. 그들은 무지개도 일곱 빛깔 무지개라고 한다. 그러나 중국에서는 오색 찬란한 무지개라고 한다. 중국에서 오음, 오색을 말한 것은 아마도 오행의 영향 때문이 아닐까 생각한다. 그리고 오행 또한 그 이유를 정확히 알 수는 없지만 5자에 대한 선호에서 나온 것이리라.

사실 무지개는 일곱 색깔도 아니고 다섯 색깔도 아니다. 그 속에는 무수한 색이 존재한다. 그것을 일곱 가지나 다섯 가지로 나누는 것은 사람들의 관념이다. 음계 또한 마찬가지다. 한 옥타브 사이에는 12음계만이 존재하는 것은 아니다. 인도의 음계는 66음계까지 있다고 한다. 사실은 무한대의 음계가 존재하는 것이다. 그것을 12로 나누는 것은 하나의 관념체계라고 할 수 있다.

아무튼 중국의 음악은 서양음악에 비해 사용하는 음계수가 기본적으로 적다. 서양음악이 일곱 개의 음계를 화려하게 구사하면서 다양한 변화를 추구하는 데 비해 중국음악은 다섯 가지 음만을 구사하여 음악을 이룬다. 음계가 적으면 아무래도 단순하게 보인다. 그래서 중국음악이 서양음악에 비해 훨씬 소박해 보이는 것이 사실이다. 중국음악이 서양음악에 비해 훨씬 소박하게 보이는 것은 음계 문제 때문만이 아니다. 그보다 더 큰 이유는 화성법에 있다.

화성법이란 서로 잘 어울리는 음을 겹치게 해서 소리가 서로 조화를 이루는 것을 말한다. 예를 들어 도, 미, 솔 음을 동시에 내면 이 소리는 서로 아름다운 조화를 이루게 된다. 이 화음은 가장 기본 화음인 다장조 화음이 된다. 화성법은 근대 서양음악이 세계적인 보편성을 가지게 된 가장 큰 요인 가운데 하나라고 할 수 있다.

사실 서양음악에서도 중세 전기까지는 화성법이 없이 단음이 위주였다. 그레고리안 성가에는 화성법이 없다. 그러다가 중세 후기인 10세기에서 11세기에 들어서면서 2개의 음을 서로 수직적으로 배열하는 기법이 등장하기 시작했다. 음을 수직적으로 배열한다는 것은 평면에서 입체로 전환하는 것을 말한다. 이것이 점차 발전을 이루어 르네상스 이후에는 3개 이상의 음을 서로 입체적으로 배열하는 화성법이 본격적으로 연구되기 시작했다. 그러다가 바로크시대에 이르러 체계적인 화성법이 완성되었다.

음악에서 화성법이 등장하여 발전하는 시기는 미술에서 원근법이나 명암법이 등장하여 발전하는 시기와 거의 비슷하다. 사실 이런 예술의 사조는 그 시대의 철학사상이나 과학의 발전과도 매우 밀접한 관계가 있다. 중세에서 근대로 넘어가면서 서양인들은 과학에서 비약적인 발전을 이루었고 그것을 예술에 적용시켰다. 원근법이나 명암법은 시각의 과학성을 추구한 것이고 화성법은 청각의 과학성을 추구한 것이다. 이렇게 새로운 시야가 열리면서 이전의 평면적이고 무미건조한 음악이나 미술에서 입체적이고 볼륨이 풍부한 음악과 미술로 발전했던 것이다.

화성법의 발전에 따라 서양음악은 실로 비약적으로 발전했다. 서양의 고전음악이 우리 귀에 강렬한 쾌감을 주는 것은 바로 이 때문이다. 그러나 중국음악에는 그런 기법이 없다. 중국음악은 기본적으로 단선율이다. 이 때문에 이미 서양음악의 화성법에 익숙해져 있는 우리의 귀에는 단선율의 음악은 매우 단조롭게 들린다. 또한 서양 사람들은 화성법을 아예 음악의 3요소 가운데 하나라고 여기며 화성법이 없는 음악은 미발달의 음악으로 본다. 이런 관점에서 볼 때 분명 서양음악은 교이고 중국음악은 졸이라고 할 수 있다.

그러나 화성법이 없다고 해서 반드시 미발달한 음악으로 보는 것은 짧은 생각이다. 중국음악에서 화성법이 발달하지 않은 것은 음악의 진화가 덜 되어서 그런 것이 아니다. 그것은 처음부터 미감의 방향이 다른 데서 오는 것이다.

대교약졸의 미학의 영향을 많이 받은 중국인들은 단순한 구조 속에서 깊이를 추구하는 것을 좋아했다. 심오한 단순미를 말한다. 그래서 그들은 복잡한 일곱 가지의 음계보다는 단순한 다섯 가지의 음계를 애용했다. 그리고 화성법 또한 마찬가지다. 화성법을 그림과 비교하면 한 번 칠한 색 위에 다시 덧칠을 하여 입체감을 더하는 것이다. 그러나 중국 회화나 서예에서는 한 번 붓이 지나간 다음에는 다시 덧칠을 하지 않는 것을 원칙으로 한다. 단순함 속에서 고도의 기교를 추구하는 것이다. 이런 미적 감각 속에는 화성법이 발달할 수가 없다. 발전의 방향이 서로 다르기 때문이다.

또한 화성법을 이용하는 경우 소리가 꽉 찬 느낌을 주지만 단선율을 사용하는 경우 무언가 소리에 여백이 있게 된다. 이것은 서양회화가 화면을 꽉 채우는 것을 중시하는 것에 비해 중국회화가 여백을 중시하는 것과도 일맥상통한다. 소리에 여백이 있을 때 마음에도 여백이 생기게 된다. 그럴 때 침잠하는 가운데 성정을 도야할 수 있는 것이다.

중국음악에서는 여러 개의 음을 입체적으로 표현하는 화성법 대신에 하나의 음에서 여러 가지 미세한 변화를 추구하는 것이 발달했다. 서양음악에서는 도면 도, 레면 레 등 하나의 음정은 하나의 점으로 정확히 고정되어 있어야 한다. 그리고 도에서 레로 넘어갈 때도 점에서 점으로 건너뛰듯 바로 이동해야 한다. 그러나 중국음악에서는 하나의 음정이 하나의 점으로 고정되지 않고 그 주변을 맴도는 수많은 선들로 존재한다. 또한 하나의 음정에서 다른 하나의 음정으로 넘어갈 때도 때로는 바로 뛰어넘기도 하지만 많은 경우에 멋을 부리면서 음과 음 사이를 천천히 산보하듯이 넘어가는 경우도 많다.

서양악기의 왕이라고 불리는 피아노는 전형적으로 점의 악기다. 피아노는 하나의 음이 확실히 한 점으로 고정되어 있고 음과 음 사이를 이동할 때도 점 이동 외에는 다른 방법이 없다. 이에 비해 바이올린과 같은 현악기는 음을 끌어올리거나 내릴 수가 있다. 그렇지만 서양음악에서는 기본적으로 점에서 점으로 이동하는 것을 중시하기 때문에 음과 음 사이에서 다채로운 변화를 추구하지는 않는다.

중국의 현악기는 그렇지가 않다. 소리를 끌어당기기도 하고 흘려버리기도 하고 굴리기도 하면서 음과 음 사이에서 무수한 미세한 음정들을 만들어낸다. 이를 위해 현악기에서는 줄을 누르는 손의 힘에 변화를 주거나 현을 누르는 위치를 조금씩 옮기거나 때로는 현을 누르는 위치를 그대로 두고 줄을 비틀어서 미세한 음의 변화를 끄집어내는 주법이 발달했다. 중국에서는 관악기를 불 때도 취구의 각도를 약간씩 바꾸거나 입김의 양에 변화를 주는 방법을 통해 음정의 미세한 변화를 끄집어낼 수 있다. 아울러 성악에서도 서양과는 달리 복압腹壓에 변화를 주거나 공기의 양을 조절하여 미세한 음정의 차이를 만들어낸다. 현대의 어느 중국음악 연구자는 이것을 음강音腔이라고 부르고 서양음악과는 다른 중국음악의 중요한 특징으로 여겼다. 어떤 이는 미분음적微分音的 유동성流動性 음音이라고 부르기도 한다.

이런 미분음적 유동성 음은 그냥 아무렇게나 낸다고 다 되는 것이 아니다. 아무렇게나 내는 미분음은 듣기에 어설프다. 그 음들이 서로 조화를 이루어 깊은 쾌감을 불러일으키려면 고도의 기교가 필요하다. 정련된 소박미라고나 할까. 그렇기 때문에 미분음적 유동성 음을 잘 내는가 못 내는가는 노래 부르는 사람이나 연주자의 음악적 공력과 바로 직결된다. 겉으로는 단순해 보이지만 실제로는 고난도의 기교가 필요한 것, 그냥 듣기에는 담백하고 여백이 있는 음악 같지만 깊게 들어보면 그 속에는 고도의 미묘한 떨림이 감추어져 있는 것, 이것이 바로 중국음악의 멋이다.

다음으로는 중국악기와 서양악기를 비교해보도록 하자. 중국의 악기는 오랜 세월에 걸쳐서 다양하게 발전했다. 고대 주나라 사람들은 악기의 주요 부분의 재료에 따라 소리의 종류를 여덟 가지로 나누었다. 쇠, 돌, 흙, 가죽, 실, 나무, 바가지, 대나무가 바로 그것이다. 이것을 8음이라고 한다. 이 가운데는 요즘은 그다지 쓰이지 않는 것들도 있다. 그리고 현재 중국 전통음악의 연주에 쓰이는 악기는 중국인들이 처음 만든 악기도 있지만 외부에서 수입된 악기도 많다.

오랜 세월에 걸쳐 다양하게 발달되어온 중국과 서양의 악기의 특징을 서로 비교한다는 것은 실로 어려운 일이다. 그러나 현재의 악기를 중심으로 비교해볼 때 가장 큰 차이는 서양악기가 중국악기에 비해 소리가 훨씬 강하게 발산된다는 점이다. 이것은 음악의 발달 과정과 밀접한 관련이 있다.

서양음악은 처음부터 대형 극장에서 많은 청중들을 대상으로 연주하는 방향으로 발전해왔다. 그리스·로마시대에도 이미 대형 극장이 있었는데 르네상스 이후에는 더욱 더 큰 극장이 지어졌다. 마이크나 스피커도 없던 시절, 넓은 공간에 퍼져 있는 많은 청중들에게 음악을 들려주려면 아무래도 악기의 소리가 커야 했다. 그래서 서양의 악기들은 전반적으로 소리의 울림이 매우 강하다. 그들은 이렇게 강한 울림의 소리를 내는 악기를 만들기 위해 여러 가지 많은 인공적인 장치를 개발했다. 자연 상태에서는 그렇게 강한 소리가 나지 않기 때문이다.

서양악기 가운데 기타는 많은 사람들에게 친근하고 사랑을 받는 악기지만 음량이 작다는 치명적인 약점 때문에 공연 악기로서 크게 대접을 받지 못했다. 물론 포크 기타나 플라멩코 기타를 칠 때는 여섯 줄 전체를 다 퉁기기 때문에 그런 대로 큰 소리가 나지만 하나하나의 음을 섬세하게 뜯어야 하는 클래식 기타의 경우 작은 음량 때문에 넓은 홀에서 연주하기가 어려웠다.

불멸의 기타 명곡 「알람브라궁전의 회상」의 작곡자이자 근대 기타의 아버지라고 불리는 타레가Tarrega는 손가락을 둥글게 구부려서 현을 뜯어서 치지 않고 손가락의 첫 번째 마디를 편 상태에서 줄을 힘차게 누르면서 기대어 치는 아포얀도 주법을 개발했는데 이는 여러 가지 다른 음악적 효과도 있겠지만 특히 음량을 크게 하는 데 많은 도움을 주는 주법이다. 타레가 이후 클래식 기타가 다시 부흥기를 맞이하게 되는 데는 음량을 키운 것 또한 중요한 원인 가운데 하나다.

이렇게 음량이 작아서 박대를 받던 기타는 스피커가 나와 음량 문제를 완전히 해결하면서 대중들에게 새롭게 다가서게 된다. 그리고 전자기타가 출현하면서부터는 강력한 사운드를 자랑하면서 현대 대중음악의 여러 악기 가운데 가장 널리 사랑받고 가장 중시되는 악기가 되었다. 특히 에너지의 발산을 중시하는 젊은이의 음악인 록음악에서는 기타가 빠지면 음악이 성립 안 될 정도다.

아무튼 서양악기는 전반적으로 음량을 키우는 것이 매우 중요한 관건이었고 과학기술의 발달에 따라 악기의 음량을 최대화할 수 있는 여러 가지 제작법들이 나오게 되었다. 이에 비해 중국의 아악에서 사용되는 악기들은 소리의 울림이 그리 강하지 않다. 물론 중국악기 가운데서도 군악에서 사용하는 부는 악기들 가운데는 엄청 큰 소리를 내는 악기들도 있지만 일반적으로는 음량이 서양악기에 비해서 작은 편이다. 음량이 작은 대신 악기들이 훨씬 자연 상태에 가깝다. 자연 상태에 가까운 악기에서 나오는 소리는 강한 울림은 없지만 훨씬 깊은 울림을 가지고 있다. 그리고 우리의 정서를 훨씬 편안하게 해준다. 아무래도 자연에 훨씬 가깝기 때문이다.

또 한 가지 차이는 서양악기는 주로 금속성 소리를 많이 내는 데 비해 중국악기는 식물성 소리가 주를 이룬다는 것이다. 대나무에 구멍을 뚫은 것이나 나무에 명주실을 매어놓은 것이 그것이다. 물론 쇠로 된 악기도 있고 흙으로 된 악기도 있다. 그러나 주종을 이루는 것은 식물 재료의 악기들이다. 겉으로 듣기에는 금속성 소리가 좋을지 몰라도 인간의 정서를 편하게 해주는 데는 식물 재료의 악기가 훨씬 좋다.

물론 중국의 악기도 대중 공연을 위주로 하는 악기들은 금속성 소리와 강한 울림을 중시한다. 특히 경극에서 사용되는 악기의 소리는 우리나라 사람의 귀에는 매우 시끄럽게 들린다. 경극에서 사용되는 음악은 주로 북방 계통의 음악이고 이것은 원대 이후 유목민 음악의 영향을 많이 받은 것이다. 한족이 사용하던 악기들, 그 가운데서도 궁중의 아악에서 사용되던 악기는 그렇게 강한 소리를 내는 악기가 별로 없다.

이상으로 음계 운용과 악기의 음량을 중심으로 중국음악과 서양음악을 간략하게 비교해보았다. 이번에는 음악의 전체적인 느낌을 비교해보자. 사실 음악의 맛은 각 민족이나 지방마다 조금씩 차이가 있고, 또한 고전음악이냐 민속음악이냐에 따라 차이가 워낙 크기 때문에 일괄적으로 비교하기가 힘들다. 여기서는 쉽게 대비시키기 위해 서양 고전음악과 중국의 아악을 중심으로 살펴보겠다.

전체적으로 보았을 때 서양 고전음악이 악기의 음량도 훨씬 크고 다채로운 음계 운용과 화성법의 활용으로 말미암아 소리도 훨씬 입체적이고 강렬하게 우리의 귀에 와 닿는다. 또한 정서의 표현도 훨씬 자유롭고 다채롭기 때문에 훨씬 더 직접적으로 가슴에 울림을 주는 편이다. 음악 자체의 밀도와 통일성을 보더라도 서양음악은 숨 막힐 정도로 짜임새가 있고 일사불란한 통일성을 자랑하고 있다. 수십 개가 넘는 악기가 한 사람의 지휘봉 아래에서 조직적으로 움직인다. 중국의 아악에 비해 확실히 화려하면서도 농염한 맛이다.

이에 비해 중국 아악은 악기의 음량도 작은 편이고 음계의 운용에서도 훨씬 소박하고 단순한 편이다. 일곱 음의 현란한 운용과 입체적인 화성에 익숙해진 귀에는 다섯 음이 만들어내는 담백하고도 단순한 맛, 그리고 미분음적 유동성 음이 내는 지극히 섬세하고도 미묘한 떨림의 맛이 너무 밋밋하게 느껴질지도 모른다. 게다가 감정의 표현에서도 절제를 중시하는 편이기 때문에 서양음악의 찐하고 짜릿한 정서 표현에 익숙한 사람들에게는 너무 밋밋하게 느껴질지도 모른다. 음악적인 통일성에서도 중국음악은 서양음악에 비해 느슨하고 설렁설렁해 보일지도 모른다. 한 사람의 지휘자가 전체를 통제하는 것이 아니라 각각의 연주자들이 전체적인 흐름을 따라 연주하는 형식을 취하고 있기 때문이다.

분명한 것은 이런 맛의 차이는 중국음악이 서양음악에 비해서 발달이 덜 되었기 때문에 나타난 것이 아니라 대교악졸의 미학을 추구했기 때문에 나타난다는 사실이다. 정련된 소박미, 심오한 단순미, 숙성된 평담미, 분산된 통일미는 중국음악을 이해하는 데 매우 중요한 미학적 전제들이다. 그리고 무엇보다도 성정을 도야하여 인품을 닦아 담연하면서도 고아한 정신세계에 이르는 방편으로 음악을 생각했던 그들의 음악관을 먼저 이해해야 할 것이다.

중국음악의 흐름

전 세계 어디에서나 음악은 삶의 중요한 요소 가운데 하나로 자리 잡았다. 그러나 중국만큼 고대 음악에 관련된 기록들이 풍성하고 체계적인 지역은 없다. 서양의 경우 그리스시대의 악률이나 음악사상 등에 관련된 기록들이 단편적으로 남아 있을 뿐, 중국처럼 악기, 악률, 음악의 내용, 악대의 구성 등에 대한 종합적이고도 체계적인 기록이 남아 있지는 않다. 중국에서 음악에 대한 고대의 기록이 많이 남아 있는 것은 주나라 이후 음악이 예악제도의 한 부분으로서 중시되었기 때문이다.

하나라와 상나라 때도 분명 음악은 존재했을 것이고 갑골문에도 악기에 관련된 글자들이 많이 있다. 갑골문에 나타난 악기의 이름과 고고학적인 성과로 발굴된 악기를 보면 타악기인 고鼓, 흙으로 만든 관악기인 훈壎, 돌로 만든 타악기인 경磬, 청동기로 만든 종鐘, 갈대 대롱을 엮어서 만든 관악기

훈   경

인 약龠 등이 있다. 그러나 줄로 만든 현악기에 대한 기록은 없다.

음악의 면모를 좀더 구체적으로 알 수 있는 것은 서주시대부터다. 서주의 주공이 예악을 문화의 중요한 부분으로 정립하면서 악에 대한 기록들이 많이 등장하기 때문이다. 현재 주공 당시의 문헌이 그대로 남아 있는 것은 없다. 그러나 서주 말이나 동주시대에 단편적으로 등장하는 기록이나 한대에 나온 『주례周禮』의 기록을 비추어보건대 서주시대에 이미 5음과 12음이 사용되었고 궁중음악인 아악이 확립되었으며 여러 가지 음악에 대한 다양한 법도들이 규정되었다는 것을 짐작할 수 있다.

악은 예와 밀접한 관련이 있기 때문에 서주시대 이래 음악은 신분에 따른 많은 제약이 있었다. 예를 들면 사회 각 계층별로 음악의 사용과 등급을 제한했으며, 악기의 종류, 숫자, 악대의 배열과 방향 등을 모두 제도화했다. 대표적인 것이 왕은 악대를 배열할 때 동서남북 4면에 펼칠 수 있지만, 제후는 3면, 경卿과 대부大夫는 2면, 사는 1면밖에 할 수 없고, 무용단의 숫자도 왕은 8열 8행 64명, 제후는 6열 6행 36명, 경과 대부는 4열 4행 16명, 사는 2열 2행 4명을 거느릴 수 있다는 규정이다.

이 시대에 새롭게 등장한 악기로 가장 중요한 것은 금琴과 슬瑟이다. 금은 후대에도 지속적으로 연주되는 중요한 현악기로 1현, 3현, 5현, 7현, 9현 등 다양했으나 오늘날에는 주로 7현을 가리킨다. 우리나라의 대표적인 현악기인 거문고와 가야금도 바로 이 금을 개량해서 만든 것이다. 슬은 25줄이 있는 악기로 중국 현악기 가운데 줄이 가장 많다. 금과 슬은 항상 서로 같이 연주하기 때문에 오늘날 금슬이라고 하면 부부 사이의 사랑을 뜻한다.

금

슬

춘추전국시대로 오면서 주나라의 예악제도는 허물어지게 된다. 『논어』의 제3편인 「팔일八佾」편은 노나라의 대부인 계손씨季孫氏가 팔일무를 추자 공자가 "이것을 용인할 수 있다면 무엇을 용인하지 못하겠는가?"라고 하면서 개탄하는 장면으로 시작한다. 서주시대의 엄정했던 예악제도는 춘추시대 말기인 공자 당시에 이르자 완전히 허물어져서 사일무를 거느려야 할 대부가 감히 팔일무를 거느리게 된 것이다.

사실 춘추전국시대는 중국음악에서 새로운 발전을 맞이했던 시기다. 즉, 정치적인 혼란과 사회문화의 대변혁기로 민간문화가 관의 통제에서 벗어나 다양한 발전을 보였던 시기다. 음악 역시 악기의 종류, 곡목, 연주법 등에 걸쳐 많은 발전을 이루었다.

우리가 잘 아는 백아절현伯牙絶絃의 고사는 이 시대를 배경으로 한 것이다. 백아는 금의 달인이었는데 그에게는 그의 음악을 잘 이해하는 종자기鐘子期라는 친구가 있었다. 백아가 높은 산을 상상하며 연주하면 종자기는 "높고 높은 태산이여!"라고 감탄하고, 백아가 도도한 강을 상상하며 연주하면 종자기는 "도도히 흘러가는 황하여!"라고 감탄했다고 한다. 마음을 알아주는 친구를 가리키는 지음知音은 여기에서 나온 말이다. 불행히도 종자기가 먼저 죽자 백아는 금의 줄을 끊어버리고 다시는 연주하지 않았다고 한다.

이 시기는 또한 각국의 악사들이 서로 교류하면서 새로운 음악을 시도했다. 아울러 상업의 발달로 인해 민간의 일반 유흥 음악도 상당히 유행했다. 한韓나라의 가수 한아韓娥는 노래를 잘 부르는 여가수였는데 제齊나라에 갔다가 식량이 떨어진 일이 있었다. 옹문雍門을 지나면서 배가 고파서 노래를 불러 구걸을 했는데, 그가 떠난 뒤에도 남아 있는 소리가 기둥과 들보에 맴돌면서 사흘 동안 끊기지 않았다고 한다. 한 번은 여관에 들렀는데 거기에 있던 사람들이 그를 욕보이자 소리를 길게 뽑으며 슬픈 곡을 했는데 십 리 안에 있던 늙은이부터 애들까지 눈물을 흘리면서 함께 슬퍼하고 근심하며 사흘 동안 음식을 먹지 않았다고 한다. 그러다가 나중에 한아가 다시 흥겨운 노래를 했더니 십 리 안에 있던 늙은이나 애들 모두가 기뻐 날뛰면서 손뼉 치며 춤을 추는데 이전의 슬픔은 다 잊었다고 한다. 과장된 이야기지만 그 당시에 이미 다른 나라와 음악 교류가 활발했다는 것을 잘 보여주고 있다.

악률을 산정하는 방법에 대한 기록이 최초로 등장하는 때도 바로 이 시기다. 춘추 초기의 관중이 삼분손익법으로 5음의 음가를 정하고 난 뒤 전국시대 말기의 저서인 『여씨춘추呂氏春秋』에는 삼분손익법을 계속 발전시켜 12음의 음가를 산출했다는 기록이 나온다. 이 시대에 정해진 삼분손익법은 후대 중국 악률의 기본이 되었다.

한대는 고대의 음악들이 체계적으로 정리되면서 중국음악의 본격적인 기초가 다져진 시기다. 음악에 대한 기록도 이전에 비해 훨씬 상세하고 풍성해졌다. 한대에 완성된 유가 음악사상의 집대성인 『예기』의 「악기」편은 후대 중국 음악사상의 근간이 되었을 뿐 아니라 동아시아 음악에 지대한 영향을 미쳤다.

기원전 112년 무제 때는 중국역사에서 유명한 음악관청인 악부樂府가 설립되었다. 악부의 기능은 실로 다양하여 궁정에 음악을 공급하기 위해 가사와 곡조의 창작과 개편, 악기 편제를 정리하고 연주를 연마하는 일 이외에 각 지방의 민간음악을 수집하는 일도 했다. 가사 창작은 수십 명의 문인들이 담당했고 소속 음악인들은 무려 829명이나 되었는데, 이 가운데 441명은 민간음악을 담당했고 388명은 궁정음악을 담당했다. 악부는 1백 년 남짓 존속했지만 그것이 후대에 미친 영향은 지대하다.

한 무제 때 악부를 이끈 이연년李延年은 한대를 대표하는 위대한 음악가다. 그의 집안은 전통적으로 음악에 능했다. 그는 젊었을 때 법을 어겨 궁형을 받고 궁중에서 사냥개를 관리하는 직책을 맡고 있었는데 워낙 음악에 능해 무제에게 발탁되어 악부를 맡게 되었다. 그는 궁정음악도 많이 작곡했지만 중국음악사에서 최초로 외국음악을 이용하여 작곡을 했던 사람으로 알려져 있다. 그리고 그는 노래에 빼어난 솜씨가 있었는데 서양으로 말하면 거세된 남자가수인 카스트라토castrato라고 할 수 있다. 그는 일찍이 한 무제 앞에서 춤을 추면서 다음과 같은 멋진 노래를 불렀다.

北方有佳人　북방에 아리따운 이 있으니
絶世而獨立　절세의 으뜸이라네.
一顧傾人城　한 번 돌아보면 성을 망하게 하고
再顧傾人國　다시 돌아보면 나라를 망하게 한다네.
寧不知傾城與傾國　성을 망하게 하고 나라를 망하게 하는 것을 어찌 모르
　　　　　　리오마는
佳人難再得　아리따운 이는 다시 얻기 어렵다네.

흔히 말하는 경국지색傾國之色이라는 말은 바로 이 노래에서 나온 것이다. 최근 장이모 감독의 「연인戀人」이라는 영화에서도 당나라 때 기루에서 장님 기녀로 분장한 장쯔이가 이 노래를 부르는 장면이 있다. 미녀에 대한 노래로는 역대로 가장 유명한 노래다.

한대는 여러 가지 새로운 악기들도 많이 등장하는데 진나라 때부터 등장하기 시작한 비파琵琶가 본격적으로 유행했고, 서역의 소수민족인 강족의 악기인 강적羌笛 또한 중국에 전래되었다. 한나라 초기는 국력이 매우 강력하여 정벌전쟁을 통해 외국과도 어느 정도 교류가 있었기 때문에 고대로부터 내려오던 중국 전통의 음악에다 외국의 음악을 잘 융합하여 중국음악의 기틀을 다진 시기다.

위진남북조시대는 중국음악에 훨씬 더 많은 변화가 있게 된다. 일단 음악사상의 측면에서도 유교의 예교에 구속된 음악사상에서 벗어나 훨씬 자유로운 도가의 음악사상이 유행했다. 혜강嵇康은 죽림칠현 가운데 한 사람으로 '성무애락론聲無哀樂論'이라고 하는 독특한 음악사상을 펼쳤는데 그대로 풀이하면 소리에는 기쁨과 슬픔이 없다는 뜻이다. 그는 음악은 좋으냐 나쁘냐가 있을 뿐 슬픔이나 기쁨과는 무관하다고 주장했다. 슬픔과 기쁨은 음악을 듣고 감정이 일어난 뒤에 생기는 것이므로 음악 그 자체와는 관계가 없다는 것이다. 음악은 감정에서 나온다는 「악기」편의 주장을 부정한 것이다.

또한 혜강은 위대한 금 연주가였는데 특히 「광릉산廣陵散」이라고 하는 곡을 잘 연주했다고 한다. 이 곡은 한나라 말기에 만들어진 곡으로, 전국시대 섭정聶政이라는 자객이 왕을 암살하는 내용이다.

섭정의 아버지는 한韓나라 왕을 위해 칼을 만드는 사람이었는데 칼의 제조 기일이 넘어 왕에게 처형당한다. 섭정은 장성하여 아버지의 복수를 위해 왕을 암살하려다 실패하고서는 태산으로 도주한다. 태산에서 어떤 선인에게 금을 배운 다음에 한나라 왕이 금을 좋아하는 것을 알고는 복수를 위해 얼굴에 옻칠을 해서 피부를 망가트리고 숯을 삼켜 목소리를 바꾸어버린다. 아내가 자신의 치아 모습을 알아보자 심지어 이도 뽑아 아무도 자신을 알아보지 못하게 만든다. 그런 뒤에 한나라의 궁궐 앞에서 금을 연주하여 명성을 떨쳐 마침내 왕 앞에서 금 연주의 기회를 가지게 되었다. 연주를 하던 도중 금의 몸통에 숨겨놓은 칼을 꺼내서 왕을 죽여 마침내 아버지의 복수를 하고 난 뒤 자결했다는 이야기다.

「광릉산」은 연주곡이기 때문에 가사가 따로 있었던 것은 아니고 다만 곡의 분위기가 이런 이야기의 줄거리를 따르고 있다는 것이다. 곡의 전반적인 분위기는 슬픔과 원한, 비분강개로 가득 차 있어 사뭇 격정적이다. 당시 통치자였던 사마씨에게 대항하는 시대의 반항아인 혜강에게 어울리는 곡이라고 할 수 있다.

혜강은 결국 사마씨의 미움을 받아 사형을 당하게 되는데 그는 사형당하기 전에 마지막으로 「광릉산」을 연주하게 해달라고 청원했다. 그는 석양을 돌아보며 마지막으로 「광릉산」을 연주하면서 "「광릉산」이 오늘 끊기는구나!"라고 개탄했다고 한다. 평생을 세상의 명리를 추구하지 않고 죽림에서 술과 금으로 살던 기인다운 최후였다. 그때 그의 나이 겨우 40살, 천하의 모든 지사들이 혜강의 죽음과 그의 「광릉산」 연주를 다시 들을 수 없음을 애통해 했다고 한다. 「광릉산」은 후대에도 여러 차례 개량되어 지금까지 전해져 오고 있다. 소설과 영화로 널리 알려진 「소오강호笑傲江湖」도 바로 「광릉산」을 편곡한 곡조의 이름에서 따온 것이다.

위진시대에서 남북조로 넘어와 북방의 유목민족들이 북쪽 중원지역을 차지하게 되자 외국음악과의 교류가 본격적으로 이루어졌다. 게다가 불교가 크게 흥성하게 되고 서역과 인도 음악의 영향도 커졌다. 이 시기에 우리에게 피리로 알려져 있는 필률篳篥이라는 악기가 실크로드의 통로였던 서북의 구자국으로부터 수입되었다. 애간장을 끊는 듯한 애잔한 소리를 내는 필률은 중요한 관악기의 하나로 자리잡게 된다. 그리고 곡항비파曲項琵琶, 오현비파五絃琵琶 등이 인도에서 수입되었는데, 이들은 오늘날 인도의 치타와 비슷하게 가슴에 끌어안고 연주하는 악기다. 지금의 서양악기 가운데는 기타가 가장 비슷하다고 할 수 있다. 원래는 기타 또한 인도 서북부지역에서 출발하여 중동을 거쳐 이베리아반도의 끝 스페인까지 흘러간 집시들이 연주하던 악기다.

수나라를 거쳐 당나라에 이르러 주변 국가와의 교류가 더욱 활발해지면서

곡항비파

음악도 더욱 활기를 띠었다. 수당대의 궁중음악에는 종묘제례에 쓰이는 고아한 아악보다 임금과 신하의 연회에 쓰이는 연악宴樂이 더욱 흥성했다. 당나라의 수도 장안은 당시 세계에서 가장 번성한 국제도시로 그 이름이 널리 알려져 있었는데 음악 또한 온갖 종류의 외래음악들이 유행했다. 당시는 민간의 속악은 물론이고 궁중의 연악에도 주변 소수민족의 노래와 춤, 악기가 크게 유행했다.

당나라 번성의 정점에 있던 현종은 역대 황제 가운데 음악적인 재능이 가장 뛰어난 황제로 알려져 있다. 그는 악기 연주에도 뛰어났을 뿐만 아니라 작곡에도 탁월한 기량을 보여 수많은 명곡을 작곡했다. 그 가운데 가장 유명한 곡은 대형 악곡인 「예상우의곡霓裳羽衣曲」인데 현종이 절반쯤 작곡했을 때 어느 신하가 「바라문곡婆羅門曲」이라는 곡을 바치자 그 가락을 이용하여 완성한 곡이라고 한다. 「바라문곡」은 곡의 이름에서 알 수 있듯이 인도 브라만 계층의 종교음악이라고 할 수 있다. 황제가 외국음악을 이용하여 작곡을 할 정도였으니 당시 국제적으로 음악 교류가 얼마나 활발했는지를 잘 알 수 있다.

당대는 사원음악도 크게 번성했다. 당대의 사원은 불교음악과 민간음악이 서로 교류하는 중요한 장소였다. 지금의 기독교에서도 그러하지만 옛날 불교에서도 음악은 포교 활동에 매우 중요한 요소였다. 당대의 승려 가운데는 악기와 노래의 대가가 많이 있었다. 그들이 청중들을 모으기 위해서 악기를 연주하고 노래를 부르면 그야말로 구름 같은 관객들이 모여들어 대성황을 이루었다고 한다.

당시 승려가 악기를 얼마나 잘 다루었는가를 보여주는 재미있는 고사가 있다. 당나라를 대표하는 악기는 비파였다. 물론 이것은 위진남북조시대에 인도에서 들어와서 중국화된 악기다. 당나라 중기 때 강곤륜姜崑崙이라는 비파의 최고수가 있었다. 한 번은 장안의 동시東市와 서시西市의 시장 사람들이 음악 경연대회를 열었는데 동시 사람들은 강곤륜이 있으니 우승은 당연한 것이라고 장담했다. 강곤륜이 올라가서 연주를 하자 많은 사람들이 감탄했다. 그런데 서시에서 한 여인이 올라와서 비파를 안고 강곤륜이 연주한 곡을 조를 바꾸어 새롭게 연주했다. 소리가 우레처럼 힘이 있고 매우 아름다워 청중들이 모두 놀랐다. 강곤륜도 연주를 듣는 순간 자기보다 고수임을 알아차리고 연주를 마친 그 여인을 찾아가서 스승이 되어 달라고 청했다. 여인은 무대 뒤로 가서 옷을 갈아입고 다시 나왔는데 알고 보니 장엄사莊嚴寺의 승려 단선본段善本이라는 사람이었다. 승려가 여자로 분장하여 연주했던 것이다.

당대의 승려들은 특히 노래와 이야기를 섞은 변문變文이라고 하는 독특한 장르를 개척했다. 변문은 일반인들이 이해하기 어려운 불경을 쉽게 이야기로 풀이해서 이야기를 하다가 중간중간 중요한 부분에서는 노래를 부르는 운문과 이야기체가 뒤섞인 독특한 형식이다. 우리나라의 판소리를 생각하면 쉽게 이해될 것이다. 이것은 후대 강창講唱문학의 원류가 되었을 뿐 아니라 소설과 희곡 등에도 막대한 영향을 끼쳤다. 변문은 오랜 세월 알려지지 않다가 20세기 초 돈황의 동굴에서 발굴된 돈황 문서를 통해 세상에 알려지게 되었다.

위진남북조시대에서 당대에 이르는 기간은 문학이나 회화에서 그러하듯이 음악에서도 실로 화려한 음악이 유행했다. 한대까지는 비록 외래음악과의 교류가 있었다고는 하지만 그래도 중국 고유의 음악이 주류를 이루었으므로 졸의 시기라고 한다면, 위진대에서 당대에 이르기까지는 외래음악을 마음껏 받아들이고 배우는 교의 시기라고 할 수 있다.

그러다 송대에 이르러서는 문화 전반에 걸쳐 대교약졸의 미학에 대한 자각이 일어나면서 음악에서도 복고주의로 돌아가는 경향을 보였다. 복잡한 변화와 기교보다는 고대의 소박하면서도 우아한 음악을 더 선호하게 되었다. 특히 송대에는 유학이 다시 부흥하기 시작하면서 공자의 음악적인 이상이 더욱 중시되었고, 이에 따라 위진시대 이후 쇠퇴했던 아악을 다시 복원하는 데 총력을 기울였다. 그들은 그 사이에 아악에 침투했던 외래 악기들과 선율들을 배제하면서 고대 중국의 악기와 악률로 복귀할 것을 강조했다.

　이 시기 아악의 음악사조로 주목할 것은 변궁과 변치를 사용하는 7음계를 배척하고 5음계를 강조했다는 것이다. 변궁과 변치를 사용하는 7음계는 고대부터 있던 것이지만 위진 이래 외래음악이 수용되어 화려하고 농염한 연악이 발달하면서 주류 음계가 된다. 그런 경향은 아악에도 반영되고 아악 또한 7음계를 사용하는 경우가 많았다. 그러나 송대 이후 복고주의가 대두되면서 적어도 아악에서는 5음계가 다시 우세를 점하게 된다.

　그러나 고문운동이나 유학부흥운동이 완전하게 고대로 복귀하는 것이 아니라 대교약졸의 나선형적 발전을 이루었듯이 그들이 새롭게 복원했던 고대의 아악 또한 한대 이전의 고악은 아니었다. 그것은 위진남북조에서 당까지 극성했던 복잡하고 다양한 종류의 음악들을 집대성하면서 그 화려함과 농염함을 안으로 녹여서 만들어낸 대교약졸의 소박함과 단순함, 담백함이 돋보이는 아악이었다. 그들이 5음계를 사용할 것을 주장했던 것도 복고사상의 영향을 무시할 수는 없겠지만 그보다는 복잡한 7음계보다 단순한 5음계가 대교약졸의 미학을 음악적으로 구현하기가 더욱 적합하다고 여겼기 때문이라고 본다.

　이러한 것들을 볼 때 송대는 아악은 중국 역대의 아악 가운데서 최고 수준이라고 할 수 있다. 중국 역대 왕조사에서 송대의 아악에 비견할 수 있는 것은 청대의 아악밖에 없다. 그러나 청대는 전반적으로 고전문화를 총정리하는 시기였기 때문에 크게 깊이를 더하지는 못했다.

앞에서 말했듯이 송대는 사대부문학이 미학적으로 최고조에 이른 시기인 동시에 민간문학이 본격적으로 피어나기 시작한 시기다. 음악 또한 마찬가지다. 송대에는 상업의 발달로 도시가 더욱 번성했고 도시민들을 위한 민간음악이 크게 발달했다. 국가에서는 아악을 권장하고 속악의 번성을 막으려고 했지만 대세를 막을 수는 없었다.

당대에 이미 유행하기 시작한 민간가요인 사詞는 송대에 이르러서는 많은 문인들이 적극적으로 참여하면서 문학사의 중요한 장르로 부상했다. 사의 주제는 대부분 사랑, 이별, 눈물로 그 분위기나 정취가 오늘날의 대중가요와 거의 같다. 차이가 하나 있다면 오늘날의 유행가는 모두 한 곡조에 하나의 가사이지만 사는 한 곡조에 여러 개의 가사가 있다는 것이다. 이런 사는 도시의 기루妓樓에서 기녀들이나 한량들이 부르기도 하고 유명한 것은 전국적인 인기를 얻기도 했다.

북송 중기의 유영柳永이라는 사 작가가 만든 노래는 우물가가 있는 곳이면 어디서나 들을 수 있었다고 할 정도로 널리 유행하기도 했다. 이전의 사 작가들이 대부분 작사만 했던 데 비해 그는 작사, 작곡, 노래, 연주 모두 능했던 한량으로 기녀들의 인기를 독차지했다고 한다. 그가 가난 속에서 쓸쓸하게 죽자 그의 노래를 좋아했던 기녀들이 장례비를 추렴하여 장사를 지내고 해마다 추모제도 지냈다고 한다. 그때도 요즈음과 같은 대중가요 스타가 있었던 것이다.

이밖에 송대는 본격적으로 도시인들을 대상으로 하는 공연예술이 자리를 잡기 시작한 시기다. 이야기꾼들의 설화공연 외에 음악과 직접적으로 관계가 있는 무용극, 가무희, 꼭두각시극 등의 다양한 형식의 잡희雜戲들이 상연되었는데, 남송시기에는 어느 정도 정형화된 희곡예술이 나타나기 시작했다. 그것을 남희南戲라고 한다. 그러나 남송이 몽고에 망하자 남희는 꽃을 채 피우지도 못하고 쇠퇴한다.

원대는 희곡이 본격적으로 유행하기 시작한 시기다. 문학부분에서 말했듯이 중국희곡은 가극이기 때문에 음악과 떼려야 뗄 수 없는 관계에 있다. 여기서는 음악적 성분을 중심으로 다시 한 번 간략하게 살펴보겠다.

원대 잡극의 노래 성분은 흔히 곡曲이라고 부르는데 이것은 송대에 유행한 사를 뒤이어 새롭게 유행한 민간가요다. 사도 시에 비해서는 자유로운 형식의 노래지만 곡은 사에 비해 훨씬 자유롭고 통속적인 노래였다. 그런데 잡극에서 사용하는 곡은 일반 대중가요로서의 곡과는 달리 여러 곡을 하나로 묶은 장편 곡이었다. 잡극에서는 음악의 통일성을 위해 하나의 장 속에서는 하나의 궁조만 사용했고 장이 바뀌면 궁조도 바뀌었다.

음악적인 성분으로 보았을 때 송대의 남희가 남방의 음악을 사용한 것이라면 잡극은 북경을 중심으로 한 북방음악을 사용한 희곡이었다. 그리고 명대에 유행한 전기는 다시 남방음악을 사용한 희곡이었다. 명대의 전기는 곡조의 남북의 차이 외에 음악의 운용에서도 상당한 차이가 있었다. 잡극이 한 장에서는 오직 한 사람만 노래를 부르는 데 비해 전기에서는 한 장 안에서 노래 부르는 사람을 바꿀 수도 있고 이중창과 합창도 할 수 있다. 이런 면에서 전기가 잡극에 비해 훨씬 개량된 형식이라고 할 수 있다. 이 때문에 명대에는 잡극이 쇠퇴하고 전기가 크게 유행했다. 특히 우아하고 아름다운 음악을 사용하는 곤곡崑曲이 등장하면서 전기는 최고조에 오른다.

곤곡이 전성기를 지나 지나치게 형식화되자 청대 중기부터는 새롭게 토속조를 이용한 희곡이 등장한다. 우리에게 널리 알려진 경극도 그 가운데 하나다. 지금 중국에는 많은 지방희地方戲들이 있다. 지금도 상해나 소주 등에는 오극吳劇, 홍콩을 비롯한 광동성에는 월극粤劇, 성도를 비롯한 사천성에는 천극川劇 등이 공연되고 있다. 지방희들은 아무래도 곤곡에 비해 통속적인 음악을 사용하기 때문에 지금도 일부 사람들은 곤곡을 애호하기도 한다.

원대 이후에는 희곡이 중국음악의 주류를 이루었지만 악기연주 또한 크게 발달했다. 그 가운데 원대의 비파곡인 「해청나천아海青拿天鵝」는 현재 중국에서 전하는 가장 오래된 비파 독주곡이다. 곡의 내용은 해청 또는 해동

청해東靑이라고도 불리는 사냥용 매가 따오기를 사냥하는 장면을 묘사한 것이다. 18단으로 구성된 꽤 긴 곡이다. 명대에 나온 「십면매복十面埋伏」도 매우 유명한 비파곡으로 그 내용은 초나라의 항우項羽가 유방劉邦과의 마지막 결전을 치를 때 애첩 우미인虞美人과 이별하고 수많은 한나라의 매복병들을 뿌리치면서 도망하다가 오강烏江에 이르러 끝내 자결하는 장면을 담고 있다. 그리고 명청대에는 금 연주도 매우 성행했는데 금곡 가운데서는 「평사낙안平沙落雁」이 가장 널리 전해졌다. 내용은 가을날 구름을 타고 만 리를 날아온 기러기가 모래사장에 앉는 장면을 묘사하는 것인데 높은 기개와 이상을 지녔으나 세상에서 숨어 지내는 은자의 심경을 그리는 곡조다.

명청대에는 민간에서 대중가요도 크게 발전했고 간단한 악기의 반주에 맞추어 긴 이야기를 펼치는 강창도 지속적으로 발달했다. 강창의 여러 종류 가운데 가장 유명한 것은 탄사彈詞와 고사鼓詞다. 탄사는 비파와 같은 현악기를 반주악기로 사용하면서 노래와 이야기를 진행하는 것인데 주로 남방에서 유행했고, 고사는 북을 이용하여 노래와 이야기를 펼치는 것인데 주로 북방에서 유행했다. 형식으로 볼 때 우리나라의 판소리는 고사에 가깝다고 할 수 있다.

끝으로 중국악보에 대해서 간략하게 소개하고자 한다. 전통적으로 중국인들은 글자를 이용하여 음정을 표현하는 악보를 이용했는데 궁상각치우 글자를 쓰는 궁상자보宮商字譜가 있고 황종이나 대려 등의 글자를 쓰는 율려자보律呂字譜가 있다. 이런 방식이 너무 번거로워 당대 이후에는 간단한 글자로써 음정을 알려주는 공척법工尺法이 유행했다. 공척법은 상上, 척尺, 공工, 범凡, 육六, 오五, 을乙이라는 일곱 글자로 7음을 표현한다. 한 옥타브 위의 음들은 사람 인변을 붙인다. 예를 들면 상仩은 상보다 한 옥타브 높은 음을 가리키는 것이다. 글자 속에 '공'자와 '척'자가 들어가기 때문에 공척법이라고 부른다. 중국의 전통적인 박자는 판안板眼이라고 하는데 판은 강박이고 안은 약박이다. 공척법에서는 강박인 경우 글자 옆에 'ㆍ'를 표기하

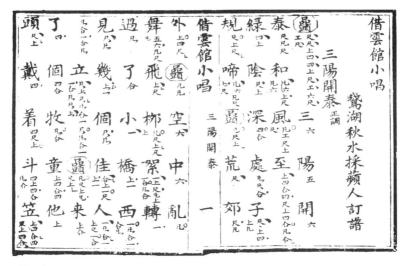

공척보 악보

고 약박인 경우에는 'o'를 표기한다.

공척법은 19세기 초 일본으로부터 숫자를 사용하는 악보법이 수입된 이래 점차 쇠퇴하여 지금은 잘 쓰지 않는다. 숫자를 사용하는 악보는 간보簡譜라고 하는데 1, 2, 3, 4, 5, 6, 7로 7음을 표기하고 한 옥타브 위의 음정은 숫자 위에 점을 찍어서 표기한다. 지금도 중국인들은 서양악보 대신에 간보를 사용하는 경우가 많다.

19세기 후반부터 본격화되기 시작한 서세동점은 20세기에 와서는 더욱 가속도를 내기 시작했고 음악계에서도 서양음악의 영향력이 막강해졌다. 지금 중국 사람들은 서양음악을 열심히 배우고 좇아가고 있다. 그것은 새로운 차원의 교와의 만남이자 추구다. 그 열성과 규모는 위진남북조에서 당대에 이르는 시기의 그것과 비할 바가 아니다. 과연 그 결과가 어떻게 나타날지는 앞으로 좀더 긴 시간을 두고 지켜보아야 할 일이다.

건 축

건축은 예술의 중요한 분야 가운데 하나다. 그리스의 파르테논 신전이나 로마의 콜로세움, 인도의 타지마할 궁전, 프랑스의 베르사유 궁전이나 중국의 자금성 등의 중요한 인류의 문화유산으로 남아 있는 건축물들을 들먹이지 않더라도 주변에서 흔히 볼 수 있는 주택 가운데서도 잘 지은 것들은 많은 사람들의 예술적 감성을 자극하여 탄성을 자아내게 한다. 게다가 건축은 단순히 미적 요소를 즐기고 감상하는 예술의 차원에서만 머무는 것이 아니라 실제로 사람들이 활동하고 사용하는 것이므로 유용성과 편의성을 고려하지 않으면 안 된다. 이런 점에서 건축은 실용예술이다.

건축의 영역은 실로 광범위하다. 가장 먼저 생각할 수 있는 것은 사람들이 생활하는 공간인 주택, 성채, 궁전 등을 비롯해서 예배를 위한 종교사원, 죽은 사람을 위한 분묘, 많은 사람들이 운집하는 극장, 경기장 등이다. 그밖에 광장이나 정원, 성벽, 교각 등도 지금은 조경, 토목 분야로 분화되었지만 원래는 건축의 영역에 속하는 것들이다. 이 장에서는 우리의 생활과 가장 밀접하면서도 문화를 잘 엿볼 수 있는 궁전, 사원 건축과 자연관을 잘 엿볼 수 있는 정원을 중심으로 이야기를 진행하도록 하겠다.

중국건축과 서양건축

　건축의 기본은 집이다. 집은 인간의 삶에서 음식과 옷 다음으로 중요한 요소다. 원시시대의 인간들이 살았던 집이란 대부분 자연동굴이나 움막의 형태로 그저 비를 피하고 바람을 막는 정도였다. 도구와 기술이 발달하면서 점차 사람들은 단순히 비를 피하고 바람을 막기 위한 용도를 넘어서서 편안하고 쾌적하게 살 수 있는 공간을 만들기 시작했다. 수렵과 채집의 원시적 단계에서 농경과 유목의 단계로 나아가면서 사람들은 점차 군집을 이루게 되고 그 결과 도시와 국가가 형성되었다.

　도시와 국가가 형성되면서 과학기술력과 노동력을 집약할 수 있게 되었고 그 결과 건축은 비약적으로 발전하기 시작했다. 때로는 지배자의 위엄을 드러내기 위해, 때로는 종교적 열망을 표현하기 위해 사람들은 엄청난 노동력과 과학기술력을 총동원하여 거대한 규모의 건축물들을 짓기 시작했다.

　왕의 위엄과 영원한 삶에 대한 동경이 담겨 있는 이집트의 피라미드는 당시뿐만 아니라 지금도 상상을 초월하는 엄청난 규모의 건축물이다. 그 가운데서도 기자지역의 쿠후왕의 피라미드는 약 230만 개의 돌로 이루어져 있는데 돌 하나의 평균 무게는 2.5톤이며 가장 무거운 것은 15톤이라고 한다. 이집트를 침략했던 나폴레옹은 이 피라미드의 돌들을 분해하면 프랑스 국경 전체에 돌담을 쌓을 수 있을 것이라고 생각했다고 한다. 그 당시의 과학기술력으로 어떻게 이렇게 거대한 규모의 건축물을 지었는지는 아직도 완전히 규명되지 않고 있다. 실로 불가사의한 일이다.

　사실 건축만큼 그 지역의 문화와 문명을 종합적으로 대변하는 것은 없다. 그 속에는 과학기술이 있고 미적 안목이 있으며 종교와 사상이 있다. 피라미드는 고대 이집트의 과학기술력과 미적 안목, 종교사상이 결합되어 나타난 산물로서 다른 지역에서는 찾아볼 수가 없는 엄청난 규모의 건축물이다. 그러므로 어느 한 지역의 문화나 문명을 이해하기 위해서는 반드시 그 지역의 대표 건축물을 살펴볼 필요가 있다.

서양건축과 중국건축을 이야기할 때 가장 먼저 떠오르는 것은 서양에는 2천 년이 넘는 건축물들이 많이 남아 있는데 비해 중국에는 서양처럼 오래된 건축물이 별로 없다는 것이다.

서양문화의 뿌리인 그리스에 가는 관광객이라면 반드시 둘러보는 곳이 아크로폴리스다. 원래 아크로폴리스는 고대 그리스의 각 도시의 가장 높은 곳에 있는 성역으로 여러 신전이 모여 있는 곳이다. 아테네의 아크로폴리스가 가장 유명해서 일반적으로 아크로폴리스라고 하면 아테네의 아크로폴리스를 가리킨다. 아크로폴리스의 여러 신전 가운데서도 가장 유명한 신전은 파르테논 신전이다. 2천 5백여 년이 지나는 긴 세월 동안 자연 부식과 전쟁의 포화로 많이 파손되었지만 아직도 그 위풍당당한 위용을 자랑하고 있어 건축가들의 성지로 여겨지고 있다.

그뿐인가? 2천여 년 전에 지은 로마의 판테온 신전과 원형 경기장인 콜로세움은 어떠한가? 그리고 1천 5백여 년 전에 지은 콘스탄티노플의 소피아 성당은 어떠한가? 그 엄청난 규모와 아름다움은 실로 사람들의 감탄을 저절로 불러일으킨다. 그밖에 유럽의 여러 지역을 다녀보면 1천 년 이상된 건축물들은 그리 어렵지 않게 만날 수가 있다.

그러나 중국의 건축물 가운데는 1천 년 이상된 것을 발견하기가 쉽지 않다. 중국의 건축물로 세계적인 규모를 자랑하는 북경의 자금성과 황제가 하늘에 제사 지내는 천단天壇은 명나라 영락제가 처음 지은 것을 중수 개축한 것으로 그 역사는 기껏해야 5백 년 남짓이다.

왜 그럴까? 가장 큰 이유는 서양의 중요한 건축물들은 대부분 석조건축물이지만 중국의 건축물들은 대부분 목조건축물이기 때문이다. 석조건축물들은 항구성이 있다. 물론 폭탄의 파괴력 앞에서는 속수무책이지만 웬만해서는 그 원형을 그대로 보존할 수 있다. 이에 비해 목조는 약하다. 벌레에도 약하고 습기에도 약하지만 특히 불에 약하다. 고대 중국의 대부분의 건축물들은 화재로 사라졌다고 보아야 할 것이다. 왜 중국 사람들은 보존성이 뛰어나 후손들에게 좋은 문화유산을 남겨줄 수 있는 석조건물을 선호하지 않고 쉽게 사라져버리는 목조건물을 선호했을까?

일단 가장 먼저 들 수 있는 이유로는 재료의 편리성이다. 서양건축의 발상지였던 그리스나 로마 지역에는 건축자재로 쓰기에 좋은 돌이 많이 있었던 데 비해 중국에서는 건축 자재로 쓸 만한 돌이 그리 많지 않았다. 그러나 그것만이 석조건물이 발달하지 않은 주된 이유라고 단정지을 수는 없다. 중국 전역에 퍼져 있는 웅대한 석조 조각물들, 예컨대 석탑, 전탑, 불상 등을 보면 석조건물 또한 마음만 먹으면 얼마든지 만들 수가 있었다는 것을 알 수 있다.

중국이 석조보다는 목조건축이 발달한 이유로 지진대에 가깝기 때문이라는 설이 있다. 지진이 일어나는 경우 석조건물은 대단히 위험하다. 그러나 목조는 수많은 나무들이 서로 의존하는 절묘한 균형을 기초로 세워지기 때문에 한 번 잘 짜기만 하면 돌덩이보다 훨씬 구조적인 안정성이 있다. 게다가 지진이 일어나 집이 무너지는 경우에도 목조보다는 석조가 훨씬 빨리 무너지고 더 치명적이다. 중국은 지진이 자주 일어나는 곳이기 때문에 목조건축이 더 발달했다는 것이다. 설득력이 없는 것은 아니지만 그것 또한 주된 원인은 아니라는 생각이다.

중국에서 목조건물이 주로 발달하게 된 주요 원인은 건축에 대한 기본적인 관념이 서양과 달랐기 때문이라고 보고 싶다. 첫째로, 중국 사람들은 건축을 단순히 하나의 주거 공간이나 외양적인 멋을 자랑하는 대상으로 보지 않고, 우리의 생명과 밀접한 관련이 있는 양생養生의 터전으로 보았다는 점을 들 수 있다. 집을 양생의 터전으로 생각하기 때문에 어떤 건축 재료를 사용해야 우리 몸에 좋은가를 먼저 생각했다는 것이다.

나무와 돌, 어떤 것이 우리 몸에 좋은 재료인가? 당연히 나무다. 유기물질인 나무는 무기물질인 돌멩이에 비해 훨씬 더 많은 생명력을 느낄 수 있기 때문이다. 일단 이미지 면에서 보아도 단단하고 차가운 느낌의 이미지를 주는 석조에 비해 목조는 훨씬 부드럽고 따스한 느낌을 준다. 이미지의 문제가 아니라 실제로 나무는 우리 몸에 훨씬 따스하고 부드러운 기운을 준다. 나무는 원래 인간에게 신선한 산소를 공급하여 생명을 유지하게 해주는 소중한 존재다. 숲이 없으면 인간은 살아갈 수가 없다. 이렇게 인간의 삶에 소중한 나무는 벌목하여 건축의 재료로 사용하는 경우에도 여전히 인체에 좋은 에너지를 내뿜는다고 한다. 이것은 현대 과학이 이미 증명하고 있다.

물론 고대인들은 이런 사실을 과학적으로 규명할 수는 없었다. 그렇지만 기운으로는 느낄 수 있었을 것이다. 요즈음도 약간 민감한 사람이라면 목조 건축물에서 사는 것과 석조나 콘크리트 건축물에서 사는 것 사이에는 엄청난 차이가 있다는 것을 느낄 수 있다. 양생을 중시했고 현대인보다 훨씬 민감했던 고대 중국인들은 당연히 석조건물보다는 목조건물이 우리 몸에 좋다고 생각했을 것이다.

중국인들이 주택을 양생의 관점에서 생각하는 것은 그들의 풍수사상에서도 잘 드러난다. 서양 사람들은 일반적으로 전망이 좋은 집을 선호한다. 그래서 서양의 고급 주택은 대부분 언덕 위에 있는 경우가 많다. 그러나 중국인에게는 단순히 전망 좋은 집이 좋은 집이 아니다. 좋은 집이 되려면 전망도 좋아야 하지만 그보다는 집이 서 있는 땅의 기운이 좋아야 한다. 전망은 아름답지만 땅의 기운이 좋지 않으면 그 집은 좋은 집이 될 수가 없다. 그래서 그들은 일찍부터 땅의 기운을 판별하는 풍수지리설을 발달시켰다. 풍수지리설은 현대인들에게는 비과학적으로 비칠지도 모르지만 무조건 미신이라고 폄하할 수만은 없는 그 무엇인가가 있다. 근래에는 서양인들 가운데서도 풍수사상에 대한 관심이 늘어나고 서점에도 풍수에 관련된 서적이 즐비하다.

석조보다는 목조를 선호하는 것이나 전망보다는 풍수지리를 더 중시하는 것은 모두 배경과의 조화를 중시하는 사상에서 나온 것이다. 어떤 집이 있을 때 겉모습이나 전망의 아름다움은 가장 먼저 눈에 띄는 요소다. 그리고 공간의 편리성이나 집의 내구성 또한 조금만 살아보면 금방 느낄 수 있다. 이런 것들이 밖으로 드러나는 전경前景 요소라면 집에서 나오는 기운, 즉 건축 자재나 그 집의 땅에서 나오는 기운은 눈에 잘 보이지 않는 배경 요소다. 이것은 기의 관점에서 인간과 자연의 조화를 중시하는 중국인의 특유한 양생철학에서 나온 것이라고 할 수 있다. 중국인들은 집을 지을 때 바로 이런 배경적 요소도 충분히 고려하고 그것과 조화를 이루어야 훌륭한 집이 될 수 있다고 생각했던 것이다.

둘째로, 중국인은 건축에 대해 훨씬 더 생태 순환적인 사고방식을 지니고 있었다. 중국인들도 집을 지을 때 그 집이 오래가고 그 집에서 자손만대 복락을 누리기를 희망했을 것이다. 더군다나 큰 집을 지을 때는 항구성에 대해서 훨씬 더 많은 기대를 했을 것이다. 그러나 그들은 서양 사람들처럼 건축물을 지을 때 그것을 영원한 기념물로 생각하지 않았다. 그들은 인간이 일정한 수명을 누린 뒤에 언젠가는 죽어서 다시 자연의 품으로 돌아가듯, 집도 어느 정도의 수명을 누린 뒤 언젠가는 다시 자연의 품으로 돌아가야 한다는 관념을 가지고 있었다. 명대의 건축가 계성計成은 『원야園冶』라는 책에서 우리 인간은 어차피 백 살밖에 살지 못하는데 굳이 천 년의 일을 할 필요가 없고 그저 한가로움을 즐기는 것으로 족하며 편안하게 집을 간직하면 된다고 주장하고 있다. 건축에 대한 중국인의 관념을 잘 보여주고 있다.

실제로 중국의 궁전들은 대부분 왕조가 바뀌면 새롭게 짓는 것이 보통이었다. 물론 왕조가 바뀌면서 전란으로 완전히 타버려서 새롭게 짓는 경우도 많았지만 시대가 바뀌었으므로 도성의 건축을 새롭게 하는 것이 당연하다고 생각하여 새롭게 짓는 경우도 많았다. 중국의 역대 왕조 가운데 궁전을 새로 짓지 않은 왕조는 수나라를 뒤이은 당나라와 명나라를 이은 청나라밖에 없다.

이처럼 중국 사람들은 건축물도 낡으면 허물고 새로 지어야 한다는 생태

순환적인 생각을 가지고 있었기 때문에 석조보다는 목조를 더 선호했을 것이다. 목조건물은 시간이 지나면 자연스럽게 부식하고 그리하여 자연으로 돌아간다. 그러나 석조건물은 한 번 지어놓으면 거의 반영구적이고 다시 해체하거나 없애기가 쉽지 않다. 그리고 건축물을 없애는 경우 엄청난 양의 건축폐기물이 남게 된다. 목조건물이 훨씬 친환경적이고 생태적이다.

이렇게 건축물을 시간에 따라 자연으로 순환하는 것으로 보고 영원한 기념의 대상으로 생각하지 않기 때문에 중국 사람들은 하나의 건축물을 잘 짓기 위해서 오랜 시간을 투자하는 일이 거의 없었다. 서양의 건축물 가운데는 실로 몇 십 년을 들여서 지은 건축물이 꽤 많이 있고 성 베드로 성당과 같이 120년이 걸려서 완공한 것도 있다. 그러나 자금성과 같이 방대한 규모의 건축물을 다 짓는 데 걸린 시간은 겨우 13년밖에 걸리지 않았고 그것도 재료 준비에 대부분의 시간을 쓰고 실제 현장 공사는 5년밖에 걸리지 않았다. 물론 청대의 피서산장避暑山莊이나 원명원圓明園 같이 1백 년 가까이 지은 건축이 있지만 그것은 사람이 살고 있으면서 증축하고 개축한 것을 포함한 것이지 순수한 건축 기간이 아니다. 아무튼 중국 사람들은 하나의 건축을 위해서 몇 십 년을 짓는 일은 하지 않았다. 서양의 건축물에 비해 건축 기간이 현저히 짧은 것은 목조건물이기 때문에 가능한 것이고 여러 채를 동시에 짓는 군체群體 건축이기 때문에 가능한 것이다.

마지막으로는 미적 관점에서 석조가 표현할 수 있는 아름다움과 목조가 표현할 수 있는 아름다움의 차이를 들 수 있다. 우선 석조건축은 재료의 견고함을 바탕으로 겉으로 보았을 때 웅대하고 장엄한 아름다움을 표현하는 데 좋다. 그러나 돌멩이는 기본적으로 차가운 느낌을 준다. 그래서 아무리 아름답게 꾸며져 있어도 재료의 차가움으로 말미암아 친근하면서도 편안한 느낌은 주지 못한다. 석조건물을 볼 때 왠지 근접할 수 없는 위압감을 느끼는 것은 그 때문이다.

목조건축은 재료의 특성상 규모의 한계가 있기 때문에 석조만큼 웅장하고 장엄한 느낌을 만들어낼 수 없다. 그 대신 재료를 다루기가 쉽기 때문에 훨씬 섬세하고 치밀한 아름다움을 연출할 수 있는 장점이 있다. 특히 지붕과 기둥을 연결하는 두공枓栱 부분은 석조건축에서는 도저히 흉내 낼 수 없는 섬세하고 치밀한 아름다움이 있다. 그뿐인가? 목조는 자신의 취향에 따라 다양한 색상을 입힐 수 있는 장점도 있다. 그리고 나무가 지니고 있는 부드러움과 따스한 느낌 때문에 아무런 가공을 하지 않은 상태에서도 편안하면서 친근한 느낌을 준다.

이처럼 석조와 목조는 미학적으로도 많은 차이가 있다. 기본적으로 자연스러운 아름다움을 선호하는 중국인들은 아무래도 목조가 훨씬 더 취향에 맞았을 것이고 그래서 목조 재료를 건축의 주 재료로 사용했을 것이다.

서양건축에 대한 중국건축의 두 번째 특징으로 들 수 있는 것은 중국건축은 처음부터 하나의 거대한 건물을 지으려고 하지 않고 크고 작은 여러 건축물들이 모여서 하나의 무리를 이루는 군체 건축을 추구한다는 것이다. 물론 서양에도 주 건물 외에 몇 개의 부속 건물이 딸려 있는 경우도 간혹 있고, 중국에서도 작은 규모의 건축에서는 단독 건물만 있는 경우도 있다. 그러나 일반적으로 볼 때 서양은 단독 건축, 중국은 군체 건축이다. 유럽이 자랑하는 성 베드로 성당을 보라. 모두 엄청나게 큰 규모의 단일 건물 중심의 건축물이다. 그러나 중국의 자금성이나 사원을 보라. 그 속에는 물론 중심 건물이 있기는 하지만 여러 건물들이 모여서 엄청난 건물군을 이루고 있다.

이렇게 서양의 건축물들은 대부분 거대한 하나의 덩어리로 이루어진 건축물이기 때문에 하나의 건축물이 완전한 독립성을 지닌다. 그러나 군체 건축을 추구하는 중국의 건축물들은 비록 그 속에 중심 건물이 있기는 하지만 기본적으로 주변의 여러 건축물들과 어울려서 집체를 이루는 것을 중시한다. 서양의 건축에서는 하나의 건물이 완결성을 지니고 있기 때문에 그 하나의 건물 속에서 수학적 조화와 비례를 최대한 추구한다. 그러나 중국의 건축에서는 군체 건축을 추구하기 때문에 하나의 건축물은 그 자체 속에서

성 베드로 성당

자금성

여러 가지 비례를 잡는 것도 중시하지만 다른 건축물과의 관계 속에서 크기
와 위치를 결정해야 한다. 개인의 개성을 중시하는 서양의 사회적 분위기와
집체적인 조화를 중시하는 동양의 사회적 분위기가 건축에도 반영되어 있
는 듯하다.

　그러면 왜 서양 사람들은 거대한 규모의 독립 건물을 짓기 좋아하고 중국
사람들은 군체 건축을 좋아했을까? 그것은 건축의 재료와도 상관이 있다.
석조로는 높이 쌓을 수 있고 거대한 건축물을 지을 수 있지만 목조로는 규모
에 한계가 있다. 그래서 아무래도 나누어 지을 수밖에 없다. 그러나 그것은
단순히 재료 문제만은 아니다. 더 중요한 것은 건축에 대한 사상의 문제다.
왜냐하면 어떤 건축물을 지을 것인가의 구상이 먼저고 거기에 맞추어 건물
을 짓는 것이지 재료에 맞추어 구상을 하는 것은 아니기 때문이다.

　건축에 대한 사상도 여러 방면으로 고찰할 수 있겠지만 여기서는 일단 공
간에 대한 관념을 중심으로 이야기해보겠다. 사람들은 건축물을 보면서 그
건축물의 벽이나 기둥, 천장의 장식이 주는 아름다움을 먼저 느낄 것이다.

그러나 건축물에는 가시적인 벽이나 기둥, 천장도 중요하지만 그것들이 만들어내는 비가시적인 공간이 더욱 중요하다. 일찍이 노자는 『도덕경』 11장에서 다음과 같은 말을 했다.

> 서른 개의 바퀴살이 한 바퀴통으로 모이는데, 그 비어 있음에 수레의 쓸모가 있다. 진흙을 빚어서 그릇을 만드는데, 그 비어 있음에 그릇의 쓸모가 있다. 창과 문을 뚫어서 방을 만드는데, 그 비어 있음에 방의 쓸모가 있다. 그러므로 있음이 이익이 되는 것은 없음이 쓸모가 있기 때문이다.

바퀴살과 바퀴통에 대해서는 요즈음 우리의 생활에서 접하기 어려운 것이기 때문에 금방 이해하기가 쉽지 않지만 그릇이나 방에 대해서는 바로 이해할 수가 있을 것이다. 참으로 재미있는 착상이 아닌가?

우리는 가시적으로 보이는 것을 지나치게 중시하는 나머지 눈에 보이지 않는 것에 대해서는 그다지 관심을 두지 않는다. 그러나 실제로 우리의 삶에서 중요한 것은 눈에 보이지 않는 빈 공간인 경우가 많다. 우리가 매일 세 끼니 식탁에서 늘 접하는 밥그릇과 반찬그릇을 보자. 세련된 도자기에 은은한 문양이 새겨져 있는 밥그릇과 반찬그릇, 우아하고 세련된 크리스탈 물잔, 이들은 문명의 수준을 말해준다. 원시시대의 사람들은 투박한 토기에 작대기로 찍찍 그은 즐문토기를 사용하여 식사를 하고 물을 마셨을 것이다. 그러나 그때나 지금이나 우리가 사용하는 것은 그 그릇들의 비어 있는 공간이다. 그뿐인가 멋진 문양과 은은한 빛깔이 나는 원목 식탁과 의자들도 마찬가지다. 실제 우리가 사용하는 것은 탁자와 의자 위의 빈 공간이다.

그 가운데서도 건축물이야말로 비어 있는 공간의 중요성이 가장 돋보이는 영역이다. 왜냐하면 건축물은 공간을 이용하는 공간예술이기 때문이다. 건축물을 이루는 기둥이나 벽면, 난간, 그리고 천장의 여러 가지 화려한 장식물들은 우리에게 시각적 즐거움을 준다. 그러나 건축물의 외양이 아무리

멋져도 그 벽들이나 천장이 만들어내는 공간이 비효율적이거나 답답하거나 휑한 느낌을 주면 그 건축물은 그리 좋은 건축물이 아니다. 그러므로 건축물을 깊이 있게 이해하기 위해서는 공간에 대한 이해가 우선적으로 필요하다. 건축물을 보면서 건축물이 만들어내는 공간의 멋과 아름다움을 이해하지 못한다면 그것은 껍질만 이해하는 것이라고 할 수 있다.

중국건축과 서양건축에는 외양적인 재료나 구조의 차이도 있지만 사실 공간에 대한 관점의 차이가 더욱 중요한 차이점이다. 서양 사람들은 처음부터 외부와 차단되고 독립된 공간을 만드는 것을 중시했다. 그래서 집을 지을 때도 벽을 다 쌓아서 먼저 외부와 차단되고 독립된 공간을 만든 다음에 마지막으로 지붕을 덮어서 완성한다. 이에 비해 중국 사람들은 외부와 완전히 분리된 공간보다는 외부에 개방적인 공간을 좋아했다. 그 때문에 중국 사람들은 기둥을 만든 다음에 먼저 대들보를 올리고 지붕을 만든다. 중국건물에서는 지붕이 벽보다 훨씬 중요하고 미학적으로도 훨씬 중시된다. 벽은 지붕이 다 완공되고 난 뒤에 나중에 채워 넣는데 매우 단단하고 고착되어 있는 서양의 벽에 비해 훨씬 유동적이고 외부와 쉽게 소통할 수 있게 만들어진다. 그리고 때로는 아예 벽을 채우지 않기도 한다. 정자나 누각 같은 것이 바로 그것이다.

공간의 관점에서 볼 때 또 하나의 중요한 차이는 서양 사람들은 하나의 건축물 속에서 중앙으로 집중된 거대한 공간을 창조하는 것을 중시했던 반면, 중국 사람들은 하나의 건축물이 만들어내는 내부 공간도 중시했지만 건물들과 건물들이 어우러져 만드는 외부 공간 또한 중시했다는 것이다. 로마의 판테온 신전이나 콘스탄티노플의 소피아 성당에 들어가본 사람들은 메인 홀이 만들어내는 엄청난 규모의 공간이 주는 힘에 압도당한다. 그 건물 안의 여러 작은 공간들은 모두 이 중앙의 거대한 공간을 위해서 존재하는 것이다. 이는 중앙집중식 통일미라고 할 수 있다.

그러나 중국의 건축물에서는 서양 건축물과 같이 그렇게 웅장한 내부 공

중앙집중식 통일미를 나타내는 건축물

간을 지니는 건물은 거의 없다. 자금성에 있는 태화전 같이 황제가 거주하는 건물은 보통 건축물에 비해서는 엄청나게 크고 넓지만 서양건축물과는 비교가 되지 않는다. 그 대신 여러 개의 건물들로 둘러싸인 주변의 넓고 큰 공간이 사람을 압도한다. 태화전 앞마당에 서 있는 사람들은 태화전의 크기도 크기지만 주변의 담장과 건물들이 만들어내는 가운데의 넓은 공간에 위압당한다. 나아가 하나의 담장 안에서 끝없이 펼쳐진 다양한 건축군 전체가 만들어내는 공간이 사람의 입을 다물지 못하게 한다. 참고로 자금성 전체의 크기는 72만 평방미터다. 세계에서 이렇게 큰 궁전이나 사원은 어디에도 없다. 그들은 건물과 건물 사이의 외부 공간으로 하나의 통일미를 만들어내고 있다. 이것은 일종의 분산된 통일미라고 할 수 있다.

하나의 거대한 건축물을 짓고 그 속에 거대하고 웅장한 내부 공간을 만들기 좋아하다 보니 서양의 건축물은 입체성이 돋보이는 데 비해, 여러 건축물들을 분산시켜 짓는 것을 좋아하는 중국의 건축물은 다소 평면적이라고 할 수 있다. 서양의 건물은 하늘로 높이 올라가기를 좋아했고 중국의 건물들은 땅으로 넓게 퍼지기를 좋아했다.

이런 공간 개념의 차이는 회화의 투시와도 관련이 있다. 서양의 회화가 가운데 하나의 초점이 모이는 초점투시를 중시하는 데 비해 중국회화는 초점이 여러 개로 분산되는 산점투시를 중시한다. 이런 투시의 차이를 건축에 적용해보면 쉽게 이해할 수 있을 것이다. 건물 내부에 있는 거대한 하나의

분산된 통일미를
나타내는 건축물

공간과 그 공간을 위해서 존재하는 주변의 여러 작은 공간들은 분명 초점투시와 비슷하다. 이에 비해 공간이 한 곳에 집약되기보다는 건물과 건물들에 의해서 분산되는 군체 건축은 산점투시에 더 가깝다.

　서양이 입체적이고 중앙집중적인 공간을 더 중시하고, 중국이 평면적이고 분산적인 공간을 더 중시하는 것은 종교사상과도 관련이 있다. 서양은 처음부터 전지전능하고 인간의 운명을 주재하는 유일신을 믿는 종교사상이 발달했던 것에 비해, 중국은 현실적이고 인간적인 철학사상이 더 발달했다. 서양의 주요 건축물은 대체로 신의 영광과 위엄을 드러내기 위한 종교적인 건축물들이 많은 반면, 중국은 처음부터 인간의 삶에 편리한 공간을 위한 실용적인 건축물을 좋아했다.

　고대 그리스의 파르테논 신전, 로마의 판테온 신전 등을 출발점으로, 중세의 성 바오르 대성당이나 노틀담 사원, 소피아 성당 등 서양을 대표하는 큰 건축물들은 대부분 신을 주제로 한 것이다. 이렇게 신을 주제로 건물을 짓기 때문에 대부분 그 속에는 사람을 압도하는 거대한 내부 공간을 가지고 있다. 신의 영광이나 위엄을 표현하기 위해서는 이런 웅장한 내부 공간을 필요로 했던 것이다. 실제로 그 속에 들어간 인간은 공간이 주는 분위기에 압도당하면서 저절로 종교적인 마음이 일어나는 것이다.

중국은 처음부터 종교가 크게 발달하지 않았다. 특히 현실의 실용성을 중시하는 유가사상이 중국의 주된 사상이 되고 난 뒤에는 더욱 그렇다. 고대 중국의 가장 큰 건축물은 지상을 지배하는 왕의 권위를 나타내는 궁전이었다. 그런데 궁전건축이 아무리 왕의 위엄과 권위를 나타낸다고 해도 실용성을 무시하지 않을 수 없었다. 인간 중심적인 편리성을 생각한다면 아무래도 입체적이고 웅장한 내부 공간을 만들기 위해 한 덩어리의 건물을 짓기보다는 땅 위에서 평면적으로 여러 건물로 나누는 것이 훨씬 낫다. 특히 실용성을 중시하고 자연과의 친화를 강조하는 중국인들의 관념에는 이런 평면적인 건물이 더욱 더 와 닿았을 것이다.

중국의 건축물들은 초기에 이렇게 평면적인 공간의 분할을 중시했기 때문에 후대에 종교적인 건축물을 지을 때도 이런 경향을 그대로 이어받았다. 중국에서 종교건축물이 본격적으로 지어지기 시작한 것은 불교가 중국에 널리 성행하기 시작한 위진남북조시대부터다. 대부분의 불교사원은 기본적으로 궁전건축의 개념을 그대로 원용했다. 또한 불교는 서양의 종교처럼 신의 영광이나 위엄 등을 강조하지 않았기 때문에 서양처럼 그렇게 웅장하고 거대한 하나의 건축물을 지을 필요가 없었다.

이상으로 중국건축과 서양건축의 차이점에 대해서 간략하게 살펴보았다. 사실 서양의 건축과 중국의 건축은 처음부터 서로의 발전 방향이 달랐기 때문에 평면적인 비교는 불가능하며 특히 교와 졸을 논하는 것은 애당초 불가능하다. 그럼에도 불구하고 많은 사람들, 특히 서양 사람들은 서양건축을 더 우수한 것으로 생각하고 중국건축은 아무래도 열등하다고 생각하는 경향이 있다. 아마 그것은 건축은 단순한 예술의 영역에 속하는 것이 아니라 과학기술과 밀접한 관계가 있기 때문일 것이다.

뉴욕 맨해튼에 있는 하늘을 찌를 것 같은 마천루들을 보라. 그것은 서양의 과학기술이 낳은 건축예술이다. 역학과 재료에 대한 고도의 과학기술 없이 그렇게 높은 빌딩은 지을 수가 없다. 현대건축은 바로 서양의 오랜 건축의 역사에서 나온 것이다. 이 때문에 서양인들의 건축에 대한 자부심은 대단하다. 그들의 눈에는 다른 어떤 지역의 건축문화도 서양의 건축문화에 비하면 수준이 낮은 것으로 보인다.

서양 사람들은 북경의 자금성 안에 펼쳐져 있는 수도 셀 수 없을 정도로 많은 궁전들을 보고 감탄을 한다. 그러나 그리스의 아크로폴리스의 파르테논 신전이나 로마의 판테온 신전, 그리고 성 베드로 성당에 비해서 우월하다고는 생각하지 않는다. 일단 지어진 지 5백 년밖에 되지 않았고 단일 건물의 규모로는 그다지 크지 않기 때문이다. 사실 여러 건물들을 많이 짓는 것은 넓은 땅을 확보하고 노동력을 많이 동원하면 되는 것이지만 높고 거대한 건물을 짓는 것은 그것만으로는 되지 않는다. 고도의 건축기술이 필요하다.

단일 건축물로 볼 때 중국 건축물은 서양의 건축물에 비해 확실히 작다. 그뿐인가? 건축물의 항구성에서도 서양과 중국의 차이는 엄청나다. 대부분 석조로 이루어진 서양의 건축물들이 몇 천 년의 오랜 세월에도 견디는 데 비해 중국의 건축물들은 대부분 목조건물이기 때문에 서양의 건축물처럼 그렇게 오랜 세월을 버틸 수가 없다.

이런 웅장함과 항구성은 물론 건축기술과도 관련이 있다고 보아야 할 것이다. 거대하고 웅장한 건축물을 짓는 것이 아무래도 더 복잡하고 까다로운 기술을 요하고 나무로 짓는 것보다는 돌로 짓는 것이 더욱 더 많은 기술이 필요하다. 실제로 서양의 중요한 건축물들은 중국의 건축물에 비해서 몇 배 이상의 많은 시간이 들었다. 그만큼 정밀하고도 까다로운 기술을 요구하기 때문이다.

이런 점에서 볼 때 중국 건축물은 서양의 건축물에 비해 분명 한 수 아래로, 아직 미발달의 단계에 머물러 있다고 생각할 수 있다. 교와 졸의 관점에서 볼 때 서양건축을 교라고 하고 중국건축을 졸이라고 부르는 것은 당연하다.

그러나 중국의 건축을 단순히 기술의 결핍으로 인한 졸로 보는 것은 문제가 있다. 근대 이전까지 제반 과학기술의 발전사를 보면 중국이 결코 서구에 뒤떨어지지 않았다. 종이, 나침반, 화약 등의 주요 발명들은 대부분 중국에서 나왔으며 기원전 3세기의 만리장성이나 6세기 말 7세기 초의 대운하 등의 엄청난 규모의 공사를 보았을 때 중국의 토목기술이나 건축기술이 서구에 뒤떨어졌다고 볼 수는 없다.

중국의 건축이 웅장함이나 항구성에서 서구에 비해 뒤떨어진 것은 단순한 기술의 문제가 아니라 앞에서 본 것처럼 건축에 대한 사상이나 미학의 문제에서 나온 것이다. 중국인들은 처음부터 건축에 대한 개념이 서구와는 달랐다. 그들은 생태적인 관점에서 건축을 바라보려고 했으며 아무리 큰 건물을 짓더라도 가급적이면 실제로 인간이 편안하게 살 수 있는 주거공간이라는 관점에서 벗어나지 않으려고 했다. 그래서 목조를 선호했고 평면 위의 군체 건물을 선호했던 것이다.

그리고 미학적인 관점에서 볼 때도 석조보다는 목조가 더욱 섬세하고 치밀한 맛이 있다. 목재구조로 된 건축에서는 대들보 위의 지붕 모습과 장식이 매우 중요한데 중국인들은 이 부분에서 여러 가지 멋을 부리고 있다. 이 부분의 아름다움은 석조건물처럼 밖으로 드러나는 화려하고 웅장한 아름다움은 아니지만 석조로는 흉내 낼 수 없는 치밀하면서도 섬세한 아름다움이 있다.

또한 공간의 감각에서도 얼핏 보았을 때는 서양의 웅장하고 장엄한 중앙집중형의 공간이 훨씬 위압적이고 당당한 느낌을 준다. 집중된 통일미가 훨씬 강력한 느낌을 주는 것은 당연하다. 이에 비해 중국의 건축물들이 만들어내는 공간은 평면적으로 분산되어 있기 때문에 아무래도 평범하고 담담하다고 할 수 있다. 분산된 통일미는 사실 고도의 미감을 요구하는 것으로, 금방 눈에 들어오지는 않는다.

그러나 조금 더 깊게 바라보면 위압적이고 당당한 것은 아직은 덜 익은 것이고 평범하고 담백한 것이 오히려 더욱 무르익은 것이다. 미적 감각이 덜 성숙했을 때는 무엇인가를 과시하기 위해 사람을 위압하고 화려한 아름다움을 추구하지만, 미적 감각이 성숙되면 겉으로는 담백하지만 속으로는 은은하고 편안한 느낌을 주는 아름다움을 추구한다. 중국의 건축물은 후자의 아름다움을 추구하고 있고 그것은 바로 대교약졸의 미학정신에서 나온 것이다.

중국정원과 서양정원

정원庭園은 원래 건축의 일부분이었다. 요즈음은 정원이 조경학에 포함되지만 옛날에는 조경과 건축은 분리하여 생각할 수 없는 것이었다. 정원이란 흙, 돌, 물, 나무 등의 자연재료나 인공물 및 건축물에 의해 미적이고 기능적으로 구성된 특정한 구역을 가리키는 말이다. 정원은 서양의 garden의 일본식 한역어다. 중국에서는 정원이라는 말보다는 주로 원림園林이라는 말이 사용되었다. 영어의 'garden', 이탈리아어의 'giardino', 프랑스어의 'jardin'는 모두 고대 유럽어의 'gher'를 그 어원으로 삼고 있는데 그것은 울타리를 가리킨다. 중국의 '園'자 또한 부수인 '口'로 보아 울타리로 둘러싸는 것임을 알 수 있다.

인간은 원시적인 주거 형태로 생활하고 있을 때도 주변의 꽃과 나무를 이용해서 주변을 장식했다고 한다. 날카로운 가시를 지닌 나무를 이용하여 외부의 침입자를 막기도 하고 울타리로 둘러싸인 자연 공간을 외부의 자연환경과는 달리 자신들의 미적 감각에 맞추어 가꾸기도 했던 것이다. 이로 보아 정원은 본래 자연으로부터 경계를 설정하고 자연을 문화화하는 행위의 소산임을 알 수 있다. 그래서 어떤 사람은 정원은 가장 오래된 문명의 표현 방식이라고 주장했다.

그러나 자연과 완전히 격리되거나 인공적인 공간을 만들어내는 일반적인 건축행위와는 달리 정원을 만드는 것은 자연으로부터의 완전한 단절이 아니다. 그것은 인공과 자연의 절충점으로, 16세기 이탈리아의 어느 문헌에 나와 있는 것처럼 제3의 자연이다. 제1의 자연이란 인간의 손이 닿지 않은 야생의 자연을 말하는 것이고, 제2의 자연이란 인간의 실용이나 쾌락을 위해 인공적으로 변형된 자연으로 일반적인 건축물을 가리킨다. 제3의 자연이란 자연과 문화, 환경과 예술이 합일된 문화적 자연으로서 바로 정원이다. 그러므로 정원만큼 그 문명권의 자연관을 잘 보여주는 것은 없다.

서양의 정원은 시대와 지역에 따라 많은 변화가 있었다. 고대 서양정원의 기원은 이집트문명과 메소포타미아문명에서 찾아볼 수 있다. 물론 현존하지는 않지만 고대 이집트 정원양식의 예는 기원전 15세기 무렵 테베의 벽화에서 찾아볼 수 있는데, 좌우 대칭형의 공간과 관개를 위한 수로, 정돈된 축 등이 극적 효과를 연출한다. 비슷한 시기에 바빌로니아에서는 세계 7대 불가사의 가운데 하나인 공중정원이 만들어졌다. 그러나 서양문화의 원형이라고 할 수 있는 고대 그리스의 정원에 관한 유적이나 기록은 전해지지 않는다. 다행히 고대 로마의 경우에는 폼페이와 헤르클라네움Herculaneum의 정원이 발굴됨으로써 당시 정원의 특성을 볼 수 있다.

로마의 정원은 3개의 공지空地로 구성된 중정中庭식 정원이다. 대문을 들어서면 첫 번째 공지인 아트리움atrium에 이르고, 중문中門을 지나면 아름다운 정원인 페리스틸룸peristylum이 나타나며, 뒤뜰에는 과수와 채소를 가꾸는 지스투스xystus가 있다. 로마시대의 정원은 거리의 소음, 먼지, 바람, 강렬한 햇빛 등을 차단하기 위한 목적으로 사용되었다.

중세 수도원의 정원은 기본적으로 야채나 약용 식물을 재배하기 위한 공간으로, 유실수나 채소, 그리고 교회의 성찬대에 바칠 꽃을 심었다. 그러나 때로는 조용히 휴양할 수 있는 공간으로도 이용되었으며 이를 위해서 정원을 아름답게 디자인하기도 했다. 중세는 신을 향한 열망이 가득 찬 시기였기 때문에 정원의 오락성보다는 실용성이 더욱 강조되는 시기였다.

르네상스시대의 이탈리아에서는 노단건축식露壇建築式 정원이 만들어졌다. 이것은 이탈리아 지형의 특징을 살려서 경사지를 계단형으로 만드는 기법인데 근대 유럽건축의 출발이라고 할 수 있다. 이탈리아 정원이 수직적인 요소를 강조한 것이었다면 17세기 프랑스에서는 평지가 많은 프랑스 지형의 특징을 잘 살린 평면 기하학식 정원이 유행했다. 베르사유 궁전은 수평적인 기하학적 아름다움을 잘 살린 정원의 대표적인 모델이라고 할 수 있다. 18세기 영국에서는 프랑스와는 달리 계몽주의와 낭만주의, 그리고 자연회귀사상 등의 영향으로 자연의 풍경을 닮은 목가적 정원이 유행했다. 흔히 풍경식 정원이라고도 불렸는데 프랑스의 기하학적 정원과 더불어 유럽정원의 양대 산맥이라고 한다.

중국에는 일찍부터 황제를 위한 휴식공간인 원림이 발달했다. 고대 주나라의 문왕 때부터 원림이 있었다는 기록이 있지만 현재 남아 있는 것으로는 청대에 지어진 북경의 이화원頤和園, 승덕承德의 피서산장 등이 있다. 송대 이후에는 상업의 발달로 거상들이 등장하게 되자 일반 평민도 원림을 짓게 되었다. 소주蘇州의 졸정원拙政園이나 유원留園 등은 모두 개인 원림으로 유명하다.

중국의 원림은 사실 엄밀하게 말하면 서양의 정원과는 그 맥락을 달리한다. 서양의 정원이 건축물에 딸린 부속품이라는 느낌이 강한 데 비해 중국의 원림은 건축물에 부속된 것이 아니다. 오히려 자연경관을 살리는 원림이 먼저고 그 속의 건축물들은 원림을 효율적으로 살리기 위해서 부속물로 존재하는 것이다. 원림건축에서 자연경관이 우선인 이유는 그 공간이 실용적인 주거공간이 아니라 오락과 휴식을 위주로 하는 공간이기 때문이다. 이들은 모두 자연경관이 중심이고 건축물은 자연경관의 부속물과 같은 느낌을 준다.

이처럼 서양의 정원과 중국의 원림은 그 개념이 서로 다르기 때문에 직접적으로 비교하기는 힘들다. 그러나 대략적으로 비교해서 서양과 중국의 차이를 살펴보는 것은 무방하리라고 생각한다.

먼저 서양정원이 중국정원에 비해 인위적이고 기하학적인 아름다움을 더 강조한다는 점을 들 수 있다. 물론 서양의 정원 가운데 영국의 풍경식 정원은 비교적 자연적인 아름다움을 더 많이 강조하고 있다. 그러나 영국의 풍경식 정원은 동방의 자연식 정원의 영향 아래에서 생겨난 것으로 서양정원의 주류는 되지 못했다. 서양정원의 주류는 마치 녹색의 양탄자를 펼쳐놓은 것과 같은 가지런한 잔디밭에 때로는 둥글게, 때로는 네모 반듯하게 잘 다듬어진 나무들이 펼쳐져 있는 모습이다. 그것들은 자연의 모습과는 거리가 먼 잘 다듬어진 인공의 아름다움이다. 게다가 서양의 정원에서 자주 등장하는 분수는 물은 위에서 아래로 흐른다는 자연의 원리를 거스른 것으로, 서양정원의 인공적인 면모를 잘 보여주고 있다. 그뿐인가? 전체적으로 보았을 때 그들이 심어놓은 나무들과 꽃들은 멀리 높은 곳에서 바라보면 매우 기하학적으로 조성되어 있어 인공의 아름다움을 과시하고 있다.

인공적인 아름다움과 자연적인 아름다움은 전형적으로 교와 졸의 대립이다. 노자의 무위자연 사상과 대교약졸 사상에 영향을 받은 중국인들은 아무래도 인위적인 기교보다는 자연스러운 아름다움을 더욱 중시했다고 할 수 있다.

중국원림이 서양의 정원과 다른 또 하나의 특징은 풍경을 감추는 데 있

베르사유 궁전의 정원

이화원頤和園

다. 서양의 정원에서는 그것이 이탈리아식이든, 프랑스식이든, 영국식이든지 간에 정원의 모든 공간이 한눈에 일목요연하게 드러난다. 그러나 중국의 원림에서는 공간을 한눈에 볼 수 있도록 하지 않는다.

중국원림 건축의 기법 가운데는 억경抑景이라는 말이 있다. 풀이하면 경치를 억압한다는 뜻이다. 이것은 흔히 선장후로先藏後露의 수법이라고도 하는데 일단 먼저 감추었다가 나중에 드러내는 것을 말한다. 중국의 원림에서는 문에 들어서자마자 경치가 한눈에 다 들어오지 않고 부분의 경치만 보인다. 그것은 문이나 담장, 그리고 이런저런 모양의 창뿐만 아니라 기암괴석이나 숲 등의 자연경물이 시선을 가로막아 그 너머의 경치를 보여주지 않기 때문이다. 부분의 경치를 보고 난 뒤에 좁은 문을 통해 다음 구역으로 들어갔을 때 비로소 또 다시 새로운 경치가 눈앞에 펼쳐진다.

그리고 그들은 공간의 변화를 주기 위해 때로는 폐쇄된 회랑을 지나다가 갑자기 눈앞에 탁 트인 경치가 나타나게 하고, 때로는 그 반대로 확 트인 시계를 만끽한 다음 다시 좁고 폐쇄된 공간으로 지나가도록 원림을 조성한다. 그렇게 함으로써 시선에 다양한 변화를 줄 뿐만 아니라 경이감과 의외성을 느끼게 한다. 그것은 마치 다음과 같은 산수시의 한 구절을 떠오르게 한다.

山重水復疑無路, 柳暗花明又一村
산이 겹치고 강이 겹쳐서 아마도 길이 끊어진 듯했으나
버드나무 그늘에 꽃이 환하게 피어 있어 또 하나의 마을이 펼쳐지는구나!

이렇게 모든 것을 겉으로 다 드러내지 않고 우회곡절하면서 조금씩 조금씩 드러내는 것은 물론 대교약졸의 감추기의 사상과도 관련이 있다. 이것은 중국인들의 감정표현 방식과도 통한다. 그들은 자신의 감정을 한꺼번에 다 드러내기를 좋아하지 않는다. 서양인들이 중국인들과 사귈 때 가장 어려움을 느끼는 부분 가운데 하나다.

억경抑景이 잘 드러난 정원(강소성 소주시의 예포藝圃)

　그리고 이런 억경의 수법은 또한 시야를 한 군데로 집중시켜 시각적 통일성을 중시하는 초점투시보다는 시야를 여러 곳으로 분산시키는 산점투시와도 관련이 있다. 그래서 처음 중국원림을 접하는 사람들은 공간들이 흩어져 있기 때문에 통일성의 아름다움을 발견하기가 어렵다. 그러나 자세히 들여다보면 그 속에는 강약과 음양의 유기적인 조화 속에서 보이지 않는 통일미를 지니고 있다.

중국건축의 흐름

　흔히 말하기를 서양의 건축은 시대에 따라 양식의 변화가 많은 데 비해 중국의 건축양식은 몇 천 년 동안 큰 변화가 없다고 한다. 그리스의 신전들은 비교적 단순하고 웅장함을 추구했던 반면 로마시대의 건축은 매우 화려하고 기교적이다. 중세 때도 거대하고 견고한 로마네스크 양식이 유행했는가 하면 하늘을 찌르는 높고 웅대한 고딕양식이 유행했고, 르네상스시기에는 그리스건축의 고전적 중후함을 좋아하여 절제되고 중후한 양식을 취했으며, 뒤이어 바로크시기에는 매우 화려하고 장식적인 건축이 유행했다. 이렇게 서양의 건축이 시대에 따라 변화가 많은 데 비해 중국의 건축은 현재 남아 있는 건축물이 없어 정확히 알 수는 없지만, 여러 가지 문헌 자료에서 보아 은나라와 주나라 때 형성된 건축양식과 축조의 원리가 큰 변화 없이 청대까지 쭉 이어지고 있다.

아주 고대의 중국인들은 주로 굴을 파서 혈거생활을 하거나 간단한 움막 같은 데서 생활했을 것이다. 그러나 도구가 발달하면서 점차 땅 위에서 내구성이 있는 집을 짓기 시작했다. 절강성 하모도河姆渡의 유적에서 발굴된 기원전 4천 년 전의 목조 건축자재들을 보면 이미 나무에 구멍을 내고 깎아서 서로 조립하는 목조 조립식 건축법이 발달했음을 알 수 있다.

옛 문헌에는 하나라 때부터 성곽과 해자, 그리고 궁실을 건축했다고 하지만 현재 하나라 시대의 건축에 관련된 유적은 발굴된 적이 없다. 은대에 오면 이미 상당한 규모의 궁실과 왕릉이 건축되었음이 고고학적 발굴을 통해 증명되었다. 그리고 은대의 갑골문에는 건축에 관련된 한자들이 많이 있다.

경京자와 고高자 등을 보면 이때 이미 흙으로 기단을 쌓은 다음에 그 위에 경사진 지붕의 집을 지었음을 알 수 있다. 그리고 실室자를 보면 하나의 공간을 둘러싸며 건축군을 형성하는 것이 이미 일반적인 방식임을 알 수 있다. 어느 저명한 건축학자의 말대로 중국 건

주택 관련 갑골문

축설계의 기본 원칙은 대략 3,500∼4,000년 전에 형성되었음을 알 수 있다.

그리고 주대에 이르면 궁궐을 위주로 하는 도시가 건립되었다. 현재 발굴된 주대의 궁궐을 보면, 그 당시의 궁궐은 직사각형의 터 안 가운데 정원을 두고 여러 채의 크고 작은 건물들이 사방을 둘러싸는 형태로, 기본적으로는 현재 북경에서 볼 수 있는 사합원四合院의 구조와 비슷하다. 그리고 그 건물들은 모두 대칭을 이루면서 기하학적으로 매우 안정된 구도를 보여주고 있다. 서주시대에는 또한 예禮 문화의 확립과 함께 건축에 대한 기본 철학과 방법, 규모 등도 정립되어 후대 건축문화의 규범이 되었다. 마지막으로 한 가지 주목할 만한 것은 이 시대에 처음으로 기와가 나타나기 시작했다는 것이다.

춘추전국시대를 거쳐 진나라에 이르러서는 중국의 생산력과 기술력은 놀랄만큼 발전했다. 진시황이 지었다고 하는 아방궁阿房宮은 실로 방대한 규모로, 주 건물인 전전前殿의 규모가 동서 690m, 남북 115m였다. 그 기단은 한 변이 1km가 되었고 건물에는 1만 명이 앉을 수 있었다고 한다.

한대에 이르러서는 도성의 규모가 더욱 확장됨은 물론 궁궐의 규모 또한 더욱 커진다. 장안성長安城은 그 둘레가 무려 25km가 되고 그 안에 미앙궁未央宮, 장락궁長樂宮 등의 여러 궁궐이 지어졌다. 그리고 중국건축의 최대 특징이라고 할 수 있는 지붕의 규모가 커지고 지붕과 기둥을 연결하는 두공科栱의 양식이 고도로 발달했다. 한대는 중국건축의 기본적인 특징이 모두 갖추어지는 시기라고 할 수 있다. 다른 대부분의 문화와 예술 분야가 그러하듯이 건축에서도 고대에서 한대까지가 중국적인 졸의 미학이 갖추어지는 시기라고 할 수 있다.

위진남북조시대에 이르자 다른 여러 분야와 마찬가지로 건축에서도 엄청난 변화가 일어났다. 건축사에서 위진남북조시기의 가장 큰 특징은 불교의 전래로 불교건축이 흥성했다는 것이다. 불교를 적극 신봉하던 북위北魏에서는 최전성기일 때 불교사원이 무려 3만 개나 되었고, 수도 낙양에만 무려 1,367개의 사원이 있었다고 하니 실로 엄청난 양의 사찰건축이 이루어졌다.

불교 사찰건물 자체는 기본적으로 목조건축을 위주로 하고 군체 건축을 추구하는 궁전건축의 특징을 그대로 따르고 있다. 그러나 이전에 없던 새로운 건축양식이 등장했는데 그것은 바로 하늘을 향해 높이 올라가는 탑과 산의 바위를 뚫고 짓는 석굴사다. 탑과 석굴사는 모두 인도에서 건너온 건축양식이다.

탑은 원래 인도의 스투파에서 나온 말이다. 음역하여 졸도파卒堵波 또는 탑파塔婆 등으로 불렀는데 줄여서 탑이라고 했다. 원래 인도에서 탑은 맨 아랫부분인 기단, 바루를 엎어놓은 것 같은 몸통 부분인 복발覆鉢, 그리고 맨 위의 장식 부분인 상륜相輪으로 이루어져 있다. 그러나 중국에 들어오면서 기단 위에 중국의 전통적인 누각이 올라가고 원래 몸통이던 복발 부분은 규모가 작아지면서 상륜의 일부분이 되어버린다. 인도의 탑은 원래 사람이 올라갈 수 없는 것이었지만 중국에서는 탑 가운데 누각 부분이 생기면서 높이 올라갈 수 있는 건축물로 바뀐다. 아무튼 탑 건축이 유행하면서 항상 수평으로 넓게 퍼지기만 좋아하던 중국 건축양식에 하늘 높이 올라가는 것을 추구하는 돌연변이 건축물이 생기게 되었다.

위진남북조시기에 만들어진 탑은 크게 목탑과 전탑 두 가지로 나눌 수 있다. 가장 대표적인 목탑은 낙양 영녕사의 9층탑을 들 수 있는데, 그 규모가 매우 장대하고 화려했지만 아쉽게도 소실되고 없다. 전탑으로는 숭악사 15층탑이 있는데 높이가 무려 40m다. 이 탑은 현존하는 가장 오래된 불탑으로 무려 1천 5백 년 동안의 풍상을 견디고 있다.

숭악사嵩嶽寺 전탑

용문龍門석굴

석굴은 그 속에 불상이나 여러 가지 벽화들이 많이 있어 불교 조각과 회화의 보고일 뿐만 아니라 건축으로서도 가치가 높다. 그 이전까지 한 번도 바위를 뚫고 굴을 파본 적이 없는 중국인들이 오로지 헌신적인 종교심으로 몇 십 년, 심지어는 몇 백 년에서 천 년에 가까운 긴 세월에 걸쳐서 엄청난 규모의 석굴을 지었던 것이다. 산서성 대동의 운강석굴, 하남성 낙양의 용문석굴, 감숙성 돈황의 막고굴은 가히 세계적인 유적이다.

이들 석굴 속에는 인도의 건축문화만이 아니라 멀리 그리스와 중앙아시아의 건축양식들도 나타나 있다. 물론 초기에는 인도와 서역지방의 건축을 답습하는 상태에서 점차 중국 고유의 목조건물의 양식을 활용하는 방향으로 나아갔다. 일부는 아예 석굴 안에 목조건축이 추가되기도 했다. 이렇게 시간이 흘러가면서 중국화의 과정이 진행되었다고 하지만, 전체적으로 볼 때는 기존의 중국의 건축양식에 없던 새로운 기교를 익히고 발달시키는 시기였다.

수당대는 세계 최고의 강대국답게 건축문화에서도 황금기를 누린다. 당나라의 장안성은 수 문제가 지은 대흥성大興城을 그대로 계승한 것이고 궁궐 또한 그대로 물려받았다. 장안성은 동서 약 10km, 남북 약 9km의 엄청나게 큰 규모의 성곽 안에 완벽한 도시계획에 의해 지어진 성이다. 당시 세계 최고의 국제도시 장안의 거리는 궁궐을 중심으로 모든 길이 가로 세로로 반듯하게 뻗어 있고, 각 구역들은 이방제里坊制에 따라 일목요연하게 정리되어 있었다. 이방이란 도시 구획의 단위고, 이방제는 도시의 행정구역을 필요에 따라서 제정하는 제도다. 예를 들면 시장구역, 주거구역, 사원구역 등으로 나누는 것을 말한다. 이방제는 위진시대부터 서서히 형성되기 시작하다가 당대에 이르러 완성된다. 당대 장안성의 이방제는 좌우 대칭과 기하학적 구도에 따라 매우 조직적으로 배치되어 도시 전체를 효율적으로 통제했다.

이 시기에도 사찰과 탑은 더욱 왕성하게 건축되었다. 기록에 따르면 이 시

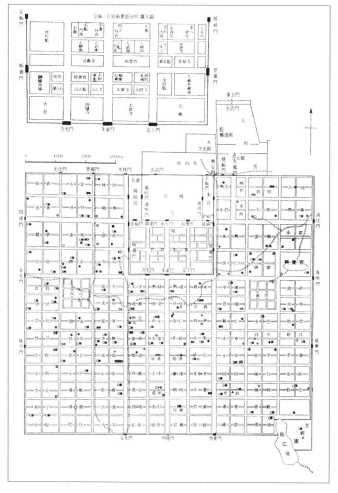

장안시 평면도

기의 목조 사찰건물들은 이전의 시기보다 더욱 웅장하고 화려하게 지어졌다고 한다. 그러나 아쉽게도 대부분 다 소실되고 없다. 다행히도 몇 개의 사찰이 남아 있는데 산서성 오대현五臺縣에 있는 남선사南禪寺의 대전은 782년에 중수된 것으로 중국에서 가장 오래된 목조건물이다. 많은 탑이 건축되었지만 목탑은 다 사라지고 전탑은 많이 남아 있다. 남아 있는 전탑 가운데 64m 높이의 자은사慈恩寺의 대안탑大雁塔이 가장 유명하다.

건축사에서 위진남북조부터 당대에 이르는 시기는 전체적으로 보았을 때 졸박함에서 벗어나 기교를 마음껏 추구하던 시기였다. 기존의 전통적인 궁전건축에서도 앞 시대보다 훨씬 웅장하고 화려하게 짓는 것을 추구했을 뿐만 아니라 이국적인 새로운 건축양식을 배워서 석굴을 파고, 높은 탑을 지어 이전과는 전혀 다른 면모를 보여주고 있다.

그러다가 송대에 들어와 대교약졸의 미학사상이 유행하면서 건축사의 흐름은 다시 일변한다. 우선 당장 드러나는 것이 궁전건축의 규모가 축소되었다는 것이다. 전체 궁궐의 크기가 줄었을 뿐만 아니라 개개 건물의 크기도 이전에 비해 줄었다. 당대 궁궐에서 볼 수 있는 웅대하고 강건한 맛은 찾아볼 수가 없다.

궁궐의 크기가 줄어든 것은 일차적으로 송대가 당대에 비해 영토가 작아졌기 때문이라고 할 수 있다. 그러나 그것은 단순히 영토의 문제만은 아니다. 송대의 영토는 줄었지만 경제력은 상업의 발달과 생산력의 증대, 그리고 여러 가지 과학기술의 발달로 당대보다 더 나아진 면이 있다. 그들이 만약 궁궐을 크게 지으려고 마음먹었다면 얼마든지 크게 지을 수가 있었을 것이다.

그들이 건물의 크기를 줄인 것은 미적 안목이 바뀌었기 때문이라고 보아야 한다. 송대 사람들은 궁궐을 지을 때 웅장하고 화려한 아름다움보다는 작지만 섬세한 아름다움을 추구했다. 그리고 다양한 형식의 전각이나 누대가 등장하여 이전보다 훨씬 더 풍성한 건축양식을 자랑한다. 웅장하고 화려한 아름다움보다는 작지만 섬세한 아름다움을 추구하는 것은 대교약졸의 미의식과 많은 관련이 있다.

이보다 더 중요한 변화는 불교가 쇠퇴하면서 사원건축이나 탑 건축도 쇠퇴했다는 것이다. 물론 송대에도 사찰 건립은 계속되었지만 이미 주류는 될 수가 없었다. 송대 건축에서 특기할 것은 원림건축이 새로운 주류로 등장했다는 것이다. 송대는 원림건축이 양에서도 엄청나게 팽창했지만 질에서도 근본적인 변화가 일어난 시기다.

원래 중국건축의 기본은 궁전건축인데 『주례』「고공기考工記」에 의거하여 직사각형의 기본 틀을 바탕으로 기하학적인 구성원리에 따라 철저하게 좌우 대칭을 중시하고 있어 매우 엄숙하고 방정한 느낌을 강조한다. 모든 건축의 표본이라고 할 수 있는 궁전의 건축이 엄숙하고 방정한 미학을 중시했기 때문에, 불교사찰이나 도교사원 등의 종교건축물 또한 이런 틀을 그대로 따르고 있으며, 고관대작들의 가옥들도 기본적으로 이런 틀을 그대로 이어받고 있다. 그리고 원림건축 또한 그 원칙에서 크게 벗어나지 않았다.

그러나 송대 이후 원림건축은 딱딱하고 기하학적인 대칭구도를 버리고 최대한 우회곡절하고 자연스러운 흥취가 우러나오는 구도를 취한다. 그리고 산수를 노니는 맛을 최대한 살리기 위해 억경의 방식을 이용하여 확 트인 공간과 가로막힌 공간을 효율적으로 활용했으며 변화무쌍하여 더욱 더 많은 상상과 정감을 불러일으킬 수 있는 공간배치를 추구했다.

많은 건축학자들은 송대 원림건축의 질적인 전환이 산수화의 발달과 매우 밀접한 관계가 있다고 말한다. 원래 고대에는 건축을 전문으로 설계하는 사람이 따로 없었고 화가가 이를 겸하는 경우가 많았다. 예컨대 당대의 유명한 궁정화가인 염입본이나 염입덕閻立德은 모두 유명한 건축계획 책임자들이었다. 그러므로 회화의 심미관과 건축의 심미관은 서로 긴밀한 관계가 있다. 송대 이후 대교약졸의 심미관의 유행으로 산수화가 성행하고 특히 문인들의 수묵산수가 성행했는데, 이런 수묵산수화의 심미관은 원림건축의 발달에 큰 영향을 미치지 않을 수가 없었다.

아쉽게도 현재 남아 있는 송대의 원림건축은 없다. 그러나 송대의 산수화는 많이 남아 있다. 그리고 산수화의 풍경 속에서 우리는 송대 원림건축의 그윽한 풍미를 짐작할 수 있는 것이다. 송대에 확립된 산수화의 기본 원리가 청대까지 계속 이어지듯이 송대에 확립된 원림건축의 새로운 방향은 청대까지 계속되었다.

원대의 통치자인 몽고인들은 초원지대에서 이동생활을 하던 유목민족이었기 때문에 건축에 대한 깊은 안목은 없었다. 그래서 원대에는 건축의 새로운 발전은 거의 없었다. 다만 라마교의 유행으로 기존의 사찰과는 약간 다른 티베트 라마교식 사찰건축과 탑이 유행했던 정도다.

명대는 문화 전반에 걸쳐 한족의 문화를 다시 회복하는 것을 모토로 하던 시기였다. 그러나 그들이 본보기로 삼았던 시기는 한족의 힘이 강성하여 밖으로 뻗어가던 당대였지, 속으로 깊이를 추구하던 송대가 아니었다. 건축에서도 마찬가지였다. 명나라는 처음에 남경을 수도로 삼았지만 얼마 가지 않아 북경으로 수도를 옮기면서 대대적인 궁궐 건축사업을 펼쳤다. 그것이 지금의 자금성이다. 자금성의 규모는 역대 궁궐 가운데서 가장 크고 웅장하다. 그러나 건축 미학의 관점에서 보았을 때 그리 빼어나다는 느낌은 주지 않는다. 명대에는 원림건축도 유행하여 많은 원림들이 지어졌는데 그 가운데 가장 대표적인 것은 소주의 졸정원이다.

청대는 다시 이민족이 중국을 지배하던 시기다. 그러나 만주족은 한족의 문화를 무시하던 몽고족과는 달리 한족의 문화를 흠모했다. 그들은 궁궐을 새로 짓지 않고 명대의 궁궐을 그대로 물려받아서 보수와 증축하는 정도에 그쳤다. 그 대신 청 황실은 다른 어떤 왕조보다 원림건축에 많은 관심을 보여 거대한 규모의 원림을 많이 지었다. 이화원, 원명원, 피서산장은 청대를 대표하는 황실원림인데 모두 엄청난 규모다. 이 가운데서도 피서산장은 면적이 무려 170만 평으로 이화원의 배다. 전 세계에서 가장 큰 규모의 원림

피서산장避暑山莊

건축이라고 할 수 있다. 그러나 미학적으로 새로운 경지를 개척한 바는 별로 없다.

아편전쟁 이후 근대화의 거센 물결 속에서 서양의 건축이 중국으로 밀려들어오기 시작했다. 목조를 숭상하던 중국인들이 마침내 석조건물에도 관심을 돌리기 시작한 것이다. 그리고 그 추세는 갈수록 심해져서 이제는 목조건물은 거들떠보지도 않게 되었다. 개혁개방 이후에 북경이나 상해 등의 대도시는 거대한 빌딩 숲으로 변하고 있으며 도시에서나 시골에서 전통적인 목조가옥들은 날이 갈수록 점차 줄어들고 있다. 중국인들은 아직까지는 새로운 교의 세계인 서양건축을 배우느라 여념이 없다. 언제 다시 인간과 자연이 조화를 이루는 건축, 그윽한 아름다움이 은은하게 드러나는 대교약졸의 건축의 세계로 돌아올지 현재로서는 기약이 없다.

태극권

중국 무협지를 보다보면 간혹 겉으로는 전혀 무술을 알 것 같지 않은 곱상하거나 평범한 외모를 지닌 사람이 실제로는 무공의 절정고수임이 밝혀지는 이야기가 나온다. 무공의 경지가 아직 설익은 사람은 그 무공의 재주를 밖으로 발산하려고 하기 때문에 몸에서나 눈에서 범상치 않은 살기나 무기武氣가 뻗쳐 나오지만 무공의 경지가 무르익게 되면 자연스럽게 밖으로 발산되는 살기나 무기를 안으로 거두어들여 겉으로는 오히려 평범하게 된다는 것이다. 이런 이야기는 바로 빛을 부드럽게 하여 티끌과 하나가 되는 화광동진이나 기교의 최고 경지는 마치 서툰 듯이 보인다는 대교약졸의 사상을 각색한 것이다.

중국에는 여러 가지 무술이 있지만 그 가운데 대교약졸과 직접적으로 관련이 있는 무술은 역시 태극권太極拳이라고 할 수 있다. 태극권은 그 이름에서 알 수 있듯이 태극사상과 밀접한 관련이 있다. 또한 태극권은 노자의 사상 가운데서도 대교약졸과 많은 관련이 있다. 그러면 대교약졸은 태극권과 구체적으로 어떤 상관 관계에 있는 것인지 살펴보자.

서양 격투기와 중국 격투기

아득한 고대로부터 인간은 자신보다 사납고 무서운 짐승들이나 적으로부터 자신을 지키기 위해서 무술을 익혔다. 그러므로 무술의 역사는 인류의 역사만큼이나 오래된 것이라고 할 수 있다. 무술의 종류에는 순수하게 신체의 일부만을 사용하는 것이 있는가 하면 창이나 칼, 봉 등을 사용하는 것들도 있다. 여기서는 순수하게 신체만 사용하는 무술에 국한시켜 이야기를 전개하도록 하겠다. 중국에서는 신체를 사용하는 무술을 일반적으로 권술拳術이라고 한다. 그러나 서양에서는 이에 해당하는 적절한 말이 없으므로 여기서는 격투기라는 말을 사용하고자 한다.

먼저 서양의 격투기를 살펴보자. 서양의 격투기라고 하면 가장 먼저 떠오르는 것은 권투다. 오늘날까지 가장 널리 퍼져 있는 서양의 대표적인 격투기다. 권투는 손의 타격력과 속도를 극대화하여 상대방을 공격하는 격투기다. 권투는 원래 아프리카에서 발생한 것으로 이집트의 기록에 따르면 기원전 4천 년 전에 이미 군대에서 권투를 익혔다고 한다. 그것이 크레타 섬을 거쳐 그리스로 건너갔으며 고대 올림픽의 정식종목으로 채택되었다. 당시 권투 경기를 할 때는 손에 부드러운 송아지 가죽을 두르고 했는데 오늘날과 같은 링이나 라운드도 없이 무조건 어느 한쪽이 쓰러져 못 일어나거나 항복할 때까지 계속되었다.

레슬링 또한 서양의 주요 격투기 가운데 하나라고 할 수 있다. 레슬링은 맨 몸으로 상대방과 부딪쳐서 꺾거나 조르기 등으로 상대를 쓰러뜨려 제압하는 기술이다. 레슬링의 기원도 상당히 오래되는데 기원전 3천 년 전의 고대 메소포타미아 지역에서도 레슬링에 대한 기록이 있으며 이집트의 벽화에도 레슬링에 관련된 기록들이 남아 있다. 레슬링도 중동지방과 아프리카에서 발생하여 그리스로 건너간 것으로 권투보다 먼저 고대 올림픽 종목으로 채택되었다. 경기방식은 권투와 마찬가지로 라운드 없이 상대방을 완전히 제압할 때까지 계속하는 것이다.

　그밖에 그리스에는 판크라티온pancration이라고 하는 격투기가 있었는데 물어뜯거나 손가락으로 눈을 찌르거나 급소를 치는 행위를 제외하고는 주먹 지르기, 발 차기, 꺾기, 던지기, 조르기 등의 모든 기술이 허용되는 종합 격투기라고 할 수 있다. 이 또한 일정한 규칙 없이 상대방이 완전히 항복할 때까지 진행되는 경기다. 그리스의 많은 철학자들은 이것을 올림픽에서 가장 가치 있는 경기라고 극찬하기도 했다. 고대 그리스의 격투기의 특징은 스포츠의 하나로 여겨졌다는 것이다. 그들은 건강한 신체를 숭상했으며 정당한 경기를 통해 상대방을 제압하는 것에 열광했다.

　고대 그리스의 격투기를 제외하고 서양에서 널리 알려진 격투기로는 프랑스의 사바떼savate와 러시아의 삼보sambo가 있다. 사바떼는 프랑스 군대에서 발로 엉덩이를 차는 기합에서 발달했다는 설도 있고 강도를 대항하기 위한 싸움의 한 방법으로 생겼다는 설도 있는데, 주로 현란한 발놀림을 중심으로 상대방을 제압하는 격투기다. 삼보는 무기를 사용하지 않는 맨손 호신술을 가리키는 말인데 태클, 꺾기, 굳히기, 메치기 등의 다양한 기술을 이용하여 상대방을 제압하는 격투기다. 마치 유도와 레슬링을 혼합한 듯한 격투기다.

　이상 서양의 격투기를 간략하게 살펴보았는데 이번에는 중국 격투기에 대해서 살펴보자. 중국의 격투기 역사 또한 참으로 길다. 삼황오제三皇五帝 가운데 하나인 황제黃帝 때부터 발차기 기술로 병사를 훈련시켰다는 말이 나오는데 그것은 전설에 가까운 것이고 주대에 격투기에 대한 기록이 있다. 『예기』의 「월령月令」편에 보면 맹동孟冬, 즉 음력 10월에는 천자가 명하여 장수들에게 무예를 연습하게 했는데 활쏘기를 익히고 말 타기와 각력角力을 연마했다는 내용이 있다. 이 가운데 각력이 바로 격투기의 일종이다. 각력이 구체적으로 어떤 동작의 격투기인지에 대해서는 설이 많은데, 고대의 벽화나 기록을 보면 대략 씨름이나 레슬링 비슷하게 서로 달라붙어 꺾거나 메어쳐서 상대방을 제압하는 격투기로 보는 것이 일반적이다. 진나라와 한나라 때는 각저角抵 대회를 열었다는 기록이 있는데 각저는 각력과 비슷한 것이다.

그리고 춘추전국시대의 여러 문헌에는 '박博'이라는 격투기가 여러 차례 등장하는데 이것은 '수박手搏'이라고도 한다. 박과 수박도 정확히는 알 수 없지만 각력이나 각저와는 달리 손으로 치고 박는 격투기로 보는 것이 일반적이다. 고대 격투기에 대한 기록들은 단편적으로 나타나지만 구체적인 동작에 대한 기록은 거의 없다.

이 가운데 각력은 시간이 갈수록 스포츠와 오락의 성격이 강화되어갔다. 한대에 이르면 각저 배우라는 단어가 등장하는데 각저의 기술을 이용하여 공연예술을 하는 사람을 가리키는 말이다. 각저는 많은 사람들이 좋아하는 스포츠이자 오락으로서 후대에도 계속 이어진다. 위진남북조시대에는 각력, 각저 대신에 상박相撲이라는 용어가 등장하는데 후대에는 상박이라는 말이 더욱 널리 유행했다. 도시가 형성되고 도시인들을 위한 민간오락이 크게 발달하게 되는 송대에 이르러서는 상박은 전국적인 규모의 대회로 성장했다. 우리 식으로 이야기하면 천하장사를 가리는 대회를 열었던 것이다. 당시 천하장사는 천하무대天下無對라고 불렸다. 천하에 대적할 자가 없다는 뜻이다.

이에 비해 수박은 스포츠나 오락의 성격도 있었지만 그보다는 무술의 성격이 더욱 강했다. 『한서』「예문지」의 군사기교류軍事技巧類에 격투기 가운데 유일하게 『수박 6편』이 있었다는 기록만 보아도 이를 알 수 있다. 그리고 한대에는 근위병을 뽑는 데 수박을 대련하게 했다는 기록도 있다. 수박의 전통은 후대에 점차 권술 또는 권법으로 발전하게 되었다. 현재 우리에게 널리 알려진 권법으로는 소림권少林拳, 당랑권螳螂拳, 통비권通臂拳, 연청권燕靑拳, 팔극권八極拳, 형의권形意拳, 팔괘장八卦掌, 태극권太極拳 등이 있다.

중국의 격투기도 기본적으로는 서양의 격투기와 마찬가지로 근력과 체력의 힘으로 상대방을 제압하는 것이다. 그러나 중국의 격투기에는 이것밖에 또 다른 요소가 있다. 그것은 근력과 체력 너머의 힘으로, 기의 힘 또는 내공의 힘이다. 무협지나 무협영화를 보면 악당보다 훨씬 힘이 약하고 체격이 왜소한 주인공이 비전의 책이나 기이한 스승을 만나 특이한 수련을 거친 끝에 경공술을 행하거나 장풍을 사용하는 등 상상을 초월하는 여러 가지 무공을 펼치는 장면을 종종 볼 수 있다. 물론 이것은 소설적, 영화적 허구다. 그러나 허구 속에도 문화적 의미는 있다. 우리는 그것을 통해 중국 사람들의 격투기에 대한 관념을 짐작할 수 있다. 그들에게 격투기는 단순한 육체적인 힘 겨루기 이상의 것이었다.

체력과 근력 너머의 다른 차원의 힘을 기르기 위해서는 단순한 근육 강화 운동만으로는 되지 않는다. 기를 기르고 내공을 기르는 수련도 해야 한다. 이를 위해 흔히 사용하는 방법은 호흡법과 정신집중법 및 특이한 도인술이다. 그런데 이런 방법들은 생명을 보양하는 양생술에서도 널리 쓰이는 방법들이다. 여기에 격투기와 양생술의 접점이 있다.

중국의 양생술의 역사는 격투기 못지않게 길다. 한의학의 원조라고 하는 『황제내경黃帝內經』에 이미 호흡과 도인술을 통해 기를 보양하는 방법에 대한 체계적인 설명이 있다. 이 책은 옛날 성인의 이름을 빌리기 좋아하는 중국인의 습관에 의해 전설상의 황제와 그의 신하이자 의사인 기백岐伯, 뇌공雷公 등의 대화로 구성되어 있는데 일반적으로 진나라와 한나라 초기의 것으로 본다. 그러나 이 책은 고래로부터 내려오던 한의학을 집대성한 것으로 내용의 상당 부분은 이미 춘추전국시대에 형성된 것이라고 보아야 할 것이다. 도인술과 호흡법을 통한 양생술 역시 춘추전국시대에 어느 정도 유행했을 것이다.

전국시대에 나온 『장자』를 보면 "찬 것을 내쉬고 더운 것을 들이마시는 호흡을 단련하고, 묵은 것을 토해내고 새것을 받아들이며, 곰이 나무에 기어 올라가는 듯, 새가 다리를 쭉 뻗는 듯이 하는 것은 건강 장수를 위한 것일 뿐이다. 이런 도인술을 하는 사람은 신체를 보양하는 자이니 팽조처럼 장수하는 사람이 좋아하는 것이다" 는 내용이 있다. 이로 보아 중국에는 예로부터 호법과 동물의 동작을 흉내 내는 도인술이 발달했음을 알 수 있다.

근래 한나라 초기의 고분인 마왕퇴에서 도인술을 그린 비단 두루마기가 발견되었다. 이것은 중국 도인술에 대한 그림 가운데는 가장 오래된 것으로 대략 기원전 2세기 때의 작품이다. 그것을 복원한 것이 도원도의 복원도.

그 속에는 44가지의 동작이 그려져 있고 각 그림마다 제목이 붙어 있다. 제목을 보면 특정한 병을 치료하는 목적의 도인술도 있고 예방의학 차원의 도인술도 있으며 호흡법에 대한 것도 있다. 그리고『장자』에서 말한 곰이 나무에 기어 올라가는 자세인 웅경熊經, 새가 다리를 뻗는 자세인 조신鳥伸 외에 용이 하늘을 오르는 자세인 용등龍登, 매의 등을 묘사한 자세인 요배鷂背, 학의 입을 묘사한 자세인 학구鶴口, 사마귀를 흉내 내는 자세인 당랑螳螂, 원숭이가 목욕하는 자세인 목원관沐猿灌 등 동물의 동작을 이용하는 도인술도 많이 보인다. 이로 보아 삼국시대의 천하 명의 화타華陀가 호랑이, 사슴, 곰, 원숭이, 새의 동작을 흉내 내어 만든 오금희五禽戱도 새로운 것이

도인도의 복원도

아니라 당시 이미 유행하던 도인술을 개량한 것임을 알 수 있다.

현재 중국의 권술 가운데는 고대의 도인술을 직접, 간접으로 활용한 것들이 많다. 소림권 가운데 하나인 소림오권은 화타의 오금희처럼 다섯 동물의 동작을 흉내 내어 만든 것이다. 다만 다섯 동물의 종류가 조금 다르다. 소림오권에 나타나는 동물은 용, 호랑이, 표범, 뱀, 학이다. 그밖에 원숭이의 동작을 흉내 낸 통비권도 고대의 도인술을 권법으로 발전시킨 것이다.

양생술이 권술에 미친 영향은 단순히 권술의 외형을 제공하는 차원에 그치는 것은 아니다. 그보다 더 중요한 요소는 바로 호흡법과 정신집중법을 통한 기의 수련이다. 흔히들 중국권술을 크게 외가권外家拳과 내가권內家拳으로 나눈다. 외가권은 주로 근육의 힘을 단련하여 상대방을 제압하려고 하는 권술임에 비해 내가권은 내면의 기를 배양하고 조절하여 근육의 힘 외에 또 다른 차원의 힘을 이용하여 상대방을 제압하는 권술이다. 소림권, 당랑권, 통비권, 팔극권 등은 외가권에 속하고 형의권, 팔괘장, 태극권이 내가권에 속한다. 이름에서도 알 수 있듯이 내가권은 확실히 외부의 근력보다는 내공의 단련을 더 중시한다. 그러나 외가권이라고 해서 내공을 무시하는 것은 아니다. 외가권을 대표하는 소림권을 보더라도 정신수양과 내공의 수련은 기본이다. 아무튼 양생술을 중시하는 것은 서양 격투기에 대한 중국 격투기의 중요한 특징이다.

그러면 중국권술에 대해서 간단하게 살펴보자. 우리의 귀에 친숙한 중국권술은 그 기원이 고대에 있다고 할지라도 실제로는 대부분 명청대 이후에 본격적으로 정리되고 체계화된 것들이다. 여기서는 외가권을 대표하는 소림권, 당랑권, 통비권과 내가권을 대표하는 형의권, 팔괘장, 태극권에 대해서 소개하고자 한다.

먼저 무협지나 무술영화의 단골로 등장하여 우리에게 가장 친숙한 소림권을 보자. 소림권은 소림사에서 전해지는 권법으로, 중국에 최초로 불립문자不立文字의 선의 가르침을 전한 달마대사가 만든 것이라고 한다. 면벽구

년面壁九年으로 유명한 달마대사는 승려들이 오랫동안 벽만 바라보고 참선을 하면 건강을 상하기 쉽기 때문에 건강을 위해서 신체 단련술을 가르쳤는데 그것이 나중에 권술로 발전했다고 한다. 그러나 달마대사에 관련된 전설은 대부분 후대에 꾸며진 것이 많기 때문에 이 전설은 신빙성이 별로 없다. 다만 소림사는 북위의 효문제孝文帝가 인도에서 온 승려들을 위해 건립한 사찰이기 때문에 인도의 권술이나 신체 단련술이 전해져 중국화되는 과정에서 소림권이 탄생했을 가능성은 있다.

소림사와 무술에 관련된 가장 오래된 기록은 담종曇宗을 비롯한 13명의 소림사의 승려들이 뒤에 당 태종이 된 이세민을 도와 무공을 세웠다는 기록이다. 이때 소림사의 승려들이 사용한 무술은 단순히 권술만이 아니라 검술, 창술, 봉술 등이 포괄된 종합무술이었을 것이다. 이로 보아 이미 오래 전부터 소림사의 승려들이 무술을 닦았던 것은 사실임을 알 수 있다. 그러나 소림무술의 구체적인 동작을 소개하는 책은 명청대에서야 비로소 정리되었다. 소림무술 가운데 권술로 가장 유명한 것은 소림오권과 나한십팔수羅漢十八手 등이다. 소림권술은 전반적으로 동작이 강건하고 빠른 것이 특징이다. 현재 중국은 소림사를 중국권술의 성지로 단장하여 전 세계에서 온 수련생들을 받고 있다.

당랑권의 당랑은 사마귀를 가리킨다. 당랑권은 원래 소림사에서 무술을 배웠던 왕랑王郎이라는 사람이 자신의 무예로 사형을 이기지 못하자 소림사를 떠나 새로운 무예를 연마했는데 어느날 사마귀가 매미를 잡는 것을 보고 창안한 것이라고 한다. 그는 자신의 새로운 권법을 사마귀의 이름을 따서 당랑권이라고 부르고 다시 소림사로 돌아가 사형을 이겼다고 한다. 당랑권에는 칠성당랑七星螳螂이나 매화당랑梅花螳螂처럼 동작이 매우 격렬하고 빠른 것이 있는가 하면 육합당랑六合螳螂처럼 동작이 유연하고 깊은 것도 있다. 당랑권의 특징은 손발의 조합이 좋고 한 번의 공격에 실패해도 연이어 공격하는 것이다.

통비권은 적을 공격할 때 팔꿈치를 뻗는 특수한 동작에서 따온 것이다. 실제로는 팔만 뻗는 것이 아니라 등과 어깨도 협조하여 팔을 뻗는 것이기 때문에 통배권通背拳이라고도 한다. 그리고 백원통비권白猿通臂拳이라고도 하는데 원숭이의 동작을 흉내 낸 것이 많기 때문이다. 일설에 따르면 전국시대에 흰 원숭이로부터 배운 것으로 『손자병법』의 저자인 손무가 창시했다는 설이 있지만 모두 전설이다. 옛날부터 중국에는 원숭이 동작을 흉내 낸 도인술이나 권법이 많이 있었는데 통비권도 그 가운데 하나다.

내가권을 대표하는 형의권, 팔괘장, 태극권은 이름 자체가 말해주듯이 매우 철학적이다. 먼저 형의권을 보자. 형의권은 심의권心意拳, 의권意拳, 심의육합권心意六合拳이라고도 불렸다. 남송의 비운의 장수 악비岳飛가 창안했다는 설이 있으나 신빙성은 없다. 형의권은 이름에서도 알 수 있듯이 뜻을 중시한다. 그래서 복잡한 동작보다는 간결하고 단순한 동작을 위주로 수련을 하되 그 속에서 심후한 내공을 기른다. 단순함 속의 심오함의 도리를 추구했던 것이다.

형의권의 대가였던 곽운심郭雲深은 형의권에 필요한 세 가지의 도리, 세 단계의 공부, 세 종류의 수련법을 강조했는데 이 가운데 가장 먼저 나오는 세 가지의 도리란 연정화기煉精化氣, 연기화신練氣化神, 연신환허練神還虛다. 이는 정통 단학 수련의 핵심개념으로 정精을 연마하여 기氣로 화하게 하고, 기를 연마하여 신神으로 화하게 하며, 신을 연마하여 허공으로 돌아가게끔 하는 것이다. 이로 보아 형의권은 단순한 격투기의 단계를 넘어서 심신수양의 지극한 경지를 추구했음을 알 수 있다.

팔괘장은 모든 기법이 『주역』의 팔괘와 관련이 있고 또한 주먹을 쓰지 않고 손바닥으로 하기 때문에 붙여진 이름이다. 팔괘장은 청나라 중기에 동해천董海川이라는 사람이 어느 기인으로부터 하도河圖와 낙서洛書 및 주역팔괘를 이용한 권법을 배워 창안한 권법이라고 한다. 하도와 낙서는 도교에서 나온 숫자를 이용한 그림으로 음양오행과 매우 밀접한 관련이 있는 것이다.

팔괘八卦

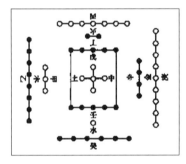

하도河圖

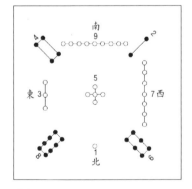

낙서洛書

『주역』의 이론체계에서도 매우 중요한 비중을 차지하고 있는 숫자이론이다.

팔괘장을 배우는 데는 특히 경쾌하고도 오묘한 보법이 요구되기 때문에 하체를 단련하는 운동과 보법을 익히는 것이 선행되어야 한다. 옛날에는 보법의 연습만 심지어 1년씩 시키는 경우도 있었다고 한다. 그리고 그 보법은 팔방을 따라 전개되어 각 방향에 따라 손놀림도 변한다. 팔방은 물론 팔괘의 이론에서 나온 것이다. 이밖에 팔괘장에서는 모든 동작의 배경 속에 주역사상이 깔려 있다.

태극권 또한 마찬가지다. 태극권의 모든 동작의 원리는 태극사상과 밀접한 관련이 있다. 아울러서 노자의 이유제강以柔制剛의 사상이 짙게 깔려 있고 이를 위해 고도의 기 수련과 정신집중 수련을 필요로 한다. 다른 내가권들도 대부분 정신수양을 많이 강조하지만 태극권은 그런 성향이 더욱 강하다.

태극권의 명저 가운데 하나인 『진씨태극권도설』에는 태극권을 행할 때의 몸가짐과 마음가짐에 대해서 매우 상세하고도 엄격하게 설명하고 있는데, 거기에는 음양, 강유, 인의의 도만이 아니라 중후함, 공손함, 올곧음, 엄숙함을 강조하고 있다. 그리고 공자가 말한 예가 아니면 보지도, 듣지도, 말하지도, 행동하지도 말라는 가르침을 따라서 규범을 잘 지켜야 함을 강조하고 있다.

규범이 하도 까다로워 어떤 이가 질문하기를, "태극권은 그저 하나의 기예일 뿐입니다. 당신의 말대로라면 규범을 세운 것이 너무 엄합니다. 설사 성현이 열심히 수양하는 것도 이 정도에 불과할 텐데 하나의 말단 기예에서 반드시 이렇게 해야 합니까?"라고 하자, "그렇지 않다. 권법을 수련하는 것도 역시 자신을 수양하여 성명性命을 바로 지키는 학문이다. 맹자도 컴퍼스와 자를 쓰지 않으면 네모와 원을 바로 그릴 수 없다고 말했다"라고 답하고 있다.

이상으로 보았을 때 서양 격투기에 대한 중국권술의 또 하나의 특징은 양생적 요소 외에 수도적 요소와 사상적 요소가 두드러지게 드러난다는 것이다. 사실 중국문화에서는 양생적 요소와 수도적 요소는 분리하기 어렵고 사상적 요소 또한 마찬가지다. 그것은 몸과 마음을 나누지 않고 실제적인 수양과 이론적인 사상을 둘로 나누지 않는 태도에서 나온 것이다. 체력과 근력으로 상대방을 제압하는 격투기 자체의 요소에 격투기 외적인 요소인 양생과 수도적 측면을 강조하는 것은 배경과의 조화를 중시하는 태도과 관련이 있다. 마치 건축에서 건축 자체의 요소 외에 여러 가지 외적 요소를 고려하는 것과 같다.

격투기 속에 양생의 도와 아울러 심오한 철학성도 추구하다보면 아무래도 실전에서 문제가 있다고 지적하는 사람들이 많다. 실제로 격투기 자체뿐만 아니라 양생과 수도를 함께 추구하다보면 아무래도 단기간에 실전적 역량을 극대화하기는 힘들 것이다.

그러면 자질과 체격이 비슷하다는 조건하에 태극권을 3년 배운 사람과 태국의 무예타이를 3년 배운 사람이 맞붙으면 어떻게 될까? 아마도 태극권을 쓰는 사람이 불리할 것이다. 왜냐하면 무예타이는 주먹, 팔꿈치, 다리, 무릎

등 온몸을 무기로 사용하는 격렬한 격투기로 실전에서는 아무래도 더 빠른 효과를 낼 수 있기 때문이다.

그러나 권술을 천박한 싸움으로만 보지 말고 일종의 기예라고 생각한다면 권술을 통해서 양생과 수양을 겸할 수 있는 것은 매우 큰 장점이라고 할 수 있다. 실제로 외가권도 그렇지만 내가권인 형의권이나 팔괘장, 태극권의 고수들 가운데는 70세를 넘도록 장수한 사람이 많았다. 지금이야 70세가 그리 고령이 아니지만 1~2백 년 전만 해도 70세는 매우 드물었다. 인생칠십고래희人生七十古來稀라는 말도 있지 않은가? 그만큼 권술을 통해서 건강과 수양을 겸할 수 있었기 때문이리라. 매우 격렬한 격투기인 권투나 태국의 무예타이 선수들의 선수 수명이 매우 짧고 나중에 은퇴한 뒤에도 여러 가지 신체적인 질병으로 고생하다 일찍 죽는 것과는 무척이나 대조적이다.

태극권과 태극사상, 그리고 대강약유

중국의 여러 권술 가운데 태극권만큼 직접적으로 사상을 중시하는 권술은 없다. 태극권이란 이름 자체가 태극의 원리를 딴 권법이라는 뜻으로 태극사상에 나온 것임을 알 수 있다. 태극은 고대 중국인들의 세계관의 근간을 이루는 것으로 그 출처는 『주역』의 「계사전繫辭傳」이다. 『주역』은 주나라의 점복서다.

『주역』은 비록 점복서지만 음과 양을 가리키는 두 개의 부호를 이용하여 음양의 다양한 조합 속에서 일어나는 경우의 수를 음양변화의 원리에 따라 점을 치는 방식이기 때문에 그 속에는 다소 철학적인 요소가 있다. 『주역』에는 「십익十翼」이라고 해서 『주역』의 난해한 뜻을 이해하는 것을 도와주는 열 개의 주석이 달려 있는데 풍부한 철학성으로 말미암아 『주역』을 점복서에서 사상적 깊이를 지닌 철학서로 격상시키는 데 많은 공헌을 했다. 이로써『주역』은 오경 가운데 하나로 받들어졌고 후대의 많은 사상가들에게 영감을 주는 중국사상의 원류가 되었다.

「계사전」은 바로 이「십익」가운데 하나로, 태극과 음양의 원리를 비롯하여 철학적으로 비교적 의의가 있는 다양한 학설들을 전개하고 있어 가장 중시되는 주석이다. 그러면「계사전」가운데 태극에 대한 내용이 있는 부분을 보도록 하자.

> 역에는 태극이 있고, 이것이 양의를 낳고, 양의가 사상을 낳고, 사상이 팔괘를 낳는다(易有太極, 是生兩儀, 兩儀生四象, 四象生八卦).

여기서 역이란 변화를 말하는 것이다. 역학은 우주 삼라만상의 변화를 연구하는 학문이라고 할 수 있다. 태극이란 모든 우주변화의 기본 요소라고 할 수 있는 음과 양이 아직 나누어지기 전의 상태를 말하는 것이다. 우리나라의 태극기에서 가운데 있는 원이 바로 태극을 상징하는 도형이다. 태극도를 보면 분명 음과 양이 존재하고 있으나 음의 꼬리가 양의 머리와 맞물려 있고 양의 꼬리가 음의 머리와 맞물려 있어 둘을 떼놓을 수 없는 것임을 알 수 있다.

태극도를 통해 우리는 중국인들의 기본적인 세계관을 잘 알 수 있다. 중국인들은 이 우주가 음과 양으로 이루어져 있지만, 그것은 서로 완전히 모순 대립하는 것이 아니라 상호 보완적인 요소라고 생각했고, 음과 양이 합쳐서 더 큰 차원의 태극을 이룬다고 여겼다.

이런 상보적 이원론은 중국어의 어휘에서 잘 드러나고 있다. 중국어에서는 서로 대립적인 요소를 합쳐서 하나의 새로운 의미를 지닌 단어를 만드는 경우가 많다. 빛과 그림자를 합친 광음光陰이 시간을 가리키는 단어로 쓰이는 것이나 하늘과 땅을 합친 천지天地가 세상을 가리키는 단어로 쓰이는 것, 길고 짧음을 합친 장단長短이 길이를 가리키는 말로 쓰이는 것 등 이루 헤아릴 수 없이 많다.

이에 비해 서양의 이원론은 상보적 성격보다는 모순 대립적 성격을 훨씬 더 많이 강조하는 편이다. 유신론有神論과 무신론無神論은 서로 확연히 대립되는 것이고 유물론唯物論과 유심론唯心論도 서로를 전혀 용납하지 않는다. 서양의 역사 속에서 종교의 대립과 사상의 대립으로 얼마나 많은 사람들이 피를 흘렸는가를 보면 이를 잘 알 수 있다.

다음으로 양의란 음과 양을 말한다. 음양의 변화가 처음으로 시작되는 단계다. 사상은 음양이 다시 넷으로 나누어지는 단계다. 양이 두 개 겹친 것이 태양太陽 혹은 노양老陽이고, 양을 바탕으로 깔고 있되 밖으로는 음의 모습을 지니고 있는 것이 소음少陰이다. 반대로 음이 두 개 겹친 것을 태음太陰 또는 노음老陰이라고 하고, 음을 바탕으로 깔고 있되 겉으로 양의 모습을 지니고 있는 것이 소양少陽이다.

사상을 처음으로 접하는 사람들은 왜 양에서 소음이 나오고 음에서 소양이 나오는지에 대해서 의아하게 생각한다. 그들은 양에서는 태양과 소양이 나와야 하고 음에서는 태음과 소음이 나와야 한다고 생각한다. 이원성을 확연히 둘로 나누는 관점에서는 그것이 합당하게 보일 것이다. 그러나 앞에서도 설명했듯이 태극이라고 하는 것이 음과 양이 합쳐서 이루어진 것이듯, 양 또한 태양과 소음이 어우러져 이루어진 것이다. 양 속에는 분명 음과 양이 공존한다. 다만 양의 성질이 더욱 강하기 때문에 전체적으로는 양으로 보일 따름이다.

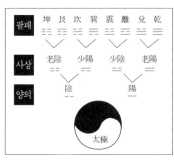

태극과 양의, 사상 그리고 팔괘 도표

팔괘 또한 마찬가지다. 태양에서 건乾과 태兌가 나오고, 소음에서 이離와 진震이 나오며, 소양에서 손巽과 감坎이 나오고, 태음에서 간艮과 곤坤이 나온다. 이 가운데 양이 세 개 겹친 건괘는 당연히 양이라고 할 수 있고 그 반대로 곤괘는 당연히 음이라고 할 수 있다. 나머지 경우는 숫자가 적은 효爻의 음양으로 음양을 구분한다. 양효가 두 개 있고 음효가 하나 있으면 그것은 음에 속하는 괘고 그 반대는 양에 속하는 괘다. 이렇게 보면 하나의 상象에 모두 음과 양이 공존하고 있음을 알 수 있다. 이 팔괘를 두 번 곱하면 육십사괘가 된다. 『주역』에서 육십사괘란 우주 삼라만상의 갖가지 변화를 상징하는 것이다.

이상 태극에서 사상과 팔괘가 나오고 다시 육십사괘가 나오는 과정을 간단하게 설명했는데 그 핵심은 음과 양의 상보성이다. 이 때문에 태극권에서는 음양의 구분을 중시하면서도 그 둘의 상보성 또한 중시한다.

그런데 태극권을 설명하는 책을 보면 태극이라는 말 외에 무극無極이라는 말이 등장한다. 무극이라는 말은 원래 『주역』에는 나오지 않는 개념이다. 송나라 때의 주돈이가 우주 생성의 원리를 설명한 「태극도설太極圖說」에서 '무극이태극無極而太極'이라는 말을 하여 널리 알려지게 되었다. 그런데 주돈이의 「태극도설」은 도교의 도사 진희이陳希夷에게서 기본 개념을 차용하여 새롭게 짜여진 것이다.

무극이란 태초에 아직 우주가 창조되기 전으로 아무것도 없는 대혼돈의 모습이라고 할 수 있고, 태극이란 창조의 조짐과 기틀은 있으나 아직 구체적으로 창조가 진행되지 않은 상태를 말한다. 음과 양이 나누어져야 비로소 창조가 진행되는 것이라고 할 수 있다.

태극권은 태극철학의 영향을 받아서 만들어진 권술이다. 그래서 무극과 태극의 철학적 원리를 권술에 응용하고 있다. 『진씨태극권도설』의 앞머리에서 강조하는 태극권의 비결 가운데 다음과 같은 말이 있다.

무극이란 아무것도 없는 것이다. 태초 이전으로 혼돈스럽고 혼돈스러워 이른바 대혼돈이라는 것이 바로 이때를 가리킨다. 수련자가 권술을 수련할 때 단정하게 서서 눈을 감고 숨을 고른다. 양손을 내려트리고 몸을 단정하게 하고 양발을 나란히 한다. 마음속에 하나의 집착도 없고 한 가닥의 잡념도 없어 환하면서도 혼돈스러운 것이 마치 대혼돈의 무극의 모습이다. 그래서 그 형태를 이름 붙일 수 없으나 이름 붙여 무극의 형상이라고 한다. (중략)

대혼돈 후에 음양이 비록 아직은 나누어지지 않았으나 나누어질 기미는 이미 보였다. 일단 나누어지면 맑은 기운은 상승하여 하늘이 되고 탁한 기운은 하강하여 땅이 된다. 다만 이때는 청기는 아직 상승하지 않았고 탁기는 아직 하강하지 않았을 따름이다. 그러므로 이것을 일러 태극이라고 했다. (중략) 권을 수련할 때 손과 발이 비록 운동을 일으키지는 않았지만 단정하고 공경스러운 모습 가운데서 음양개합陰陽開合의 기틀과 소식영허消息盈虛의 이치가 이미 마음속에 깃들어 있다. 이때는 뜻을 하나로 하고 정신을 집중하여 오로지 공경스럽게 하고 있어서 음양개합과 소식영허가 아직 나타나지 않았을 뿐이다. 이때도 가히 이름을 붙일 수가 없으니 태극이라고 이름 붙일 수 있다. 이것을 수련자에게 말해주는 것은 처음 권술을 하러 나설 때 먼저 마음을 깨끗이 씻어 잡념을 없애고, 마음을 고요하게 하여 기를 고르게 해 그 움직임을 대기하라는 것이니, 이와 같이 한 뒤에야 권을 배울 수 있음이다.

태극권에서 말하는 무극이란 수련을 시작하기 전에 마음을 텅 비운 상태를 말하는 것으로, 그림에서 보면 알겠지만 팔을 축 늘어트린 상태다. 태극도를 보면 팔을 약간 든 모습인데 음양개합과 소식영허가 마음속에는 갖추어져 있으나 아직 구체적인 형태로 나타나기 직전의 상태다. 여기서 음양개합이란 음양과 열고 닫는 이치에 따라 몸을 펼쳐서 열고 오므려서 닫는 것을 말하고, 소식영허는 줄어들고 늘어나고 차고 비는 이치에 따라 몸에 힘을 주거나 빼는 것을 말한다. 태극권, 아니 태극권만이 아니라 대부분의 중국무술은 이처럼 별것 아닌 내용에 그럴듯하고 심오한 용어를 사용하는 경우가 많다.

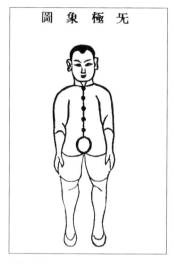

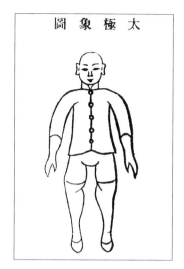

태극권의 무극도

태극권의 태극도

그러면 실제적으로 태극권의 본 동작을 할 때는 어떤 원리를 강조하는가? 앞에서 태극이 음과 양을 낳는다고 했는데 태극권에서는 음과 양을 분명히 하는 것을 중시한다. 즉, 손발과 몸의 각 부위를 움직일 때 모두 개합과 허실을 분명히 해야 한다. 태극권은 허리와 척추를 중심으로 팔과 다리가 모두 원호를 그리면서 움직여야 한다. 이렇게 두 팔의 동작들이 나선형의 호를 그리면 팔의 모양이 태극도와 가깝게 된다. 이때 동작이 밖을 향해 펼치는 것을 개라고 하고 안으로 모으는 것을 합이라고 한다. 그리고 다리의 무게 중심이 실리는 쪽을 실이라고 하고 반대편을 허라고 한다.

음과 양을 분명히 해서 한 번은 열고 한 번은 닫고, 한 번 다리에 힘을 주고 한 번은 다리에 힘을 빼기를 반복한다. 그러나 음양을 분명히 한다고 해서 이것들을 대립적으로 나누어서는 안 된다. 앞에서도 강조했듯이 태극의 원리는 상보의 원리다. 그렇기 때문에 태극권의 비결에서는 개 가운데서 합이 숨겨져 있고 합 가운데 개가 숨겨져 있음을 알아야 하고, 실 가운데 허가 숨겨져 있고 허 가운데 실이 숨겨져 있음을 알아야 함을 강조한다.

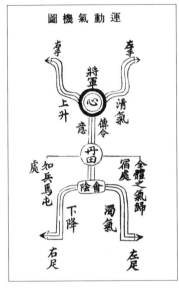

기운행도

그리고 태극권은 단순히 손발을 움직이는 동작만이 아니라 기를 운행하는 것을 중시한다. 기운행도는 진가태극권의 제1식인 금강도대金剛搗碓에서 기를 운행하는 방법에 대한 도표다.

그림에서 단전은 전쟁터의 병마가 주둔하는 곳과 같다고 말하고 전체의 기가 돌아가서 머무는 곳이라고 설명하고 있다. 단전을 중심으로 하늘의 기운인 청기는 심장으로 올라가서 양팔로 전해지고, 땅의 기운인 탁기는 항문과 성기 사이인 회음으로 내려가서 골반을 따라 두 다리로 전해진다. 태극에서는 청기와 탁기의 조짐만 있었지만 본 자세에 들어가면 이렇게 청기와 탁기가 나누어지는 것이다. 그러나 기가 올라가고 내려가는 것이 마치 두 개의 말뚝 같지만 실제로는 하나의 기가 관통하는 것이라고 설명하고 있다.

"둘이면서도 하나고 하나이면서도 둘이다"는 말이나 "음 속에 양이 있고 양 속에 음이 있다"는 말은 사실 서양의 대립적 이원론에 익숙한 사람들에게는 매우 낯설고 모호하게 들릴 것이다. 그러나 이원론을 대립적으로 보지 않고 상보적으로 본다면 훨씬 쉽게 이해할 수 있을 것이다.

태극권은 겉으로 볼 때는 분명 태극사상과 밀접한 관련이 있지만 그 속을 들여다보면 노자의 유약柔弱의 사상이 근간을 이루고 있다. 왜냐하면 태극권의 기본 개념은 부드러움으로 강함을 이기려고 하는 노자의 이유제강以柔制剛의 사상에서 나온 것이기 때문이다.

노자의 『도덕경』을 관통하는 중요한 사상 가운데 하나는 음유陰柔의 철학이다. 음유는 양강陽剛의 반대말로 양보다는 음을, 굳셈보다는 부드러움을 중시하는 철학이다. 현실세계에서는 분명 암컷보다는 수컷이 더 힘이 세고, 딱딱한 것이 부드러운 것보다 강하다. 그러나 노자는 수컷보다 암컷을 더 강조하고 딱딱한 것보다는 부드러운 것을 더 중시한다.『도덕경』곳곳에는 암컷의 현묘함에 대한 이야기가 나오며 부드럽고 약한 것에 대한 내용들이 있다. 여기서는 부드러움의 철학에 대해서 살펴보자.

　　부드럽고 약한 것이 굳세고 강한 것을 이긴다. —『도덕경』36장

　　사람이 태어날 때는 부드럽고 약하지만 죽을 때는 딱딱하고 강하다. 초목이 태어날 때는 부드럽고 야들야들하지만 죽을 때는 딱딱하게 마른다. 그러므로 딱딱하고 강한 것은 죽음의 무리요, 부드럽고 약한 것은 삶의 무리다. —『도덕경』76장

　　천하에 물보다 더 부드럽고 약한 것이 없지만 굳세고 강한 것을 공격하면 아무도 그것을 이길 수가 없다. —『도덕경』78장

　노자는 이렇게『도덕경』곳곳에서 부드럽고 약한 것이 굳세고 강한 것보다 더 좋은 것임을 강조하고 있다. 그렇지만 우리가 자연계를 볼 때 대부분의 경우는 굳세고 강한 것이 부드럽고 약한 것을 이긴다. 도대체 어떤 경우에 부드럽고 약한 것이 굳세고 강한 것을 이긴다는 말일까?
　먼저 노자가 예로 들고 있는 물의 경우를 이야기해보자. 부드럽다와 강하다는 상대적인 것이므로 비교의 대상이 있어야 한다. 여기서는 물에 비해서 훨씬 강하고 견고한 바위를 비교해보자. 보통 때 물은 바위에 비해 분명히 부드럽고 약한 것이다. 그래서 물은 항상 바위를 만나면 피해서 돌아간다. 그러나 홍수 때 계곡에 흐르는 큰 물은 집채만한 바위도 굴린다. 우리는 해마다 겪는 피해 때문에 물의 위력을 너무나 잘 알고 있다. 그리고 처마 밑에

서 한 방울 한 방울씩 떨어지는 낙숫물은 그 양이 지극히 작지만 긴 시간이 흐르면 바위를 뚫는다. 이를 보면 분명 물은 약하고 부드러운 것이지만 물의 공격에 견딜 대상은 없다.

그러나 그것은 엄청나게 많은 양의 물이 모였을 때의 일이거나 오랜 세월 지속적으로 진행되었을 때 나타나는 현상일 뿐이다. 그냥 동등하게 비교하면 물은 바위를 이길 수가 없다. 사실 노자가 물이 강하다고 하는 것은 철학적 비유이지 자연계의 실제적인 현상이 그렇다는 뜻은 아니다.

노자가 또 예를 들고 있는 것은 사람과 초목이다. 노자는 부드럽고 약한 것은 생명력이 있고 굳세고 강한 것은 생명력이 없다는 것을 강조하고 있다. 이것은 참으로 예리하고도 심오한 통찰이다. 어린아이의 몸은 얼마나 부드럽고 약하게 보이는가? 봄철 갓 물이 오른 버드나무 가지를 보라. 약한 바람에도 흐느적거리는 것이 얼마나 부드럽고 약해 보이는가? 그러나 그 속에는 생명력이 가득 차 있다. 이에 비해 노인의 몸이나 겨울철의 나뭇가지들을 보라. 노인의 몸은 굳어 있다. 그리고 겨울철의 나뭇가지들은 딱딱하다. 이들은 분명히 생명력이 없다.

생명력이 가득 찬 것이 생명력이 고갈된 것보다 좋은 것은 말할 필요가 없다. 그러나 이것 또한 생명력이라고 하는 특수한 관점에서 말하는 것이지 일반 현실의 세계에서는 특수한 경우를 제외하고 부드럽고 약한 것이 굳세고 강한 것을 이긴다고 말하기는 어렵다.

이런 점에서 볼 때 노자의 이야기는 분명 현실성이 없어 보인다. 그러나 앞에서 대교약졸의 논리구조를 응용해본다면 사실 노자가 말하는 부드럽고 약한 것은 단순히 부드럽고 약한 것을 말하는 것이 아님을 알 수 있다.

그렇다. 노자가 말한 부드럽고 약함은 그냥 말랑말랑하기만 하고 아무 힘이 없는 것을 말하는 것이 아니다. 그것은 굳세고 강함을 속으로 감춘 부드럽고 약함이다. 대교약졸에서 '교'와 '졸'을 '강剛'과 '유柔'로, '강强'과 '약弱'으로 바꾸어보면 대강약유大剛若柔와 대강약강大强若弱이 된다. 그리고 이것은 바로 딱딱함과 강함을 안으로 감춘 부드러움과 약함으로서의 외유내강外柔內剛과 외약내강外弱內强을 말하는 것이다.

이렇게 외유내강이 이루어질 때 비로소 이유제강以柔制剛, 즉 부드러움으로 굳셈을 제압하는 것이 가능하게 된다. 이런 이유제강의 사상이 있기 때문에 중국에서는 밖으로의 힘만 기르는 것이 아니라 속의 힘을 기르는 풍토가 조성될 수 있었고, 그것이 권법으로 나타난 것이 바로 태극권이다. 부드러움으로 강함을 제압하는 것이야말로 태극권이 다른 여러 권술과 가장 큰 차이를 보여주는 부분이다.

권술이란 몸으로 서로 싸워 상대방을 이겨야 하는 것이다. 권술만큼 강과 약의 구분이 선명한 세계도 없다. 권술의 세계에서 약한 자가 강한 자를 이기는 것은 거의 불가능하다. 권술에서 상대방을 제압하기 위해서는 뼈와 근육이 강해야 하고 몸이 빨라야 한다. 그래서 권술을 하는 사람은 몸을 굳세고 강하게 만들고 동작을 빨리 하기 위해서 끊임없이 노력해야 한다.

그러나 노자의 이유제강 사상의 심오한 뜻을 이해했던 사람들은 기존의 통념과는 전혀 다른 부드러움의 권술을 창안했다. 이것이 바로 태극권이다. 그러면 태극권에서는 어떻게 하여 부드러움으로 강함을 이길 수 있다고 말하는가? 이를 설명하기 위해서는 먼저 경勁과 송鬆의 개념을 이해해야 한다.

경이란 일반적으로 근육을 사용하여 내는 뚝심과는 다른 것으로, 태극권을 통해서 나오는 새로운 차원의 힘이다. 무릇 모든 동작은 근육과 뼈의 힘을 사용한다. 예를 들어 무거운 물건을 들려면 근육과 뼈의 힘을 사용해야 한다. 그러나 태극권에서 사용하는 경은 탄성의 힘이다. 경이란 근육 자체의 탄성만 가지고 되는 것이 아니라 근육이 가진 탄성의 기초 위에서 골격과 인대, 근육을 종합하여 편안하게 풀어놓은 가운데 생기는 힘이다.

경을 제대로 수련하기 위해서는 반드시 기존의 뚝심을 다 빼는 과정을 거쳐야 한다. 태극권을 수련할 때 몸에 힘을 빼는 것을 강조하는 것은 바로 이 때문이다. 물론 단순하게 힘을 빼는 것으로는 되지 않는다. 송이 되어야 한다. 일반적으로 송은 이완을 말한다. 그러나 태극권에서 말하는 송은 일반적으로 말하는 이완된 상태가 아니다. 몸이 풀려 있되 진흙더미와 같이 축 늘어져 퍼진 것이 아니고 힘이 들어가 있되 뚝심이 털끝만치도 들어가 있지 않은 상태를 말한다. 이것은 몸이 충분히 열려 있으면서 이완된 상태다. 완전한 송이 될 때 저절로 경이 나온다. 송은 경이 나오기 위한 필수조건이라고 할 수 있다. 사실 송과 경은 분리될 수 없는 것이라고도 할 수 있다.

태극권에서는 송과 경을 이루기 위해서는 허령정경虛領頂勁, 기침단전氣沈丹田, 함흉발배含胸拔背, 침견추주沈肩墜肘, 송요원당鬆腰圓膛, 개과굴슬開胯屈膝이 필수적임을 강조한다. 이를 차례대로 풀이하면 정수리는 위를 향하여 받치듯이 가볍게 올리고, 기운은 단전에 침잠하도록 하고, 가슴을 앞으로 내밀지도 안으로 굽히지도 말고 자연스럽게 하고, 등은 반듯하게 하고, 어깨가 위로 들리지 않도록 가라앉히고, 어깨와 팔꿈치는 자연스럽게 떨어트리고, 허리의 긴장을 풀고 사타구니가 원을 그리게 하고, 고관절을 열고 무릎을 굽히는 것이다. 이런 조건들을 다 갖추어야 몸이 충분히 열리게 되고 송과 경이 이루어질 수 있다. 이렇게 경이 완전하게 이루어질 때 온몸에 엄청난 탄력이 붙기 때문에 다른 어떤 강한 힘이 와도 그것을 밖으로 튕겨낼 수 있다.

근래의 격투기의 대가인 최배달이 격투기로 세계를 제패하기 위해 전 세계의 고수들과 혈투를 벌리던 중에 홍콩에서 태극권의 달인인 진노인에게 도전을 했다. 당시 최배달은 한참 혈기왕성할 때였고 태극권의 고수는 70에 가까운 노인이었다. 그러나 최배달은 진노인을 이길 수가 없었다. 아무리 빠르고 강한 힘으로 노인에게 달려들어도 가까이 가면 탄성에 의해 튕겨나오기 때문에 어떻게 할 도리가 없었기 때문이다.

이것으로 보아 태극권의 핵심이자 태극권이 다른 권술과 가장 차이가 나는 것은 바로 부드러움으로써 강함을 제압하는 것이라고 할 수 있다. 이것은 바로 인체의 원리를 끝없이 탐구하여 노자의 대유약강의 철학을 몸에서 실현할 수 있었기 때문이다.

태극권의 어제와 오늘

중국권술의 대부분이 그렇듯이 태극권 또한 언제부터 시작되었는가에 대해서는 설이 분분하다. 우선 가장 고대로 거슬러 올라가는 것은 당나라 때의 도사인 허선평許宣平 또는 이도자李道子가 창시했다는 설이 있다. 그러나 이것은 태극권의 기원을 좀더 고대로 소급시키려는 의도에서 나온 설로 신빙성이 거의 없다.

민간에 널리 퍼진 설 가운데는 태극권이 도교의 성지인 무당산에서 나왔다는 설이 있다. 태극권의 사상 속에 도교적인 요소가 많이 있고 무당산이 도교 무술의 성지이기 때문에 그런 개연성은 충분히 있다. 여기에도 여러 가지 설이 있는데 북송 말기의 도사 장삼봉張三峰이 만들었다는 설도 있고 남송시대의 도사 장삼풍張三豐이 창시했다는 설도 있으며 원말명초의 도사 장삼봉張三峰이 지었다는 설이 있다. 사실 장삼봉, 장삼풍, 장삼봉은 끝의 글자만 다른데 공교롭게도 세 글자의 중국어 발음과 성조가 일치한다. 이렇게 거의 같은 이름의 도사가 시대를 달리하여 나타나는 것은 그 신빙성에 의심을 갖게 한다. 아무래도 민간의 전설과 역사적 사실이 혼재되어 나타난 것일 가능성이 높다.

이 가운데 무당산의 도사로서 무림에 널리 알려진 사람은 원말명초의 장삼봉인데 사실 이 장삼봉에 대해서도 엄밀한 역사적 기록은 불분명하고 다만 황제가 불렀는데 끝내 나타나지 않았다는 이야기 정도가 있을 뿐이다. 그 밖의 북송대와 남송대의 장삼봉 또한 모호하기 그지없다. 아마도 이 장삼봉을 모델로 생겨난 민간의 전설일 가능성이 많다. 아무튼 장삼봉은 종종 민담이나 소설에서 태극권의 창시자로 등장한다. 그는 원래 외가권인 소림권을 배웠으나 나중에 태극의 원리와 이유제강의 원리를 깨쳐서 마침내 태극권을 창시했다고 한다. 그러나 이에 대한 확실한 근거가 부족하고 게다가 결정적으로 현재 무당파에는 태극권이 없기 때문에 이 설은 신빙성이 없다. 그밖에 청나라 중기에 왕종악王宗岳이 진씨 마을에 가서 전해주었다는 설도 있으나 이 설도 신빙성이 없다.

태극권의 기원에 대해 가장 신빙성이 있는 것은 명나라 초에 진씨陳氏 집안에서 창안했다는 설이다. 명나라 초기에 진복陳卜이라는 사람이 산서성에서 하남성 온현溫縣 상양촌常陽村으로 이주했는데 이 마을은 진씨 일가가 번성한 관계로 진가구陳家溝로 이름을 바꾸게 되었다. 진복은 원래 권술을 하던 사람이었는데 음양개합의 이치를 응용하여 몸을 풀고 소화를 돕는 동작을 자손들에게 가르쳤다고 한다. 이것이 태극권의 원형이라고 할 수 있다. 후대로 갈수록 더욱 더 체계가 갖추어져 9대손인 진왕정陳王廷에 이르러서는 마침내 태극권의 기본형이 다듬어졌다.

진왕정은 명나라 중기의 장수 척계광이 지은 『기효신서紀效新書』 가운데 「권경삼십이세拳經三十二勢」와 평소 자주 읽던 『황정경黃庭經』을 이용하여 태극권을 만들었다고 한다. 참고로 『기효신서』는 무술 및 전략에 대한 종합서인데, 임진왜란 때 명나라 장수 이여송이 이 책을 참고로 하는 진법을 펼쳐 왜군에게 승리를 거두자 조선 조정에서도 왜란 이후에 이 책을 구해 군인들을 훈련시키는 데 사용했다. 조선 무술서적의 대명사로 불리는 『무예도보통지武藝圖譜通志』도 이 책의 영향을 많이 받았다. 책 가운데 「권경삼십이세」는 척계광이 전국의 권법 대가들을 불러서 그 당시까지 내려오던 권법을 총정리한 것으로 중국무술사에서 획기적인 책이다. 그리고 『황정경』은 위진시대에 나온 도교의 양생술에 대한 보고이자 의학서적이다. 진왕정은 당시까지 나온 최고의 무술서적을 통해서 무술 자세를 깊게 연구하고 도교의 수양론과 양생술을 동원하고 전승되어 오던 가문의 비전을 더욱 체계화하여 태극권을 창시했던 것이다.

원래 태극권은 진씨 집안에서만 전수되던 것으로 외부 사람들에게는 전해지지 않았다. 그러므로 태극권은 바로 진씨 집안의 무술을 가리키는 것이었다. 그런데 후대에 가서는 다른 성씨의 사람들에게도 점차 전해지게 되었다. 그래서 진가구에서 행해졌던 진씨 집안의 태극권을 진가태극권이라고 부르고, 다른 태극권들도 각각 창시자의 성을 따서 이름 지었다.

진가구의 진씨 집안에서만 전수되던 태극권을 맨 처음 바깥 세계로 전한 사람은 양로선楊露禪이다. 양로선은 원래 진가구의 한의원에서 관리인으로 일한 사람이었다. 관리인으로 있었을 당시 진가구의 14대손인 진장흥陳長興이 일족들에게 태극권을 가르치고 있었는데 양로선은 일을 하는 가운데서도 틈틈히 몰래 눈여겨보았다가 밤중에 홀로 연습을 하곤 했다. 하루는 밤중에 몰래 연습을 하다가 진장흥에게 발각되었다. 진장흥은 양로선의 성실성과 태극권에 대한 열정을 인정하여 정식으로 태극권을 배울 수 있도록 했다.

양로선이 진가태극권의 성취를 이룬 지 얼마 되지 않아 그가 일하던 한의원의 주인이 죽고 젊은 과부만 남게 되었다. 진가구의 원로들은 젊은 과부와 젊은 관리인 사이에 불미스러운 소문이 날까봐 양로선에게 고향으로 돌아갈 것을 권하고 양로선 또한 그런 소문에 휩싸이지 않으려고 고향으로 돌아가게 된다. 고향으로 돌아온 그는 주변 사람들에게 태극권을 전수하기 시작했으니 마침내 태극권이 진가구를 벗어나 세상에 널리 퍼지게 되었다. 그의 태극권은 당시 상당히 명성이 높았으며 나중에는 동향 사람의 추천으로 북경으로 가서 황족과 귀족들에게 태극권을 가르치게 되었고 황실군대의 무술교관직을 맡기도 했다.

양로선은 처음에 황족과 귀족들에게 자신이 배웠던 진가태극권을 그대로 가르쳤는데 황족과 귀족들은 무척 어려워했다. 실전을 위주로 하는 진가태극권은 초보자들에게 그리 쉬운 운동은 아니었고 특히 황족들과 귀족들에게는 더욱 그러했다.

양로선은 태극권의 달인이었을 뿐만 아니라 뛰어난 교사였다. 그래서 그는 배우는 사람들의 수준에 맞춰 진가태극권 가운데서 어려운 동작들은 쉽게 바꾸고 모양새도 좀더 우아하게 고쳐 그들의 심미안을 충족시키려고 했다. 이 작업은 당대에 끝나지 않고 그의 손자인 양징보楊澄甫에 이르러 완성된다. 이것이 바로 오늘날의 양가태극권이다. 양가태극권은 진가태극권에 비해 동작이 쉬운 편이며 대체로 크고 유연하며 미학적으로 볼 때도 훨씬 우아함을 자랑한다. 진가태극권이 순수 무술가를 위한 것이라면 양가태극권은 무술보다는 양생에 더 마음을 둔 사람들을 위한 수련이라고 할 수 있다.

진가태극권과 양가태극권은 태극권의 양대 산맥이다. 진가태극권이 원류지만 오늘날 대중적으로 가장 널리 수련되는 태극권은 양가태극권이다. 아무래도 현대인들은 무술 자체보다는 건강과 양생에 관심이 더 많기 때문이리라. 이밖에도 태극권에는 무가武家, 오가吳家, 손가孫家 태극권이 있다. 모두 진가와 양가로부터 파생된 것인데 창시자의 성을 따서 만든 것이다.

일반적으로 보아 노자의 대교약졸의 사상이 크게 꽃피운 것은 송나라 때다. 고문운동, 산수화, 아악, 원림건축, 선종, 신유학 등은 모두 대교약졸의 사상을 나름대로 소화시켜 꽃피운 것으로, 이것들은 모두 송대에 흥성했다. 그런데 유독 태극권만은 다른 분야에 비해 뒤늦게 발전했다. 태극권은 명대에 이르러 비로소 출현하기 시작하여 청대에 이르러 본격적으로 피어나기 시작했다. 그것은 권술이라는 분야는 문학, 예술, 종교, 사상 등의 우아한 분야와는 달리 직접적으로 몸과 몸이 부딪혀서 승부를 결정지어야 하는 실전적인 분야여서 대교약졸의 논리를 적용시키는 것은 그리 쉽지가 않았기 때문이 아닐까 생각된다.

태극권이 본격적으로 널리 퍼질 무렵에는 이미 너무나 많은 무기가 생겨 무술로서의 태극권의 효용성은 그 범위가 더욱 축소되어 버렸다. 특히 총의 등장은 무술의 의미를 크게 위축시켰다. 20세기 벽두에 일어난 의화단義和團 사건은 그 좋은 예다. 의화단 사건은 청나라 말기에 외세의 침략으로 자존심에 상처를 받자 외세를 배척하기 위해 일어난 운동으로, 반기독교 반제국주의적 운동이었다. 이 운동은 산동지방의 백련교의 한 분파이자 의화권義和拳이라는 단체가 주도한 것인데 의화권이라는 이름은 이들 신도들이 권술을 수련했기에 붙여진 이름이다. 이들은 권술을 비롯한 여러 무술을 수련했을 뿐만 아니라 내공을 열심히 단련하고 비전으로 내려온 신묘한 부적을 사용하고 주문을 잘 외우면 몸에 신통력이 생겨 총포에 맞아도 죽지 않는다고 믿기도 했다. 물론 그것은 일종의 종교적 집단망상이라고 할 수 있다. 그러나 당사자들, 특히 종교체험을 했던 신도들은 이를 철석같이 믿었다.

의화단 사건은 영어로는 'Boxer Rebellion'이라고 하는데 이들이 권술을 사용했기 때문에 붙여진 이름이다. 의화권과 Boxer는 정말 어울리지 않는다. 그 속에는 하늘과 땅 차이라고 할 만큼 큰 문화적 차이가 있다. Boxer들은 내공 수련을 하거나 주문을 외우지 않는다. 다만 펀치력을 강화하고 펀치의 속도를 높이기 위해 열심히 운동할 뿐이다. 그렇지만 권법에 해당하는 영어 단어가 그것밖에 쓸 만한 것이 없으니 어쩔 수가 없었을 것이다.

청나라 정부는 처음에는 이들을 정부에 위협적인 불손세력으로 보고 탄압하려고 했지만 이들의 목표가 왕조 타도가 아니라 외세 배척에 있다는 것을 알고 은근히 방치하거나 오히려 지원했다. 이들은 한때 세력이 크게 불어나 북경으로 입성하여 외국인과 선교사들에게 무차별 테러를 가했다. 마침내 영국과 프랑스 등의 서구열강은 이를 빌미로 연합군을 구성하여 중국침략을 본격화한다. 의화단은 자신들의 무술과 신통의 힘을 굳게 믿고 연합군의 대포와 총도 두려워하지 않고 용맹하게 싸웠으나 결국 대부분이 무참하게 죽는다. 당시 중국에는 무림고수의 대부분이 총에 맞아 사망함으로써 무림의 대가 끊어질 정도였다는 소문이 나돌았다.

군이 총을 거론하지 않아도 오늘날 권술은 위급한 상황에서 자신을 보호하는 호신술이나 스포츠 시합 외에는 큰 의미가 없다. 권술을 함부로 이용하여 남에게 상처를 주면 법적으로 매우 골치 아픈 상황에 처하게 된다. 그래서 권술을 배우는 사람들은 대부분 건강을 위해서나 자신을 보호하기 위해 무술을 시작한다.

이런 점에서 볼 때 부드러움을 중시하고 양생적 요소가 많은 태극권은 다른 권술에 비해서 매력적이다. 앞에서도 보았듯이 태극권도 원래는 남을 이기기 위한 권술이었다. 실제로 진가태극권의 동작 가운데는 겉으로 보기에는 우아하고 멋지게 보이지만 실제로는 상대방의 팔을 낚아채거나 목을 비틀어 꺾어버리는 무시무시한 동작들이 많이 있다. 그러나 대강약유의 사상을 추구하면서 우리 몸의 비밀을 과학적으로 파헤치고 탐구하는 가운데 승부와는 관계없이 몸을 건강하게 하고 정신 수양에도 도움이 되는 여러 가지 동작들을 많이 개발했다. 특히 양가태극권은 처음부터 양생적 요소를 많이 고려했기 때문에 대부분의 사람들이 쉽게 접할 수 있고 나이 많은 사람들도 무리 없이 쉽게 할 수 있는 장점이 있다. 중국의 공원에서는 아침마다 노인들이 양가태극권을 수련하는 모습을 쉽게 볼 수 있다.

1950년대 후반부터 중국 보건당국도 태극권이 중국문화의 특징을 잘 보여줄 뿐만 아니라 국민건강에도 도움이 된다고 여겨 태극권의 보급에 앞장서왔다. 전통적인 태극권은 대부분 108식, 88식, 83식, 76식 등 동작이 너무 길고 복잡하기 때문에 일반 사람들이 행하기가 쉽지 않다. 그래서 중국 보건당국은 태극권의 현대화, 과학화를 추진하여 1956년부터는 일반인들이 좀더 쉽고 간단하게 할 수 있는 간화簡化태극권 24식을 만들어 국가차원에서 널리 보급해왔다. 간화태극권은 대부분 양가태극권에서 따온 것들이다.

1966년부터 10년 가까이 중국대륙을 휘몰아친 문화대혁명 당시 중국의 전통문화에 대한 전면적인 타파에 앞장선 홍위병들은 태극권을 포함한 대부분의 중국무술을 전통의 구습이라는 이유로 탄압했다. 많은 태극권 수련자들이 박해를 받기도 했던 상황에서 공개적으로 태극권을 수련하거나 배우기는 힘들었다. 그러나 간화태극권 24식은 국민보건체조로 인식되었기 때문에 그다지 위축되지 않았다. 1970년대 후반에 등소평의 개혁개방정책이 시작되면서 중국 전통권술을 다시 피어나기 시작했고 특히 태극권은

1960년대 말부터 시작된 뉴에이지 운동의 선풍 속에서 서양에서 크게 환영받고 확장되기 시작했다. 이에 지금은 단일 권술로는 전 세계에서 가장 많은 인구가 수련하는 권술이 되었다.

　서양인들은 태극권을 태극의 중국 발음을 따서 'Taichi'라고 부르기도 하지만 'Movement meditation'이라고 부르기도 한다. 사실 서양인의 관점에서는 태극권처럼 느리고 유연한 동작의 운동은 건강을 위한 운동이라기보다는 기를 수련하고 정신을 집중하는 명상에 더 가깝다고 여겼기 때문이다. 중국이나 우리나라에서도 태극권을 동선動禪, 즉 움직이는 참선이라고 부르면서 명상의 한 방편으로 생각하는 사람들이 있어 왔고 최근에는 이런 사람들이 점차 늘어나고 있는 추세다.

선 종

대교약졸은 기교와 졸박함에 대한 말로 문학이나 예술 등과 직접적인 관련이 있다. 종교와 사상에 대해서는 대교약졸보다는 성스러움과 범속함의 통합을 지향하는 화광동진이나 대성약범大聖若凡이 더 어울릴 것이다. 이 장에서는 대성약범의 관점에서 인도에서 발흥하여 중국에 전래된 불교를 다루고자 한다. 사실 불교의 중국 전래는 교통과 통신이 발달하여 문명권간의 교류가 활발해진 근대 이전에 일어났던 문화교류 가운데 그 전례를 찾아보기 어려울 정도의 큰 규모와 심원한 영향력을 보여주는 대사건이라고 할 수 있다.

물이 높은 곳에서 낮은 곳으로 흘러가듯 일반적으로 문명이나 문화는 발달한 지역에서 그렇지 못한 지역으로 전파된다. 중국인들은 자신의 문명과 문화에 대한 자부심이 굉장하다. 실제로 15~16세기까지만 해도 중국문명의 수준은 세계 어느 문명권에 비해 손색이 없었다. 그렇기 때문에 아편전쟁 이후 서구열강에 거듭 패배하면서도 그들의 과학기술문명은 인정했지만 서양문화에 대해서는 전혀 수용하려고 하지 않았다. 자존심이 허락하지 않았던 것이다. 청일전쟁에서 일본에게 패하고 난 뒤에야 비로소 자존심을 꺾고 서양 문명과 문화 모두를 배우기 시작했다.

인도문명과 중국문명은 다 같이 세계 주요 문명권의 하나로서 그 우열을 가리기가 쉽지 않다. 게다가 인도와 중국 사이에는 황량한 사막과 험준한 산맥이 가로놓여 있어 서로 왕래하기가 쉽지 않았다. 이런 악조건에도 불구하고 중국인들은 엄청난 열정을 지니고 거의 일방적으로 불교의 학습에 매달렸다. 그 결과 인도의 문화와 사상은 중국문화와 사상에 지대한 영향을 미쳤다. 반면 중국의 문화와 사상이 인도에 미친 영향은 지극히 미미하다. 이런 일방적인 교류가 진행되었던 것은 바로 불교 속에 중국의 사상에는 없던 새로운 요소, 바로 종교적 성스러움의 요소가 있었기 때문이다.

그런데 동남아시아에서는 원래의 불교를 거의 그대로 받아들인 데 비해 중국에 전래된 불교는 원형이 크게 바뀌어 원래의 모습을 잃어버렸다. 지금도 남방불교의 중요한 불교경전은 고대 인도어의 하나인 팔리어로 되어 있고 대부분의 승려들은 팔리어를 자연스럽게 사용하고 있다. 그러나 중국인들은 다르다. 대부분의 중국인들은 한문으로 번역된 불경을 보지 산스크리트 원전을 보지 않았다. 번역되고 난 뒤에는 심지어 원전 자체가 사라져버린 것도 있다. 그만큼 관심을 두지 않았기 때문이다. 그 이유는 바로 중국인들의 자기 문화에 대한 자부심 때문이다.

중국인들의 자국 문화에 대한 자부심은 여기에서 그치지 않는다. 그들은 아예 인도에는 없던 새로운 불교를 창조하기도 했다. 그것이 바로 선종禪宗이다. 많은 학자들이 선종은 불교 중국화의 종점이라고 말한다. 그만큼 중국적인 특색이 강하다는 것이다. 여기서는 성스러움과 범속함의 관점에서 인도의 불교가 중국 종교사상과는 어떤 다른 점을 지니고 있고, 그것이 중국에 와서 어떻게 변모되었는지를 중점적으로 다루고자 한다.

불교의 성립과 전래

불교는 인도의 석가모니가 창시한 종교다. 석가모니라는 말은 샤카족, 한자 음역으로는 석가족의 성자라는 뜻이고, 원래 이름은 고타마 싯다르타(BC 563~483)다. 그의 활동 시기는 중국의 춘추시대 말기로 공자(BC 552~479)보다는 조금 이르고, 사마천의 『사기』의 기록이 사실이라면 노자보다는 조금 늦거나 비슷하다고 할 수 있을 것이다.

중국은 기원전 11세기를 전후로 은나라에서 주나라로 넘어가면서 종교적, 무속적 사회시스템에서 예와 악을 중심으로 하는 사회시스템으로 전환했다. 이에 비해 인도는 대략 비슷한 시기에 신들에 대한 찬미와 제사에 관한 문헌인 『베다』라는 경전을 중심으로 브라만교를 확립했다. 브라만교는 아리안족이 인도에 침입하여 원주민을 정복하고 새로운 사회를 건설하면서 건립했던 종교이자, 자신들이 믿던 여러 신들에 대한 신앙과 희생제의를 중시하고 신에 의해 결정된 카스트제도라고 하는 신분제도를 강요하는 정복자의 종교다. 그런데 중국과 마찬가지로 기원전 5~6세기에 이르러 사회 경제적으로 큰 변화가 일어나고 낡은 종교인 브라만교로는 이런 변화에 대응하지 못하자 새로운 사상운동이 일어났다. 공자를 비롯한 대부분의 중국의 사상가들이 천하를 어떻게 다스릴 것인가에 대해 고민했던 데 비해 석가모니를 비롯한 대부분의 인도의 사상가들은 어떻게 하면 존재의 근원적 고통을 해결하고 해탈에 이를 것인가에 대해 고민했다.

이는 사회 문화적 코드의 차이가 얼마나 중요한가를 잘 보여준다. 중국에서는 오래 전에 이미 예 시스템이 중요한 사회 문화적 코드가 되어 있었기 때문에, 춘추전국시대의 수많은 사상가들이 예 범주 안에서 새로운 사회를 통합할 수 있는 사상을 전개했다. 이에 비해 인도에서는 종교가 사회 문화의 가장 중요한 코드가 되어 있었기 때문에, 새로운 사상운동에서도 어떻게 하면 낡은 종교인 브라만교를 개혁하여 새로운 사회로 통합할 수 있는 종교를 만들어낼 것인가가 가장 중요한 과제였다.

이들 새로운 사상가들은 대부분 출가 사문운동에서 나왔다. 기존의 브라만교에서 사제직은 대부분 결혼을 통해 세습되었는데, 당시 세습사제들은 대대로 물려받은 제례의식을 형식적으로 진행할 뿐, 문명의 발달로 인해 새롭게 나타난 여러 가지 사회 문제와 그 속에서 제기되는 종교적 의문 등에 대한 답을 줄 수 없었다. 이에 많은 사람들이 출가운동을 통해 깊은 명상과 고행을 하며 우주와 고통의 근원에 대해 탐구했다. 석가모니 또한 그런 출가사문자 가운데 한 사람이었다.

석가모니가 태어날 때 왕궁에 초대받은 아시타라는 도인은 태어난 석가가 장차 천하를 다스리는 위대한 성왕이 되거나 또는 모든 사람들에게 종교적 해탈을 전해주는 붓다가 될 것이라고 예언했다. '~이거나 또는'이라는 말은 제정분리가 된 당시 인도사회에서 종교적 성자와 정치적 성왕은 동시에 성취될 수 없는 것임을 암시하고 있다. 석가모니는 아들이 성왕이 되기를 바라는 아버지의 간절한 소망도 뿌리치고 아리따운 아내의 섬섬옥수와 어린 아들의 천진난만한 미소도 뿌리치고 오직 존재의 근원적 고통을 해결하기 위해 출가를 단행했다. 그가 아들의 이름을 장애물이라는 뜻의 라훌라로 지은 것은 출가를 앞두고 혈육에 대한 정 때문에 얼마나 괴로워했던가를 잘 말해준다. 석가모니가 왕의 길을 포기하고 출가의 길을 걸었던 것은 당시 인도사회에서는 종교가 정치보다 더욱 중요한 과제였기 때문일 것이다. 석가모니는 6년의 출가 기간 동안 여러 형태의 명상과 금욕, 나아가 단식이라는 극단적인 고행도 실천했으며, 최후에는 독자적인 명상을 통해서 마침내 붓다, 즉 깨달은 자가 된다.

석가모니의 가르침은 기본적으로 브라만교 사상을 배경으로 하고 있다. 모든 행위는 그 결과로 고통과 쾌락을 낳는다는 업보사상과 모든 존재는 그 업보에 따라 끝없이 생사윤회한다는 윤회사상은 『베다』의 일부분인 『우파니샤드』에서 나타나는 사상이다. 그리고 해탈을 위해 명상을 중시하는 것 또한 브라만교와 공유하고 있는 부분이다. 『우파니샤드』에는 명상을 통해 존재의 본질을 탐구하는 내용들이 많이 나온다. 그리고 그 핵심 사상 가운데 하나인 범아일여梵我一如 사상은 우주의 근원이자 창조주며 궁극적 실재인 브라만(梵)과 개체의 내면에 존재하는 궁극적 실재인 아트만(眞我)이 하나임을 주장하는 사상이다. 그 의의는 외부의 신에 대한 기도와 희생제의가 아니라 고요한 곳에 앉아서 깊은 명상을 통해 내면의 아트만을 알게 되면 궁극적 자유에 이를 수 있음을 강조했다는 데 있다.

그러나 석가모니의 가르침은 여러 가지 점에서 브라만교와는 다른 독창적인 면이 있다. 가장 두드러진 것은 초월적인 신의 존재를 부정했고 고통의 원인과 해결을 신에게서 아니라 인간 자신에게서 추구하려고 했다는 것이다. 인도를 비롯한 대부분의 종교에서는 모든 것을 신 중심으로 생각하고 신이 인간을 구원할 수 있다고 여기고 있었다. 브라만교의 가장 심오한 사상인 범아일여 사상 역시 브라만이라는 최고의 신이자 우주의 궁극적 존재를 전제로 하여 나온 것이다. 그러나 석가모니는 아예 신을 거론하지 않고 인간이 스스로 깨달음을 통해 해탈에 이를 수 있음을 강조했다. 종교사의 측면에서 볼 때 실로 혁명적인 전환이 아닐 수 없다.

철학적인 면에서 볼 때 우주의 궁극적 실재에 대한 개념을 부정한 것도 중요한 특징 가운데 하나다. 석가모니는 연기설緣起說을 통해 모든 것은 인연화합으로 형성된 것이지 독립된 실체는 없다는 것을 주장했다. 사회사상적인 측면에서 볼 때 가장 중요한 점은 카스트제도를 부정하고 인간의 평등을 강조했다는 것이다. 브라만교에서 카스트제도는 신이 만든 것이다. 『베다』에 따르면 신은 입에서 최고의 계급이자 종교를 담당하는 브라만 계급을, 허리에서 정치와 전쟁을 담당하는 크샤트리아 계급을, 무릎에서 생산을 담당하는 바이샤 계급을, 발바닥에서 노예계층인 수드라를 만들어냈다고 한다. 신의 존재 자체를 부정했기 때문에 카스트제도를 부정한 것은 당연한 일이라고 할 수 있겠지만 당시의 사회통념에서는 상당히 파격적이어서 거센 저항도 있었다. 그러나 석가모니는 이를 과감하게 시행했다. 이런 점들은 불교가 인도인들의 민족종교라는 차원을 넘어서 세계종교로 도약할 수 있는 기틀이 되었다.

석가모니의 가르침은 크게 사성제四聖諦와 삼법인三法印으로 요약할 수 있다. 사성제란 고苦, 집集, 멸滅, 도道의 네 가지 거룩한 진리를 말한다. 고란 이 세상은 여러 가지 괴로움으로 가득 차 있다는 것이고, 집이란 괴로움이 어떻게 일어나게 되는가를 밝히는 것으로 고의 원인에 대한 설명이다. 집에 대한 체계화된 설은 늙고 병들어 죽는 고통의 근본 원인을 열두 단계로 파고 들어가 바로 무명無明에 있음을 밝히는 십이연기설十二緣起說이다. 멸은 고통의 원인을 소멸시키는 것인데 석가모니는 인간의 고통의 원인이 신에 의해 생긴 것이 아니라 바로 스스로의 무명에 의해서 생긴 것이므로 무명을 멸함으로써 모든 괴로움이 사라진다고 했다. 마지막으로 도는 괴로움을 소멸시키는 방법을 가리키는데, 올바른 견해를 지녀야 한다는 정견正見에서 올바른 정신집중 또는 명상을 가리키는 정정正定까지 여덟 단계를 제시하고 있어 팔정도八正道라고 한다.

삼법인이란 세 가지 진리의 징표인데 불교의 핵심적인 세계관을 세 가지로 정리한 것이다. 이 세상에 영원한 것은 없고 모든 것은 변한다는 제행무상諸行無常, 영원하지 않는 것이므로 모든 것은 고통이라는 일체개고一切皆苦, 모든 것은 인연화합으로 이루어진 것이므로 그 속에 독립적으로 존재하는 실체는 없다는 제법무아諸法無我가 바로 그것이다. 제법무아에 따르면 우주의 궁극적인 실재인 브라만과 개체 내면의 불변의 실재인 아트만은 부정될 수밖에 없다.

석가모니의 가르침은 그가 살아 있을 때 상당히 많은 지지를 얻었지만 인도의 전 지역에 영향을 미치지는 못했다. 그러나 인도 최초의 통일왕국인 마우리아왕조의 제3대 왕인 아소카왕(기원전 3세기)에 이르러 국가의 지배이념으로 채택된다. 아소카왕에 의해 절대적인 지지를 받은 불교는 인도 전역은 물론이고 서쪽의 로마, 중앙아시아, 동남아시아 각국으로 전파되었고 그 뒤에 중국으로도 전래되었다.

불교가 언제 중국에 전래되었는가에 대해서는 설이 분분하다. 진시황 시절에 이미 인도에서 불교 승려들이 중국에 왔다는 설도 있고, 한나라 무제 때 서역으로 대장정을 떠나 로마까지 다녀왔던 위대한 탐험가 장건張騫이 불교에 대해 보고함으로써 불교가 소개되었다는 설도 있는데 역사적인 근거는 희박하다. 대체로 기원전 1세기 중반에서 기원후 1세기 중반 사이에 실크로드를 통해 중국에 들어온 중앙아시아의 불교인들에게 의해 전래되었다는 것이 정설이다. 불교 전래 초기에는 주로 소승불교의 경전들이 번역되었지만 후대로 갈수록 대승불교의 경전들이 더 환영을 받았다.

잠시 소승불교와 대승불교에 대해 살펴보도록 하자. 석가모니가 입멸한 뒤 5백 년 정도가 지난 기원후 1~2세기 전후부터 불교 내부에서는 일종의 종교개혁운동이 일어났다. 석가모니 당시의 전통을 고수하려는 보수적인 장로집단에서는 계율과 청정수행을 통해 니르바나(열반)의 세계로 들어가는 것을 강조했다. 이렇게 개인적인 해탈을 중시한 나머지 일반인들의 종교적 욕구를 충족시키기가 어려웠고 점차 대중성을 잃어갔다. 당시는 원시적 브라만교를 대중적 차원에서 새롭게 재구성한 힌두교가 민중들의 지지를 서서히 얻어갈 때다. 이에 혁신적인 승려집단과 재가 신자들이 중심이 되어 대승불교운동이 일어났다. 그들은 기존의 불교는 혼자의 해탈을 추구하는 작은 수레의 불교라고 폄하하고 자신들의 불교를 수많은 중생들과 더불어 해탈의 길로 나아가는 큰 수레의 불교라고 불렀다.

보디사트바는 불교 대중화운동의 핵심개념이다. 보디사트바는 깨달음을 구하는 중생 또는 깨달은 중생이란 뜻으로, 이미 깨달음을 얻어 열반에 들 능력이 있음에도 불구하고 여전히 세상 속에 머물면서 모든 중생을 피안의 세계로 인도하려는 사람을 가리킨다. 이것은 혼자만의 깨달음을 추구하는 당시 불교의 폐단을 개혁하기 위해서 새롭게 만들어낸 이상적 수행자상이라고 할 수 있다. 이것은 중국에 와서는 보살菩薩로 음역되었다.

대승불교에서는 보살운동과 아울러 기존의 불교사상을 새롭게 해석하는 사상개혁운동도 펼쳤다. 불교도가 아닌 일반인들에게도 널리 알려진 색즉시공色卽是空, 공즉시색空卽是色의 공사상을 바탕으로 하되, 어디에도 치우치지 않을 것을 강조하는 중관사상中觀思想이 초기의 중요한 사상으로 등장했다. 중기에는 삼라만상은 모두 오로지 마음의 투영임을 강조하면서 인간의 심리구조를 치밀하게 탐구하는 유식사상唯識思想이 나타났다.

유식사상에서는 겉으로 드러나는 마음 아래에 숨어 있는 자기 중심성의 필터인 제7식과 과거의 모든 기억이 저장되는 창고이자 업보의 씨앗이 익어가는 밭인 제8식을 발견했다. 근대 서구심리학의 아버지인 프로이트가 무의식을 발견한 것보다 무려 1천 2백 년 남짓 빠른 것이다.

후기에는 모든 중생들에게는 불성이 내재되어 있음을 강조하는 여래장사상如來藏思想 등이 전개되었다. 불성이라는 개념은 아트만과 유사한 개념으로, 궁극적인 실재를 부정하는 제법무아의 사상과는 상치되는 부분이 있다. 이것은 발전적인 측면도 있지만 한편으로는 퇴보한 측면도 있다. 그러나 일반 대중들에게는 모든 존재에 불성이 있다는 말은 실로 희망의 메시지로 작용하여 불교의 확장에 많은 도움을 주었다.

대승불교의 또 하나의 특징은 후기로 올수록 붓다와 보살을 초인적인 존재로 규정하고 숭배하는 성향이 점차 강해진다는 것이다. 초기에 붓다는 깨달은 자, 해탈한 자를 의미했지만 대승불교에 와서는 고통에 빠진 중생을 구제하는 구세주의 개념이 더해진다. 그리하여 역사적 실존인물인 석가모니 붓다 외에 아미타불, 약사불, 미륵불 등 수많은 새로운 붓다가 대거 등장한다. 그리고 대승의 이념을 구현하려는 실천적 개념이었던 보살 위에 여러 가지 신화적 색채가 더해지면서 관세음보살, 지장보살, 문수보살 등의 구세주적인 보살이 나타나기 시작했다.

민중들은 이런 붓다와 보살을 숭배의 대상으로 삼고 심지어는 기복의 대상으로 삼기 시작했다. 이것은 제자들에게 스스로 등불을 밝히기를 강조했던 석가모니의 원래의 뜻을 퇴색시키는 것이고, 인도 내에서는 힌두교와의 차별성을 약화시켜 오히려 불교가 힌두교에 흡수되는 데 일조를 했다. 그러나 다른 지역에서는 일반 민중들을 끌 수 있는 종교적 흡인력을 강화시키는 데 큰 공헌을 했다.

중국에 수입된 불교는 소승불교와 대승불교를 막론하고 초기에는 일반 민중은 물론이고 지식인들에게도 그다지 큰 관심은 끌지 못했다. 원래 중국인들은 자국 문화에 대한 자부심이 무척 강하기 때문에 외래사상에 대해 그다지 관심을 두지 않는다. 게다가 당시 중국은 한나라의 전성기로 막 새롭게 채택된 유교적인 이데올로기가 전국을 지배하고 있었기 때문에 불교는 중국인들의 가슴속으로 파고 들어갈 여지가 별로 없었다.

한나라가 망하면서 유교의 지위는 흔들리기 시작했다. 전국에는 난리가 끊이지 않았고 결국 천하는 위, 촉, 오로 삼분되어 서로 치열한 각축전을 벌이게 되었다. 진나라가 결국 천하통일을 이루지만 안정기도 잠시뿐, 북방에서 내려온 유목민족에 의해 한족 정권은 남방으로 밀려나게 된다. 한나라 말기부터 위에서 진에 이르는 시기에 수많은 지식인들은 화를 당하고 무수한 백성들 또한 전란으로 생명을 잃게 되었다. 이에 지식인들 사이에서는 난세의 철학인 도가사상이 흥성하고 의지할 데 없는 백성들 또한 도교사상에 관심을 가지게 되었다. 이런 와중에 외래종교인 불교에 대해서도 관심을 가지는 지식인과 백성들이 늘어나기 시작했다.

불교가 본격적으로 흥성하기 시작한 것은 남북조시대부터다. 위진시대로부터 계속된 혼란은 남북조시대에도 계속되었다. 4세기 초 남쪽으로 내려온 동진東晉은 약 백 년 남짓 정권을 유지했으나, 그 뒤 계속 이어진 송宋, 제齊, 양梁, 진陳의 수명은 각기 60년, 24년, 55년, 33년 정도고, 황제의 재위 기간도 평균 6~7년 남짓이며, 절반 이상의 황제들이 피살당했다. 북조 또한 5호 16국이라는 이름에서 알 수 있듯이 초기에는 수많은 나라들이 명멸했고 부분적으로 통일이 이루어진 뒤에도 왕조의 교체 시기는 그리 길지 않았다. 또한 북중국의 평원에서 남쪽 강남으로 내려간 이주민들이나 변방에서 중원으로 들어온 이민족들이나 모두 토착민과의 융합에 신경을 쓰지 않으면 안 되는 어려운 처지였다. 이미 기세가 꺾인 유교는 물론이거니와 도교 또한 사회를 통합하고 지친 백성들에게 위안을 주는 데는 한계가 있었다. 이런 상황 속에서 불교는 지배층이나 민중들에게 모두 크게 환영을 받았다.

관심을 가지고 바라보니 불교에는 중국사상에는 없는 새로운 것들이 많이 있음을 발견하게 되었다. 인간의 삶을 고통의 바다로 간주하고 죽어서 왕생극락하기 위해 간절히 기도하거나 해탈 열반하기 위해 진지하게 구도하는 경건한 종교적 태도는 유교에는 물론이거니와 도교에서도 볼 수 없는 신선한 것이었다. 장자는 일찍이 죽음을 현해懸解라고 하여 거꾸로 매달린 상태에서 풀려나는 것으로 보기도 했지만, 그것은 죽음을 자연현상의 일부로 보는 달관된 태도에서 나온 것이지 간절한 종교적 구도심과는 성격이 달랐다. 그런 달관된 태도는 지극히 소수의 사람만 가질 수 있는 것으로 세상의 고통에 허덕이는 대부분의 사람들에게 직접적인 위안은 될 수가 없었고 또한 망자의 남은 가족과 친지들의 슬픔을 달래줄 수가 없었다. 그러나 대승불교의 경전에 나오는 수많은 부처와 보살들은 고통에 허덕이는 많은 사람들에게 마음의 휴식처를 제공하고, 나아가 망자들의 명복을 빌며 남은 자들의 슬픔을 달래는 데도 엄청난 효과가 있었다. 중국인들은 불교를 통해 비로소 본격적인 종교의 맛을 알게 되었던 것이다.

중국인들이 불교에 매료되었던 또 하나의 이유가 있다. 불교에는 유교와 도교에 비해 마음에 대한 탐구와 마음을 다스리는 구체적인 방법론이 풍부하다는 것이다. 유교와 도교에도 인간의 마음에 대한 탐구가 없다고는 할 수 없지만 불교와는 비교가 되지 않는다. 굳이 유식학파가 아니라도 대부분의 불교 종파에는 인간의 마음을 치밀하게 분석하고 어떻게 하면 탐진치貪瞋痴

로부터 벗어나 무욕과 자비와 지혜를 얻을 수 있는가에 대해 구체적인 방법을 제시하고 있다. 이 부분은 특히 지식인들에게 큰 호소력이 있었다.

아무튼 남북조시대에 들어 불경의 번역이 본격적으로 가속화되고 한족 승려가 나오기 시작했다. 그리고 황제의 비호 아래 사원의 건축과 불상의 조성이 활발하게 이루어지면서 본격적인 불교의 시대로 접어들었으며 이 흐름은 북송 중기 신유학이 부흥할 때까지 계속되었다. 물론 모든 황제가 다 불교를 선호했던 것은 아니며 도교와 유교의 반발 또한 만만치가 않았다. 그리고 간혹 중화주의에 입각하여 불교를 오랑캐의 종교로 몰아붙이며 가혹한 탄압을 시행한 황제들도 있었다. 그러나 전체적인 대세는 불교를 옹호하는 쪽이었다.

남북조에서 북송 중기 신유학이 부흥하기 전까지 약 7백 년 남짓한 기간 동안 불교에 대한 중국인들의 열망은 엄청났다. 수많은 중국인들이 불경을 얻고 불교를 공부하기 위해 죽음의 사막을 건너고 험준한 산맥을 넘어야 하는 최악의 자연조건 속에서도 불굴의 의지로 인도로 유학했다.

그 대표적인 인물인 당 태종 때 현장법사는 국법을 어기고 인도로 가서 당시 최고의 불교대학이자 학문기관이라고 할 수 있는 나란다 대학에서 십여 년 동안 공부했다. 그는 귀국길에 수많은 경전을 중국으로 가지고 와서 황제의 보살핌 아래 번역사업을 펼쳤다. 그는 남북조시대 서역 번역가인 구마라습鳩摩羅什과 아울러 중국 역대 최고의 불경 번역가로 칭송받고 있다. 또한 그가 남긴 여행록인 『대당삼장법사서역기大唐三藏法師西域記』는 후대의 이야기꾼들에 의해 살이 붙여져 『서유기西遊記』가 된다. 사대기서의 하나이자 중국 최고의 신마소설神魔小說로, 손오공과 저팔계 등의 독특한 캐릭터로 인해 어린이들에게도 널리 알려진 『서유기』는 바로 중국인들의 불교에 대한 열정의 결과가 낳은 산물이다. 대성약범의 관점에서 볼 때 이 시기는 중국인들이 범속함 속에 성스러움을 열심히 배우는 시기다.

불교 토착화의 종착역, 선종

　어느 한 지역의 종교나 사상이 다른 지역으로 전파될 때는 자연스럽게 그 지역 고유의 종교나 사상과 충돌하면서 그 지역의 특색에 맞게끔 변형되기 마련이다. 불교 또한 중국에 전래되는 과정에서 중국 고유의 사상인 유교나 도교와 끊임없이 충돌하면서 교류하는 가운데 중국적인 불교로 변모되어갔다. 특히 초기에는 불경의 번역 과정에서 유교와 도교의 영향을 많이 받았다.

　먼저 유교가 미친 영향을 간단히 살펴보자. 모든 종교에는 계율이 있고 불교 또한 마찬가지다. 초기 번역 과정에서 불교의 '계율'은 유교의 아랫사람이 지켜야 할 덕목 가운데 하나인 '효순孝順'으로 번역되기도 했다. 또한 오계五戒가 유교의 덕목인 오상五常으로 번역되기도 했다. 억지로 끼어 맞추면 '살생하지 마라'는 인仁에, '도둑질하지 마라'는 의義에, '삿된 음행을 하지 마라'는 예禮에, '거짓말을 하지 마라'는 신信에, '술을 마시지 마라'는 지智에 해당시킬 수 있겠지만 오계와 오상은 사실 상당한 차이가 있는 것이다. 그러나 친숙한 느낌을 주기 위해 이런 식의 번역을 감행했던 것이다. 그 밖에 상대적으로 여성의 지위가 높게 나타나는 불경에서 '남편이 아내를 돕는다'는 '남편이 아내를 다스린다'로, '아내가 남편을 편안하게 했다'는 '아내가 남편을 공경했다' 등으로 번역되었다. 이것 또한 남존여비의 유교적 윤리를 의식한 번역이라고 할 수 있다.

　불교에 더 큰 영향을 미친 것은 아무래도 불교와 마찬가지로 세속을 초월하는 정신적 자유를 추구했던 도가사상이다. 유교가 주로 윤리적인 부분에서 영향을 미친 반면 도가사상은 핵심적인 개념을 번역하는 데 많이 차용되었다. 모든 번뇌의 불을 끈 상태를 말하는 '니르바나'를 '무위無爲'로, 최고의 깨달음의 경지에 이른 사람을 말하는 '아라한'을 '진인眞人'으로, 깨달음을 의미하는 '보디'나 가르침을 의미하는 '다르마'를 도道로 번역한 것 등이 그 대표적인 예다.

이런 식으로 불경을 번역할 때 본래 중국에 있던 용어를 가져와서 뜻에 짜 맞추었던 불교를 흔히 격의불교格義佛敎라고 한다. 격의불교에는 특히 도가적인 용어와 개념을 차용한 부분이 많은데 이것은 중국의 불교가 처음부터 도가사상의 영향으로부터 벗어날 수 없음을 말해준다. 공사상空思想을 위주로 하는 초기 대승불교의 반야사상般若思想은 위진시대에 유행하던 허무사상虛無思想을 위주로 하는 도가사상과 서로 상통하는 부분이 많다. 위진시대의 도가사상은 흔히 현묘한 학문이라는 뜻의 현학玄學으로 불렸는데, 당시의 사상가들 가운데서는 반야학과 현학이 거의 차이가 없다고 여기거나 심지어는 반야학이 현학의 조수가 될 수 있다고 여기기도 했다. 사실 반야학과 현학은 기본적인 개념과 지향점에서 상당한 차이가 있다. 그러나 초기의 불교로서는 중국에 적응해야 하는 입장이기 때문에 그것을 가릴 만한 처지가 되지 못했다.

초기 불경번역에서 발생했던 개념의 혼동 문제는 불교가 각광을 받기 시작하면서 본격적인 궤도에 오르는 남북조시대에 이르자 해결될 수 있었다. 이제 불교는 더 이상 유가사상과 도가사상의 눈치를 볼 필요없이 자신만의 고유한 개성을 마음껏 드러낼 수 있게 된 것이다. 이 시기 불경의 번역사업은 아무래도 서역과의 교통이 편리한 북조에서 더욱 활발히 이루어졌는데 대표적인 번역가는 구마라습이다. 구마라습의 역경작업은 초기 역경이 도가의 용어를 많이 차용함으로써 생긴 불교와 도가의 혼동을 해결하는 데 역점을 두었다. 구마라습이 대규모의 역경사업을 펼친 이후에는 노장사상의 개념을 빌린 초기의 격의불교는 점차 자취를 감추게 되고 본격적인 불교사상이 퍼지게 되었다.

그렇다고 해서 불교에 대한 노장사상의 영향력이 사라진 것은 아니었다. 노장사상은 그 뒤로도 불교와의 접촉을 계속 이어나가면서 불교의 중국화를 추진하여 마침내 중국적 색채가 풍부한 선종을 이루게 되었다. 흔히 말하기를 선종은 불교를 아버지로 하고 도가사상을 어머니로 하여 탄생한 혼혈아로 어머니를 더 많이 닮았다고 한다.

선종은 선을 종지宗旨로 삼는 종파라는 뜻이다. '선'은 산스크리트어 '디야나dhyana'의 발음을 딴 '선나禪那'에서 나온 말이다. '디야나'가 깊은 명상을 가리키는 말이니 결국 명상을 중시하는 종파라는 뜻이다.

선종의 기원은 꽃과 미소에서 출발했다. 그 옛날 석가모니가 영산에서 많은 제자들을 거느리고 설법했을 때 설법 도중 말을 멈추고 가만히 연꽃을 들어 사람들에게 보였지만 아무도 그 뜻을 이해하지 못했다. 다만 마하가섭만이 그 뜻을 이해하고 빙그레 미소를 지었다고 한다. 이른바 염화미소拈花微笑다.

석가모니의 말로 된 가르침은 기억력이 뛰어난 석가모니의 시자인 아난다가 모두 기록하여 경전으로 남겨졌지만 말로 전할 수 없었던 가르침은 꽃이나 미소를 통해 마하가섭에게 전해졌다고 한다. 이른바 문자를 세우지 않는 불립문자不立文字의 가르침이요, 경전 밖에 따로 전한 교외별전教外別傳의 가르침이요, 마음에서 마음으로 전한 이심전심以心傳心의 가르침이다.

마하가섭에게 전해진 선의 등불은 계속 이어져 28조인 보리달마菩提達磨에 이르러 마침내 중국에 들어오게 되었다고 한다. 보리는 깨달음이라는 뜻이고 달마는 법이라는 뜻이니 깨달음의 법 정도의 의미라고 보면 되겠다. 흔히 줄여서 달마대사라고 한다. 달마대사는 남조시대의 양나라 때 중국의 남쪽, 지금의 광동성을 통해 중국으로 와서 당시 불교에 심취해 전국에 수많은 사찰을 짓고 승려들에게 보시를 했던 양 무제와 만났다고 한다.

당시 무제는 달마에게 자신이 불교를 위해 수많은 일을 했는데 어떤 공덕이 있냐고 물었다. 기대와는 달리 달마는 전혀 없다고 답했다. 그러자 무제는 성스러운 가르침의 근본 뜻이 무엇이냐고 물었다. 달마는 텅 비어 성스러운 것이 없다고 답했다. 기가 찬 무제가 도대체 당신은 누구냐고 묻자 달마는 모른다고 답했다. 멍하니 있는 무제를 뒤로 하고 달마는 갈댓잎 하나에 몸을 싣고 장강을 건너 숭산의 소림사의 한 동굴에서 9년 동안 벽만 바라보고 참선했다고 한다. 이른바 구년면벽九年面壁이다.

뒤에 구도심에 가득한 혜가慧可라는 사람이 찾아왔는데 달마가 벽만 바라보고 응답을 하지 않자 자신의 팔을 잘라가며 가르침을 구했다. 그는 달마에게 자신의 마음이 불안하니 편하게 해달라고 요구했다. 이에 대해 달마는 먼저 그 불안한 마음을 보여달라고 했다. 혜가는 자신의 마음이 어디에 있는지 모르겠다고 답했다. 달마는 이미 마음을 편안하게 해주었다고 했다. 보통 사람이 듣기에는 뜬구름 잡는 이야기지만, 혜가는 이 말에 크게 깨쳐 마침내 달마의 법을 이어 중국의 2대 조사가 되었다고 한다.

사실 오늘날 우리가 알고 있는 염화미소나 달마에 대한 이야기들은 거의 대부분 후대에 꾸며진 것으로 신빙성이 거의 없다. 염화미소의 전설과 서역 28조의 전법설傳法說은 인도의 어떤 문헌에도 없고 중국 선종의 초기 문헌에도 보이지 않는다. 달마 또한 마찬가지다. 남북조시대 때 서역에서 온 보리달마라는 이름을 가진 승려에 대한 기록이 있기는 하지만 그는 낙양의 아름다운 불탑을 보고 경탄해마지 않는 매우 경건한 승려이거나, 『능가경楞伽經』이라고 하는 불경 가운데서 무척 까다로운 경전에 통달하고 이입사행二入四行이라고 하는 논리적이고 체계적인 수련법을 강조한 승려로, 선종의 보리달마와는 그 성격이나 행적이 판이하게 다르다. 보리달마에 대한 이야기들은 대부분 후대 선종이 득세하게 되면서 선종을 상징하는 인물로 추존하기 위해 여러 가지 전설을 꾸며낸 것이라고 보면 된다.

선종은 다른 종파와 마찬가지로 분명 석가모니의 가르침에 바탕을 두고 있다. 그리고 아마도 인도에서 건너온 어떤 승려로부터 맹목적인 신앙이나 경전에 대한 지적 이해보다는 실제적인 명상 수련을 통해 마음을 다스리는 것이 더욱 중요하다는 것을 배웠을 것이다. 그러나 선종은 시간이 흘러가면 갈수록 점차 인도적인 색채를 벗어던지고 중국적인 본색을 드러내기 시작한다. 그 출발점은 바로 불립문자에 있다.

불립문자는 선종의 종지다. 이것은 간단히 말하면 언어나 문자를 매개로 하는 이론보다 진리의 체험적 직관을 중시한다는 것이다. 선종 이전의 다른 종파들이 주로 경전을 중심으로 발전한 것이라면 선종은 그런 외적 형식보다는 실제적인 참선 수행을 중심으로 발전했다. 경전은 번역 과정에서 어느 정도 중국화의 영향을 면할 수는 없지만 그런 대로 인도적인 취향이 많이 남아 있다고 할 수 있다. 선종은 이런 경전의 권위를 부정함으로써 인도적인 취향으로부터 더욱 멀어져 중국 특유의 개성을 형성할 수 있게 되었다.

불립문자는 당연히 노자의 영향을 받은 것이다. 『도덕경』 첫머리에는 "도를 도라고 하면 항상의 도가 아니다"는 말이 있고, 56장에는 "아는 사람은 말하지 않고 말하는 사람은 알지 못한다"는 지적이 있다. 노자를 계승한 장자도 이와 유사한 말을 많이 했다. 깨달음을 표현할 때 언어와 문자의 한계를 지적하는 것은 노장사상만의 특징은 아니다. 전 세계의 모든 깨달은 이들은 그와 유사한 견해를 밝혔다. 그러나 노자나 장자처럼 그렇게 강력하게 언어와 문자의 한계를 주장하지는 않았다. 선종은 노장의 영향을 많이 받았기 때문에 그렇게 강력하게 불립문자와 이심전심을 강조했던 것이다.

불립문자의 일차적인 의의는 석가모니의 참뜻은 경전으로는 전달될 수 없다는 것을 강조한 것이다. 그러나 선종에서 불립문자를 주장한 것은 단순히 궁극적인 진리는 언어로 표현될 수 없다는 것만을 강조한 것은 아니다. 그 속에는 인도의 언어와 논리에 대한 반발이 담겨 있다. 사실 중국어와 인도어만큼 다른 언어도 없다. 중국어는 표의문자고 각 글자가 독립되어 일체 변화가 없는데 비해 인도어는 유럽어와 마찬가지로 표음문자고 문법적인 상황에 따라 단어의 변화가 심하다. 그리고 문체에서도 중국 사람들은 간결하고 함축적인 표현을 좋아하고 자연에서 따온 비유나 구체적인 이미지를 좋아한다. 한마디로 말해 시적, 직관적 언어라고 할 수 있다. 이에 비해 인도 사람들은 비교적 장황한 표현과 과장법을 좋아하고 치밀한 논리성을 강조하는 편이다. 한마디로 말해 산문적, 논리적 언어라고 할 수 있다.

중국인들은 처음에는 인도의 종교성에 매료되어 불경에 심취했으나 점차 주체적인 수용을 강조하게 되면서 중국적인 맛이 듬뿍 담겨 있는 시적 언어와 직관적 언어를 추구하게 된 것이다. 그들은 불법의 참뜻을 십이연기, 팔정도, 보살의 열 가지 단계 등으로 장황하게 설명하기보다는 시적 직관과 함축성이 풍부한 선문답禪問答을 통해 이해하려고 했다. 예를 들면 어느 선사가 조주선사趙州禪師에게 달마가 서쪽에서 온 까닭이 무엇이냐고 물었다. 그 말은 불법의 참뜻이 무엇이냐는 뜻이다. 그때 조주선사는 "뜰 앞의 잣나무니라"라고 답했다. 참으로 시적이다. 이런 식의 간단하면서도 함축적인 답변은 인도의 경전에서는 전혀 볼 수 없었던 것이다.

여기서 잠시 선문답, 공안公案, 화두話頭에 대해서 살펴보자. 선문답이란 선사들의 문답, 즉 선의 정신 아래 이루어지는 문답으로, 대부분 깨달음에 대한 질문과 답이라고 할 수 있다. 선문답은 논리적인 이해가 전혀 닿지 않는 것이 대부분이다. 예를 들면 불도의 참뜻이 무엇이냐는 제자의 질문에 어떤 선승은 "내가 청주에 있을 때 승복을 만들어 입었는데 마가 세 근이었다"고 답했다. 도대체가 동문서답이다. 그래서 우리는 논리가 전혀 닿지 않는 엉뚱한 문답을 흔히 선문답하고 있다고 말한다.

공안이란 원래는 관가에서 중요한 공문서를 가리키는 말인데 선종에서는 참선의 주제거리로 삼을 수 있는 선문답 또는 언행을 말한다. 공안은 선종의 역사가 한참 진행되고 난 뒤에 확립되었는데 오늘날 선종에서는 보통 1천 7백 가지의 공안이 있다고 한다. 화두는 공안과 비슷한 뜻으로 쓰이는데 엄밀히 구분하면 전체 공안 가운데서 핵심 관건이 되는 글자 또는 구절을 가리킨다.

어떤 선사가 조주선사에게 개에게도 불성이 있냐고 물었다. 그러나 조주선사는 '없다(無)'고 답했다. 선종은 다른 대부분의 대승불교가 그러하듯이 사람은 물론이고 개미나 잡초와 같은 미물에도 불성이 있다고 말한다. 그런데 왜 조주선사는 없다고 답했을까? 이 공안 가운데 핵심은 '無'자에 있다. 그래서 흔히 무자無字화두라고 한다. 앞에서 든 선문답 또한 선가의 유명한 공안인데 이것 또한 마삼근麻三斤화두, 잣나무화두라고 부른다.

선종이 지니고 있는 중국적인 특색을 또 하나 들면 단도직입單刀直入을 좋아한다는 것이다. 이것은 수도의 시간과 방법 두 방면에서 이야기할 수 있다. 먼저 시간을 보면 인도인들은 한 중생이 깨달음을 얻어 부처가 되는 데는 엄청나게 긴 시간을 잡고 있다. 유식불교에서는 그 기간을 삼 아승지 겁이라고 주장하고 있다. 아승지란 무한을 말한다. 겁이란 인도인들이 시간에 대한 상상력을 잘 보여주는 단위로, 비유에 따르면 둘레 사십 리 정도의 바위를 백 년에 한 번씩 천으로 닦아 사라지는 시간을 말한다. 또 둘레 사십 리의 성에 겨자를 가득 채우고 백 년에 겨자 한 알씩 들어내어 다 들어내는 시간을 말한다고 한다. 전자를 반석 겁, 후자를 겨자 겁이라고 한다. 일 겁만 해도 질리는데 그 앞에 무한을 더하고 또 삼자를 붙이고 있으니 실로 천문학적인 숫자다. 그 밖의 대부분의 종파에서도 기나긴 수행의 단계를 강조하는 편이다.

그러나 단도직입을 좋아하는 선종에서는 단박에 깨칠 수 있음을 강조한다. 선사들의 일화를 보면 대부분의 선사들이 짧은 기간 안에 깨달음을 얻는다. 이런 경향은 바로 노장사상에서 나온 것이다. 『장자』나 『열자』에 나오는 도인들의 이야기를 보면 대부분 며칠 내로 깨치는 것으로 되어 있다. 짧게는 3일, 길게는 9일 정도만 수행해도 대상 세계와 나를 모두 잊고 절대 소요의 경지에서 노닌다. 중국인들의 성향으로서는 도라고 하는 것은 우리와 그리 멀리 떨어져 있는 것이 아니므로 제대로 찾기만 하면 즉각적으로 체득할 수 있다고 여겼던 것 같다.

초기에 불교를 수용했던 사람들은 인도불교의 방대한 체계에 감탄했지만 점차 시간이 흘러갈수록 자신의 전통을 찾아가면서 단도직입을 중시하게 된 것 같다. 선종에서 북종과 남종으로 갈라지는 것도 바로 이 문제로 말미암아 생긴 것이다. 북종의 신수神秀 계열이 점진적인 수행을 강조하는 데 비해 남종의 혜능慧能 계열은 단박에 깨치는 것을 강조했다. 초기에는 북종이 훨씬 우세했고 남종이 열세를 면치 못했다. 그러나 결국에는 남종선이 대세를 장악했고 북종선은 자취를 감추게 되었다. 중국인들은 결국 즉각적인 것을 더욱 선호했던 것이다. 선종은 후대로 갈수록 더욱 더 즉시에 깨치는 것을 강조하는 경향이 있다.

그리고 수도의 방법을 보면 전통적으로 인도인들은 논리적 체계를 중시하기 때문에 수행 방법 또한 장황하고도 복잡한 단계를 설정하고 있다. 기도와 호흡, 명상, 경전 읽기, 보시행 등 다양한 방법과 과정을 요구한다. 그러나 선종에서는 번잡한 단계나 방편 없이 한 마음 돌이켜서 자신의 본래면목本來面目을 바로 깨치면 된다고 말한다. 즉, 자신의 존재의 본질에 대한 전체적이고도 즉각적인 자각을 중시한다. 사실 단번에 깨치는 데 가장 좋은 방법은 바로 한순간에 통찰을 얻는 것이다.

이렇게 한순간에 통찰을 얻기 위한 수도 방법으로 선종에는 묵조선默照禪과 간화선看話禪이 있다. 묵조선이란 이름 그대로 묵묵히 관조하는 것이다. 가만히 자신의 본성이 불성임을 그대로 비추는 것을 말한다. 간화선이란 화두를 참구參究하는 선으로, 흔히 화두선話頭禪이라고도 한다.

선종의 중국적인 특징이 가장 잘 나타나는 것은 바로 화두선이다. 앞에서도 보았듯이 화두라고 하는 것이 대개 논리가 전혀 닿지 않는 이야기이기 때문에 논리로 풀어서는 안 된다. 오직 강한 의심으로 화두에 몰두하는 수밖에 없다. 의심이 사무쳐서 자나 깨나 화두에 몰두할 수 있을 때 어느 순간 언어와 논리의 길이 끊어진 언어도단言語道斷의 상태에서 근본적인 인식의 전환, 번득이는 통찰의 길이 열리는 것이다.

선사들은 제자들의 경지가 어느 정도 무르익었을 때 언어도단의 길을 유도하기 위해 간혹 갑자기 윽박지르거나 고함을 지르거나 몽둥이로 때리는 극단적인 방법도 사용했다. 생각지 못한 기습적인 상황에서 기존의 습관적인 사유방식이나 지각방식이 무너지고 인식의 급작스러운 비약이 일어날 수도 있기 때문이다. 선사들의 전기를 보면 깨달음을 간절히 구하기 위해 스승에게 질문을 했다가 뺨을 맞고서는 갑자기 덩실덩실 춤을 추고, 이를 본 스승이 미소를 지으면서 깨달음을 인가하는 황당한 장면들도 종종 볼 수 있는데 그 속에는 바로 이런 선의 메커니즘이 숨겨져 있는 것이다.

선종의 감추어진 특징, 화광동진

불립문자와 단도직입이 선종의 외양적인 특징을 형성하는 데 많은 공헌을 했다면 화광동진은 선종의 내적 특징을 이루고 있다. 여기에서는 화광동진 사상을 중심으로 선종을 살펴보겠다.

화광동진의 사상은 노자의 대교약졸 사상과 한 뿌리다. 대교약졸이 기교를 안으로 감추고 다시 졸박함으로 돌아오는 것이라면 화광동진이란 깨달음의 빛을 안으로 감추고 다시 범속함과 하나가 되는 것을 말한다. 그 둘은 같은 논리구조를 지니고 있다. 대교약졸이 주로 미학적인 측면에서 기교미와 졸박미를 어떻게 조화시킬 것인가를 다루는 것임에 비해 화광동진은 종교적인 차원에서 성스러움과 범속함을 어떻게 조화시킬 것인가를 다룬다는 점이 차이일 뿐이다. 여기서는 종교사상을 다루고 있기 때문에 화광동진이라는 용어를 중점적으로 사용하고자 한다.

깨달음을 안으로 감추는 화광동진의 사상은 전 세계의 다른 종교나 신비주의적 전통에서는 찾기 어려운 독특한 측면이라고 할 수 있다. 물론 다른 종교나 신비주의적 전통에서도 부분적으로는 깨달음을 감추고 범속함으로 돌아올 것을 강조하기는 했지만 노자만큼 그렇게 비중 있게 강조하지는 않았다. 그러므로 화광동진 사상이야말로 노자 깨달음의 가장 큰 특징 가운데 하나라고 할 수 있다.

이런 화광동진의 사상은 후대에 여러 분야에 영향을 끼친다. 예컨대 무술을 익히는 과정에서 사람은 몸에서 무인의 기운이 뻗치지만 무예가 진짜 무르익게 되면 무인의 기운이 사라지고 겉으로 보아서는 평범한 모습으로 돌아온다는 이야기 등은 바로 화광동진에서 나온 것이라고 할 수 있다. 노장의 영향을 받아 중국화된 불교라고 할 수 있는 선종의 깨달음에도 화광동진의 영향은 쉽게 찾을 수 있다.

선가의 말 가운데 진광불휘眞光不輝라는 말이 있다. 이 말은 참빛은 빛나지 않는다는 뜻이다. 빛나지 않는다는 말은 진짜 빛이 없다는 것이 아니라 겉으로 번쩍거리지 않는다는 의미다. 이것은 바로 노자의 화광동진을 응용하여 만들어낸 말이다. 이 말 하나만 보아도 선사들이 얼마나 화광동진을 중시했는지를 알 수 있다.

다음으로는 화광동진의 논리구조가 그대로 잘 드러나 있는 선문답을 보도록 하자. 임제선사臨濟禪師의 후예인 유신선사惟信禪師가 하루는 법당에 올라 다음과 같이 설법했다.

내가 삼십 년 전 참선하기 전에는 산은 산으로, 물은 물로 보았다. 그러다가 나중에 선지식을 친견親見하여 깨침에 들어서서는 산은 산이 아니고 물은 물이 아닌 것으로 보았다. 지금 휴식처를 얻고 나니 옛날과 마찬가지로 산은 다만 산이요, 물은 다만 물로 보인다. 그대들이여, 이 세 가지 견해가 같은 것이냐, 다른 것이냐? 이것을 가려내는 사람이 있으면 나와 같은 경지에 있음을 인정하겠노라.

이 선문답은 우리나라 조계종의 종정이었던 성철스님이 인용하여 우리에게도 매우 친숙하다. 여기에는 세 가지 단계의 견해가 등장한다.

첫 번째 단계는 참선을 시작하기 전의 단계로서 보통 사람들의 견해다. 선의 전문용어로 설명하면 착각과 미망의 세계다. 우리는 산을 산으로 보고 물을 물로 본다. 그리고 우리는 당연히 이 세계가 우리가 보는 그대로 존재한다고 믿고 있다. 그러나 우리가 실재한다고 믿는 이 세계는 불교적인 관점에서 보면 인식 주체와 객체의 대립에 의해 형성된 인식의 표상에 지나지 않는다.

좀더 현대적인 용어로 쉽게 설명해보자. 우리에게는 산으로도 보이고 물로도 보이는 이 세계는 원래 소립자로 구성되어 있다. 그리고 소립자는 원래 입자와 파동의 성질을 동시에 지니고 있기 때문에 물질로서 존재하기도 하고 그냥 파동으로만 존재하기도 한다. 이런 소립자들이 모여 물질의 기본 단위인 원자를 이룬다. 원자는 가운데 아주 작은 핵이 하나 있고 그것을 중심으로 전자들이 돌아다니는 텅 빈 구조다. 우리에게는 큰 차이가 나는 고체나 액체, 기체는 사실 이런 텅 빈 원자들의 밀도 차이뿐이다. 그러나 우리는 우리의 감각에 비친 세계를 실재라고 믿는다.

사실 감각이란 집단적인 착각일 수도 있다. 우리 인류와는 의식 수준이 다른 존재는 다른 감각으로 세상을 이해한다. 유식불교에서는 우리 인간에게는 물로 비치는 것이 물고기에게는 우리의 공기처럼 보이고, 지옥계의 중생들에게는 고름으로, 천상계의 존재들에게는 수정으로 보인다고 이야기한다. 그것을 일수사견一水四見이라고 한다. 한 가지 물을 네 가지로 본다는 뜻이다.

지옥이니 천당이니 하는 종교적인 세계관은 논하지 말고 그냥 현실 세계만으로 설명하자. 개나 고양이만 해도 우리와는 다르게 세상을 바라본다. 개미는 어떠할까? 더 하찮은 존재지만 우리의 삶에 큰 영향을 미치는 박테리아나 바이러스는 이 세계를 어떻게 지각할까? 혹은 인간보다 더 진화된 존재의 눈에는 세상이 어떻게 비칠까?

우리가 산은 산이고 물은 물이라고 보는 것은 절대 객관의 세계가 아니다. 그것은 인류가 공유하는 집단 주관일 뿐이다. 집단의 규모가 워낙 커서 마치 객관처럼 보이는 것일 뿐이다. 이 정도면 인식의 표상에 불과한 것을 실재라고 믿는 것이 착각이고 미망이라는 주장을 어느 정도 이해할 수 있을 것이다.

두 번째 단계는 한참 참선에 몰두하여 무언가 깨달음을 얻은 단계다. 그것은 착각과 미망이 모두 사라진 적멸寂滅의 세계다. 참선을 통해 주체와 객체의 대립의 한계를 넘어설 수 있을 때 주체도 객체도 모두 사라진 세계가 드러난다. 그것을 『반야심경』에서는 공空이라고 했다. 그것은 시각, 청각, 촉각, 후각, 미각으로도 감지할 수 없고 관념과 사유로도 알 수 없는 세계다. 모든 감각과 지각 작용이 사라졌을 때 나타나는 세계다. 그것은 모든 착각과 미망이 사라진 절대 적멸의 세계라고 할 수 있다. 이런 적멸의 세계에서는 당연히 산은 산이 아니고 물도 물이 아니다.

마지막 단계는 휴식처라고 했는데, 이것은 깨달음이 원숙해져 궁극적인 경지에 이른 단계를 말한다. 적조寂照의 세계라고 한다. 적멸의 경지가 선의 최종 단계는 아니다. 선에서는 적멸의 경지 다음으로 적조의 경지를 제시한다. 여기서 적조의 세계란 모든 미망이 사라진 적멸의 세계에서 한 걸음 더 나아가 다시 현상계를 있는 그대로 비추어보는 단계다. 즉, 적멸을 거친 뒤에 다시 원래대로 사물을 비추어보는 것을 말하는 것이다. 그래서 다시 산은 다만 산으로, 물은 다만 물로 보이게 된다.

이 세 단계에 대한 복잡한 이론은 여기서는 생략하도록 한다. 여기서 문제 삼고자 하는 것은 이 세 단계의 과정이 노자의 화광동진과 유사한 논리 구조를 지니고 있다는 것이다. 처음의 미망의 단계는 수도하기 이전의 평범한 일상의 세계다. 그러나 수도를 통해 도를 깨치면 평범한 일상을 완전히 뛰어넘는 초월의 세계에 들어가게 된다. 그 세계는 일상의 착각이 완전히 사라진 상태다. 그러나 진정한 깨달음을 얻으려면 거기서 한 걸음 더 나아가 다시 평범한 세계로 돌아와야 한다. 화광동진을 통해 다시 돌아온 그 세계는 겉으로는 처음의 범속한 단계와 다름이 없다. 그러나 속으로는 처음의 단계와는 전혀 차원이 다르다. 이것은 바로 나선형적인 회귀를 의미한다. 이로 보아 이 공안은 노자의 화광동진의 논리를 그대로 풀어 쓴 것이라고 할 수 있다.

선종의 여러 종파 가운데 하나인 운문종雲門宗에는 유명한 운문삼구雲門三句가 있다. '함개건곤涵蓋乾坤', '절단중류截斷衆流', '수파축랑隨波逐浪'이 바로 그것이다. 풀이하면 '하늘과 땅을 끌어안고 덮는다', '뭇 흐름을 끊어버린다', '물결 따라 쫓아간다'는 뜻이다. 참으로 함축적이면서도 시적인 표현이다. 선종에서는 추상적인 용어로 설명하기보다는 이렇게 구체적인 이미지를 들어서 표현하기를 좋아한다.

'하늘과 땅을 끌어안고 덮는다'는 말에서 느껴지는 인상은 어떠한가? 참으로 웅대하면서도 호방하지 않은가? 깨달음을 구하는 대장부의 기개가 느껴진다. 『장자』의 첫머리에 등장하는 대붕大鵬이 구만 리 상공을 떠올라 날개를 삼천 척이나 펼치고 하늘을 날아가는 느낌이다. '뭇 흐름을 끊어버린다'는 모든 착각과 번뇌 망상을 다 버린 허허적적의 텅 빈 자리를 말하는 것이라고 보면 될 것이다. 그러나 그것이 전부가 아니다. 그 다음은 '물결 따라 쫓아간다'이다. 모든 물의 흐름을 다 끊어버린 뒤에 다시 물결 따라 쫓아가는 그 여유로움, 이것이 바로 선의 맛이다.

앞의 공안과 표현방식은 조금 다르지만 이 속에도 화광동진의 논리는 그대로 적용되고 있음을 알 수 있다. 불립문자와 단도직입이 선종의 외양적인 특징을 이루고 있다면 화광동진은 바로 선사들의 깨달음의 가장 깊은 곳에 자리 잡고 있다. 이번에는 선사들의 행적을 통해 화광동진의 사상이 어떤 양상으로 수용되고 있는지를 살펴보자.

첫째로 들 수 있는 것은 신비한 이적에 대한 부정이다. 선종 초기의 우두선사牛頭禪師는 학자 집안에 태어나서 젊었을 때 『반야심경』에 심취했다. 그는 공의 깊은 뜻을 터득하고는 마침내 출가하여 우두산牛頭山의 한 토굴에 은거했다. 전설에 따르면 도의 경지가 깊어 사나운 짐승들도 그에게 감화를 받아 온순하게 되었고, 새들도 꽃을 물고와 마치 성자를 대하듯이 그에게 꽃을 바쳤다고 한다.

어느 날 4조 도신선사道信禪師가 우두산을 지나가다가 소문을 듣고 우두선사를 찾아갔다. 도신선사는 우두선사가 상당한 경지에 있지만 아직은 더 깊은 깨달음을 깨치지 못했음을 알고 그에게 선의 참뜻을 전해주었고 이에 우두선사는 진정한 깨달음을 깨치게 되었다. 그런데 우두선사가 진정한 깨달음을 얻게 된 뒤에는 새들도 더 이상을 꽃을 바치지 않고 사나운 짐승들도 찾아와 고개를 숙이는 신비한 현상이 사라졌다고 한다.

우두선사가 진정한 깨달음을 얻은 뒤에 왜 이적이 사라졌을까 하는 것은 선종의 유명한 공안 가운데 하나다. 이에 대해 선사들은 이런저런 논리적 언어로 설명하지 않는다. 대신 시를 쓴다. 어떤 선사는 깨달음을 얻기 이전의 경지를 "절인 생선 단지를 처음 열면 쇠파리들이 윙윙 몰려든다"고 했고, 깨달음을 얻은 이후의 경지를 "단지를 텅 비워 깨끗이 씻으니 싸늘한 적막 가운데 홀로 있도다"라고 했다. 어떤 선사는 첫 번째 경지를 "덕이 중후하니 귀신조차 흠모하도다"라고 했고, 두 번째 경지를 "온몸이 성스럽게 되어 그 깊이를 헤아릴 수 없도다"라고 찬탄했다.

그 핵심은 바로 화광동진이다. 사나운 산짐승들도 우두선사의 감화를 받아 온순해지고 날짐승들도 그를 공경했던 것은 바로 그에게서 나오는 깨달음의 빛 때문이라고 할 수 있다. 그러나 깨달음의 빛을 밖으로 발산하는 것은 아직은 설익은 경지다. 나중에 깨달음이 무르익어 화광동진이 되자 그런 징조가 사라졌던 것이다. 참빛은 밖으로 번쩍거리지 않기 때문이다.

이와 비슷한 일화가 있다. 남전선사南泉禪師가 한 고을을 방문했다. 아무런 기별도 하지 않았는데 놀랍게도 그 고을의 촌장은 벌써 그를 맞이할 환영 채비를 해놓고 있었다. 이에 선사가 깜짝 놀라 그 까닭을 물으니 촌장은 간밤에 서낭당의 신이 선사의 방문을 미리 알려주었다고 답했다. 남전선사는 자신의 수행이 아직 설익어서 귀신에게 들킨 것이라고 여기고 크게 반성했다고 한다.

종교적 수도나 명상을 하게 되면 간혹 여러 가지 초자연현상이나 초능력이 나오기도 한다. 대부분의 종교나 명상의 세계에서는 이적을 중시한다.

이적을 일으키게 되면 많은 사람들의 추앙을 받는다. 인도는 특히 그런 경향이 심하다. 그래서 인도에서 형성된 불교의 경전 속에는 석가모니를 비롯한 여러 보살들의 이적이 많이 나온다. 물론 불교의 깨달음의 본질은 이적이 아니다. 그러나 은연중에 이적을 추구하는 경향성을 벗어나지 못하고 있고 그런 것이 불경의 곳곳에 나타나고 있다.

선사들은 다른 어떤 종파보다 철저하게 신비한 이적을 부정했다. 그들은 이적을 추구하게 되면 진정한 깨달음의 길에서 벗어난다고 생각했다. 선사들이 이런 태도를 지니게 된 것은 바로 노자의 화광동진의 영향이다.

다음으로 들 수 있는 것은 성스러움의 초극이다. 화광동진의 의미는 단순히 이적을 부정하는 데 그치지 않는다. 화광동진 속에는 종교적인 성스러움을 극복하고 다시 평범함으로 돌아온다는 의미도 있다. 겉으로 성스러움의 흔적이 남아 있는 것은 아직 진정한 성스러움의 경지에 이르지 못했기 때문이다. 진정한 성스러움은 도리어 평범하다. 조금만 유추하면 쉽게 이런 결론에 도달할 수 있다.

선종의 유명한 공안집인 『벽암록碧巖錄』의 첫머리에는 달마와 양 무제의 성스러움에 관한 대화가 나온다. 물론 달마와 무제의 대화는 꾸며진 것이다. 중요한 것은 선가에서 가장 널리 읽혀지는 유명한 공안집인 『벽암록』의 제1칙에 실렸다는 것이다. 그것은 바로 성스러움의 부정이 선의 근본정신이라는 것을 말해준다.

성스러움을 부정하는 재미있는 일화가 있다. 단하선사丹霞禪師가 겨울철에 낙양의 혜림사慧林寺에 머물고 있을 때의 일이다. 날씨는 추운데 땔감이 없자 단하선사는 본당으로 달려가서 목불을 들고 와 쪼개어 장작불을 지폈다. 그 절의 승려가 기겁을 한 것은 당연한 일이다. 노발대발하면서 불제자가 어떻게 이런 일을 할 수 있냐고 따지자 단하선사는 태연하게 부지깽이를 들고는 장작 잿더미를 뒤적거리기 시작했다. 그 승려는 의아해하면서 도대체 뭐 하느냐고 물었다. 단하선사는 부처님의 사리를 찾는 중이라고 답했다. 그 승려는 어이가 없어 목불에 무슨 사리가 있느냐고 대들었다. 그러자 단하선사는 사리도 없는 목불로 불을 땠는데 왜 그렇게 호들갑을 떠느냐고 반박했다. 이에 그 승려는 아무 말도 하지 못했다.

이 공안 속에는 여러 가지 의미가 있다. 예컨대 우상을 타파한다는 의미도 있고 기존의 고정 관념을 타파한다는 의미도 있다. 그러나 가장 중요한 의미는 역시 성스러움을 부정하는 것이다.

운문종의 개창자인 운문선사雲門禪師는 상당히 입이 거친 편이었다. 한 번은 그가 법회에서 설법을 하면서 석가모니가 탄생 직후에 일곱 발자국을 걸어가면서 한 손으로 하늘을 가리키고 한 손으로 땅을 가리키면서 '천상천하유아독존天上天下唯我獨尊'이라고 말한 설화를 언급했다. 신도들은 부처님의 신통력과 거룩함에 다시 한 번 감동하고 있었을 것이다. 다음의 말을 기대하고 있던 청중들에게 운문은 그들의 귀를 의심하게 하는 과격한 설법을 했다. "내가 만약 당시에 그 장면을 목격했더라면 몽둥이로 때려죽여서 개밥으로 주었을 것이다. 그러면 천하가 좀더 태평스러워졌겠지."

이 공안 속에도 여러 가지 의미가 담겨 있다. 우선 이적을 부정하는 의미도 담겨 있고 권위를 부정한다는 의미도 있다. 종교에서 권위는 정말 중요한 것이고 석가모니야말로 불교의 종교적 권위의 원천이다. 운문은 그것을 부정하고 있는 것이다. 그 이유는 어떤 외부적 권위보다는 스스로의 주체적 자각을 중시하기 때문이다. 선종에서는 흔히 '살불살조殺佛殺祖'라는 말을 쓴다. 부처를 만나면 부처를 죽이고 조사를 만나면 조사를 죽이라는 뜻이다. 같은 맥락이다.

그러나 근본적인 의의는 성스러움의 부정에 있다. 대부분의 종교에서는 교주는 보통 사람들과 다른 성스러움을 지니고 있음을 강조한다. 불교 또한 마찬가지다. 석가모니는 태어날 때부터 보통 사람과는 완전히 다르다. 어머니의 옆구리에서 태어났다는 것도 그렇고, 세상에 나오자마자 걸었다는 것도 그러며, 천상천하유아독존이라는 엄청난 선언을 한 것도 그렇다. 성스러움의 극치가 아니고 무엇인가? 운문선사는 그것이 못마땅했던 것이다. 그는 성스러움에 대한 착각과 미망을 깨기 위해 과격한 말을 서슴지 않았던 것이다.

성스러움은 종교적 권위의 원천이다. 대부분의 종교에서는 성스러움을 연출하기 위해 장엄한 사원과 종교적 상징물을 짓고 경건한 예배 의식을 거행한다. 불교 또한 마찬가지다. 대부분의 종파에서는 엄청난 규모의 사찰을 짓고 화려한 불상을 만들며 엄숙한 법회를 열었다. 그러나 선종은 불교의 다른 어떤 종파보다 성스러움의 굴레에서 많이 벗어나 있다. 선방에는 번쩍거리는 금불상을 두지 않았다. 아울러 그들은 복잡하고 장엄한 예배 의식을 중시하지 않았다. 단지 참선을 통해 스스로 불성을 깨치는 것을 중시했을 따름이다. 선종의 이런 특징은 바로 화광동진의 사상을 수용한 데서 나온 것이다.

화광동진 속에 담겨 있는 또 하나의 중대한 의의는 일상성을 중시하는 것에 있다. 일반적으로 깨달음의 세계는 모든 것을 초월하는 세계로 인식되고 있다. 삶과 죽음을 넘어선 곳, 일체의 번뇌 망상이 끊어진 곳이 바로 깨달음의 세계인 것이다. 이 속에는 일견 일상성이 들어설 여지가 없다. 그러나 화광동진의 의미를 제대로 알게 된다면 거기에 머물지 않고 다시 평범한 일상의 세계로 돌아올 수 있다.

선사들의 깨달음에서 일상성의 강조란 매우 중요한 특징 가운데 하나다. 선사들은 불교의 다른 어떤 종파보다도, 다른 어떤 종교보다도 일상성을 많이 강조하고 있다. 일상성에 대한 강조를 잘 드러낸 말 가운데 "평상심이 도다"는 말이 있다. 평상심의 의미에 대해서는 여러 가지 해석이 가능하겠지만 말 그대로 평상의 마음, 일상의 마음이라고 보아도 무난할 것이다.

선사들은 평상심을 강조했기 때문에 깨달은 이후에도 평범하고도 일상적인 삶을 영위했다. 그들은 깨달음을 얻으면 무언가 특별한 징후가 보일 것이라고 여기는 일반인들의 짐작을 여지없이 무너트린다.

진적선사眞寂禪師가 처음으로 방장이 되었을 때 한 스님이 물었다. "제가 듣건데 석가모니께서 설법을 시작하셨을 때는 황금빛 연꽃이 땅에서 솟아 나왔다고 합니다. 오늘 스님께서 취임하시는 마당에 무슨 상서로운 조짐을 기대할 수 있겠습니까?" 그러자 진적선사가 말했다. "문 앞에 눈을 쓸었네." 눈이 올 때 문 앞에 눈을 쓰는 것은 지극히 일상적인 일이다. 깨달은 사람에 게서 신비한 이적이나 조짐을 기대하는 물음에 대해 진적선사는 지극히 일 상적인 일로써 답변했다.

선사들이 일상성을 중시한 것은 곳곳에서 드러난다. 어느 선사가 조주선 사에게 가르침을 청했다. 조주는 그에게 아침은 먹었느냐고 물었다. 그렇다 고 답하자 조주는 그러면 가서 밥그릇이나 씻으라고 말했다. 선가에서 흔히 쓰이는 말에 '끽다거喫茶去'가 있다. 차 마시고 가라는 이야기다. 이것 또한 깨달음이 무엇이냐는 진지한 질문에 답할 때 자주 사용하는 구절이다. 밥과 차를 마시는 일은 일상생활에서 늘 접하는 것이다. 그래서 우리는 다반사茶 飯事를 평범하고 흔하다는 뜻으로 사용한다. 그러나 그것은 사람이 살아가 는 데 없어서는 안 되는 중요한 일이다. 선종에서의 깨달음은 바로 다반사 와 같은 것이었다. 지극히 평범하면서 절대적으로 필요한 것이라는 의미가 담겨 있다.

밥 먹는 일과 마찬가지로 과거에는 농사를 짓는 것 또한 일상생활에서 빼 놓을 수 없는 것이었다. 위앙종潙仰宗의 창시자인 위산선사潙山禪師와 앙산 선사仰山禪師의 대화가 이를 잘 말해준다. 앙산은 어느 해 여름 안거가 끝난 뒤에 그의 스승 위산을 방문했다. 위산이 여름 내내 무엇을 했냐고 묻자 앙 산은 땅을 갈아서 수수를 뿌렸다고 답했다. 그러자 위산은 "여름을 헛되이 보내지는 않았군" 하고 답했다. 앙산이 위산에게 여름 동안 무엇을 했냐고 묻자 위산은 아침에는 죽 먹고 낮에는 밥을 먹었다고 답했다. 그러자 앙산 또한 "스님께서도 이번 여름을 헛되이 보내시지 않으셨군요"라고 답했다.

여기서 말하는 여름 안거란 하안거夏安居 기간을 말하는데, 안거란 한 곳에서 집중적으로 수련하는 것을 뜻한다. 석가모니 당시 비가 오지 않는 건기에는 주로 유랑 전도 생활을 하고 비가 많이 내리는 우기에는 한 곳에서 집중적인 수도생활을 하던 전통을 중국의 환경에 맞추어 변형시킨 것인데, 여름에 행하는 집중수련을 하안거, 겨울에 행하는 집중수련을 동안거冬安居라고 한다.

선가의 전통에는 대개 안거가 끝난 뒤에는 그 사이 얼마나 정진했는지 서로 점검하기도 한다. 그런데 이들은 참선에 대한 이야기는 하지 않고 농사지은 이야기와 밥 먹은 이야기를 나눈다. 한 걸음 더 나아가 서로가 열심히 수도했다고 칭찬한다. 이것은 선에서 노동이나 식사 등의 일상의 삶이 얼마나 중요한가를 보여주는 좋은 예라고 할 수 있다. 이런 것들은 모두 바로 화광동진을 새로운 차원에서 재해석한 데서 나온 것이다. 이상으로 보아 노자의 화광동진 사상은 선사들의 논리와 언어에 지대한 영향을 미쳤을 뿐만 아니라 그들의 삶의 태도에도 많은 영향을 미쳤음을 알 수 있다.

화광동진은 노자의 깨달음의 정수라고 할 수 있다. 그럼에도 불구하고 지금까지 크게 주목받지 못한 부분 가운데 하나다. 화광동진이 크게 주목받지 못한 이유는 일단은 그 논리구조가 어렵기 때문이다. 회귀를 하면서도 발전을 하는 나선형적 논리구조는 평면적 사유체계에서는 쉽게 이해되지 않는다. 그보다 더 중요한 이유는 화광동진의 참뜻을 제대로 알기 위해서는 실제로 그와 같은 깊은 깨달음의 세계를 체험해야 하기 때문이다. 노장사상의 적자라고 할 수 있는 위진 현학의 사상가들이 그것을 제대로 이해하지 못했던 것도 그만한 깊은 깨달음이 없었기 때문이고, 노장의 서자인 도교의 도사들이 그것을 제대로 실천하지 못했던 것도 그만한 깨달음의 경지에 이르지 못했기 때문이다.

화광동진의 사상은 오히려 인도에서 건너온 불교의 한 종파인 선종에서 꽃피웠다. 그것은 아마도 선사들이 그만큼 치열하게 구도했고 그 결과 깊은 깨달음을 체험할 수 있었기 때문일 것이다. 선사들은 화광동진을 여러 가지

각도에서 새롭게 재해석하여 수용했다. 신비한 이적의 부정, 성스러움의 초극, 일상성의 중시 등은 모두 화광동진에 대한 새로운 차원의 해석에서 나온 것이다. 이것들은 선사들의 깨달음의 깊이를 대변해주는 동시에 교종에 대한 선종의 특징을 잘 보여주는 것이다. 나아가 중국불교가 지니고 있는 특징을 잘 드러내는 것이라고 할 수 있다.

중국불교의 발전은 당대에 활짝 피어난 선종에 이르러 정점에 이르렀고 그 뒤로는 점차 쇠퇴했다. 송대에 이르면 불교 안에서 선종의 위상은 크게 높아져 다른 종파에 비해 압도적 우위를 점하게 된다. 그리고 선의 사상은 물론 심미의식이나 생활양식도 일반 사대부에게 크게 영향을 미쳤다. 송대의 유명한 화가들 가운데서도 선에 심취한 이들이 많이 있었으며 송대를 대표하는 문인인 소동파나 황정견黃庭堅 등은 실제로 선사들과 교류하면서 참선을 배워 깨달음을 얻기도 했다.

그러나 사상계 전체를 보았을 때 송대는 오랫동안 불교에 눌려온 유학이 다시 흥성하는 시기고 불교로서는 마지막 불꽃을 태우는 시기였다. 북송대까지 극성했던 선종은 남송대에 들어서는 매너리즘에 빠지면서 점차 쇠퇴하기 시작했다. 이후 종교로서의 불교의 지위와 영향력은 어느 정도는 계속 유지될 수 있었지만 이전처럼 지식인들을 매혹시키는 사상적 추구의 대상은 되지 못했다.

몽골이 지배했던 원대에 이르러서는 라마교가 흥성하고 전국에 라마교 사원이 건립되었다. 라마교는 종교적 성스러움을 강하게 발산하는 종파이고 주술적이고 비의적 요소가 많다. 라마교 사원의 만다라나 탱화들은 매우 화려하면서도 비의적 분위기를 지니고 있다. 단순하고 평범하며 깨달음의 일상성을 강조하는 선종과는 상당히 대조적이라고 할 수 있다. 발산하는 성스러움을 추구하는 라마교가 유행하면서 그렇지 않아도 신유학에 의해 밀려난 선종은 더욱 쇠퇴했다.

명대에 들어서는 라마교의 영향력은 사라졌지만 이번에는 유불도가 통합되는 추세 아래 불교의 고유성은 점차 흐려졌다. 중국적 불교의 특징을 잘 보여주는 선종의 명맥 또한 갈수록 희미해졌다. 청말 이후 밀려오는 서구화의 물결 속에 선종뿐만 아니라 불교 전체가 쇠퇴했고 특히 공산화와 문화혁명을 거치면서 타파 대상으로 몰려 더욱 급속도로 몰락하게 되었다.

개혁개방 이후 선종을 중국의 우수한 전통문화 가운데 하나로 인식하는 젊은 학자들에 의해 선에 대한 학문적 관심은 많아졌고 관련 책들도 우후죽순처럼 쏟아져 나왔다. 그러나 아직까지는 대부분 학문적 관점이나 문화적 관점에서의 접근에 그치고 있어 실제적인 수양의 관점에서 선종이나 참선을 접근하려는 움직임은 아직 미약한 편이다. 실제 수행의 방면에서는 중국으로부터 선종을 전수받은 일본의 선사들에게 뒤늦게 참선을 배우고 있는 서양보다 오히려 낙후되어 있다. 선종을 창시한 중국인들이 선종의 전통을 제대로 회복할 수 있을지는 아직 미지수이다.

유 교

유가, 유교, 유학은 그 어감이 조금씩 다르다. 유가는 제자백가의 하나로서 사상적인 측면을 강조한 것이고, 유교는 성인의 가르침으로서 종교의 의미가 강하며, 유학은 학문으로서의 느낌이 강하다. 이 세 단어는 서로 혼용되기도 하고 때에 따라서는 구분되어 쓰이기도 한다. 이 장에서는 주로 유교의 종교성에 대해 논의할 것이기 때문에 유교라는 용어를 가장 많이 썼다.

유교는 중국문화의 중심축이고 그 영향력도 가장 심대하다. 지금은 옛날에 비해 위세가 많이 줄었지만 그래도 중국인들의 사고방식과 행동양식 곳곳에 뿌리 깊게 남아 있다. 중국과 동아시아의 문화를 좀더 깊게 이해하기 위해서는 반드시 넘어야 할 산이라고 할 수 있다. 이 장에서는 대성약범大聖若凡의 관점에서 유교가 지니고 있는 종교성을 검토하고, 화광동진의 관점에서 노자와 공자의 삶과 깨달음을 조명했으며, 마지막으로 대성약범의 관점에서 유교의 발달사를 간략하게 살펴보았다.

유교의 종교성

원래 중국을 비롯한 동아시아에서는 종교라는 어휘는 없었다. 그것은 동아시아 국가 가운데 가장 먼저 서구화한 일본인들이 영어의 'religion'을 한자로 옮긴 것이다. 'religion'은 라틴어에서 나온 것인데 그 본래의 의미에는 두 가지 뜻이 있다. 하나는 '삼가 경의를 표하다'는 것이고 하나는 '다시 결합하다'는 것이다. 전자에는 인간보다 위대한 절대적인 존재에 대해 경의를 표한다는 의미가 담겨 있고, 후자에는 신과 분리된 인간이 다시 신과 결합하게 된다는 의미가 담겨 있다.

그러나 일본인들이 번역어로 택한 '종교宗敎'라는 한자어의 원래의 뜻은 이와는 아무런 상관이 없다. 원래 '종'이나 '교'는 모두 불교에서 나온 용어로서 '종'이란 어떠한 언어나 형상으로도 표현할 수 없는 석가의 근본 깨달음을 가리키는 것이고, '교'는 깨달음으로 인도하기 위한 여러 가지 방편의 가르침을 뜻한다. 그냥 한자의 뜻 자체로만 풀이하면 으뜸가는 가르침 정도가 될 것이다.

종교학이라는 학문 자체가 서양에서 출발한 것이므로 초기의 종교의 정의 속에는 그들의 종교인 기독교의 기준이 많이 들어 있다. 예를 들면 초월적 절대자에 대한 신앙이 있느냐 없느냐, 사후세계에 대한 신념체계가 있느냐 없느냐, 신성함이나 외경의 감정을 자아내는 기제가 있느냐 없느냐 등의 기준들은 모두 기독교를 기준으로 한 것이다. 그러나 문화적 배경에 따라 워낙 다양한 개성을 지닌 세계의 여러 종교들을 연구하게 되면서 지금은 종교에 대한 정의가 훨씬 포괄적이고 모호하게 되었다. 그래서 심지어는 종교에 대한 명확한 정의를 내리는 작업 자체를 꺼려하기도 한다.

그러면 유교는 종교일까, 아닐까? 유대교, 기독교, 이슬람교, 불교, 힌두교 등이 종교라는 것에 대해서는 대부분의 사람들이 아무런 이의 제기가 없지만, 유교가 종교인가에 대해서는 사람마다 설이 분분하다. 세계의 종교를 다룬 종교학자의 저서 가운데서도 유교를 종교에 포함시킨 경우도 있고 그렇지 않은 경우도 있다. 그만큼 애매하다는 뜻이다.

나는 유교를 종교라고 생각한다. 왜냐하면 종교를 정의할 때 반드시 절대자나 사후세계를 거론할 필요는 없다고 생각하기 때문이다. 인간의 삶에 진정으로 소중하고 가치 있는 신념체계를 지니고 있고 그것이 사람들을 감동시킬 수 있다면 그것은 종교다. 유교는 단순한 사상이라고 하기에는 서구화 이전 중국을 비롯한 동북아시아 사람들에게 너무나 큰 의미와 무게를 지니고 있다. 그리고 공자는 서구화가 진행되면서 타파해야 할 낡은 전통의 괴수 또는 지배계층을 옹호하는 보수적인 정치사상가로 여겨지기 이전에는 만고의 스승이자 위대한 성인으로 추앙받았다.

유교를 제대로 이해하려면 공자보다 한참 더 거슬러 올라가야 한다. '儒'라는 글자는 갑골문에 이미 나타나는데 떨어지는 물에 팔을 벌리고 있는 사람의 모습으로 제사를 지내기 전에 목욕재계하는 것을 뜻한다. 이로 보아 유생儒生은 원래 은대의 제사의례를 담당한 집단이라는 것을 알 수 있다. 기원전 17세기에서 11세기까지 존재했던 은나라는 제정일치의 국가로서 종교적 제례의식이 매우 중요한 의미를 지니고 있었다. 그런데 은나라가 망하고 주나라가 들어서면서 중국인들은 신 중심의 세계관에서 인간 중심의 세계관으로 나아간다. 은나라 시대의 많은 종교적인 의례들을 폐지하거나 개선하면서 인문제도로써 나라를 다스리는 시스템을 확립했다. 이런 사회시스템을 총칭하는 말이 바로 예禮다.

예 문화가 확립되면서 유생 집단 또한 그 성격이 약간 변모하게 된다. 복점과 종교적 제의를 담당하던 종교집단이라는 의미는 점차 희석되고 국가의 형식적인 의례나 조상신에게 지내는 제사를 담당하는 계층으로 바뀌게 된다. 그 의미와 비중 또한 은대에 비해서는 많이 축소되었다. 왜냐하면 인문제도의 중요성이 커진 반면 제례의식의 비중은 훨씬 줄었기 때문이다. 그나마 서주시대에는 국가적인 지원에 의해 제례의식의 명맥이 유지되었지만 춘추전국시대에 들어서서는 그 명맥조차도 점차 희미해졌다.

공자가 태어난 노나라는 주공의 후예들이 다스리던 지역으로, 춘추시대의 많은 제후국 가운데 그나마 예 제도의 명맥이 제대로 보존되고 있던 지역이었다. 공자는 어려서부터 예에 대해 집중적으로 탐구하여 나이를 먹어서는 예에 정통한 사람으로 소문이 나기 시작했다. 그는 예야말로 중국문명의 특징을 잘 보여주는 것이고 어지러운 천하를 다시 바로잡는 데 가장 필요한 것이라는 확신을 지니게 되었다. 그리하여 그는 스스로 주공을 계승한 사람임을 자처하고 예를 널리 선양하는 데 힘썼다.

그러나 그는 과거의 전통을 답습하는 데 만족하지 않고 거기에 새로운 사상을 추가했다. 그것은 바로 인仁이었다. 공자가 인에 대해 구체적으로 정의한 적은 없지만 대략 정리해보면 사람을 사람답게 하고, 이 세상을 사람답게 사는 세상으로 만들 수 있는 내면적 자율적 도덕성이라고 할 수 있다. 그는 예를 아무리 잘 갖추었다고 해도 인이 없으면 아무런 소용이 없다는 것을 강조했다. 인이 있음으로써 예의 가치가 비로소 살아날 수가 있다는 말이다.

공자는 일찍이 '술이부작述而不作'이라고 말한 적이 있다. 자신은 과거 성인의 말씀을 서술하여 전할 뿐 새로운 설을 지은 바 없다는 말이다. 원래 고대 중국에서는 성인이란 독창적인 자신의 설을 제시할 수 있는 사람을 말한다. 이 말은 스스로는 성인이 될 수 없다는 것을 말한 것으로서 겸손의 말이라고 할 수 있겠다. 그러나 인이라는 새로운 요소를 더하고 그것을 바탕으로 예를 새롭게 해석한 것은 분명 하나의 창조라고 할 수 있다. 우리가 보통 공자를 유교의 창시자로 보는 것은 바로 이 때문이다. 그리고 그 창조가 보통의 창조가 아니라 위대한 창조인 것은 단순히 이론적으로 새로운 개념을 더하거나 논리를 계발했다기보다는 실제적인 수양과 삶 속에서의 실천을 통해서 사상의 새로운 지평을 열었기 때문이다.

공자의 사상은 춘추전국시대에는 주류가 되지 못했다. 맹자의 표현에 따르면 당시 천하의 사람들은 묵자 아니면 양주楊朱의 사상에 도취했다고 한다. 양주는 도가사상가 가운데 한 사람이다. 나중에 가서 결국은 법가사상이 천하의 통일에 결정적 기여를 한다. 그러나 유교는 중국문화의 틀이 확고하게 잡히는 한대에 이르러 주도적인 사상으로 자리 잡게 된다.

공자사상이 한 제국에 이르러 관학이 된 것은 유교사상이 지배자를 대변하는 사상이기 때문이라고 보는 관점도 있다. 그러나 그보다는 중국인의 성향과 중국문화의 기본 틀에 가장 부합하는 사상이기 때문이라고 보고 싶다. 이후 유교는 약간의 굴곡은 있었지만 2천 년 이상의 세월을 중국인을 지배하는 사상으로 살아남았다. 공자 자신의 삶과 깨달음에 대해서는 잠시 뒤에 살펴하도록 하고, 여기서는 주대에 확립된 예 문화의 창조적 계승으로서의 유교사상의 개성과 특징을 살펴보고자 한다.

먼저 유교에는 초월적인 존재에 대한 신앙이 없다. 전 세계의 주요 종교에서는 대부분 초월적인 존재를 상정하고 그것이 인간의 길흉화복을 관장한다고 여기며 그에게 복을 구한다. 중동에서 나온 세 가지 유일신교는 물론이고 힌두교도 그러하며 중국의 민족종교인 도교 또한 그렇다. 그리고 기복적인 요소보다는 스스로의 깨달음을 통한 해탈을 추구하는 불교조차도 소수의 전문 수행자를 제외한 대부분의 신도들은 부처나 보살들을 구복과 신앙의 대상으로 삼는 것이 일반적이다.

유교에서도 분명 운명을 주재하는 더 높은 존재를 상정하고 있다. 그것은 바로 하늘이다. 은대는 물론 주대에도 천자는 하늘에 대한 제사를 지냈으며 그것은 이후로도 계속된 전통이다. 그러나 은대에는 모든 일을 하늘에 묻고 하늘에 복도 기원했지만 주대 이후 중국인들은 하늘을 인정은 하되 하늘에 대한 강한 신앙심을 가지지는 않았다.

공자 또한 마찬가지다. 그는 힘들고 어려운 일이 있을 때 하늘을 간혹 이야기했다. 공자는 사랑하는 제자 안연顔淵이 죽었을 때 하늘이 자신을 버렸다고 탄식했고, 자신을 죽이려고 하는 무리에 포위당하여 목숨이 경각에 달려 있을 때는 하늘이 주나라의 문명을 버리지 않는다면 자신을 버리지 않을 것이라고 장담하면서 초연하게 악기를 연주했다. 그리고 하늘에 죄를 지으면 빌 곳이 없다고 말한 적도 있으며 심한 병을 앓고 있을 때 제자 자로子路가 안타까워하면서 하늘에 빌 것을 청하자 공자는 이미 그런 기도는 오래되었다고 답했다. 이런 것으로 보아 분명 하늘의 존재를 인정했던 것은 틀림없다. 그러나 공자는 하늘에 구체적인 복을 구하거나 액운을 뿌리치기 위해 하늘에 기도를 하는 행위는 하지 않았다.

조상신에 대해서도 마찬가지다. 공자는 일찍이 제사를 지낼 때는 마치 귀신이 옆에 있는 듯이 지내야 한다고 했다. 그것은 분명히 귀신을 인정하는 것이라고 볼 수 있다. 그러나 그는 귀신에 대한 이야기를 거의 하지 않았다. 그는 전통의 답습을 중시했기 때문에 전통적으로 내려오던 천신, 지신, 곡식신, 조상신 등에 대한 제례의식을 그대로 수용했지만 그 구체적인 실체에 대해서는 말하기를 꺼렸다. 그리고 그는 귀신에 대해 공경하되 멀리하라고 가르쳤다.

공자는 왜 초월적 존재에 대해 인정하면서도 구체적으로 말하지 않고 공경하면서도 멀리하려고 했을까? 여러 가지 이유를 추측할 수 있겠지만 일단 문화적 풍토의 영향력을 무시할 수 없을 것이다. 예 문화는 은대의 전통을 이었지만 인본주의적 성향을 더 중시한다. 귀신을 공경하되 멀리하는 것은 주대부터 내려온 전통의 하나다. 또한 공자 자신의 성향이 현실적인 인간세계를 더 중시했기 때문에 초월적인 세계에 대해서는 마음을 쓸 겨를이 없었던 것도 중요한 이유 가운데 하나일 것이다.

둘째로 유교에서는 죽음 이후의 세계에 대한 관심이 별로 없다. 전 세계 대부분의 종교에서는 지상에서의 삶이 끝이 아님을 강조한다. 유대교, 기독교, 이슬람교에서는 죽은 뒤에는 영원한 천국 아니면 지옥으로 가야한다는 것을 주장하고, 힌두교나 불교 등은 죽은 뒤에는 살아 있을 때의 업보에 따라 윤회한다고 주장한다. 도교의 세계관은 모호하다. 노자는 사후의 세계에 대해 일체 말한 바가 없고 장자는 죽음이란 기가 흩어지는 것이라고 했다. 그러나 종교화되고 난 뒤에는 불교의 윤회설을 받아들여서 이것저것 뒤섞인 형태가 되고 말았다.

유교에서도 분명 죽음이 끝이 아니라고 여겼던 것은 틀림없다. 만약 죽음이 끝이라고 보았다면 제사를 지낼 필요가 없었을 것이다. 그리고 만약 제사가 고대로부터 내려오던 전통에 불과한 것으로 여겼다면 그냥 형식적으로 간단하게 지내면 될 것이지 그렇게 까다롭고도 복잡하게 절차를 따질 필요가 없을 것이다. 사실 전통의 상례와 제례는 현대인들이 볼 때는 지나치게 까다로운 면이 있어 어떤 사람은 유교를 죽음의 문화라고 공격하기도 했다.

그러나 그것은 분명 단견이자 편견이다. 철학적으로 보았을 때 유교는 분명 죽음보다는 삶을 더 중시한다. 공자는 죽음에 대해서 알고 싶다는 자로의 질문에 대해 "삶에 대해서도 아직 다 알지 못하는데 어찌 죽음에 대해서 알겠는가?"라고 답한 적이 있다. 공자는 분명 죽음 이후의 세계에 대해서 불가지론 또는 유보적인 입장을 보이고 있다. 그것은 현실의 삶에 대해서 더 치열하게 궁구하느라 죽음에 대해서는 궁구할 겨를이 없다는 뜻이다.

그러면 유교에서는 왜 상례와 제례가 그렇게 까다로운가? 그것은 죽음의 의미를 지나치게 무의미하게 만들어버리면 삶의 의미 또한 지나치게 가벼워질 수 있을까봐 우려했기 때문이다. 죽고 나면 모든 것이 끝이라고 여기게 되면 부모나 조상에 대한 감사의 마음이 없어지고 이것은 삶을 무책임하게 살아가는 부정적 결과를 낳을 수도 있기 때문이다. 이를 막기 위해서는 죽음이라고 하는 것이 결코 단순한 것이 아님을 강조해야 한다. 물론 그 속에는 가부장적 사회구조 속에서 죽은 조상의 힘을 이용하여 살아 있는 사람들을 통제하려는 의도 또한 있다고 할 수 있다. 그러나 이런 것들은 지엽적인 문제고, 유교가 세계의 다른 종교에 비해 죽음보다는 삶을 훨씬 더 중시한다는 것은 자명하다.

셋째, 유교는 특이한 성스러움의 아우라가 없다. 전통적으로 성스러움은 종교를 종교답게 하는 중요한 요소 가운데 하나로, 대부분의 종교에서는 성스러움을 발현시키는 기제를 지니고 있다. 그리고 그 성스러움은 대부분의 경우 이적이나 보통 사람과는 다른 특이한 면모에서 나온다. 유대교의 모세를 비롯한 수많은 선지자들도 이적으로써 강렬한 성스러움을 발산하고 있고 기독교의 예수는 출생부터 죽음에 이르기까지 존재 자체가 이적으로 인한 성스러움으로 가득 차 있다. 바다를 갈라놓은 것이나 동정녀에게서 태어나 죽은 뒤 사흘 만에 부활하는 것은 분명 인간의 힘을 넘어서는 초월자에 대한 강렬한 경외감을 불러일으키고 그것은 바로 종교적 성스러움과 직결된다.

불교 또한 마찬가지다. 붓다의 원래 의미가 궁극적인 깨달음을 얻어 모든 번뇌를 끊고 열반의 경지에 든 자라는 의미였으므로 특이한 성스러움의 아우라는 없었다. 보통 사람이 하기 어렵다는 극단의 고행과 단식을 했기 때문에 존경심을 자아내는 정도다. 그러나 후대 대승불교의 경전으로 갈수록 모든 것을 볼 수 있는 천안통天眼通, 모든 것을 들을 수 있는 천이통天耳通 등의 영적 초능력을 다 갖추고 이적을 밥 먹듯이 행하는 초인적인 존재로 변모했다. 노자 또한 본의 아니게 도교의 교주로 등극한 뒤에는 보통 사람이 다다를 수 없는 특이한 행적들로 꾸며졌다. 이렇게 전통적인 종교의 성스러움은 특이함으로 가득 차 있다.

그러나 유교에는 그런 특이한 성스러움이 없다. 공자는 출생에서부터 죽음에 이르기까지 이적은 물론이고 특이한 성스러움의 아우라를 전혀 보여주지 않는다. 그는 일찍이 은미한 것을 찾고 괴이한 일을 행하면 후대 사람들에게 칭송을 받을지 모르겠지만 자신은 그런 일을 하지 않겠노라고 말했다. 심지어는 그런 것을 말하는 것조차도 별로 좋아하지 않았다. 그런 영향 때문인지 후대의 계승자들도 모두 그저 평범한 보통 사람에 불과할 뿐 조그마한 이적도 행한 적이 없고 특별한 성스러움을 보여준 적도 없다.

그것은 문화적 토양과 깊은 관련이 있다. 중국은 일찍부터 신화적 사유체계에서 인문주의적 사유체계로 전환되었기 때문에 성인이라는 개념 자체가 무척이나 평범하다. 아득한 신화시대의 성인이라고 할 수 있는 삼황오제 가운데 삼황만 해도 생긴 것은 반인반수로 특이하지만 하는 짓은 특별한 것이 없다. 그저 인간에게 불을 사용하는 법과 농사짓는 법 등을 전수해주었다는 이야기가 있을 뿐이다. 성왕이라고 칭송하는 요순임금 또한 황하를 잘 다스렸다, 계모의 박해를 받으면서도 효도를 다했다, 아들이 있음에도 불구하고 능력 있는 신하에게 왕위를 넘겨주었다 등의 지극히 실용적이고 윤리적인 이야기들밖에 없다.

넷째, 유교는 다른 종교에 비해 궁극적 경지를 향한 수도의 전통이 부족하다. 대부분의 종교에서는 일반 신도들을 위한 종교의례나 경전 외에 전문 수도자를 위한 본격적인 수도법이 있다. 그것은 그 종교에서 상정하는 궁극적인 경지를 체득하려는 일종의 심신수양법이다. 힌두교나 불교에서 범아일여나 해탈에 이르기 위한 여러 가지 명상법들이 있다는 것은 이미 알고 있는 사실이고, 수도보다는 신앙을 더 중시하는 유일신교에서도 전문 종교인을 위한 명상법들은 있다.

유대교에는 선지자들과 랍비들 사이에 비밀리에 전수되어오던 카발라(傳承)의 전통이 있었다. 그들은 카발라를 통해서 야훼를 만나고 그로부터 계시나 예언을 받는 깊은 영적 체험들을 했던 것이다. 기독교에도 수도원의 수사들이 행하는 관상법이라는 전문적인 명상법이 있다. 기독교의 많은 성자들은 이 관상법을 통해 하나님의 현전을 체험했던 것이다. 그리고 이슬람교에도 수피즘의 전통이 있어 깊은 명상을 통해 알라와 합일을 체험하곤 했다. 이런 명상법들은 대부분 고도의 정신집중이나 관조를 통해 내면의 깊은 고요와 평화, 거룩한 존재와의 합일감, 황홀감, 자아와 우주에 대한 근본적인 통찰을 불러일으킨다. 이런 수양법들은 성스러움의 발현과도 매우 밀접한 관련이 있다. 많은 전문적인 종교인들은 바로 이 수도를 통해 스스로 성스러움을 체험하고 또한 일반 신도들에게 성스러움의 아우라를 전할 수도 있었다.

그러나 유교에는 그런 수도의 전통이 없다. 공자에 대한 기록에도 불혹의 경지에 이르렀다, 천명을 알게 되었다 등의 막연한 이야기만 있을 뿐 그것이 구체적으로 어떤 수양의 과정을 거쳐 거기까지 이르게 되었는지에 대한 말은 없다. 그리고 유교의 문헌 어디를 보아도 그저 마음 수양을 통해 가난과 곤궁에서도 즐거움을 잃지 않는다든지 마음을 다하면 본성을 알 수 있다. 희로애락이 일어나지 않는 중中의 경지와 희로애락이 일어나되 절도에 맞는 화和의 경지가 있다는 식의 막연한 언급만 있을 뿐, 고도의 정신집중이나 관조를 위한 구체적인 기술에 대한 내용은 보이지 않는다.

이런 수도 전통의 부재는 유교의 약점 가운데 하나였다. 이 때문에 체계적인 수양론을 지니고 있던 불교와 도교가 유행하기 시작하자 유교는 한갓 윤리 도덕을 선양하려는 학문 정도로 수준이 격하되었던 것이다. 송대에 유교의 부흥을 주장한 많은 신유학자들이 집중적으로 고민하고 보완하려고 했던 것도 바로 이 부분이다.

종교학의 관점에서 볼 때 특히 서양종교의 관점에서 볼 때 유교는 종교라고 인정하기 어렵고 설령 인정한다 해도 분명 미발달된 종교로 보일지도 모른다. 그 속에는 신이라는 초월자에 대한 신앙도, 사후세계에 대한 제시도, 특별한 성스러움도 보이지 않기 때문이다. 종교적 수도의 전통 또한 미약하다. 서양의 기독교를 비롯한 대부분의 종교가 처음부터 성스러움을 지향하면서 발달해나간 것이라면 유교는 분명 범속함에 머무르고 있다고 볼 수 있다.

그러나 그 속을 자세히 들여다보면 그것은 단순한 범속함은 아니다. 관점을 조금 바꾸어 생각하면 대부분의 종교에서 추구하는 성스러움보다 훨씬 더 성숙된 성스러움일 수도 있다.

신학자 가운데는 원시종교들이 대부분 애니미즘에서 발달한 다신교적인 차원에 머물러 있는데 비해 유일신교는 천지만물을 창조한 유일신을 제시하고 있기 때문에 훨씬 성숙된 형태의 종교라고 주장하는 사람이 있다. 철학적으로 보았을 때 다신교가 다양한 현상의 차원에 머물러 있는 단계라면 유일신교는 다양한 현상 배후에 있는 궁극적인 일자―者를 발견한 것이기 때문이다. 일리가 있는 이야기다.

그러나 좀더 거시적인 관점에서 본다면 신 중심의 세계관은 고대의 신화적 사유체계에서 아직 벗어나지 못한 것이라고 할 수 있고, 유교는 바로 그런 신화적 사유체계를 극복하고 인본주의적 관점을 제시한 것이기 때문에 오히려 진보한 면이 있다고 할 수 있다.

사후세계에 대한 관점도 마찬가지다. 많은 종교에서 제시하는 사후세계관은 지금의 과학적인 사유체계로 보았을 때 합리적이지 않다. 특히 자기들의 신을 믿으면 천국에서 영생복락을 누리고, 그렇지 않다면 아무리 선하고 진실한 사람이라 할지라도 영원한 지옥불에 떨어진다는 식의 이야기는 비합리적이다 못해 지극히 자기 중심적이고 유아적이라는 생각까지 들게 한다.

심지어 이슬람교에서는 성전聖戰을 치르다 죽으면 최고의 천국에 간다는 믿음이 있다. 일부 이슬람교도들이 자살테러마저 마다하지 않을 수 있는 것은 바로 이런 믿음이 배후에 있기 때문이다. 물론 이슬람 신학에서는 성전에 대한 규정이 매우 까다로우며 최근의 테러리스트들의 테러행위는 성전이 될 수 없다고 보기도 한다. 사실 성전에서 전사하는 자는 최고의 천국에 간다는 이론 자체는 일반 상식으로 납득하기가 힘들다. 그러나 종교에서는 가능하다. 중세 기독교에서도 수많은 사람들이 십자군전쟁을 성전으로 생각했고, 그 성전의 이름 아래 역사에서 유례없는 추악한 약탈의 전쟁을 벌였다.

이에 비하면 자신들이 저지른 업보에 따라 천당과 지옥에서 어느 정도의 대가를 치른 다음에 다시 윤회를 한다는 불교나 힌두교의 윤회설은 약간 합리적으로 보인다. 보편적인 인과율을 따르기 때문이다. 그러나 그것 또한 미덥지 못하고 때로는 현실의 고통을 무마시키거나 회피하는 기제로 쓰인다는 비판을 면할 수가 없다. 현재 인도는 법적으로 카스트제도를 폐지했지만 관습으로는 여전히 카스트제도에 매여 있다. 지금도 인도의 수많은 하층

카스트 사람들은 힌두교의 윤회설에 빠져서 다음 생에 더 나은 카스트로 태어나기를 열심히 기도할 뿐, 고대의 관습을 고수하는 인도의 현 상황을 타파하고 자신들의 권리를 찾을 생각은 하지 않는다.

이처럼 기존의 대부분의 종교들이 제시하는 사후세계관은 매우 낙후되어 있다. 근대 이후 합리성과 과학은 거의 전 분야에 영향을 미쳤지만 종교의 사후세계관에게는 그다지 큰 영향을 미치지 못하고 있다. 이제는 종교적 사후 세계관에 대해서도 이성의 힘을 발휘할 때다. 이런 점에서 볼 때 오히려 불가지론이나 유보적 입장을 취하는 유교의 입장이 훨씬 더 현대적인 느낌을 준다.

성스러움에서도 마찬가지다. 근대 이전의 사람들은 보통 사람의 능력 밖의 무언가 특별한 성스러움을 추구했다. 물론 많은 종교인들 사이에서는 아직도 그런 경향은 다분히 있다. 그러나 언제부터인가 초월적 성스러움보다는 일상적이고 인간적인 성스러움을 추구하는 경향이 점차 커지고 있다. 성직자에 대한 관점도 근접할 수 없는 성스러움보다는 보통 사람과 쉽게 벗할 수 있는 친근함이 더 중요한 요소로 자리 잡아가고 있고, 옛날에는 신성모독이라고 하여 감히 근접할 수 없는 각 종교의 교주의 성스러움에 대해서도 좀더 인간적이고 평범한 면모에 더 많은 점수를 주려고 하는 경향이 최근 급증하고 있다. 일상성의 중요성을 이해하기 시작한 것이다.

이런 점에서 볼 때 유교의 일상성을 중시하는 태도는 새롭게 조명할 필요가 있다. 유교의 경전 가운데 가장 심오하다고 일컫는 『중용』에서는 일상성을 누차 강조하고 있다. 그러나 그 일상성이란 그냥 평범한 일상성이 아니다. 지극히 넓으면서도 지극히 깊은 것이어서 보통 사람들도 알 수 있고 행할 수 있는 부분도 있지만 성인이라 할지라도 다 알지 못하고 행하지 못하는 부분도 있다. 그래서 공자는 제후국을 다스리는 것도 할 수 있고 칼 위에서 춤을 추는 것을 할 수 있어도 중용을 행하기가 더 어렵다고 했다. 이것이야말로 대성약범의 일상성이 아닐까?

수양론에서도 그렇다. 유가의 수양론은 내면의 깊은 고요와 평화, 그리고 종교적 황홀감이나 영감을 얻기 위한 명상 테크닉은 없다는 점에서 분명 미발달이라고 할 수 있다. 그렇지만 사회적 실천의 연결고리는 다른 어떤 종교의 그것보다도 뛰어나다. 수양을 단순히 개인적인 차원의 구도의 방편으로서만 파악하지 않고 세상을 변화시킬 수 있는 필수적인 요소로 파악하기 때문이다.

이상으로 볼 때 유교의 범속함은 단순히 성스러움의 미발달로 볼 수는 없다. 바로 대성약범의 범속함이다. 물론 여기서의 대성약범은 여타 종교의 성스러움을 거친 뒤에 나타나는 나선형적 발전의 대성약범이 아니다. 그것은 처음부터 발전의 방향이 초월적인 세계보다는 현실 사회에 더 초점을 맞추고 있었기 때문에 나타난 것이다. 그리고 과거에는 그것이 어떻게 평가되었는지는 몰라도 지금의 관점에서 볼 때 분명 미래지향적인 면이 있는 것이 사실이다.

화광동진의 관점에서 본 노자와 공자

전 세계 대부분의 종교에서는 기본적으로 성스러움을 강조하고 이 세상보다는 저세상을 더 중시한다. 불교와 힌두교는 물론이거니와 기독교와 이슬람교 또한 마찬가지다. 노자 또한 마찬가지다. 그는 『도덕경』의 첫머리에서 우주의 근원인 도에 대한 이야기를 펼치고 있다. 그리고 곳곳에서 자신의 도에 대한 체험과 자신이 체득한 도의 속성을 이야기하고 있다. 노자의 이야기를 흔히 현묘하다고 하는데 그것은 보통 사람들이 일상의 삶에서 도저히 체험하기 어려운 깊고도 오묘한 세계를 이야기하고 있기 때문이다.

그러나 노자는 화광동진을 이해했고 그것을 자신의 깨달음의 중요한 특징으로 삼았다. 화광동진의 기본 얼개는 범속함에서 성스러움으로 나아갔다가 다시 범속함으로 돌아오는 것이다. 이때의 범속함은 물론 단순한 범속함이 아니라 성스러움을 속으로 감추고 있는 범속함이라고 할 수 있다.

화광동진의 의미는 앞에서도 이야기했듯이 크게 두 개의 차원이 있다. 하나는 감추기에 초점을 맞춘 것으로서 깨달음의 빛을 밖으로 보내지 않고 다시 범속함으로 돌아오는 것을 의미하고, 또 하나는 성스러움과 범속함, 초월의 세계와 현실의 세계를 통합한다는 의미다. 전자는 쉽게 알 수 있지만 후자의 의미를 터득하기란 그리 쉽지 않다고 생각한다.

노자 당시 수많은 은자들은 주로 감추기에 집착하고 있었지만 노자는 통합도 실천했다. 노자의 글 속에는 초월적인 도에 대한 이야기 외에도 천하를 어떻게 다스리고 백성을 어떻게 통치할 것인가에 대한 언급들이 많이 등장하고, 전쟁의 참상을 고발하고 전쟁을 반대하는 구절들도 많이 나온다. 이는 노자가 초월의 세계에만 치우치지 않고 현실 문명과 정치에 대해서도 많은 관심을 가지고 양자를 통합하려고 했음을 보여준다.

이에 비하면 노자의 계승자인 장자는 초월의 세계에 치우쳐 있다. 『장자』의 첫머리에 나오는 대붕大鵬의 이야기는 장자의 이런 성향을 잘 대변한다. 그는 구만 리 상공을 날아가는 대붕과 같이 자질구레한 일상의 현실을 뛰어넘어 절대 자유에서 소요하며 노니는 것을 추구했지 일상과 현실 문제에 대해서는 전혀 관심이 없었다. 그리고 화광동진은 주로 자신의 지혜의 빛이나 재주를 밖으로 드러내지 않고 감추는 쪽으로만 이해했다. 그리하여 자신의 아름다움을 과시하다가 벌목당하는 미목보다는 쓸모없는 잡목으로 구석에 틀어박혀 하늘이 준 생명을 온전히 보존하기를 원했다.

화광동진 사상의 영향을 많이 받은 불교의 선사들 또한 불교 안에서는 초월의 세계에 경도되기보다는 일상의 중요성을 더 많이 강조하면서 양자를 통합하려고 했다고 볼 수 있다. 그러나 현실 문명에 대한 비판과 새로운 대안의 제시라는 측면에서 보면 미흡한 점이 있다. 선사들이 강조한 일상성이란 주로 밥 먹고 차 마시고 물 긷고 장작 패는 일들인데, 이런 것들은 분명 일상성임에는 틀림없지만 표피적이고 피상적이다. 일상성을 좀더 깊게 들여다보면 그 속에는 정치·사회 구조와 문명이 깔려 있다. 정치·사회구조와 문명의 문제를 거론하지 않고 그냥 밥 먹고 차 마시는 표피적인 일상성만을 이야기하는 것은 어떤 의미에서는 현실과 괴리된 것이라고 할 수 있다. 이런 의미에서 볼 때 선사들의 화광동진은 산중의 화광동진으로서 미완의 화광동진이라고 할 수 있다.

사실 노자의 화광동진 또한 미진함이 있다. 그는 분명 초월의 세계와 현실의 세계를 통합하려고 노력했다. 그러나 그의 실제적인 삶은 감추기에 치우쳐 있었다는 비판을 면하기 어렵다. 왜냐하면 그는 머릿속으로는 분명 자신이 체험한 깊은 도의 관점에서 현실의 문제를 진단하고 처방을 제시하려고 했지만 자신이 생각하는 이상을 구체적인 현실 속에서 실천하려고 하지는 않았기 때문이다.

그것은 아마도 두려움 때문인지도 모른다. 그의 이상이나 꿈은 너무나 고원했지만 현실은 너무나 탁하고 혼란스러워 그 속으로 뛰어들 엄두가 나지 않았을 것이다. 바로 그 두려움 때문에 고고하게 자신의 깨달음과 지혜를 감추고 그저 초야에 조용히 사는 것이 낫다고 판단했는지도 모른다. 그리고 만년에는 결국 문명 세계를 등지고 역사의 뒤안길로 사라져버렸던 것이다. 그의 모호한 생애가 후대에 여러 가지 말도 안 되는 전설과 뒤섞여 신선으로 추앙되고 심지어는 신의 대열에 들게 되었던 것은 바로 미완의 화광동진 때문이라고 할 수 있다.

사실 어떤 사상을 창출하여 그것을 개념화하고 언어화하는 것도 보통 일이 아니지만 그 사상을 자신의 삶 속에 체화시키는 것은 더욱 힘들다. 그런데 때로는 그런 사상을 창출하지는 않았지만 그것을 배워 창시자보다 더 훌륭하게 체득하고 실천하는 경우도 있다. 사상을 제창하는 사람과 그것을 구현하는 사람이 서로 다를 수 있다는 것이다. 공자가 바로 그런 경우다. 공자는 노자에게서 화광동진을 배웠지만 노자보다 더 깊게 그것을 이해했다.

『사기』의 「노장신한열전」 가운데서 공자와 노자의 만남을 기록한 부분은 비중이 매우 크다. 노자 자체에 대한 기록만으로 볼 때 절반이 훨씬 넘고 여러 가지 이설을 포함한 전체 문장 가운데서도 3분의 1이나 되는 분량이다. 제1장에서 간략히 말했지만 여기서는 좀더 상세히 보도록 하자.

공자가 주나라에 가서 노자에게 예에 대해 물었다. 노자는 말했다.

"그대가 하는 말은 그 말을 했던 사람과 뼈는 이미 썩었고 그 말만 남아 있는 것이오. 게다가 군자는 때를 얻으면 수레를 타고 때를 얻지 못하면 남루한 모습으로 다니는 법이오. 내가 듣기에 좋은 장사치는 깊게 감추어 마치 아무것도 없는 듯이 해야 하고 군자는 큰 덕을 갖추고 있으나 용모는 마치 어리석은 듯이 해야 하오. 그대의 교만한 기운과 많은 욕심, 태를 내려는 기색과 넘쳐흐르는 뜻을 버리시오. 이들은 모두 그대 자신에게 무익할 뿐이오. 내가 그대에게 해주고 싶은 말은 이것뿐이오."

공자는 물러나서 제자에게 말했다.

"새라면 나는 그것이 능히 날 수 있음을 알고, 물고기라면 헤엄칠 수 있음을 알며, 들짐승이라면 그것이 달릴 수 있음을 안다. 달리는 놈은 올가미로 잡을 수 있고, 헤엄치는 놈은 낚시로 잡을 수 있으며, 나는 놈은 주살로 잡을 수 있다. 용에 대해서는 나는 그것이 바람과 구름을 타고 하늘로 오르는 것을 알지 못한다. 나는 오늘 노자를 만났는데 그는 마치 용과 같구나!"

이 기록의 신빙성에 대해서는 역대 이래로 설이 분분하고 지금도 그 진실은 아무도 모른다. 그러나 그 속을 자세히 들여다보면 역사적 진실성 여부를 떠나 사상적으로 의미 있는 부분이 많다.

먼저 공자가 노자에게 질문한 것은 '예'였다. 이때의 '예'는 물론 단순한 예의범절이 아니라 어지러운 천하를 구할 수 있는 사회·문화시스템으로서의 예다. 공자는 그것을 주공을 비롯한 옛 현인들의 기록에서 찾으려고 했다. 노자는 공자가 추구하는 그 예를 이야기한 사람은 벌써 사라지고 없다는 것을 지적했다. 도를 도라고 하면 이미 항상의 도가 아니라는 그의 주장에 비추어보면 이미 죽은 사람들의 말을 기록한 것에 불과한 경전은 더욱 항상의 도가 될 수 없음을 강조한 것이다.

말이란 우리 마음의 그림자다. 말은 마음에서 일어나는 것을 온전히 표현하지 못하고 그 윤곽만 보여줄 따름이기 때문이다. 그리고 글은 말의 그림자다. 말 속에는 현장감과 생동감이 있기 때문에 그나마 마음의 분위기를 어느 정도는 전할 수 있다. 똑같은 사랑한다는 말이지만 그 속에 들어 있는 말의 톤과 색깔에 따라 그 느낌은 천차만별이다. 그러나 글로 표현할 때는 그것마저 사라지고 거친 윤곽만 남을 뿐이다. 물론 상상의 힘으로 그 윤곽 위에 새로운 그림을 그릴 수 있다는 장점도 있다. 그러나 그것은 본래의 모습은 아니다. 만약 그 글이 비슷한 느낌과 생각을 공유하고 있는 같은 시대 사람의 글이 아니라 이미 죽어버린 옛 사람의 글이라면 어떨까? 거리는 더욱 멀어질 것이다.

아마도 노자는 공자에게 이미 죽어버린 사람들이 이야기했던 예, 실체는 알 수 없고 껍질만 남아 있는 예, 그래서 항상의 도가 될 수 없는 예로는 당시 사회의 폐단을 구할 수 없음을 말한 것이리라. 그러나 공자는 조금 다른 관점을 가지고 있었다. 그것이 항상의 도이냐, 아니냐보다는 그것이 가지고 있는 현실적 실용성에 더 관심이 있었다. 그의 관점에서는 주공의 예 문화야말로 중국인의 문화와 심성에 가장 적합한 것이고, 설령 껍질만 남아 있다고 해도 거기에 새로운 생명력을 불어넣을 수만 있다면 천하를 구할 수 있는 가장 좋은 방법이라고 여겼다. 그리하여 평생을 예를 탐구하면서 창조적 계승을 하기 위해 노력했던 것이다.

다음으로 노자는 군자는 나아갈 때와 물러날 때를 알아서 처신해야 함을 말하고는 이어서 본격적으로 화광동진을 말하고 있다. 훌륭한 장사치가 천하의 보물을 가지고 있으면서도 은근히 감추어 그 가치를 더 높이듯이 군자는 위대한 덕을 품고 있어도 겉으로는 어리석은 듯이 보여야 함을 강조한다. 이는 물론 감추기에 초점을 맞춘 화광동진이다. 마지막으로 감추기의 관점에서 볼 때 공자의 세상에 대한 의욕과 야망이 지나침을 경계했다.

노자와 공자는 나아가고 물러날 때에 대해서도 관점을 달리했다. 노자는 자신이 살고 있던 그 시대를 물러나야 할 때라고 여겨 결국 은둔했지만 공자는 그 시대야말로 나아가야 할 때라고 보고 평생을 자신의 뜻을 펼치기 위해 발분의 노력을 했다. 그러나 나아가고 물러남의 도 자체에 대해서는 공자도 공감했다고 본다. 맹자의 글에는 "군자는 영달할 때는 온 천하를 두루 구제해야 하고 궁할 때는 자신의 몸이라도 잘 닦아야 한다"는 말이 있는데 같은 취지라고 할 수 있다. 이 부분은 유가와 도가가 서로 만날 수 있는 통로라고 할 수 있다. 후대 중국을 비롯한 동아시아의 지식인들 가운데는 이런 삶의 유형을 보여주는 사람이 많이 있다. 우리나라의 퇴계退溪 이황도 그 가운데 한 사람이다. 계곡으로 물러난다는 말 자체가 은둔적이다.

공자는 노자가 충고한 화광동진의 감추기에 대해서도 깊게 이해한 듯하다. 공자가 노자에게 가르침을 청한 시기에 대해서는 17세부터 51세까지 여러 가지 설이 있다. 노자가 공자더러 의욕이 과다하고 기색이 너무 밖으로 뻗친다고 충고를 한 것으로 보아 아마도 30대 정도로 보는 것이 더 합당할 듯하다. 이후 공자는 노자의 화광동진의 가르침을 받아들여 자신의 덕성과 자질을 밖으로 드러내기보다는 감추려고 했던 것 같다. 『논어』에는 공자의 감추기를 엿볼 수 있는 구절이 있다.

공자의 제자 가운데 자공子貢이라는 제자가 있었는데 인품과 능력을 고루 갖추었고 인물도 출중했다. 그래서 당시 어떤 사람들은 자공이 공자보다 뛰어나다고 찬미했다. 그러자 자공은 몸 둘 바를 모르면서 다음과 같이 말했다.

"집의 담에 비유하면 저의 담은 어깨 높이여서 방과 집이 좋음을 다 엿볼 수 있지요. 그렇지만 선생님의 담은 몇 길이나 되어서 그 문을 찾아 들어가지 않는다면 종묘의 아름다움과 백관의 부유함을 볼 수가 없습니다."

이로 보아 공자는 속으로 깊은 도와 덕을 지니고 있었지만 겉으로는 그것을 잘 드러내지 않았음을 알 수 있다. 그렇기 때문에 일반 사람들은 공자의 덕을 알아보지 못했다. 다만 오랫동안 공자를 접하고 그에게서 배운 제자들만이 그것을 알 수 있었던 것이다. 아마도 더 가까운 제자일수록 공자의 도와 덕을 더욱 깊게 이해할 수 있었을 것이다. 그래서 공자의 수제자였던 안회는 "선생님의 도는 우러러볼수록 더욱 높고 뚫고 들어갈수록 더욱 견고하다. 앞에 있는 것을 본 것 같은데 어느새 뒤에 있다"는 말을 하면서 공자의 도와 덕의 경지에 대해 극찬을 했던 것이다. 자공 또한 사람이 생긴 이래로 공자만큼 훌륭한 인물을 보지 못했다고 극찬하기도 했다. 물론 이 말은 공자의 제자들이 했던 말이므로 공자의 도의 깊이를 객관적으로 입증할 수는 없는 것들이다. 그러나 적어도 공자의 화광동진의 경지를 설명하는 데는 무리가 없다.

공자의 위대한 점은 화광동진을 감추기로만 파악하지 않고 한 걸음 더 나아가서 성스러움과 범속함의 통합, 초월의 세계와 현실의 세계의 통합의 관점에서 이해하고 그것을 삶 속에서 구현하려고 했다는 것이다. 물론 이 부분은 공자가 노자에게서 직접적으로 배웠다기보다는 스스로 터득했다고 보아야 할 것이다.

공자는 어렸을 때부터 도와 학문에 뜻을 두고 열심히 정진하여 사십이 되었을 때는 그의 명성이 이미 널리 알려지게 되었다. 그러나 그는 현실과 타협하지 않고 어지러운 시대를 바로 잡기 위해 부단히 노력했다. 공자의 명성이 이미 널리 알려진 상태였기 때문에 당시 도가 계통의 은자들 가운데서는 세상을 구제하겠다고 바둥거리는 공자를 비웃고 공자더러 명리를 버리고 조용히 살아가라고 충고하는 사람들이 많이 있었다. 『논어』에는 그런 인물들이 종종 등장한다. 그러나 그런 충고를 들었을 때 공자는 "내가 이 백성들을 버리고 날짐승과 들짐승과 더불어 살란 말인가? 그들이 어찌 내 뜻을 알리요!"라는 말을 했다.

노자로부터 이미 화광동진의 충고를 받은 적이 있는 공자는 그들 은자들의 충고의 의미를 모를 리가 없었다. 그러나 그는 어지러운 난세 속에서 살아가는 백성들을 두고 산속에서 날짐승과 들짐승과 어울려서 홀로 편안하게 살아갈 수는 없었던 것이다. 그것은 공자가 볼 때 진정한 의미의 화광동진이 아니었다. 공자가 볼 때 진정한 의미의 화광동진은 세상 사람들과 더불어 울고 웃으면서 현실의 모순과 질곡을 극복하기 위해서 같이 노력하는 것이었다. 그래서 공자는 외쳤던 것이다. "그들이 어찌 내 뜻을 알리요!"라고……. 나는 이것이야말로 노자도 제대로 알지 못했던 바로 화광동진의 정수라고 생각한다.

화광동진은 찬란한 깨달음의 빛을 부드럽게 하여 안으로 감추고 다시 먼지 펄펄 나는 속세와 하나가 되는 것이다. 사실 깨달음을 감추는 화광도 그리 쉬운 것은 아니지만 속세와 하나되는 동진은 더욱 어렵다. 나는 동진의 단계를 성숙도에 따라 다음의 세 단계로 나누어 보고 싶다.

첫 번째 단계는 화광에 급급하여 그저 표피적인 동진에 머무르고 있는 단계다. 이 단계에서는 겉으로 볼 때는 보통 사람들과 어울려서 평범하게 살아가지만, 실제 속으로는 자신의 깨달음을 드러내지 않는 데 더 초점이 맞추어져 있기 때문에 사람들과 심리적인 거리를 둔다. 보통 사람들의 삶의 애환과 고통에 큰 관심도 없고 그저 자기 내면의 고요와 평화를 유지하는 데 급급하다. 이 경우 육신은 세상 사람들과 더불어 살고 있지만 마음은 여전히 홀로 깊은 산중에 있는 것이다. 그리고 입으로는 밥 먹고 차 마시는 일상생활을 이야기하지만 마음은 언제나 초월의 세계, 깨달음에만 머물러 있다. 역대의 수많은 은둔자들이나 산중의 선승들은 이 단계에서 머물렀다.

동진이 깊어지게 되면 세상 사람들과 표피적인 관계에 머물지 않고 그들의 기쁨과 슬픔을 같이 나누게 되며, 깨달은 자로서 그들의 고통을 덜어주기 위해서 노력한다. 이것이 두 번째 단계다. 물론 자신의 깨달음을 자랑하거나 우월한 관점에서 동정을 베푸는 것이 아니라 진정으로 그들의 입장을 이해하고 진심을 나누는 것을 말한다. 그리하여 말 없는 가운데 주변 사람들을 감동시키며 자연스럽게 그들의 삶의 차원을 한 단계 높여준다. 민중의 삶 속으로 들어간 동진이라고 할 수 있다. 불교적으로 말하면 깨달음을 성취하고도 다시 중생 속으로 돌아와 중생의 아픔을 함께하는 보살도의 단계다.

동진이 더욱 무르익게 되면 사회와 문명을 깊이 이해하고 사회변혁의 길로 나아가게 되는데 이것이 세 번째 단계. 현실 세계의 일상성이라고 하는 것은 그 사회구조와 문명의 성격과 무관할 수가 없는 것이다. 사회가 모순에 빠지고 문명이 왜곡된 방향으로 나아가면 보통 사람의 일상성은 망가지고 피폐해진다. 우리의 일상성을 제대로 바로 보려면 결국 그 배후에 있는 사회와 문명을 이해해야 한다. 그리하여 주변의 몇몇 사람들에게 묵묵한 사랑과 자비를 펼치는 단계에서 더 나아가 사회와 문명의 문제점을 직시하면서 현실 개혁의 대안을 모색하고 그것을 실천하기 위해서 노력하게 되는 것이다. 나는 이것이야말로 화광동진의 지극한 경지라고 본다.

나의 관점으로는 노자는 관념적으로는 동진의 마지막 단계까지 나아갔지만 실제의 삶에서는 피상적인 동진의 단계에 머물렀다. 미완의 화광동진이었던 것이다. 그러나 공자야말로 진정한 의미의 화광동진을 제대로 실천했다고 할 수 있다.

여기서 한 가지 문제가 있다. 화광동진이란 깨달음을 얻은 뒤에 그 빛을 안으로 감추고 다시 속세로 돌아오는 것인데 과연 공자는 깨달음을 얻고 난 뒤에 다시 현실로 돌아온 것이었을까, 아니면 깊은 깨달음 없이 그저 현실에 급급한 사람이었을까 하는 문제다. 만약 깨달음이 없다면 아무리 백성들의 고통을 생각하고 역사와 문명에 대해 깊이 고민했다고 해도 화광동진과는 별 상관이 없다.

공자가 위대한 사상가이자 혁명가이며 교육자인 것에 대해서는 인정하지만, 그의 깨달음에 대해서는 인정하지 못하는 사람들이 많이 있다. 그의 가르침에는 초월적이고 궁극적인 실재에 대한 언급이 없기 때문이다. 그저 일상의 평범한 정치 사회적인 윤리나 사람으로서의 도리에 대한 언급이 있을 뿐이다. 그 때문에 불교의 승려 가운데서는 공자를 폄하한 사람도 많다. 심지어 어느 선사는 공자 같은 속인도 아침에 도를 들으면 저녁에 죽어도 좋다고 했는데 하물며 출가한 승려가 수도를 게을리 해서 되겠는가라고 말하기도 했다. 공자의 경지를 일개 출가자보다 못한 것으로 본 것이다.

그러나 나는 공자를 위대한 대각자로 본다. 공자가 왜 위대한 대각자이고 그는 과연 무엇을 깨쳤는지에 대해서 살펴보자.

공자는 자기 스스로를 생이지지生而知之가 아니라 학이지지學而知之라고 했다. 생이지지란 태어나면서 안다는 뜻으로 타고난 천재 또는 성인을 말한다. 예수나 석가가 그 대표적인 성인이라고 할 수 있다. 학이지지란 꾸준히 노력해서 안다는 뜻으로 공자같은 사람이 바로 그 대표적인 성인이다. 공자가 얼마나 배움을 좋아했는가는 『논어』의 첫머리가 "배우고 때로 익히니 이 또한 기쁘지 아니한가?"라는 말로 시작하는 것만 보아도 알 수 있다. 그리고 곳곳에서 '호학好學'에 대한 이야기를 했다.

공자의 배움은 단순한 지식습득이 아니었다. 『논어』에 나오는 '호학'을 살펴보면 주로 인격도야에 관련된 것임을 알 수 있다. 그리고 엄밀히 말하면 그것은 단순한 인격도야라기보다는 바로 구도의 과정이었음을 알 수 있다. 공자는 눈을 감기 얼마 전에 자신의 삶을 회고하면서 다음과 같이 말했다.

"나는 열다섯에 배움에 뜻을 두고, 삼십에 바로 서고, 사십에 불혹하고, 오십에 천명을 알고, 육십에 귀가 순하고, 칠십에 마음에 하고자 하는 바를 좇아도 법도에 어긋남이 없었다."

철이 막 들기 시작한 열다섯 살부터 눈을 감기 직전까지 그의 삶은 치열한 구도의 삶이었다. 그는 실로 아침에 도를 들으면 저녁에 죽어도 좋겠다는 간절한 심정으로 도를 구했다. 그러나 그의 깨달음은 한 순간에 천지가 뒤바뀌는 극적인 장면은 없다. 실로 점진적인 깨달음이 있었을 뿐이다.

공자는 아마도 오십 정도에 큰 깨달음을 얻었다고 할 수 있다. 천명天命을 안다고 하는 것은 단순한 지식이나 인격도야만으로는 될 수가 없는 것이다. 다른 지역에서도 마찬가지겠지만 중국에서도 하늘이란 초월적인 존재, 인생과 우주의 주재자가 거하는 곳으로 여겨졌고, 종교적 신앙의 대상으로 여겼다. 중국문명의 특징상 하늘은 창조주나 절대자가 거하는 곳이 아니라 그냥 우주의 섭리를 가리키는 것으로 변모되었지만, 그래도 하늘의 명을 안다고 하는 것은 깊은 깨달음 없이는 불가능한 것이다.

그 뒤 육십에 이순耳順의 경지에 이르렀는데 이 경지는 많은 주석가들이 귀가 순통하게 되어 외부에서 들려오는 소리를 모두 이해하게 되었다고 풀이하고 있다. 아마도 지천명知天命의 다음 단계는 세상의 모든 이야기를 들으면 다 이해하게 되는 경지라고 이해한 것 같다. 그러나 나는 조금 다르게 해석하고 싶다. 순통順通이라는 말은 듣는 대로 다 이해한다는 의미보다는 다시 겸허하게 다른 사람의 소리에 귀를 기울이는 것에 더 가까운 것이 아닐까 생각한다.

사실 천명을 안다는 것은 대단한 일이다. 천명을 알게 되면 내부에서 엄청나게 강한 확신이 밀려오기 때문에 외부의 소리는 귀에 잘 들리지 않는 경우가 많다. 자기 신념에 도취되어 세상과의 소통이 막혀버리게 된다는 것이다. 거기서 한 걸음 더 나아가려면 다시 다른 사람의 비판과 세상의 소리에 귀를 기울일 줄 알아야 한다. 그래야 세상과 제대로 소통할 수 있고 세상 속에서 자신이 해야 할 일을 제대로 할 수 있게 된다. 이런 관점에서 볼 때 나는 이순의 경지가 바로 화광동진의 과정이라고 생각한다. 자신의 지고한 깨달음의 빛을 감추고 다시 세상과 소통하기 위해서 귀를 열어놓는 경지인 것이다.

다음에 칠십에 마음에 하고자 하는 바를 좇아도 법도에 어긋남이 없다고 했는데, 이것은 안과 밖이 완전하게 조화를 이룬 경지라고 할 수 있다. 도를 깨친 사람은 있는 그대로 성스럽다. 내면의 본성을 완전히 자각하고 어떤 통제도 가하지 않기 때문이다. 그러나 그것이 세상의 법도와 부딪힐 때는 아무래도 충돌을 면하기가 어렵다. 그래서 세속의 관점에서 볼 때 도를 깨친 사람의 행동은 때로는 파격적이어서 세상 사람들의 이해 범주를 넘어서 있기도 한다. 이것은 아직은 화광동진의 경지에 이르지 못한 것이다. 진정으로 화광동진의 경지에 이르게 되면 공자처럼 자연스럽게 나오는 행동 하나하나가 세상의 법도에 별로 어긋남이 없다. 이것은 개아個我의 행위가 사회 전체의 행위규범과 서로 조화를 이룰 때 가능하다. 이것은 사실 부분과 전체의 아름다운 조화라고 할 수 있다.

이런 점에서 볼 때 공자의 깨달음은 노자의 깨달음보다 훨씬 아름답다. 노자의 깨달음은 설령 그것이 깊다고 해도 혼자만의 세계에 갇혀 있었고 세상과의 소통이 부족했다. 그래서 결국 은둔의 삶으로 끝났다. 이에 비해 공자는 처음의 자질은 노자보다 부족했을지 모르지만 끝없는 배움으로 평생을 일관했으며 만년에는 안과 밖이 완전한 조화를 이루는 경지까지 이를 수 있었다.

사실 근대 이전 동아시아를 대표하는 사상은 유교였고, 동아시아의 가장 많은 사람들에게 추앙을 받은 성인은 바로 공자였다. 그러나 서구화가 본격적으로 진행되면서 유교는 봉건 지배계층을 대변하는 이데올로기로 낙인이 찍혔고 동아시아의 낙후의 원흉으로 지목되었다. 이에 따라 공자의 성스러움이나 권위 또한 형편없이 추락하여 위대한 성인에서 보수적이고 고리타분한 사상가로 인식되었다.

많은 사람들이 과거에 공자가 절대 성인이 될 수 있었던 것은 당시의 봉건 지배계층이 자기들의 지배를 공고히 하기 위해서 공자의 이데올로기를 채택했고 공자를 신격화했기 때문이라고 말한다. 물론 그런 측면도 있다. 그러나 그 비중은 그리 크지 않다고 생각한다. 내가 볼 때 공자가 성인의 지위에 오를 수 있었던 가장 큰 이유는 그가 제창했던 예 문화가 대성약법을 추구하는 중국문명의 원형에 가장 근접했기 때문이고, 그의 삶이 대성약법의 미학을 지향하는 중국인의 미적 안목으로 보았을 때 가장 아름다웠기 때문이며, 그의 깨달음이 중국인들이 이상으로 생각하는 대성약범의 기준으로 볼 때 가장 깊었기 때문이다. 아이러니컬한 것은 서구화 이후 공자의 권위가 급격하게 떨어진 것도 바로 대성약범 때문이라는 것이다.

서구화의 거센 파도가 전 세계 비서구 지역의 전통문화에 급격한 충격을 주었을 때 정치, 경제, 사회, 문화 등 모든 영역에 큰 변화가 일어났지만 사실 종교 영역은 그다지 큰 변화가 없었다. 인도는 영국의 식민지 치하에서 수백 년을 보냈지만 인도 내의 기독교인은 그다지 많지 않다. 스리랑카나 미얀마 또한 마찬가지다. 사실 근대 이후 유럽의 세력이 한창 팽창할 때 기독교는 전통의 고등 종교가 없는 남미 지역 등에서 세력을 크게 확장했지만 고유의 전통종교를 가지고 있는 아시아에서는 유일한 예외인 우리나라를 제외하고는 그다지 많이 전파되지 못했다. 어차피 이들 종교사상들은 모두 현실세계를 넘어선 초월적인 세계에 뿌리를 두고 있고 그 부분은 서구화의 힘으로도 어찌할 수 없는 영역이기 때문이다.

그런데 유교는 달랐다. 대성약범을 지향한 유교는 다른 전통사상보다 직접적으로 현실의 삶, 현실적인 정치윤리에 직접적으로 밀착되어 있었고 그래서 서구화의 직격탄을 맞을 수밖에 없었다. 20세기 초 중국인들은 새선생賽先生과 덕선생德先生을 받아들여 중국을 탈바꿈해야 한다고 소리 높여 외쳤다. '賽'는 'Science'의 음역어인 '새은사賽恩斯'의 첫 글자고 '德'는 'Democracy'의 음역어인 '덕모극납서德謨克拉西'의 첫 글자다. 새선생과 덕선생은 서구의 과학과 민주를 의인화해 만든 단어다. 유교의 상대는 기독교가 아니라 그들의 민주주의와 과학이었던 것이다.

그것은 훨씬 불리한 싸움이었다. 중국을 비롯한 동아시아의 국가들은 결국 서구의 과학과 민주주의를 받아들여 그들의 산업구조와 정치구조를 좇아갈 수밖에 없었고, 전통적인 산업구조나 정치구조와 밀접하게 관련된 유교는 급격히 쇠퇴하게 되었다. 만약 유교 속에 현실적인 윤리만이 아니라 초월적인 존재에 대한 강렬한 신앙, 사후세계에 대한 확고한 신념체계, 세속을 초월하는 성스러움의 아우라 등이 있었다면 그렇게 급속도로 몰락하지는 않았을지도 모른다.

그러나 또 한편으로는 바로 이 대성약범 때문에 유교는 새롭게 각광받을 수 있는 가능성이 있다. 종교 또한 문명의 한 부분이고 시대에 따라 변천하기 마련이다. 앞에서도 말했듯이 인류의식의 발달 단계로 보았을 때 앞으로는 대성약범의 종교가 훨씬 더 호소력을 지닐 수 있기 때문이다. 물론 봉건시대의 유교로 돌아가자는 이야기가 아니다. 지금 시대의 사회와 종교 상황에 맞는 새로운 유교를 창출할 수 있다면 그럴 수 있다는 뜻이다. 물론 이것은 쉬운 일은 아니다. 그러나 불가능한 것도 아니다. 왜냐하면 유교의 역사 속에는 그런 역사적 경험이 있기 때문이다. 송명대의 신유학이 바로 그것이다.

유교의 흐름

앞에서 유교의 종교성 문제와 공자의 성스러움에 대해서 집중적으로 말했는데 여기서는 사상적인 관점에서 유교의 흐름을 살펴보고자 한다.

유교의 실제적인 창시자인 공자는 주공이 확립한 예 문화를 수용하되 그 위에 인이라고 하는 새로운 개념을 추가하여 사상적 지평을 열었다. 인이라는 어휘 자체는 공자 이전부터 이미 일상적으로 사용되어왔지만 철학범주로서 제기된 것은 공자에 의해서였다. 공자가 내놓은 인은 이후 중국철학사에서 중요 범주의 하나가 되었다.

공자의 언행과 제자들의 문답을 담은 『논어』에서는 인에 대한 언급은 많이 나오지만 그 구체적인 정의는 보이지 않는다. 공자와 제자들의 언급을 바탕으로 인의 의미를 대략적으로 정리해보면 우선 인은 인간다움의 기본으로서 다른 사람에 대한 사랑을 뜻하는데 그것은 종교적인 무한한 사랑이 아니라 사회적 도덕성에 바탕을 둔 사랑이다. 그래서 『논어』에서는 인을 실천할 수 있는 기본 덕목으로 부모에 대한 효도와 연장자에 대한 공경을 제시했다. 효도와 공경이 바탕이 될 때 자연스럽게 다른 사람에 대한 사랑으로 발전할 수 있다고 여겼던 것이다.

그러나 인은 단순히 부모형제에 대한 사랑이나 다른 사람에 대한 사랑만을 가리키는 것이 아니다. 인은 개인의 사리사욕을 극복하고 사회적 규범인 예로 돌아가는 극기복례克己復禮의 의미가 있다. 살신성인殺身成仁에서의 인도 단순히 인간에 대한 사랑을 의미하는 것이 아니라 개인을 희생하여 얻을 수 있는 더 큰 공동선을 가리키는 것이라고 할 수 있다. 이상으로 보아 인과 예는 서로 표리 관계에 있음을 알 수 있다.

공자는 인을 바탕으로 예를 제대로 실천하는 사람을 군자君子라고 불렀으며 그렇지 않고 자신의 사리사욕에 매여 있는 사람을 소인小人이라고 불렀다. 원래 군자는 지배계층을 가리키는 말이고 소인은 피지배계층을 가리키는 말이었는데, 공자는 여기에 도덕적 의미를 부가한 것이다. 이후 군자와 소인은 주로 도덕적인 의미로 쓰이게 되었으며 중국인들이 매우 애용하는 단어가 되었다.

공자는 단순히 사상가가 아니라 정치적 개혁을 주장했던 사람인데 공자의 정치사상은 덕치德治와 정명正名으로 집약될 수 있다. 덕치는 강제된 법률이나 형벌보다는 도덕과 예악으로 백성을 교화시키는 것을 말한다. 백성들을 교화시키기 위해서는 위정자 스스로가 내면의 덕을 수양해야 한다. 그래서 공자는 군자가 먼저 스스로를 닦고 그것을 바탕으로 사람들을 다스리는 수기치인修己治人을 강조했다. 정명이란 명분을 바로 잡는다는 뜻인데 모든 사회 구성원들이 제각기 자신의 역할을 다하는 것을 말한다. 임금은 임금다워야 하고, 신하는 신하다워야 하며, 어버이는 어버이다워야 하고, 자식은 자식다워야 한다는 말이다.

공자는 또한 교육혁명가였다. 그는 당시까지 왕족과 귀족의 자제에게만 열려 있던 교육을 최초로 일반 서민에게까지 확장시킨 사람이다. 공자가 제자에게 가르쳤던 네 가지 기본 교육은 첫째 내면의 덕성을 함양하고 그것을 실행하는 덕행德行, 둘째 적확하고 우아한 언어 표현에 숙달되는 언어言語, 관리로서 정무를 집무하는 정사政事, 지식과 교양을 쌓는 문학文學이었으며, 이런 교육 목표를 달성하기 위해 전승되어오던 고전을 새롭게 다듬어서 수업의 교재로 활용했다. 고대의 노래 가사집인 시詩, 고대 제왕들의 행적과 공문을 기록한 서書, 세상사의 변화 원리를 탐구한 역易, 역사기록인 춘추春秋, 음악에 관한 악樂, 그리고 고대의 예禮에 관련된 문헌들이었다. 이들은 후대 모두 유교의 경전으로 추앙된다.

맹자는 전국시대의 사람으로 공자 사상의 중요한 계승자다. 맹자사상은 성선설性善說과 왕도정치王道政治로 집약된다. 성선설은 공자의 인의 사상을 심화 확대한 것이고, 왕도정치는 공자의 덕치주의를 새롭게 해석한 것이다.

맹자는 사람에게는 누구든지 다른 사람을 측은하게 여기는 마음, 악을 미워하는 마음, 다른 사람에게 사양하는 마음, 시비를 가리는 마음을 갖고 있다고 하면서 이것을 인仁, 의義, 예禮, 지智라고 하는 네 가지 도덕의 단서로 보았다. 그리고 인간이 이 사단四端을 가지고 있는 것은 마치 사람에게 사지가 갖추어져 있는 것처럼 타고난 것이라고 했다.

맹자의 성선설은 인간에 대한 깊은 신뢰에서 나온 것이다. 맹자보다 조금 후대의 순자가 사람의 본성을 악한 것으로 보고 외부적 학습에 의해 교정하지 않으면 안 된다고 주장한 것과는 대조적이다. 이것은 학통의 차이에서 온 것이다. 공자의 가르침은 후대 여러 학파로 나누어졌는데 중요한 흐름으로는 내면적 도덕성을 더 중시하는 증자曾子와 자사子思의 학통이 있고, 외면적 사회규범을 더 중시하는 자하子夏와 자유子游 학파가 있다. 맹자는 바로 전자의 학통을 이었기에 내면적 도덕적 자각을 더욱 중시했고, 순자는 후자의 학통을 이었기에 외면적 사회적 규범을 더 중시했던 것이다.

맹자는 인간의 도덕적 자각능력에 대해 깊은 신뢰감을 가지고 있었지만 그렇다고 해서 그것이 저절로 각성되는 것이라고 믿지는 않았다. 그는 인간의 마음은 비록 선하지만 외부의 유혹에 의해 흐트러지기 때문에 자신의 본성을 회복하기 위해서는 욕심을 줄이고 흐트러진 마음을 잘 다스려야 함을 강조했다. 결국 수양의 필요성은 인정한 것이다. 『맹자』 속에 마음을 닦는 방법에 대한 언급이 자주 보이는 것은 이 때문이다.

맹자가 주장한 왕도정치는 기본적으로 공자의 수기치인의 덕치주의를 계승한 것으로, 군주는 자신 속에 있는 인의 마음을 확충하여 그것을 정치에 적용해야 한다는 것이다. 맹자는 자신의 부모와 자식을 사랑하는 마음을 다른 사람의 부모와 자식에게 확장시킬 수 있을 때 천하는 저절로 다스려지게 될 것이라고 역설했다.

아울러서 맹자는 백성들로 하여금 도덕심을 유지하게 하려면 먼저 구체적인 토지제도와 조세제도의 개혁을 통해 백성들로 하여금 안정된 생산력을 가지게 해야 한다고 주장하여 어진 정치의 기본은 경제정책에 있음을 강조했다. 또한 군주가 왕도정치를 행하지 않고 무력과 착취의 패도정치를 계속할 경우에는 역성혁명도 가능하다고 주장했다.

공자와 맹자의 유가는 그들이 살아 있을 때는 지배계층으로부터 환영받지 못했다. 결국 천하는 법과 술을 통한 부국강병을 강조한 법가에 의해 통일되었다. 진시황은 천하통일 후에 문자, 도량형, 수레바퀴의 크기 등을 통일했을 뿐만 아니라 천하의 사상도 통제하기 위해 많은 책을 불살랐는데 이로 인해 유교의 경전도 많이 소실되었다.

한나라 초기에는 무위자연을 숭상하는 도가사상이 유행했다. 지나치게 인위적 통제를 강요하는 법가사상에 질린 나머지 반대의 극단으로 나아간 것이라고 할 수 있다. 그러다 점차 시간이 지나면서 체제가 안정되고 황제 중심의 중앙집권을 강화할 필요성을 느끼게 되자 유가사상을 국가 이데올로기로 채택했다. 한 무제는 유학자 동중서董仲舒의 건의에 따라 유교를 관학으로 정하고 오경박사 제도를 만들어 적극 지원했다. 오경박사란 공자가 제자들을 교육할 때 사용했던 교재인 시, 서, 역, 춘추, 예를 전문으로 연구하는 학자를 말한다.

그런데 한대의 유교는 공맹시대의 원시 유교와는 그 성격이 조금 다르다. 가장 대표적인 것이 삼강三綱과 오륜五倫의 차이다. 오륜은 맹자가 이야기한 것으로 부자유친父子有親, 군신유의君臣有義, 부부유별夫婦有別, 장유유서長幼有序, 붕우유신朋友有信이고, 삼강은 동중서가 주장한 것으로 부위자강父爲子綱, 군위신강君爲臣綱, 부위부강夫爲婦綱이다. 삼강은 사실 오륜을 약간 변형한 것이지만 그 차이는 상당히 크다.

오륜에서는 일방적인 관계라기보다는 쌍무적인 관계가 중시된다. 부자유친에서는 자식의 부모에 대한 효만 강조되는 것이 아니라 부모의 자식에 대한 자慈도 중시된다. 효와 자가 서로 공존해야만 친함이 있는 것이다. 임금과 신하의 사이도 마찬가지다. 신하가 임금에 대해 충성을 다하는 것과 아울러 임금도 신하를 예로써 대접해야 의가 성립되는 것이다. 부부 또한 서로 다르다는 것이지 차별을 강조하는 것은 아니다.

그러나 삼강은 다르다. 강이라는 말은 그물을 폈다 오므렸다 할 수 있는 벼리를 가리키는데 사물의 근본을 뜻한다. 삼강은 어버이는 자식의 근본이 되고 임금은 신하의 근본이 되며 지아비는 지어미의 근본이 된다는 뜻으로 일방적인 종속관계를 강조하고 있는 것이다.

중국사회는 고대로부터 가부장적 사회구조를 지니고 있어 신분간의 상하질서가 중시되었던 것은 사실이다. 그러나 공맹시대는 일방적인 종속관계보다는 자율적인 도덕성을 바탕으로 서로 지켜야 할 기본 도리를 다해야 함을 더욱 강조했다. 그래서 공자는 임금은 임금다워야 하고, 신하는 신하다워야 하며, 어버이는 어버이다워야 하고, 자식은 자식다워야 함을 말했던 것이다. 그러나 한대는 황제의 권위가 더욱 강조되는 시기였기 때문에 동중서는 일방적인 충과 효를 더욱 강조했다.

동중서는 이외에도 천인상관설天人相關說과 음양오행설陰陽五行說을 유교에 끌어들여 유교의 성격을 약간 변형시켰다. 천인상관설이란 하늘과 사람은 서로 관련이 있다는 뜻으로 여기서 사람은 주로 제왕을 가리킨다. 제왕이 덕이 있고 정치를 잘하면 하늘이 복을 내려 나라에 풍년이 들지만 제왕이 덕이 없어 정치를 잘못하면 하늘도 노해서 재앙을 내린다는 설이다. 옛날 천재지변이 일어나면 제왕들이 목욕재계하고 근신했던 것은 바로 이 때문이다. 이것은 공자의 하늘에 대한 관념을 후퇴시킨 것이라고 할 수 있다.

음양오행설은 음양과 목木, 화火, 토土, 금金, 수水의 관점에서 사물을 바라보는 학설로서 음양가에 의해 제창되었으나, 후대 유교는 물론 도교, 한의학, 풍수지리 등 중국문화 전반에 큰 영향을 미친 사상이다. 한대 유교에서는 맹자가 말한 인, 의, 예, 지 사단에 신信을 추가하여 오상五常이라고 하고 이것을 오행에 대비시켰다. 오행과 오상을 서로 대비시킨 것은 천지운행의 원리가 인간사와 밀접한 관련이 있음을 강조하기 위함일 것이다.

오행 가운데 목은 음에 쌓인 양이 다시 음의 껍질을 뚫고 밖으로 삐져나오는 것을 상징하는 것으로, 계절로는 생명이 꽃피기 시작하는 봄에 해당하고 방향은 동쪽이다. 화는 양의 기운이 밖으로 왕성하게 발산하는 것으로, 계절로는 여름에 해당하고 방향은 남쪽이다. 금은 밖으로 무한히 발산하던 양의 기운을 추슬러서 다시 안으로 수렴시키는 것을 말한다. 계절로는 가을이고 방향은 서쪽이다. 수는 다시 음이 극성하고 생명력은 응축된 씨앗의 형태로 있는 것을 상징한다. 계절은 당연히 겨울이고 방향은 북쪽이다. 마지막으로 토는 가운데서 중재하는 역할을 한다. 계절로는 여름에서 가을로 넘어가기 직전인 늦여름이다. 무한히 뻗어가는 양의 기운을 갑자기 안으로 거두어들이기는 어렵기 때문에 중재자를 필요로 한다고 보았기 때문이다.

오상 가운데서 목에 해당하는 것은 인이다. 아마도 인의 기운은 만물을 소생시키는 봄과 같다고 여겼기 때문일 것이다. 화에 해당하는 것은 예다. 그 아름다움이 구체적으로 밖으로 드러나는 것이기 때문에 여름과 가깝다고 생각했던 것이다. 금에 해당하는 것은 의다. 가을의 기운은 생명을 죽이는 것이기 때문에 모름지기 의에 합당해야 한다고 생각했기 때문이다. 수에 해당하는 것은 지다. 지혜는 밖으로 드러나서 금방 알 수 있는 것이 아니라 안에 감추어져 보이지 않기 때문에 수와 가깝다고 생각한 것이다. 토에 해당하는 것은 신이다. 믿음이 한가운데 있어야 한다고 보았던 것이다.

중국 자금성의 사대문은 인의예지를 쓰지 않고 있으나 서울의 사대문은 인의예지를 쓰고 있다. 동대문은 인을 일으키는 홍인문興仁門, 남대문은 예를 숭상하는 숭례문崇禮門, 서대문은 의를 돈독히 하는 돈의문敦義門, 북대문은 지혜를 공경하는 숙정문肅靖門이다. 숙정의 '정'은 지보다는 조금 낮은 단계다. 숙정문은 원래 홍지문弘智門이라는 이름을 사용하려고 했으나 여러 가지 이유로 숙정문으로 바꾸었다. 세검정 상명대학교 앞에 있는 홍지문은 원래 한북문漢北門이라는 이름이었는데 숙종이 이름을 바꾸고 친필로 남긴 것이다.

아무튼 공맹시대의 원시 유교는 한대에 들어와서 국교가 되면서 수직적 권위주의와 신비적 색채의 강화, 그리고 오행설의 침투 등으로 여러 모로 변질되었다. 그런데 한대 유교를 이야기하려면 빠트릴 수 없는 것이 있다. 그것은 바로 금문학파今文學派와 고문학파古文學派의 논쟁이다. 금문학파란 한대 당시의 문자인 예서隸書로 쓰인 경전을 연구하는 사람들이고, 고문학파란 진나라 이전의 문자인 고문자로 쓰인 경전을 연구하는 사람들을 가리킨다.

진시황의 분서갱유로 인해 가장 큰 타격을 받은 사상은 유교였다. 유교의 경전들이 다 사라지고 난 뒤에 다시 경전을 복구하려고 했을 때 남아 있는 것은 거의 없었다. 그래서 기억이 좋은 노학자의 구술을 바탕으로 경전을 복구하는 수밖에 없었다. 복생伏生은 그 가운데 가장 유명한 노학자였다. 이렇게 새롭게 만들어진 경전은 한나라 당시의 문자인 예서로 기록된 것으로 금문경今文經이라고 한다.

그런데 무제 말년 공자의 옛집을 헐다가 다량의 고문서가 발견되었는데 그것들은 모두 진나라 이전의 글자로 쓰인 것으로 당시 사람들은 전혀 해독할 수가 없었다. 전문가들이 나서서 해독한 결과 이것들이 원래 유교의 경전임이 밝혀졌다. 이 고문서들을 고문경古文經이라고 한다.

금문학파와 고문학파는 단순히 글자의 차이만이 아니라 경전의 배열 순서도 다르고 중시하는 경전도 다르며 공자를 바라보는 관점도 다르다. 금문학파에서는 공자를 비록 왕위는 없었지만 요순문무堯舜文武와 마찬가지로 성왕으로 여긴다. 그리고 경전에 대해서도 비록 고대의 전통이 있었지만 공자가 새롭게 정리했다는 점에 더 초점을 두고 있다. 경전의 순서는 가장 쉬운 『시경』을 앞에 두었고 심오하고 난해한 『역경』이나 『춘추』를 뒤에 두었다.

금문학파는 여러 경전 가운데 공자의 미언대의微言大義가 잘 드러나는 『춘추』를 가장 중시했다. 미언대의란 '작은 말에 큰 뜻'이라는 말로 미세한 표현 하나하나에도 심오한 뜻이 숨겨져 있다는 것을 가리킨다. 이렇게 미언대의를 강조하다 보니 자연스럽게 신비적 예언을 중시하는 도참사상圖讖思想에 빠지기도 했고, 신비적이고 예언적인 관점에서 경전을 보충 해설하는 위서緯書를 만들게 되었다. 이를 합쳐 참위설讖緯說이라고 한다.

이에 비해 고문학파는 고대의 전통을 더 중시하며 공자는 바로 그 고대의 전통을 잘 계승하여 정리한 사람으로 이해한다. 경전의 배열도 시대순이다. 『주역』이 가장 먼저 나오는 것은 주역의 팔괘가 전설상의 삼황 가운데 복희씨가 지었기 때문이다. 『서경』이 다음인 것은 요순임금을 다루고 있기 때문이다. 공자가 정리했다는 『춘추』가 맨 마지막이다. 고문학파는 특히 주공을 존중하여 『주례』를 중시했다. 역사적 전통을 중시하다 보니 경전에 대한 정확한 자구해석을 중시했다. 한대의 유학을 자구를 따지고 해석하는 것을 중시한다하여 훈고학訓詁學이라고 하는데 고문학파가 이를 대표한다고 할 수 있다.

금문학파와 고문학파는 서로 정치적 입장도 달리하여 첨예하게 대립했는데 서한시대에는 주로 금문학파가 주류였다. 동중서는 당연히 금문학파였다. 그런데 서한 말기부터 고문학파가 서서히 득세하기 시작했으며 서한을 멸하고 새로운 왕조를 세운 왕망은 고문학파를 크게 존중했다. 그러나 동한을 세운 광무제는 다시 금문학파를 존중했다. 세월이 흐르면서 두 학파는 서로 대립하면서도 융합되는 측면이 있었지만 나중에 가서는 결국 고문학파가 득세하게 되었다.

위진남북조시대에서 당대에 이르는 시기는 유교의 침체기다. 물론 이 시기에도 대부분의 왕조에서 여전히 유교를 통치이데올로기로 삼았고 일부 학자들은 훈고학을 좀더 발전시켜 주소학注疏學을 성립시켰다. 주소학이란 훈고학을 바탕으로 하여 좀더 상세하게 주를 다는 것을 말한다. 그러나 학문적인 열기나 성과는 이전과 같을 수가 없었다. 대부분의 지식인들이 도가 사상과 특히 새롭게 수입된 불교사상에 더 많이 매료되었기 때문이다.

안사의 난 이후 중당대에 이르러 불교와 도교의 기세를 꺾고 새롭게 유학을 부흥시키자는 목소리가 나오기 시작했으나 크게 호응을 받지 못했다. 북송 중기에 이르러서야 비로소 본격적으로 유교를 다시 부흥시키려는 움직임이 일어나기 시작했다. 송대는 중국의 문화와 예술 전반에 걸쳐 대교약졸의 아름다움을 새롭게 발견하는 시기였고, 사상에서도 대성약범의 성스러움을 새롭게 발견하는 시기였다고 할 수 있다.

송대의 유학자들은 불교와 도교의 도는 세속을 떠난 도이기 때문에 현실의 일상생활에는 별로 도움이 되지 않는다는 것을 강조하고 유교야말로 일상생활에 가장 적합한 도라고 주장했다. 유교가 애당초 지니고 있는 대성약범의 특징을 적극 강조했던 것이다. 그러나 그들은 무조건 범속함이 최고라고 주장하지는 않았다. 또한 그들은 위진남북조를 거치면서 크게 발전했던 불교와 도교의 장점을 수용하는 데도 인색하지 않았다. 도교로부터는 태극도설太極圖說과 선천후천설先天後天說 등의 우주론에 관련된 부분을 보충했고, 불교로부터는 주로 심성론과 수양론을 보완했다. 즉 불교와 도교의 성스러움을 안으로 수용하고 겉으로는 다시 유교의 범속함을 강조했던 것이다. 이것은 범속함과 성스러움의 나선형적 통합으로서의 대성약범이라고 할 수 있다.

이렇게 유교가 불교와 도교의 장점을 포용하여 새롭게 단장하자 많은 지식인들은 다시 유교 쪽으로 되돌아오기 시작했다. 유교가 다시 중국사상의 주도권을 장악하게 된 것이다. 이렇게 새롭게 등장한 유교는 이전의 유교와는 사상적으로 상당한 차이가 있기 때문에 흔히 이를 신유교 또는 신유학이라고 부른다. 신유학은 흔히 송명이학宋明理學이라고도 불린다. 그것은 신유교의 핵심이 '이理'를 궁구하는 데 있었기 때문이고, 그 유행했던 시기가 송대에서 명대까지이기 때문이다.

송명이학과 한당대의 유교는 여러 가지로 다른 점이 많다. 우선 중시하는 경전이 다르다. 한당대의 훈고학에서는 공자가 정리하거나 저술했다고 믿어지는 오경을 중시한다. 오경은 실로 그 양이 방대하다. 게다가 훈고학과 주소학의 발달로 인해 주석서의 양 또한 엄청나다. 이에 비해 송명이학에서는 짤막하지만 유교의 대의를 전체적으로 잘 설명하고 있는 『대학』, 유교의 글 가운데서는 철학성이 뛰어난 『중용』, 공자의 실제적인 언행이 담겨 있는 『논어』와 공자사상을 잘 계승한 『맹자』를 묶어서 사서四書라고 하고 오경보다 더 중시한다. 이 가운데 『대학』과 『중용』은 『예기』 가운데 각각 한 편씩에 불과한 것인데 독립시킨 것이다. 사서는 오경의 한 권 분량도 채 되지 않는다. 송명이학은 수많은 경전을 읽어 방대한 지식을 쌓기보다는 적은 분량의 경전을 깊게 읽어 유교의 요체를 파악하는 것을 중시한다.

그들이 주장한 유교의 요체란 무엇인가? 그것은 바로 배워서 성인에 이르는 도다. 신유학의 선구자라고 불리는 주돈이周敦頤와 신유학 초기의 가장 중요한 인물인 정이程頤는 모두 성인이란 배워서 이를 수 있는 것임을 강조했는데 그것은 후대 신유학의 발달 과정에 큰 영향을 미쳤다. 신유학이 이전의 유학에 비해 심성론과 수양론을 중시한 것은 바로 이 때문이다.

사서를 보면 모두 유교의 마음공부에 직접적으로 도움을 주는 것들이다.

우선 『대학』은 사서 가운데 가장 분량이 짧지만 그 속에 유교 수양론의 핵심인 수기치인의 도가 잘 표현되어 있기 때문에 맨 앞에 나오게 되었다. 『중용』 또한 첫머리의 희로애락의 감정이 일어나지 않는 중中과 일어났으되 조화를 이루는 화和를 이야기하는 부분을 보면 알 수 있듯이 수양론과 직접적으로 관련이 있다. 『논어』는 공자의 삶과 기상을 직접적으로 엿볼 수 있어 수양에 도움이 되고, 『맹자』 또한 심성론과 수양론에 도움을 주는 내용들이 많다.

맹자는 공자의 여러 학파 가운데 내면적 도덕성을 중시하는 증자와 자사의 계통을 이어 성선설을 강조했는데, 이런 부분이 송대 신유학자들에게 존중받게 되었다. 이렇게 맹자를 새롭게 중시하게 되자 이전까지 내려오던 주공과 공자를 병칭하던 관례가 점차 공자와 맹자를 병칭하는 쪽으로 흘러가게 되었다.

수양론을 중시하게 된 것은 사실 불교의 영향, 특히 선종의 영향과 무관할 수 없다. 당대에서 송대에 이르는 기간은 선종이 크게 흥성했던 시기다. 선종은 모든 사람에게는 불성이 있다고 하고 수행을 하면 누구나 자신 속의 본래 모습인 불성을 자각할 수 있다고 강조했다. 송명이학이 강조한 배워서 성인에 이르는 도는 사실 마음을 깨쳐서 부처가 되는 선종의 주장과 직접적으로 닿아 있다. 실제로 많은 신유학자들은 성인의 경지에 이르기 위한 구체적인 수양론을 강조했고 실제적인 명상 수련도 열심히 했다.

정이가 깊은 정좌에 빠져 있을 때 새로운 제자 두 명이 밖에 서서 스승이 정좌에서 깨어나기를 기다렸는데 나중에 정이가 깨어났을 때는 발에 소복이 눈이 쌓여 있었다는 이야기가 있다. 이는 스승과 제자 사이에 엄한 법도를 강조하는 이야기로 흔히 거론되는데 그만큼 정이가 깊은 명상에 들었다는 것을 말해준다.

주자 또한 어렸을 때부터 스승으로부터 묵묵히 앉아서 마음을 맑게 하여 중용의 희로애락이 일어나기 전의 상태를 체득하려는 가르침을 받고 열심히 명상했다. 왕양명이 성인이 되기 위해 주자의 격물치지의 방법으로 명상을 하려다 병을 얻은 이야기는 유명하다. 왕양명은 대나무의 '이理'를 깨닫기 위해 며칠 동안 오로지 대나무에만 의식을 집중했다가 나중에 정신쇠약 증세에 빠져 포기했다. 그러다가 몇 년 뒤에 귀양을 간 오지에서 깊은 명상을 통해 '이'는 대상에 있는 것이 아니라 마음에 있는 것임을 대오각성하고 주자학과는 다른 양명학을 펼칠 수 있었다. 모두 송명이학자들이 얼마나 실제적인 수양을 중시했는가를 잘 보여주는 예다.

송명이학의 또 하나의 특징은 한당유학에 비해 매우 형이상학적이고 사변적인 측면이 많다는 것이다. '이'와 '기氣', '성性'과 '정情' 등의 철학적 개념을 치밀하게 논하는 것은 이전의 유교에서는 없었던 새로운 학풍이라고 할 수 있다. 이기론은 『화엄경』의 이와 사事의 논리구조를 따온 것이다. 화엄철학에서는 이 우주의 현상계를 '사'라고 하고 그 배후에 있는 근원을 '이'라고 했는데 신유학에서는 '사' 대신에 '기'를 쓴 것이라고 할 수 있다. 그밖에 많은 논리구조와 개념들이 불교나 도교에서 차입되어 유교를 풍성하게 했다.

송명이학에는 무척 다양한 학파가 있었지만 크게 북송시대의 정이와 남송시대의 주희가 주축이 되는 정주이학程朱理學과 주희와 같은 시대 사람인 육상산陸象山과 명대에 활약한 왕양명王陽明이 주축을 이루는 육왕심학陸王心學으로 나누어진다. 정주이학은 주자가 집대성했기 때문에 흔히 주자학이라고도 불리고, 육왕심학은 왕양명이 집대성했기 때문에 양명학이라고도 불린다.

정주이학이나 육왕심학 모두 '이'를 중시한다. 이들의 차이는 '이'가 인간의 마음에서는 어떻게 나타나는가에 대한 관점의 차이에 있다. 정주이학에서는 인간의 마음을 '성'과 '정' 둘로 나눈다. '성'은 맹자가 말한 인의예지가 되며 '정'은 희로애락의 감정이다. 그들은 '성'이 바로 '이'라고 주장했다. 즉, 인의예지는 하늘의 '이'가 인간의 마음속에 나타난 것이라고 본 것이다. 이 때문에 성리학性理學이라고 한다. '정'은 당연히 '기'에 해당하는 것이다.

정주이학에서는 '이'를 '기'보다 더 중시하기 때문에 인의예지의 '성'을 잘 보존하고 희로애락의 '정'을 통제할 것을 강조한다. 이들은 같은 논리로 하늘이 부여한 보편적인 도덕질서인 '천리天理'를 보존하고 개개인의 욕구인 '인욕人欲'을 억압할 것을 주장했다. 정주이학이 감정과 욕망을 통제하는 도덕주의적 특징을 보이는 것은 바로 그들의 심성론에서 나온 것이라고 할 수 있다.

이에 비해 육왕심학에서는 우리의 마음 자체가 바로 '이'라고 주장했다. 이것은 인간의 마음을 '성'과 '정'으로 대립시키는 이원론적이고 분석적인 태도에 대한 반발이라고 할 수 있다. 아울러 인간의 마음에 있는 도덕적 자각 능력에 대한 전폭적인 믿음에서 나온 것이다. 마음이 바로 '이'임을 처음으로 주장한 육상산은 누구에게나 도덕적 자각 능력이 있기 때문에 번거로운 이치의 궁구나 수양을 거칠 필요 없이 자신의 마음을 바로 세우면 된다고 했다.

왕양명이 치양지致良知를 강조한 것도 같은 맥락이다. 인간의 마음속에는 누구나 다 생각하지 않고 저절로 알 수 있는 양지良知가 있기 때문에 특별한 수양이나 독서보다는 자신의 양지에 이르는 것, 즉 자발적인 도덕성을 자각하는 데 더 초점을 두고 있다. 이렇게 자발성과 주체성을 강조하다 보니 양명학의 후예들 가운데는 인간의 희로애락의 감정과 욕망들을 긍정하는 방향으로 나아가는 경향이 있었다.

그리고 마음이 곧 '이'라는 주장은 온 천하의 이치와 사물이 다 마음 안에 있는 것이라는 유심론과도 바로 통한다. 육상산은 우주 안의 일이 곧 자신 안의 일이며 자신 안의 일이 바로 우주의 일임을 깨쳤다고 한다. 왕양명 또한 마음이 곧 '이'니 마음밖에 '이'가 없고 마음밖에 사물이 없다는 주장을 했다. 정주이학파가 보편적인 '이'를 탐구하기 위해 경전을 중시하고 많은 저서를 남긴 것과는 달리 심학자들은 경전은 자기 마음의 주석에 불과하다고 주장했다. 양자의 차이는 불교의 교종과 선종의 차이와 상당히 비슷하다.

송명이학 속에는 분명 불교적인 요소가 많다. 그래서 청대에 이르러서 어떤 극단적인 학자는 송명이학은 겉으로는 유교인 것 같지만 그 속은 불교의 가르침을 따르고 있기 때문에 공자의 가르침과는 무관하다고 주장하기도 했다. 그러나 그것은 단견이다. 송명이학은 중국사상사의 큰 흐름으로 볼 때 분명 위진에서 당대에 이르는 불교와 도교의 발전을 안으로 수용하면서 다시 본래의 중국문화에 가장 적합한 유교사상으로 회귀한 나선형적 발전이라고 할 수 있다. 즉, 대성약법을 실현한 것이다.

명나라가 몰락하고 만주족이 세운 청나라가 들어서자 많은 학자들이 망국의 원인을 지나치게 공리공담에 치우친 이학 때문이라고 생각하고 이에 대한 반성으로 실사구시에 바탕을 둔 경세치용의 유학을 주장했다. 일부 학자는 송명이학이 지나치게 '이'를 중시한 것에 반대하여 '기'를 중심으로 하는 기철학을 제시하기도 했다. 그러나 청나라 정부의 사상통제 정책 때문에 이런 전통은 주류를 이루지 못하고 경전 자구의 정확한 풀이와 엄밀한 고증을 중시하는 고증학이 주류를 이루게 된다. 고증학은 사실 한대의 양대 학파 가운데 고문학파의 전통을 이은 것이라고 할 수 있다.

청대의 고증학은 기본적으로는 한당대의 훈고학과 주소학의 전통으로 돌아간 것이지만 단순한 훈고학이나 주소학에 그치지 않고 정밀한 논리를 바탕으로 서적에 나타나는 오자, 탈자, 구절의 누락 및 첨가 등의 자구적 오류를 바로 잡는 교감학校勘學, 고대의 비석이나 솥, 종에 남겨진 글자를 역사적으로 고증하는 금석학金石學, 한자 발음의 변천을 연구하는 성운학聲韻學 등을 더해 유학의 영역을 확장시켰다. 특히 경전의 권위를 맹목적으로 추종하던 태도를 극복하고 엄밀한 논리와 실제적인 자료를 바탕으로 과감하게 오류를 지적하고 교정하려고 했다는 점에서는 근대적인 인문과학의 기초를 닦았다는 긍정적인 측면도 있다. 그러나 구체적인 사회 현실에 대한 언급 없이 오로지 고전연구에만 치중했다는 비판을 면하기는 어렵다.

이에 대한 반동으로 청말에는 한대 금문학파의 전통을 이어 공자의 미언대의를 강조하는 공양학파公羊學派가 등장했다. 공양학파는 『춘추』의 금문학파의 주석서 가운데 하나인 『춘추공양전春秋公羊傳』의 자유로운 해석을 바탕으로 한 현실 개혁적인 성향이 강한 학파다. 19세기 말 외세의 침략과 내부의 모순으로 무너져가던 중국을 살리기 위해 변법자강變法自疆 운동을 펼쳤던 사람들은 바로 공양학파 출신들이었다.

이 가운데 강유위康有爲는 기독교에 대항하기 위해 유교를 종교화할 것을 주장한 사람으로 유명하다. 그는 공자를 예수나 석가와 같이 종교의 교주로 삼고 기독교의 교회조직이나 예배형식을 본받아 유교를 철저하게 종교적으로 거듭나게 해야 함을 강조했다. 그리하여 이름도 유교가 아니라 공교회孔教會로 바꿀 것을 주장했다. 그러나 호응을 받지 못하는 외로운 외침에 그치고 말았고 서구화의 물결 속에서 유교는 쓰러져갔다.

청대의 유교는 전반적으로 보았을 때 송명이학의 폐단을 극복하기 위해 한대 유교로 회귀한 것이라고 할 수 있다. 미시적으로 볼 때는 앞에서 말했듯이 단순한 회귀가 아니라 새로운 발전의 측면이 있다. 그러나 거시적인 관점에서 보았을 때 새로운 지평을 열었다고 하기에는 역부족이다. 그러므로 아직까지 중국유교의 최정점은 송명대의 신유학이라고 할 수 있다.

최근 중국에 신유학의 바람이 다시 불고 있다. 근 백 년 가까이 거세게 불어왔던 근대화의 바람 속에서 유교는 그야말로 풍전등화의 신세였다. 특히 1960년대의 문화혁명 당시에는 공자는 수구반동의 괴수로 지목되어 전국의 공자 사당과 공자상이 파괴되기도 했다. 그러나 1970년대 이후 세계를 주목시킨 동아시아 경제발전의 원동력의 하나로 유교 윤리가 지목되면서 유교 자본주의론이 등장하고, 구미에서 활동하던 중국인 학자를 중심으로 유교에 대한 재평가의 붐이 일어나면서 꺼져가던 유교는 서서히 회복의 기미를 보이고 있다. 현재 중국에서는 신유가를 자처하는 학자들이 많이 있는데, 그들이 '신'자를 붙인 것은 송명대의 신유학자들이 외래사조인 불교를 나선형적으로 통합 발전시켜 새로운 유교를 펼친 것처럼, 자신들도 서구 사조를 통합하여 새로운 유교를 펼치겠다는 야심 찬 포부에서 나온 것이다. 그 귀추는 좀더 두고보아야 할 것이다.

중국문화사의 흐름

지금까지 대교약졸의 사상과 미학을 나침반 삼아 중국의 문학, 회화, 음악, 건축, 태극권, 선종, 유교 등의 영역을 두루 여행했다. 이제는 마무리하는 차원에서 중국문화 전체의 거대한 흐름을 간략하게 정리하고자 한다. 앞에서 문화, 예술, 사상 등은 이미 어느 정도 이야기했으므로 여기서는 왕조의 흥망사를 중심으로 중국문화사의 대략적인 흐름을 살펴보고자 한다.

중국의 역사는 참으로 길다. 그 길고 긴 역사 속에서 수많은 왕조들이 명멸했고 『삼국지연의三國志演義』의 첫머리에 나오는 "천하의 대세란 분열된 것이 오래되면 반드시 통일되고 통일된 것이 오래되면 반드시 분열된다"는 말처럼 분열과 통일을 반복했다. 그리고 그 분열과 통일의 반복 속에서 수도 셀 수 없이 많고 다양한 문화의 꽃이 피고 지곤 했다.

여기서는 대교약졸의 관점에서 기나긴 중국사를 크게 네 시기로 나누고자 한다. 우선 아득한 상고시대에서 한대까지를 첫 번째 시기로 했다. 이 시기는 문화사 전체로 볼 때 아직까지는 졸拙의 시기이자 범속함의 시기라고 할 수 있다. 두 번째 시기는 위진남북조에서 당대 전기까지로 문화, 예술, 사상 전반에 걸쳐 새로운 기교와 성스러움을 추구하는 시기이자 교巧의 시기다. 세 번째 시기는 당대 후기에서 송대까지로, 교를 넘어서 다시 졸로 돌아오는 시기로서 대교약졸의 미학이 피어나던 시기다. 즉, 중국문화의 절정기라고 할 수 있다. 네 번째 시기인 원, 명, 청대는 대교약졸의 관점에서 볼 때 새로운 발전은 별로 없는 답보의 시기다.

상고시대에서 중국문화의 틀이 잡히는 한대까지

대부분의 인류문명의 발상지가 그렇듯이 중국문명도 황하라는 대하천 유역의 비옥한 옥토를 중심으로 시작되었다. 이름 그대로 누런 하천, 황하는 중국의 상징이다. 황하가 황하로 불리는 까닭은 서북쪽의 황토고원에서 씻겨져온 황토 때문이다. 황하는 바닥에 퇴적된 황토로 인해 수시로 범람하는 하천이다. 황하는 실로 잔인한 강이다. 세계의 어느 하천보다 범람의 규모가 크고 파괴적이었다. 한 번 대홍수가 나면 강줄기 자체를 아예 바꾸기 때문에 지도를 다시 그려야 할 정도였다. 황하의 종점의 위치는 몇 천 년 동안 수십 차례 바뀌었다. 산동반도 위쪽 발해만으로 흘러들어간 적도 있었고, 산동반도 아래쪽으로 흘러들어간 적도 있었는데, 그 폭이 무려 7백 킬로미터가 넘는다. 거대한 누런 용 황하는 한반도의 폭보다 더 크게 위아래로 꿈틀거렸던 것이다.

이렇게 중국이라는 나라는 항상 그 방대한 규모로 우리를 압도한다. 그러나 중국이 처음부터 큰 나라는 아니었다. 처음 출발은 황하 중류 유역에 시작한 조그만 부족공동체였다. 중국인들이 고대의 성왕으로 칭송해 마지않는 요堯임금과 순舜임금은 그저 황하 중상류 일대에 흩어져 살던 여러 부족들의 공동의장 정도였다고 생각하면 될 것이다. 요임금은 왕위를 아들에게 물려주지 않고 어진 신하였던 순임금에게 물려주었고, 순임금 또한 아들이 그다지 똑똑하지 않았기 때문에 우禹임금에게 왕위를 물려주었다고 한다.

인류가 만든 최고의 두뇌게임인 바둑은 순임금이 멍청한 아들을 깨우치기 위해 만들었다는 전설이 있다.

복고적 경향을 지닌 후대의 사람들, 특히 유가의 사람들은 요임금과 순임금이 신하에게 왕위를 양보했다고 해서 어진 왕의 대명사로 칭송했는데, 사실 이때는 부족 내의 가부장제는 확립되었는지는 몰라도 부족연합체 단위에서 왕위의 직계 계승제는 확립되지 않았던 때였다. 우임금 때부터 비로소 왕실의 직계 가족에게 왕위를 계승하는 제도가 시작되었는데 이 왕조를 하夏라고 부른다. 요임금, 순임금, 우임금의 공통점은 치수사업에 뛰어난 솜씨를 발휘했다는 것이다. 황하를 어떻게 다스리는가는 생존에 관련된 절대절명의 과제였기 때문에 결국 치수사업에 성공하는 사람이 세력을 장악할 수 있었다. 집약적인 노동력을 필요로 하는 농경문화, 그리고 하천의 범람을 막기 위해 대규모 토목공사를 필요로 하는 자연조건 속에서 중국문화의 원형이 서서히 형성되었다고 할 수 있다.

하나라의 마지막 임금은 걸桀왕이다. 걸임금에게는 말희妹喜라는 천하절색이 있었는데 그는 고급 천의 대명사인 비단을 찢는 소리를 좋아했다고 한다. 걸임금은 그를 위해 궁녀에게 명하여 옆에서 항상 비단을 찢으라고 했다. 또한 술로 연못을 만들고 고기안주를 나무에 걸어 주지육림酒池肉林의 방탕한 생활을 즐기다가 결국 망하고 만다. 다음 왕조는 탕湯왕이 세운 상商나라다. 대략 기원전 17세기 무렵에 건립되었다고 한다. 마지막 수도의 지명을 따서 은殷나라라고도 한다.

요순임금이나 하 왕조에 대한 기록들은 전설에 가까워 역사적 자료라고 볼 수 없다. 하지만 은나라는 갑골문甲骨文의 발굴로 인해 그 존재가 명확히 증명된 왕조로 사실상 최초의 왕조라고 할 수 있다. 갑골문은 거북의 껍질과 소의 견갑골이나 넓적다리뼈에 새겨진 글자인데 그 용도는 국가의 중대사에 대한 복점이었다. 갑골에 글자를 새긴 다음 구멍을 뚫고 열을 가해 그것이 비틀어지는 모습을 보고 점을 쳤던 것이다. 갑골문은 은대의 실체를

밝히는 데 결정적인 공헌을 했을 뿐 아니라 한자의 발달사를 이해하는 데도 매우 중요한 자료다. 갑골문은 처음 발견되었을 때 그 특이한 모양과 신비스런 글자 때문에 용의 뼈라고 여겨졌다. 그래서 많은 한약방에서 이를 갈아서 약재로 사용했다고 한다.

은나라의 왕위 계승은 부자 상속만이 아니라 형제 상속도 병행했다. 은나라 때까지는 종교와 정치의 구분이 애매했고 샤머니즘과 복점이 유행했다. 갑골문에는 전쟁과 국가의 대소사뿐만 아니라 왕실의 혼인이나 질병 등 일상적인 내용들도 있다. 이로 보아 거의 대부분의 일을 복점에 의지했음을 알 수 있다. 그리고 전 세계 대부분의 원시 부족들이 그랬듯이 하늘 신, 땅 신, 곡식 신 등의 여러 신들에게 제사를 지냈다. 특이한 것은 조상신들에 대한 제사를 매우 강조하고 있다는 점인데, 이것은 중국을 비롯한 동북아시아 국가들의 조상에 대한 제사문화의 원형이 되고 있다.

은나라의 마지막 임금 주紂왕은 달기妲己라는 경국지색傾國之色에 빠져 걸왕과 마찬가지로 주지육림의 방탕한 생활을 했다. 걸왕과 더불어 폭군의 대명사로 여겨졌다. 이때 서쪽 변방의 주나라에는 문왕文王이 서서히 세력을 키워가고 있었다. 문왕은 은나라의 거북점을 개선하여 음양 두 개의 코드를 여섯 번 반복해서 64괘를 만들고 이것으로 점을 치는 좀더 과학적인 점술인 주역을 개발했고 매 괘와 그 괘의 여섯 효에다 길흉을 가리는 말들을 덧붙였다고 한다. 그리고 문왕은 호숫가에서 낚시를 하며 시간을 낚던 강태공을 등용했는데 그는 기원전 11세기 무렵 문왕의 아들인 무왕이 은나라를 정벌하고 새로운 천하인 주나라를 여는 데 결정적인 도움을 주어 자기를 알아준 사람에게 보답했다.

왕위 계승에서 부자와 형제 계승이 뒤섞여 있던 은나라와는 달리 주나라는 장자 계승의 원칙을 확립했다. 아울러 방대한 지역을 효율적으로 다스리기 위해 왕도와 그 주변만 직속으로 다스리고 나머지 영토는 왕실의 친족들에게 나누어주어 지배를 맡기는 봉건제도封建制度를 실시했다. 각 지방의 제후諸侯들은 자기의 영역을 독자적으로 통치하되 중앙의 천자를 대종자大宗子로 모셨다. 그리고 제후들은 다시 자기의 도읍을 직속으로 다스리고 나머지 영역을 경대부卿大夫들에게 나누어주었는데 경대부들은 제후를 종자宗子로 모셨다. 경대부들은 자신들의 땅을 일반 백성들에게 분배하고 일반 백성은 경대부를 종자로 모셨다. 이것이 바로 주나라의 종법제도宗法制度인데 기본적으로 가부장적 가족제도를 국가 단위로 확장한 것이라고 생각하면 될 것이다.

종법제도를 중심으로 하는 사회의 시스템 전체를 총괄하는 말이 예禮다.

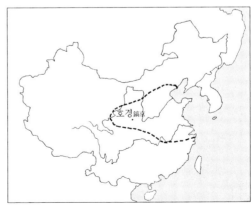

서주시대

'禮'라는 글자의 왼쪽 부수 '示'는 원래 땅 귀신을 가리키는 것이고, 오른쪽 '豊'은 제기에 옥을 담아놓은 것이다. 그것은 땅 귀신에게 제사를 지내는 것을 의미한다. 이로 보아 예는 원래 고대의 제례의식에서 출발한 것임을 알 수 있다. 그러나 주대에 와서 예의 의미는 크게 확장된다. 주대의 예는 단순히 제례의식이나 그것을 행하는 공경스러우면서도 정성스러운 마음가짐뿐만이 아니라 신분질서와 사회규범, 나아가 여러 가지 문물제도까지 포괄적으로 아우르는 것이다.

이것은 중국이 제정일치의 종교적인 사회시스템에서 인문제도를 바탕으로 하는 더 합리적인 사회시스템으로 전환되었음을 의미한다. 대부분의 문명권에서 주술적이고 미신적인 종교의 지배 아래 있었던 기원전 11세기 무렵에 세계를 인간 중심으로 바라보고 인문주의적 사회시스템을 만들어냈다고 하는 것은 매우 특기할 만한 일이다. 이것은 중국문명의 가장 중요한 특징이 되었다. 이 예 문화의 기초를 잡은 사람이 무왕의 동생 주공으로, 공자는 그를 지극히 앙망하여 꿈속에서도 만나기를 바랐다.

주나라는 기원전 8세기 무렵 유왕幽王이라는 못난 임금에 이르러 몰락의 길을 걷기 시작한다. 유왕에게도 걸주와 마찬가지로 천하절색이 있었다. 그의 이름은 포사褒姒였다. 포사는 무슨 이유에서인지 결코 웃는 법이 없었다. 포사의 웃음을 보고 싶어 묘책을 강구하던 유왕은 어떤 신하의 제의로 아무런 이유 없이 왕궁의 위급을 알리는 봉화를 피웠다. 봉화를 보고 부랴부랴 군장을 챙겨 왕도로 달려온 각 지역의 군대들은 왕도에 아무런 일이 없자 우왕좌왕했고 나중에 그냥 심심풀이로 봉화를 올렸다는 말을 듣고 황당한 표정으로 군대를 돌려 자기 영지로 돌아갔다. 이를 보고 포사가 소리 내어 웃었고 유왕은 크게 만족했다.

그러나 사랑하는 여인의 웃음을 사기 위해 어리석은 장난을 했던 유왕은 나중에 너무나 큰 대가를 치르게 된다. 포사에게 밀려난 왕후의 아버지가 북방의 유목민족과 결탁하여 왕도를 공격했을 때 긴급히 봉화를 올렸지만

『이솝우화』의 거짓말하는 양치기 소년의 경우처럼 아무도 도와주는 사람이 없어 결국 수도는 불타고 왕은 죽게 된다. 이에 주 왕실은 지금의 서안 근처에 있는 수도를 동쪽으로 약 3백 킬로미터 떨어진 지점인 낙양으로 옮기고 유왕의 아들을 옹립하여 새롭게 왕조를 시작한다. 이때부터 동주시대라 하고 그 이전을 서주시대라고 부른다.

망국의 군주에게는 항상 경국지색이 있다. 물론 군주가 주색에 빠져 정치를 돌보지 않는 것은 망국의 중요한 원인 가운데 하나일 것이다. 그러나 하, 은, 주의 멸망에 대한 기록은 다소 과장된 바가 있다. 승자를 미화하기 위해 패자를 용렬한 인물로 묘사하는 것은 역사에서 흔히 볼 수 있는 일이다. 가장 만만한 것이 포악하거나 우매한 성격에다 술과 여자에 빠져 정치를 돌보지 않았다고 기록하는 것이다. 그리고 경국지색을 치명적 요부로 묘사함으로써 후대의 군주에게 훈계를 남기는 것을 잊지 않았다. 이를 위해 여자의 특이한 취미나 개성을 망국의 원인으로 부각시켰다. 주지육림을 좋아한다든지, 비단 찢는 소리를 좋아한다든지, 봉화를 보고 달려온 군대가 우왕좌왕하는 모습을 즐기면서 좋아한다든지 하는 것들은 분명 과장된 측면이 있다.

동주시대는 주나라의 영향력이 크게 줄어들어 각 지역의 제후들이 서로의 이익을 위해 패권을 다투던 시기다. 동주시대부터 진나라가 천하를 통일하기 전까지를 흔히 춘추전국시대春秋戰國時代라고 부른다. 춘추시대(BC 770~403)는 공자가 정리했다고 하는 노魯나라의 역사서 『춘추』에서 이름을 따온 것인데, 제후들이 서로 패권을 다투고 전쟁도 했지만 명목상으로는 종주국인 주나라를 존중했고 전쟁의 규모와 양상도 그리 심각하지 않았다. 전국시대(BC 403~221)는 『전국책』에서 이름을 따온 것인데, 춘추시대 강국의 하나였던 진晉나라가 내부의 신하들의 반란으로 조趙나라, 한韓나라, 위魏나라로 분열된 것을 기점으로 진秦나라가 천하를 통일할 때까지를 말한다. 이 시기에는 주 왕조의 권위는 완전히 땅에 떨어지고 각 제후국들은 노골적으로 자국의 실리를 추구하면서 치열하게 전쟁을 했는데, 전쟁의 규모도 엄

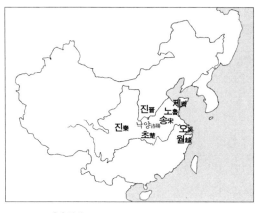

춘추시대

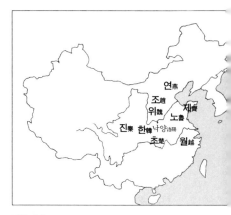

전국시대

청났고 그 피해 또한 치명적이었다. 그래서 흔히 사람들은 춘추전국시대를 대혼란기로 규정한다.

그러나 사실 춘추전국시대는 단순한 혼란기가 아니라 중국이 새로운 단계로 비약하는 데 필요했던 위대한 창조적 혼란기였다. 우선 지리적으로 보아 중국문명의 영역이 폭발적으로 확장되었다. 서주시대만 해도 중국의 영역이란 황하 중류에서 하류를 중심으로 하는 북중국 평원 일대에 그쳤지만 동주시대에는 중국의 영역이 크게 확장되었다. 바다가 있는 동쪽과 강력한 유목민족들이 있는 북쪽으로의 확장은 별로 없었지만 서쪽과 남쪽으로는 크게 확장되었다.

서쪽에는 뒤에 중국을 통일하는 진나라가 편입되었고 사천성도 진나라에 편입되면서 중국문화권 안으로 들어오게 되었다. 특히 남쪽으로의 확장이 돋보인다. 춘추 후기에 이르러 양자강 중류 유역의 초楚나라가 중국문명권에 흡수되었고, 전국 초기에 이르러서는 양자강 남쪽에 자리 잡은 오吳나라와 지금의 절강성 일대에 자리 잡은 월越나라가 중국문명권에 흡수되었다. 이들은 서주시대에는 모두 남쪽 오랑캐인 남만족에 속했지만 춘추전국시대를 거치면서 중국문명권으로 들어오게 된 것이다. 그리하여 전국시대 말기에는 후대 한족 세력권의 경계선이 대략 형성되었다. 이들 광대한 지역을 중국문명으로 흡수시켜 통합시킨 원동력은 바로 한자와 예 문화라고 할 수 있을 것이다.

춘추전국시대가 위대한 시대로 불리는 또 하나의 중요한 이유는 중국사상의 기틀이 바로 이 시기에 형성되었기 때문이다. 춘추 말기에서부터 제후들의 경쟁이 치열해지고 사회의 변동과 혼란도 극심해지자 이를 해결하기 위해서 수많은 학파와 사상가들이 나타났다. 이들을 흔히 제자백가라고 한다. 백가는 중국 사람들의 상투적인 과장법이고 실제로는 십가 정도에 그치는데, 유가儒家, 도가道家, 법가法家, 묵가墨家, 음양가陰陽家, 명가名家, 종횡가縱橫家, 잡가雜家, 농가農家, 소설가小說家가 바로 그것이다.

이 가운데 제대로 사상체계를 갖춘 학파라고 일컬을 수 있는 것은 유가, 도가, 법가, 묵가를 들 수 있다. 묵가는 모든 사람이 서로 사랑해야 한다는 겸애와 반전사상을 주장하는 일종의 종교집단으로, 한때는 그 세력이 대단했지만 한대 이후에는 금지사상으로 지목되어 역사의 무대에서 사라져버렸고, 법가는 진시황에게 채택되어 천하를 통일하는 데 결정적인 공헌을 했지만 형법과 술수를 지나치게 강조한 나머지 오히려 쇠퇴하여 결국 유가와 도가만이 살아남게 되었다.

이들 제자백가는 서로 다른 다양한 사상적 성향을 지니고 있지만 그 속에는 공통점이 있다. 그들은 영겁의 윤회 속에서 벗어나 영원한 해탈을 구하는 길은 무엇인가, 우주의 창조자인 신의 뜻을 따라 내세의 영생복락을 얻기 위해서는 어떻게 해야 하는가 등의 종교적 진리를 탐구하기보다는 현세를 중시하고 현실적인 인간사회에 더 많은 관심을 보이고 있다는 것이다. 또한 그리스철학처럼 만물의 근원이란 무엇인가, 이 세계는 변화하는가 불변하는가 등의 우주자연 자체에 대한 관심보다는 인간과 인간 사이의 관계 및 사회통합에 대한 문제에 더 많은 관심을 보이고 있다. 이런 것들은 예 문화라고 하는 중국적 토양에서 나온 것이다. 물론 겉으로 보았을 때 예 문화를 가장 충실하게 수호하려고 했던 것은 유가사상이지만 예 문화에 가장 강하게 반발했던 도가에서조차도 정치에 관련된 많은 언급들이 나오는 것으로 보아 예 문화의 영향력을 완전히 불식시킬 수는 없었음을 알 수 있다.

정치사상으로 볼 때 노자사상은 백성들에 대한 작위적인 간섭을 최소화한 무위의 정치를 강조했고, 법가는 가혹하리만큼 철저한 법의 집행을 통한 법치주의를 강조했으며, 유가는 인의와 예악제도에 바탕을 둔 왕도정치를 강조했다. 그러나 공자사상의 한 맥을 이어받은 순자의 문하에서 법가사상의 최대의 이론가인 한비자韓非子와 최대의 실천가인 이사李斯가 나온 사실이나 한비자가 노자사상에 관심을 가지고 노자에 대한 최초의 주석을 했던 일들을 볼 때 유가, 도가, 법가 사이의 거리는 그리 멀지 않다는 것을 알 수 있다.

기원전 221년 진나라는 법가사상의 힘을 빌려 어지러운 천하를 통일했다. 진나라의 왕 영정嬴政은 삼황오제三皇五帝를 줄여 처음으로 황제라는 호칭을 쓰기 시작했다. 즉, 시황제始皇帝가 된 것이다. 이로부터 실제적인 의미의 강력한 제국인 중국이 시작되었다고 할 수 있다. 그리고 진나라는 유럽에 중국의 존재를 최초로 알린 왕조다. 오늘날의 차이나China는 바로 진에서 나온 이름이다. 진시황은 이사의 건의로 당시까지 서로 약간씩 차이를 보이던 문

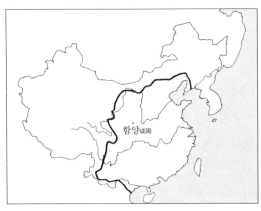

함양咸陽

진나라

자와 도량형, 수레바퀴의 크기를 통일하고 분서갱유焚書坑儒를 통해 사상도 통제했다. 그리고 주나라와 같은 봉건제도가 아니라 전국을 36개 군으로 나누고 군 아래에 현을 두는 군현제郡縣制를 실시했다. 군현제는 중앙에서 관리를 파견하여 다스리게 하는 강력한 중앙집권제였다. 다소 가혹한 면도 있었지만 진시황의 통합정책은 단일문명권을 형성하는 데 결정적인 공헌을 했다고 할 수 있다. 진시황은 또한 북쪽의 유목민족들의 침략을 막기 위해 대장성을 축조하고 황제의 위엄을 과시하기 위해 아방궁을 지었다.

진시황의 가혹한 통치행위는 백성들의 반발을 샀고 결국 진나라는 15년만에 몰락하고 천하는 다시 혼란에 빠진다. 항우와 유방의 치열한 싸움 끝에 유방이 천하를 통일하여 한나라를 세웠다. 비록 짧은 기간의 대치였지만 이 두 영웅의 싸움은 깊은 인상을 남겨 후대『초한지楚漢志』와 같은 소설과 『패왕별희覇王別姬』와 같은 희곡으로 남아 있고, 장기라는 놀이로 전해져 지금도 많은 사람들에게 즐거움을 주고 있다.

기원전 206년에 한나라를 건국한 유방은 진시황의 정책을 타산지석으로 삼아 제국의 토대를 튼튼히 하는 데 힘썼다. 일단 진시황이 추구했던 군현제가 현실적으로 시행하기 어렵다는 것을 알고 봉건제와 군현제를 절충한 형태를 취했다. 그리고 사상에서도 한대 초기에는 법가의 가혹한 통치에 지친 백성들을 쉽게 하기 위해 노자가 주장한 무위의 정치를 펼치다가 정국이 어느 정도 안정된 무제 때 이르러 중도적인 유가를 관학으로 삼게 된다. 한나라는 중간에 왕망王莽이라는 외척이 황당한 도참사상으로 사람들을 현혹시켜 나라를 잠시 빼앗은 15년을 빼고 무려 4백 년이 넘게 존속했다. 진나라가 중국을 통일한 이래 최장수 통일 왕조다. 이 기간 동안에 오늘날 우리가 말하는 중국문화의 토대가 거의 완성되었다고 할 수 있다. 그래서 중국 사람들은 한족, 한문화, 한자, 한어 등의 용어를 사용한다.

상고시대에서 한대에 이르기까지는 중국문화의 기본 틀이 잡힌 시기다. 이 시기까지는 중국문화사에서 고대에 해당한다. 중국인들은 상고에서 한

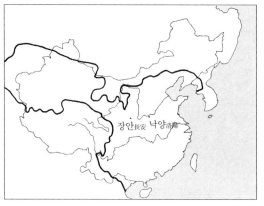

한나라

대까지를 흔히 삼대양한三代兩漢이라고 일컫는다. 삼대란 하나라, 은나라, 주나라를 가리키고, 양한이란 서한西漢과 동한東漢을 말한다. 처음 유방이 나라를 세워 외척인 왕망에게 망하기 전까지가 서한이고, 이후 광무제가 다시 일으킨 나라가 서한이다. 흔히 전한前漢, 후한後漢이라고도 한다. 주나라가 망하고 동쪽 낙양으로 천도한 뒤로 중국에서는 앞의 왕조에다 서를 붙이고, 뒤의 왕조에다 동을 붙이는 경향이 있었다.

사실 한대에만 이르러도 중국문화의 수준은 당시 세계 어디에 내놓아도 손색이 없는 높은 경지에 이르렀다. 한대를 대표하는 문학 장르인 부賦 작품들을 보면 상당한 수준의 수사기교를 뽐내고 있으며 심지어 현란하다 싶을 정도로 한자가 주는 멋을 추구하고 있다. 한대 왕족의 분묘에서 발견된 금으로 만든 옷과 장식품들은 실로 화려한 기교를 뽐내고 있을 뿐만 아니라 고분에서 출토된 회화작품들도 이미 상당한 경지에 이르렀음을 알 수 있다. 남아 있는 구체적 근거는 없지만 기록을 통해 보았을 때 한대의 음악이나 건축도 꽤 높은 수준의 성취를 이루었다고 짐작할 수 있다. 그러나 중국문화사의 긴 흐름으로 보았을 때 한대의 문화와 예술은 아직 소박한 수준, 즉 졸의 단계이고 사상에서도 범속함을 추구하는 단계에 머무르고 있다.

위진남북조시대에서 당대 초기까지 — 졸에서 교로 나아가는 시기

2세기 말인 동한 말기에 부패한 환관들의 횡포에 의해 백성들은 도탄에 빠지게 되고 각지에서는 농민반란이 일어나기 시작한다. 그 가운데서『삼국지연의』를 통해 익히 알려진 황건적의 난은 쓰러져 가는 한 왕조에 치명적인 타격을 가했으며 전국은 마침내 군웅활거의 시대로 들어간다. 유명한 적벽대전을 계기로 천하의 대세는 대략 셋으로 나뉘고 220년을 전후로 해서 천하는 위魏, 촉蜀, 오吳의 삼국시대가 된다.『삼국지연의』에서는 유비劉備가 세운 촉나라가 정통으로 그려지고 있지만 그것은 소설 속의 이야기고 실제 현실에서의 정통 왕조는 조조曹操의 아들 조비曹丕가 세운 위나라다. 약 60년 동안 계속된 분열시대는 위나라의 신하였던 사마염司馬炎의 쿠데타에 의해 세워진 진晉나라가 천하를 통일함으로써 마감하게 된다.

그러나 통일시기도 잠시, 채 40년이 되기도 전에 북쪽에서 내려온 유목민족의 침략에 의해 수도 낙양이 몰락하게 된다. 진나라 왕실은 지금의 남경으로 내려가서 왕조를 계속 이어간다. 중국역사에서 최초로 남북조시대가 된 것이다. 수도는 분명 서쪽이 아니라 남쪽으로 옮겨갔지만 서주·동주의 전례에 따라 낙양을 수도로 삼았던 통일 진나라를 서진西晉, 수도를 남경으

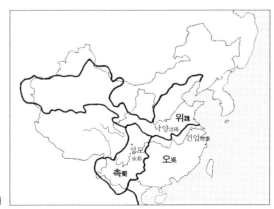

삼국시대

로 옮긴 뒤의 진나라를 동진東晉이라고 부른다.

이후 581년 수隋나라가 다시 천하를 통일할 때까지 강남에는 진나라에 이어 송宋나라, 제齊나라, 양梁나라, 진陳나라의 한족 왕조가 계속되었다. 원래 중국문명의 발흥지인 중원은 초기에 다섯 개의 유목민족들이 세운 열여섯 개의 나라가 흥망성쇠를 거듭하다가 나중에 북위北魏가 북쪽 지역을 통일했고, 이후 북제北齊와 북주北周를 거쳐 수나라에 이르게 된다. 삼국시대에서 수나라가 다시 통일하기까지의 시기를 흔히 위진남북조魏晉南北朝라고 부르기도 하고 한족 왕조인 위, 진, 송, 제, 양, 진 여섯 왕조를 정통으로 삼아 육조시대六朝時代라고 부르기도 한다.

위진남북조는 흔히 중국역사에서 춘추전국시대에 이은 두 번째의 분열기라고 일컫는다. 그러나 분열 기간 동안 남방은 한족 왕조가 이주함으로써 경제적으로나 문화적으로 새로운 중심지로 부상했고, 북방은 북방대로 새로운 유목민족이 다량으로 유입되어 긴 시간을 거치면서 중국문화에 동화되어갔기 때문에, 전체적으로 볼 때 중국문화가 새로운 활력을 공급받아 한 차원 상승한 시기라고 할 수 있다.

이 시기의 가장 큰 변화는 일단 사상에서 찾을 수가 있다. 위진시대에는 정치적 혼란기 속에서 많은 지식인들이 유가사상의 속박에서 벗어나 도가

남북조시대

사상을 추구하기 시작했다. 이 시기의 대표적인 사상가로는 『노자』, 『장자』, 『주역』의 주석으로 탁월한 업적을 남긴 중국철학사상 최고의 천재였던 왕필王弼과 『논어』를 도가적 관점에서 주석을 단 하안何晏, 그리고 대나무 숲에서 술을 마시며 유가적 예교를 무시하고 도가적 청담淸談과 자유로움을 구가하던 죽림칠현竹林七賢 등이 있다.

위진시대는 지식인 층에서 도가사상이 유행했을 뿐만 아니라 민간에도 도교라고 하는 민족종교가 서서히 퍼져나갔다. 『삼국지연의』에 부정적으로 묘사되어 있는 장각張角이 이끄는 황건적은 사실 태평교太平敎라는 민간종교의 신도들이다. 태평교는 장도릉張道陵이 창시한 오두미도五斗米道와 아울러 중국 도교의 시원이다. 이들은 모두 주술적이고 샤머니즘적 요소가 강한 민간종교인데 부족한 사상체계를 보완하기 위해 도가사상의 창시자인 노자를 자신들의 교주로 삼고 도가사상을 흡수함으로써 도교라는 이름이 붙게 되었다.

위진시대에서 남북조시대로 넘어오면서 불교가 서서히 각광을 받기 시작한다. 원래 불교는 동한시대에 서역으로부터 수입되었는데 위진시대를 거치면서 서서히 지식인들의 관심을 끌기 시작하면서 세력을 확장하다가 남북조시대에 이르러서는 중국사상계를 완전히 장악했다. 수많은 불경들이 번역되었으며 이에 따라 수많은 종파들이 세워졌다. 종교로서 불교의 위력도 대단하여 체계적인 고등 종교를 처음으로 접한 중국 민중들의 열렬한 환영을 받았다. 민족종교인 도교나 유교의 저항이 없지는 않았지만 전반적으로 볼 때는 불교의 시대라고 할 수 있다. 사상으로 볼 때 초기의 범속함에서 성스러움의 맛을 알고 성스러움을 열심히 추구하는 시기라고 할 수 있다.

위진남북조시기는 문학이나 예술 전반에 걸쳐서도 기교미에 대한 자각이 일어나기 시작한 시기다. 문학에서는 동한시대에 발명된 종이가 보편화되기 시작하면서 개인의 창작이 활발해졌고, 문인들은 앞을 다투어 화려하고 장식적인 글로 자신의 문학적 기량을 뽐내기 시작했다. 특히 남조의 시문은 중국문학사에서 가장 화려한 유미주의적인 시풍과 문풍으로 알려져 있다. 이 시기의 시는 구절을 대칭적으로 배열하는 대구對句, 압운押韻, 평측平仄 등 다양한 수사기교가 고도로 발달했고, 문장에서도 시에 못지않게 자구를 정제하고 대구와 평측을 강구하는 변려문骈儷文이 크게 유행했다.

이 시기는 또한 최초로 본격적인 문학평론에 관한 글이 나오기 시작한 시기로 문학에 대한 다양한 심미규율과 창작론, 비평론 등이 쏟아져나오기 시작했다. 문학이 비로소 정치와 윤리의 속박에서 벗어나 독자적인 지위를 확보했다고 할 수 있다. 이런 다양한 문학이론들은 남조 말기에 이르러 『문심조룡文心雕龍』이라고 하는 아름다운 이름의 책에 집대성되었는데 이 책은 중국문학비평사에서 전무후무한 문학평론서다.

회화도 또한 문학과 마찬가지로 이 시기에 들어서야 비로소 본격적으로 독자적인 회화이론이 등장하기 시작했고, 회화의 기법 또한 비약적으로 발달하기 시작했다. 불교의 수입으로 인해 불화들이 대량으로 제작되어 중국 회화에 신선한 충격을 주었다. 그리고 한 가지 특기할 점은 종교적 신앙의 대상으로 불상 조각이 크게 흥성했다는 것이다. 중국은 고대부터 조각이 발달했던 그리스와는 달리 조각이 그다지 발달하지 않았다. 진한대의 조각이라고 해보았자 겨우 흙으로 빚은 토용 정도였다. 그러나 불교가 수입되면서 불상을 조각하는 풍조가 유행하여 전국적으로 수많은 바위와 동굴에 불상이 제작되었다. 이 시대 불상들은 대부분 화려하고 웅장한 규모로 교의 미학을 마음껏 뽐내고 있다. 건축에서도 이전의 중국건축에서 볼 수 없었던 하늘을 찌르는 높은 탑들과 석굴이 지어졌는데 모두 새로운 기교를 추구한 것이다. 또한 음악에서도 인도를 비롯한 여러 서역의 악기와 악률 등이 대폭 수입되면서 새로움을 추구하는 것이 유행했다.

앞에서 말했듯이 위진남북조 시기는 문학, 예술, 사상 전반에 걸쳐 기교미와 성스러움을 자각하던 시기였다. 문화과 예술, 사상 전반에 새로운 발전이 일어났던 것은 여러 가지 사회상황과도 많은 관련이 있겠지만 특히 불교의 전래에 따른 인도문화의 수입에서 말미암는 바가 크다. 회화, 음악, 건축은 물론이거니와 문학에서도 불교의 영향력은 무시할 수 없다. 범어의 영향으로 사성과 평측에 대한 자각이 일어난 것을 비롯해서 중국 최고의 문학비평서인『문심조룡』이 불교논리학의 영향을 받은 것 등이 그 예다. 아무래도 새로움의 발견은 외부의 충격과 그로 인한 자신에 대한 자각에서 오는 것이다. 졸에서 교, 범에서 성을 추구하는 경향은 오랜 분열을 극복하고 강력한 통일왕조를 이룬 수나라와 당나라 시대까지 이어졌다.

581년 북주北周를 이어받은 수나라는 10년도 채 되지 않은 589년 남방의 진나라를 멸망시키고 한나라가 망한 뒤 약 4백 년 가까이 계속되던 혼란과 분열의 시대를 종식시켰다. 수나라를 창건한 문제文帝는 귀족문벌세력을 억제하고 황제의 권력을 강화하기 위해 공정한 국가고시를 통해 관리를 선발하는 과거제도를 시행했다. 그 이전까지는 학식과 인품과 덕망을 기준으로 사람을 아홉 등급으로 나누고 그 등급에 따라 관리를 선발하는 구품중정제九品中正制라는 제도가 시행되었다. 구품중정제는 등급을 나누는 실제적인 기준에서 개인적인 학식과 능력보다는 가문과 배경을 더욱 중시했기 때문에 사실 공정하지 못한 제도였다. 과거제도는 가문과 배경보다는 개인의 학식과 능력을 중시하는 제도로, 근대 이전의 서구의 지식인들이 찬탄해마

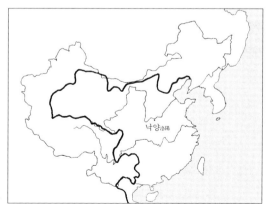

수나라

지 않던 제도다.

문제의 뒤를 이은 양제煬帝는 남북을 연결하는 대운하 사업과 무리한 고구려 정벌 등으로 국력을 과도하게 소비했고 또한 황음무도한 정치를 펼치다가 결국 나라를 파탄으로 몰고 간다. 천하의 대세는 618년에 건국한 당나라로 넘어가게 된다. 오랜 분열의 시기를 마치고 새로운 에너지가 넘치는 통일제국을 건립했으나 무리한 정책으로 그 에너지를 갈무리하지 못하고 진나라와 같은 운명의 길을 걷게 된 것이다. 진나라를 뒤이어 등장한 한나라가 진나라를 타산지석으로 삼아 번영을 구가했듯이 수나라를 이어 등장한 당나라 역시 수나라를 타산지석으로 삼아 훌륭한 정치를 펼쳐 분열을 통해 축적된 새로운 활력을 잘 활용하고 한족 왕조로서는 최고의 번영을 구가했다.

당나라의 건국에 결정적 역할을 했던 태종은 셋째 아들로서 권력을 잡기 위해 형제들을 살육하는 잔혹함을 보였지만, 중국역사에서 보기 드문 훌륭한 정치를 펼쳐 당나라의 기초를 다지는 데 결정적 공헌을 했다. 그의 정치는 그의 연호를 따서 정관貞觀의 정치라고 하는데 후대 황제들에게 정치의 모범답안 역할을 했다. 정관의 정치가 있었기에 당나라는 후대 측천무후則天武后에게 정권을 빼앗기고 안록산의 난과 황소의 난 등 여러 차례 굵직한 난을 겪으면서도 약 3백 년 가까이 정권을 유지할 수 있었다.

측천무후는 원래 태종의 후궁이었는데 태종의 아들인 고종의 눈에 들어 애첩이 되었다가 대단한 정치적 야심과 수완을 발휘하여 마침내 황제에 올랐다. 중국역사에서 전무후무한 여성 황제인 그는 고대 중국의 이상적인 왕조인 주나라를 국호로 택했으며 그리 이상적이지는 않았지만 그런대로 무난한 통치를 했다. 후대의 사가들은 그를 무황제로 부르지 않고 측천무후라고 부르는데, 남존여비의 사회적 분위기 속에서 여자를 황제로 부르기를 꺼려했기 때문이다. 약 15년을 끌던 주나라는 측천무후 말기에 쿠데타에 의해 다시 당 왕조로 복귀하게 된다. 그러나 그 뒤로도 몇 년 동안의 궁중암투가 계속되었는데 현종에 이르러서야 왕실은 안정을 되찾았다.

현종은 몇 십 년 동안 훌륭한 정치를 펼쳐 당나라의 위세를 만방에 과시했다. 그의 통치기인 개원開元시기는 정관시기를 능가하는 태평성대로 당나라 최고의 황금기라고 할 수 있다. 당시 당 제국은 군사력과 생산력, 문화의 힘에서 타의 추종을 불허하는 세계 최고의 제국이었다. 수나라 때 무너트리지 못한 고구려를 신라와 연합으로 함락시켰고, 서쪽으로는 당시 최고의 무역로인 실크로드를 따라 여러 군소 제국들을 합병하여 한족이 세운 왕조로서는 가장 넓은 영토를 자랑했다. 당시 당나라의 수도 장안은 세계 최고의 국제도시였다.

당나라는 외래문물에 대해 매우 관용적이었으며 종교에 대해서도 포용적이었다. 수많은 외교사절과 상인들뿐만 아니라 각 종교의 선교사들이 장안에서 포교활동을 벌렸다. 중국 전통종교인 도교와 이미 안방자리를 차지한 불교 외에 신생종교인 이슬람교, 머나먼 유럽에서 전래된 기독교, 심지어 페르시아의 배화교까지 전파되어 실로 종교의 백화점과 같았다.

물론 이 가운데서 가장 빛을 발한 종교는 불교였다. 남북조시대부터 본격적으로 개화하기 시작한 불교는 이 시기에 이르러 거의 최고조에 이르렀다. 위진남북조시기 불경의 수입에 주력하던 중국인들은 당대에 이르러서는 의

당나라

지하는 경전을 중심으로 다양한 종파를 성립시키면서 새로운 국면을 창출했다. 정토종淨土宗, 천태종天台宗, 화엄종華嚴宗, 법상종法相宗 등의 온갖 종파가 성립하여 중국사상사를 풍성하게 했고, 불립문자를 내세우며 중국적 특징을 듬뿍 지닌 선종 또한 이 시기에 이르러 서서히 세력을 드러내기 시작했다. 그야말로 백화제방百花齊放의 형국이었다.

불교뿐만이 아니라 당시 문화의 전반적인 분위기는 다채로움과 화려함을 마음껏 구가한 시기였다. 위진시대 이래로 내려오던 교의 추구가 이 시대에 이르러서는 정점에 이르렀다고 할 수 있다. 시는 화려한 외형적 기교만 추구하던 단계에서 벗어나 형식과 내용이 어우러지는 실로 최고의 성취를 이루어서 일정 부분 대교약졸의 미학을 성취했지만 풍격상으로는 화사함에 머물러 있었다. 그리고 음악, 미술, 건축 등 문화와 예술 전반에 걸쳐 찬란한 아름다움을 마음껏 발산했다.

당대 후기에서 송대까지 — 교에서 대교약졸로 나아가는 시기

현명한 군주로서 명성이 높았던 현종은 예순 살이 넘어서는 정치에 실증을 느끼고 여색을 탐하기 시작했다. 아들의 아내였던 양옥환楊玉環을 귀비貴妃로 맞이한 현종은 향락에 젖어 정사를 돌보지 않게 되고, 그로 인해 안사의 난이 일어나자 세계 최고의 국제도시로 번영을 누리던 장안은 쑥대밭이 된다. 수도 장안이 함락되기 직전 현종은 천혜의 요새인 촉지방으로 피난을 가게 되고 피난 도중에 군사들의 요구로 양귀비는 결국 자살하게 된다. 당 현종과 양귀비의 사랑은 시인 백거이白居易가 「장한가長恨歌」라는 장편 서사시로 노래한 이래로 중국문인들이 가장 애호하는 로맨스가 되었고, 희곡으로 여러 차례 개작되면서 수많은 사람들의 눈물을 자아냈다.

현종과 양귀비의 사랑은 세기적 로맨스로 유명할 뿐만 아니라 중국역사의 한 획을 긋는 중대한 사건이다. 둘의 사랑이 계기가 되어 일어난 안록산의 난은 육조 이래 계속 되어오던 귀족문벌세력을 몰락시키는 데 결정적인 역할을 했고, 그로부터 중국은 서서히 세습 문벌귀족이 아니라 과거제도를 통해 선발된 지식인 관료들이 중심이 되는 사회로 나아가게 된다. 과거를 통해 새로운 지배계층으로 등장한 이들을 흔히 사대부라고 부른다.

수나라 때부터 시행된 과거제도는 문벌귀족들의 강력한 반발 때문에 실제적인 효력을 발휘하지 못했다. 현종 때의 유명한 시인 두보는 과거를 통해 관료로 진출하기를 강력히 희망했으나 이미 나라의 모든 인재가 조정에 다 들어와 있어 과거를 시행할 필요가 없다는 문벌귀족 재상의 말로 인해 아예 시험을 칠 기회조차 박탈당했다. 당시 빈한한 가문 출신으로 출세를 꿈꾸던 사람들에게는 방 안에서 열심히 글을 읽고 과거시험을 준비하기보다는 문벌귀족에게 아부하거나 전쟁터에 나가 공을 세우는 것이 훨씬 빠른 길이었다. 그러나 안록산의 난이 끝난 뒤에는 수많은 인재들이 과거시험을 통해 관료가 되었다.

당나라는 후기로 갈수록 지방의 군권을 장악하고 있던 절도사들이 점차 중앙정부의 간섭에 별로 영향을 받지 않는 독자적인 세력권을 강화하면서 사실상의 군웅할거에 가까운 시대가 되었다. 잦은 절도사들의 반란과 황소黃巢의 난 등의 농민반란까지 겹쳐 나라는 점차 황폐해져갔다. 그러다 급기야 907년에 이르러 당 왕조는 몰락하고 천하는 중국역사에서 세 번째 분열기인 오대십국시대로 접어든다. 그러나 오대십국시대는 춘추전국시대나 위진남북조시대와는 달리 그리 오래가지 않았다. 오대십국시대는 세습 문벌귀족 중심의 사회체제에서 과거를 통해 새롭게 등장한 사대부 중심의 사회체제로 나아가는 과도기에 불과했다.

960년에 건국한 송나라는 979년 마침내 70여 년 동안 계속되던 오대십국의 혼란을 극복하고 다시 천하를 통일한다. 송나라는 건국 초부터 당의 몰락에서 교훈을 받아 천하의 군권을 중앙으로 집중시켰을 뿐만 아니라 무인 세력을 억압하고 문인들을 우대하는 숭문정책崇文政策을 펼쳤다. 그리고 과거제도를 개선하여 공정한 국가고시를 통해서 인재를 선발하는 명실상부한 제도로 정착시켰다.

송대의 과거제도 개선 가운데 가장 두드러진 것은 황제 앞에서 최종 시험을 치르는 전시제도殿試制度가 확립되었다는 점이다. 당대에는 각 성에서 합격한 인재들은 이부吏部에서 주관하는 자의성이 농후한 면접시험을 거쳐야만 했다. 그러나 송대에는 황제가 직접 관리를 선발하게 되어 황제 집권적 문인관료체제가 더욱 쉽게 형성되었다. 또한 과거시험의 공정성 또한 이전에 비해 크게 향상되었다. 송대에는 채점의 공정성을 위해 답안지에서 수험자의 이름을 가리는 봉미법封彌法, 답안지의 필체를 알아볼 수 없도록 답안 내용을 일괄적으로 필사하여 그 필사본으로 채점하는 등록법謄錄法, 시험문제 유출을 막기 위해 선발 담당관으로 지목된 사람을 시험이 끝날 때까지 외부인사와 접촉하지 못하게 한 곳에 머물게 하는 쇄원鎖院, 시험관의 친척들을 따로 모아 시험을 치르게 하는 별두시別頭試 등의 여러 가지 제도가 마련되었다. 오늘날의 관점에서 보아도 시험의 공정성을 위해 생각할 수 있는 제도는 총동원되었다고 할 수 있다.

이런 제도들이 실시됨에 따라 송대에는 신분이나 지위에 상관없이 순수하게 자신의 실력만으로도 관료로 나아갈 수 있는 길이 폭 넓게 열리게 되었다. 송대의 과거 급제자들 가운데 본인의 앞 삼대 이내에 관료를 전혀 배출하지 못했던 비관료가문 출신이 반 이상을 차지했다는 사실은 이런 상황을 잘 설명해주고 있다. 이렇게 과거의 권위와 공정성이 크게 향상되자 정치사회의 주도권은 세습 문벌귀족으로부터 문인관료 사대부에게로 확실하게 넘어가게 되었다. 아울러 사회 전체적으로 지식인들의 지위는 크게 향상되었다. 당대에는 벼슬을 구하는 길이 주로 전쟁터에 나가는 것이었다면 송대에 벼슬을 구하는 가장 빠른 길은 책을 읽는 것이었다. 이것은 인류 지성사의 관점에서 볼 때 대단한 진보였다. 당시 유럽을 비롯한 대부분의 문명권은 철저한 신분제 사회에 머물러 있었고 신분 상승의 길은 대부분 전쟁에서 공을 세우는 길 외에는 없었다.

송나라 초기부터 진행된 문인 우대정책은 결과적으로 군사력의 약화를 불러왔고, 이로 말미암아 송나라는 대외적으로 주변 국가들에 대해 시종 열세를 면치 못했다. 북경을 비롯한 동북지역은 거란족이 세운 요遼나라가 차지하고 있었고, 섬서성의 일부 지역과 돈황을 비롯한 서쪽 지역은 서하西夏가 차지하고 있었으며, 운남성지역은 대리大理가 버티고 있었다. 그 가운데 가장 위협적인 존재는 요나라였으며 서하 또한 만만치 않은 존재였다. 송나라는 요나라에게 빼앗긴 북경지역을 되찾기 위해 요나라 동북쪽의 만주지방에서 새롭게 일어난 여진족이 세운 금나라와 손을 잡고 요나라를 공격했다. 그러나 금나라는 요나라를 함락시킨 뒤 송나라에 대해서도 야심을 품고 남하하여 수도 변경汴京(하남성 개봉開封)을 함락시키게 된다. 황제 부자가 포로로 만주지방으로 끌려간 뒤 황실은 1127년 남쪽으로 내려와 임안臨安(절강성 항주杭州)을 수도로 삼게 되었다. 중국역사에서 두 번째로 남북조시대가 된 것이다. 변경을 수도로 삼았던 처음의 왕조를 북송이라고 하고, 임안을 수도로 삼았던 나중의 왕조를 남송이라고 한다.

남송 초기에는 북벌을 주장하는 패기 있는 사람들이 있었지만 현실적으로 남송의 군사력은 북방의 금나라를 당할 수가 없었다. 남송은 이전의 남북조시대가 그랬듯이 대략 회수淮水를 경계로 금나라와 국경선을 유지했다. 그것도 그냥 얻어진 것이 아니라 비단과 황금을 바치면서 얻어낸 화평이었다. 그러다가 13세기 초 북방의 사막과 초원지역에서 일어난 몽고가 급속도로 확장을 거듭하여 서하를 멸망시키고 난 뒤에 금나라를 정벌하기 위해 동맹을 요구하자 어리석게도 남송은 몽고의 청을 받아들인다. 남송과 손을 잡고 금나라를 삼킨 몽고는 잠시 숨을 돌려 유럽과 중동 지역을 정벌한 뒤 얼마 지나지 않아 남송을 침략하여 1279년 남송은 결국 멸망하게 된다.

이렇듯 송나라는 320년 가까이 나라를 유지하는 동안 군사력이 약해 줄

북송

남송

곧 유목민족의 침략에 시달리다가 결국은 당시 세계 최강의 군대였던 몽고 군에 의해 멸망했다. 그러나 당대 이후 계속된 경제발전으로 도시가 흥성하고 상업이 발달하여 경제적으로 매우 안정되어 있었고, 중앙집권이 효율적으로 이루어져 큰 내환 없이 정치적으로도 안정되어 있었기 때문에 문화에서의 매우 큰 진보가 있었다. 세계문명사를 바꾼 화약, 인쇄술, 나침반의 발명 등은 모두 송대에 이루어진 것이다. 이런 정치 경제적 안정과 물질문명의 발달에 힘입어 송대는 문화, 예술, 사상 전반에 걸쳐 비약적인 발전이 이루어졌다. 그리고 대교약졸의 미학 또한 이 시기에 이르러서야 비로소 본격적으로 피어나기 시작했다.

노장사상이 본격적으로 유행하기 시작한 것은 분명 위진시대였다. 당시 지식인들 사이에서 『도덕경』은 필독서였다. 그럼에도 불구하고 그 당시의 미적 취향이나 종교사상은 전반적으로 졸박미보다는 기교미, 범속함보다는 성스러움을 추구했다. 그 이유는 진정으로 대교약졸을 이해하고 대성약범을 체현하려면 먼저 기교미와 성스러움의 과정을 거쳐야 하기 때문이다. 명나라의 시인이자 화가인 동기창董其昌은 "시문과 서화는 젊어서는 교묘하고 늙어서는 담백해야 하는데 교묘하지 않으면 또한 어떻게 담백하게 할 수 있겠는가?"라는 말을 했는데 참으로 일리 있는 말이다. 교묘함을 거치지 않은 담백함은 그저 밋밋한 담백함에 불과하다. 대교약졸의 졸박함을 제대로 체득하려면 반드시 기교미를 거쳐야 한다.

위진시기부터 중국의 국력이 눈부시게 빛나는 당대 전기에 이르기까지는 외향적 기교의 아름다움에 대한 추구가 계속되었다. 화려함이 극에 달한 중당대에 이르서서야 비로소 서서히 대교약졸에 대한 자각이 조금씩 일어나기 시작했던 것이다. 그러나 그때는 화려함을 추구하는 대세를 뒤집기에는 역부족이었고, 송대에 이르러서야 비로소 본격적으로 대교약졸의 아름다움을 수용하기 시작했다.

졸에서 교, 다시 교에서 졸로 나아가는 과정은 졸이라는 품평용어에 대한 관점의 변화를 살펴보면 잘 알 수 있다. 한참 교를 추구하던 위진남북조시대에서 당대에 이르기까지는 졸이란 그리 높은 품평용어가 아니었다. 대체로 무언가 기교가 부족하여 어설픈 것을 가리키는 용어로 사용되었다. 물론 「귀거래사歸去來辭」로 유명한 시인 도연명陶淵明은 졸을 지키기 위해서 전원으로 돌아갔고, 실제로 졸의 미학으로 문학작품을 지었다. 당시에는 도연명의 경지를 이해하는 사람이 거의 없었다. 도연명은 몇 백 년이 지난 송대에 이르러서야 비로소 각광을 받기 시작했다.

송대에 이르자 교와 졸을 보는 안목이 바뀌기 시작했다. 북송대의 시인인 진사도陳師道는 "차라리 졸할지언정 교묘해서는 안 되고 차라리 질박할지언정 화려해서는 안 된다"고 주장했다. 교묘함과 화려함보다는 졸박함과 질박함이 더 높은 경지임을 이해하기 시작한 것이다. 남송대의 시인이자 비평가인 나대경羅大經은 여기서 한 걸음 더 나아가 "글씨를 쓰는 데는 졸필이 가장 어려우며 시를 짓는 데는 졸구가 가장 어렵다. 졸에 이르게 되면 혼연히 천연스럽고 온전해지니 인공적 기교는 말할 것이 못 된다"고 주장했다. 졸을 최고의 경지로 보았던 것이다. 그러나 여기서의 졸이 단순한 졸이 아님은 당연하다. 나대경의 "시를 짓는 데는 반드시 교로써 나아가 졸로써 완성해야 한다"는 말은 그가 추구했던 졸이 단순한 졸이 아니라 교를 거친 뒤에 나타나는 대교약졸의 졸임을 잘 드러내고 있다. 위진시대에서 당대까지 어설프다는 의미로 쓰인 고졸이라는 용어는 송대에 이르러서는 최고의 품평용어로 환골탈태하게 된 것이다.

본격적으로 대교약졸의 미학을 이해하기 시작한 송대에 이르자 중국문화는 각 방면에서 활짝 피어나기 시작한다. 당대 중기에 시작되었지만 외로운 선구자의 외침에 그쳤던 고문운동은 북송 중기에 이르러 문인들의 전폭적인 지지를 받으면서 마침내 완성된다. 그리고 시에서도 당시의 화려하고 농염한 풍격을 넘어서 평담함을 위주로 하는 새로운 시풍을 개척했다.

회화에서도 마찬가지이다. 당대 중기부터 산수화가 발달하기 시작하고 단순하고도 담백한 아름다움을 중시하는 수묵화도 등장했지만 당대까지는 과도기였고, 송대에 이르러서 수묵산수화가 회화의 주류로 자리 잡게 된다. 아울러 송대는 대교약졸의 미학의 극치인 문인화文人畵나 선화禪畵가 본격적으로 피어난 시기다. 말 중심의 동물화에서 화조화가 새롭게 등장한 것도 송대고 여백의 미, 그림 속의 시가 등장한 것도 바로 송대다. 도자 공예에서도 당대와 송대의 차이는 뚜렷하다. 당대에는 화려하고 당당한 삼채색 도자기가 유행했으나 송대에는 은은하고 맑은 비취색을 띠는 청자와 담백한 맛의 백자가 더 많은 애호를 받았다.

건축에서도 송대는 외양적인 웅장함보다는 자그마한 규모 속에서 아기자기한 아름다움을 더 중시했으며 엄격하고 방정한 건축보다는 꾸불꾸불하고 통일미가 없는 것 같으면서도 깊은 통일미를 추구하고 대자연의 깊은 정취를 집 안에 끌어들인 원림건축이 본격적으로 유행한 시기다. 음악에서도 송대는 그 사이 유행했던 화려하고 다채로운 악풍을 배격하고 고대 주나라의 아악을 이상으로 삼아 깊이 있는 궁중음악을 완성한 시기다.

이 모든 것들은 기본적으로 대교약졸의 미학 정신 아래에서 이루어진 것이라고 할 수 있다. 이런 점에서 볼 때 송대는 적어도 상류계층의 고급문화에서는 미학적으로 최고봉에 이른 시기라고 할 수 있다. 이와 동시에 민간 문예가 서서히 개화하기 시작했다.

또한 송대는 종교와 사상 면에서 대성약범의 정신이 활짝 피어난 시기라고 할 수 있다. 위진시대 이래로 초월적인 세계, 성스러움의 세계로 열심히 나아가던 중국인들은 점차 대성약범의 범속함을 이해하기 시작했다. 이에 불교 내에서 먼저 화광동진을 중시하는 선종이 흥기했다. 선종은 남북조시대 말기 달마대사로부터 시작되었다고 하지만 실제로 선종이 세력을 얻기 시작한 것은 중당 무렵부터다. 이후 당나라 말기와 오대십국을 거치면서 지속적으로 발전해온 선종은 송대에 이르러서는 불교의 모든 종파 가운데 가장 중요하고 영향력 있는 종파가 되었다.

대성약범의 본격적인 개화는 유교의 부흥에서 찾을 수가 있다. 왜냐하면 유교야말로 진정한 의미에서 일상성을 중시하는 사상이고, 예 문화에 가장 부합하는 사상이기 때문이다. 중당대 한유가 제창한 유교 부흥운동은 아직은 덜 익은 분위기 속에서 메아리 없는 적막한 외침에 그쳤지만, 북송 중기의 주돈이와 정이에 이르러서는 무르익은 분위기를 타고 요원의 불길처럼 퍼져나갔다. 이후 중국사상사의 주도권은 다시 유교로 넘어왔으며 남송대의 주희에 이르러서는 천하의 선비 가운데 열에 여덟, 아홉은 다시 유교로 돌아오게 되었다. 결국 중국사상은 범에서 성을 거쳐 다시 범으로 돌아오게 된 것이다.

원·명·청—파괴, 복고 그리고 정리

남송 중기인 13세기 초 북쪽의 초원지대에서 일어난 몽골제국은 세계사에서 유례를 찾아보기 어려울 정도로 막강한 군사력을 가지고 무서운 속도로 팽창하기 시작했다. 몽골은 서하와 금나라를 함락시킨 뒤 1279년 마침내 남송도 멸망시켰다. 위진남북조시대 이래 중원지역이 이민족의 지배 아래에 들어간 적은 있었지만 중국 전역이 완전히 이민족의 지배 아래 들어간 것은 처음이었다. 칭기즈칸의 후예들이 세운 몽골제국은 중국만이 아니라 서남쪽으로는 지금의 이란과 이라크까지, 서쪽으로는 러시아, 헝가리, 폴란드까지 확장되었는데 그 가운데 몽골과 중국 전체를 원元나라라고 부르고 나머지 지역을 네 개의 봉국으로 삼았다.

원나라는 춘추시대 이래로 지역 이름을 나라 이름으로 사용하던 관습을 깨고 최초로 의미로써 나라 이름을 삼은 왕조다. 이후 명明과 청淸도 이 새로운 관행을 따랐다. 그리고 원나라는 북경에 수도를 삼은 최초의 통일왕조다. 이후 북경은 중국의 중심이 되었다.

원은 몽골 초원에서 짧은 기간에 급성장한 나라로, 전투력을 막강했지만 문화의 깊이는 오랜 역사를 자랑하는 중국과 비교가 되지 않았다. 게다가 그들은 중국의 문화를 철저하게 무시했다. 원대에는 몽골인을 1등급, 중앙아시아의 푸른 눈의 색목인色目人을 2등급, 금나라 지역에 속한 중국인을 3등급, 송나라 지역에 속한 중국인을 4등급으로 분류했다. 또한 직업의 특성에 따라 백성들을 10등급으로 나누었는데, 여덟 번째가 창녀고 아홉 번째가 선비며 열 번째가 거지였다. 물론 시간이 지나면서 한족 지식인들 가운데

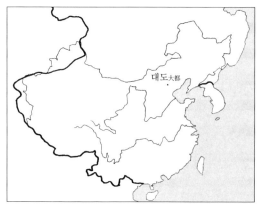

원나라

일부는 관리가 되기도 했지만 그 비율은 실로 미미했다.

　이런 암담한 분위기 속에서 송대까지 축적했던 한족의 문화는 크게 위축되었다. 특히 대교약졸의 미학이 피어났던 사대부문화 영역은 심하게 파괴되었다. 정통문학인 시문 분야는 거의 볼 것이 없다. 그 대신 희곡이 크게 발달했는데 그것은 창녀보다 못한 취급을 받게 된 많은 문인들이 생업을 위해서 희곡대본의 집필에 종사했기 때문이다. 원대에는 그렇지 않아도 쇠퇴하던 선종이 라마교의 유행에 의해 더욱 쇠퇴했다. 남송대에 활짝 피어난 신유학 또한 원대에 들어서는 겨우 명맥은 유지할 수 있었지만 새로운 발전은 없었다. 음악에서도 민간음악은 활기를 띠고 계속 발전했지만 아악은 철저하게 파괴되었고, 건축에서도 고아함과 깊은 정취를 추구하던 심미안이 조야한 티베트 건축양식에 의해 도리어 퇴보했다. 사대부문화 가운데서 유일하게 송대에 비해 나은 영역은 회화인데 그 이유는 아이러니컬하게도 문인들이 몽골인들의 천시를 받으며 초야에 묻혀 그림에 전념했기 때문이다.

　이민족 왕조로는 중국역사에서 최초로 중국 전역을 지배했던 원 왕조는 1300년대 후반에 들어서자 서서히 몰락하기 시작했다. 폭정에 못 이긴 농민 반란이 여기저기서 일어났으며 오랜 영화에 부패하고 무기력해진 몽골 관료와 군대는 이전처럼 강력하게 대처하지 못했다. 여러 반란군 가운데 미륵불 신앙을 지닌 백련교 집단에 속한 주원장朱元璋이 점차 세력을 키워나가다 1368년에는 마침내 몽골인들을 다시 몽골 초원으로 내몰고 명나라를 건립했다. 명나라는 처음에는 남경에 수도를 잡았다가 얼마 뒤 북경으로 천도했다. 지금 남아 있는 자금성은 바로 명나라 때 세운 왕궁을 기초로 개보수한 것이다.

　다시 한족 왕조를 세운 명대에는 한 세기 가까이 지속된 몽골의 통치에 의해 파괴된 한족문화를 회복하는 것이 가장 큰 당면과제였다. 그리하여 명대에는 복고주의의 바람이 거세게 불었다. 그러나 명대의 복고주의는 송대의 복고주의와는 성격이 완전히 달랐다. 송대에 추진한 복고주의가 위진남

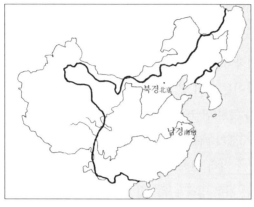

명나라

북조에서 당대까지 발전해온 화려한 기교미를 내재화시켜 한 단계 높은 졸박함으로 나아가기 위한 나선형적 복고주의라면, 명대의 복고주의는 이민족에 의해 파괴된 문화를 다시 복구하는 평면적인 복고주의였다. 즉, 새로운 발전이 거의 없었다.

문학에서 명대는 사대부의 정통문학인 시와 문이 다시 문학사의 주요 장르로 등장한다. 명대 시문의 주된 흐름은 복고주의였다. 전칠자前七子라고 불리는 한 무리의 문인들과 이들보다 약간 뒤에 출현한 후칠자後七子라고 불리는 한 무리의 문인들은 시는 반드시 성당시기의 시를 본받아야 하며 문장은 진나라와 한나라의 문장을 따라야 한다고 주장했다. 이들은 옛 것으로 돌아가자는 복고의 정도를 넘어서 옛 것을 그대로 모방하는 의고擬古의 수준에 머물렀다. 물론 의고주의를 반대하고 문학의 진화와 개인의 독창성을 강조하는 문인들이 등장하기는 했지만 그들의 작품 또한 그다지 새로운 면모는 없었다. 명대 문학에 가장 주목할 만한 장르는 소설이었다. 이른바 사대기서四大奇書라고 불리는 『삼국지연의』, 『수호전』, 『서유기』, 『금병매』가 등장하여 문학사의 밤하늘을 빛냈다.

회화나 건축 등의 분야에서도 미학적인 관점에서 새로운 발전은 거의 없었고, 종교에서도 유ㆍ불ㆍ선 통합이 활발하게 이루어졌다는 것을 제외하고는 특기할 만한 것은 없다. 다만 사상 부분에서는 다소 새로운 발전이 있었다. 그것은 바로 양명학陽明學의 출현이다. 송대에 흥성한 신유학은 원대라는 소강기를 거쳐서 명대 후기의 왕양명에 이르러 다시 한 번 새로운 흥성기를 맞이한다. 그러나 좀더 거시적인 관점에서 볼 때 명대 신유학의 전반적인 수준은 송대 신유학의 다양성과 활발함에 비하면 다소 뒤떨어진다고 할 수 있다.

물론 문명은 역사의 흐름에 따라 진보하는 것이고 명대의 산업구조나 생산력은 분명 이전보다 훨씬 발달했다. 일부 역사학자들은 명대에 이미 상업자본주의의 초기 단계에 들어섰다고 주장한다. 15세기 초 정화鄭和는 황제의 명을 받아 길이 150미터, 너비 60미터의 엄청난 규모의 선박 수십 척에 2만여 명의 대규모 해양원정단을 이끌고 남중국해 제국과 인도 및 아랍 제국을 거쳐 아프리카 동부까지 항해했다. 그것은 명나라가 당시 세계 최고의 조선술과 항해술을 보유하고 있었기 때문에 가능한 일이었다. 그러나 문화의 깊이, 심미안의 수준은 반드시 물질문명의 발달과 비례하는 것은 아니다. 명대의 문화의 깊이는 분명 원대에 비해서는 나아진 것은 사실이지만 전체적으로 볼 때 송대의 수준을 넘어서지 못하고 있다.

명나라는 후기에 이르러 한나라와 마찬가지로 환관의 전횡으로 나라는 어지러워졌고 이를 틈타 1616년 만주지역에서는 후금後金이라는 만주족 국가가 건립되었다. 송나라 때의 금을 이었다는 뜻이다. 그 뒤 그들은 나라 이름을 청으로 바꾸고 점차 세력을 확장하기 시작했다. 그러나 명나라는 내부의 혼란 때문에 제대로 대처할 수 없었다. 명나라의 부패는 날이 갈수록 심해지다가 마침내 1644년 이자성李自成이 이끄는 농민반란군에게 망하게 된다. 이때를 틈타 청은 별다른 저항 없이 북경을 접수하게 된다. 중국은 또다시 이민족의 지배 아래에 놓이게 된 것이다.

청을 세운 만주족은 막강한 군사력으로 영토를 확장하기 시작했다. 내몽고와 외몽고, 티베트와 신강지역까지 복속시켜 명나라에 비해 무려 3배 이

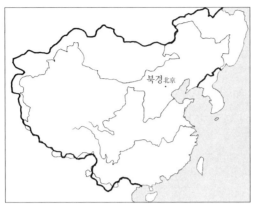

청나라

상의 영토를 차지했다. 이 방대한 영토는 나중에 청 왕조가 망하면서 결국 한족의 손에 모두 들어갔다. 한족은 만주족 덕분에 유사 이래 가장 방대한 영토를 소유하게 된 것이다. 청나라는 18세기까지 팽창을 지속하다가 19세기에 들어서는 부패와 무능으로 서서히 약해지기 시작했다. 다만 스스로 모르고 있을 뿐이었다. 1842년 영국과의 아편전쟁에서 패하자 곪은 상처가 드러났고, 스스로 예수의 동생이라고 주장한 홍수전이 일으킨 태평천국의 난에 뿌리가 흔들렸으며, 이후 일본에게까지 패하는 수모를 겪다가 결국 1911년 신해혁명으로 망하게 된다.

청은 원의 단명을 타산지석으로 삼아 무작정 한족을 탄압하거나 한족의 문화를 무시하지 않았다. 채찍과 당근을 사용하여 한편으로는 청 왕조에 불온한 생각을 지닌 지식인들을 탄압했지만 다른 한편으로는 한족 지식인들을 달래고 포용하면서 청 왕조에 복종하도록 만들었다. 문화정책에서도 만주족 복장이나 변발 등을 한족에게 강요하기도 했지만 대부분의 영역에서는 한족의 문화를 존중하고 잘 보존하도록 했다. 오히려 만주족 스스로 한족문화를 적극적으로 배우려고 했다. 그러나 청대의 전반적인 문화 역량은 새로운 깊이를 더하기에는 역부족이었다. 그래서 대체로 창조적으로 새로운 경지를 열기보다는 기존의 전통문화를 보존하면서 종합적으로 정리하려는 방향으로 나아갔다.

　문학사를 보아도 청대에는 새로운 미학적 깊이를 더하기보다는 기존에 진행되어왔던 모든 것들을 종합적으로 정리하는 분위기다. 사대부들의 정통문학으로 자리 잡은 시와 문뿐만 아니라 송대와 원대에 걸쳐 발달했던 운문이었던 사詞와 곡曲, 그리고 원대와 청대에 크게 흥성했던 희곡과 소설 등이 모두 그만그만한 수준에서 집대성되는 경향이 있었다. 심지어 송대의 고문운동 이후 쇠퇴한 변려문조차도 다시 부활하여 집대성의 목록 가운데 하나를 장식했다. 이 가운데 가장 주목할 분야는 소설인데『홍루몽紅樓夢』은 사대기서의 문학적 성과를 넘어서는 부분이 있다.

　종합적인 정리의 경향을 잘 보여주는 것은 바로 총서의 발간이다. 청대에는 역대의 중요한 전적을 모두 총정리하여 전집으로 발간했다. 약 5만 수에 가까운 당나라의 시를 집대성한『전당시全唐詩』, 기존의 자전들의 성과를 바탕으로 약 5만 자에 가까운 방대한 어휘를 총정리하여 발간한『강희자전康熙字典』도 놀랍지만 당시까지 발간되었던 천하의 모든 책을 다 모아 경전, 역사서, 철학서, 문집 등 네 개의 분야로 나누어 집대성한『사고전서四庫全書』는 정말 입을 다물지 못하게 한다.『사고전서』에는 무려 약 3천 5백 종에 가까운 책이 수록되었고 권수는 8만 권에 가깝다. 그 당시로서도 세계 제1규모의 출간사업이었을 뿐만 아니라 지금도 감히 흉내 내기 어려운 전무후무한 출간사업이다.

　청대는 학술사상에서 새로운 변화가 일어난 시기다. 송대에서 명대까지 이어져온 신유학은 청대에 이르러서는 몰락하고 대신 고증학이라는 새로운 학문이 등장했다. 아무래도 이민족 지배 아래에 있던 한족 지식인들로서는 필화의 부담이 큰 사상 쪽보다는 고전 정리에 직접적인 도움이 되는 고증학이 더 매력적으로 다가왔을 것이다. 이런 것들은 철학사적으로는 그다지 큰 의미가 없다.

　원, 명, 청에는 여러 가지 발전과 변화가 있기는 했지만 한 차원 더 깊게 나아갈 만큼 문화적 역량이 축적되지는 못했다. 그것은 위진남북조에서 당대에 이르는 시기만큼 신선하고 새로운 자극이 없었기 때문이라고 할 수 있다. 몽고와 만주족의 문화는 중국인들이 뜨거운 정열로 배우기에는 수준이 낮았기 때문이다. 그래서 파괴와 단순한 복구, 그리고 정리의 차원에 머물렀던 것이다.

이상으로 은나라부터 시작된 약 4천 년 가까운 중국문화사를 간략하게 살펴보았다. 참으로 재미있는 것은 대교약졸의 미학이 가장 깊어지고 문화가 가장 성숙된 시기는 통일 중국으로는 가장 왜소한 영토를 지니고 있었고 군사적으로도 가장 약한 시기였다는 것이다. 저명한 미국의 동양사학자도 이에 대해 아이러니컬한 현상이라고 지적하고 있다. 송대에 대교약졸이 피어났던 데는 실로 많은 내적 외적 요인이 있다. 나의 관점으로는 숭문정책과 과거제도의 완비 등을 통한 지식인들의 지위 향상, 화려함의 극을 달한 경험의 축적, 경제의 번영, 굵직한 대외적인 침략은 있었지만 내부적으로는 비교적 평온을 오랫동안 유지할 수 있었던 점 등을 들 수 있겠지만 영토의 축소 또한 긍정적 영향을 미쳤다고 생각한다. 외적으로 영토확장을 위한 팽창정책을 추구하는 경우 아무래도 내적인 성숙을 추구하는 사회적 분위기는 조성되지 않기 때문이다. 작은 고추가 맵다는 속담은 이 경우에도 적용될 수 있을 것이다. 송나라는 작지만 알찬 나라였다.

근대 이전까지 중국과 서양은 부분적인 왕래는 있었지만 전면적인 교류는 없었다. 그러다 1840년 아편전쟁을 계기로 본격적으로 서양문화와 접하게 되었다. 중국인들은 처음에는 서양에 연전 연패하면서도 중화주의에 젖어서 서양문화를 거들떠보지도 않았다. 기껏해야 대포와 군함을 만드는 과학 기술만 배우면 된다고 생각했다. 그러나 서구화에 성공한 일본에 패하면서부터 생각이 바뀌었다. 서양의 기술문명뿐만 아니라 그들의 민주주의와 사회제도 나아가 그들의 문화도 적극적으로 수용하기로 한 것이다. 그리하여 1911년 신해혁명辛亥革命을 통해 마침내 수천 년 계속되던 왕조체제가 무너지고 서양에서 들어온 공화국체제가 들어서게 되었다. 그리고 1919년 5·4운동이 일어나면서 문학, 미술, 음악, 건축, 사상 전반에 걸쳐서 빠른 속도로 서구화가 진척되었다. 전통을 고수하려는 사람들의 저항이 없었던 것은 아니지만 전체적으로는 서구화의 거대한 파도를 막을 수가 없었다.

앞에서도 살펴보았듯이 서양문화는 중국문화와 상당히 다른 성격을 지니고 있다. 중국은 문화, 예술, 사상 전반에 걸쳐 아름다움을 밖으로 발산하기보다는 안으로 감추고, 분화된 개성을 강하게 주장하기보다는 전체와의 조화를 중시한다. 심지어 감정의 표현방식이나 처세술에서도 이러한 경향은 뚜렷하게 드러난다. 이에 비해서 서양의 문화와 예술 및 사상은 아름다움을 화려하게 발산하고 각 부분의 개성을 최대한 발휘할 것을 강조한다. 감정의 표현방식도 무척 적극적이고, 처세술에서도 이런 경향은 비슷하게 드러난다. 이런 의미에서 중국문화와 서양문화는 졸과 교의 대비가 참으로 뚜렷하게 드러난다.

그러나 중국의 졸은 그냥 단순한 졸이 아니다. 근대 이전까지 중국의 생산력이나 과학 기술 및 전반적인 문명의 힘은 결코 서양에 뒤떨어지지 않았다. 중국문화는 문명의 힘이 부족하여 원시적인 상태의 졸에 머물러 있었던 것이 아니라 그 문화적 토양의 특징, 특히 대교약졸 사상과 미학으로 인해 처음부터 졸을 지향했던 것이다.

원래 졸의 성향이 강하던 중국문화는 불교를 통한 외래문화의 충격으로 인해 새로운 차원의 교를 자각하고 배우기 시작했다. 그러나 일정 정도의 시간이 흐르자 외래문화를 주체적으로 수용하면서 대교약졸의 나선형적 통합을 이루었다. 지금 중국은 새로운 외래문화의 충격을 겪고 있다. 그 충격의 규모와 강도는 이전에 비할 바가 못 된다. 지금 중국인들은 또 다시 교의 학습에 열을 올리고 있다. 그리하여 자신의 전통을 돌이켜보기보다는 서양의 문물을 학습하기에 여념이 없다. 지금 중국은 위진남북조시대에서 당대 전기까지 인도의 불교를 열심히 배웠던 것보다 더욱 열심히 서양의 문화를 추종하고 있다. 전통문화에 대한 경시도 이전보다 더욱 심하다. 특히 문화대혁명 당시는 광적으로 일체의 전통문화를 철저하게 타파할 것을 주장하기도 했다. 대표적인 예로 공자는 전통문화의 상징으로 지목되어 가혹한 박해를 받기도 했다.

그러다 1980년대 개혁개방 이후 사상적 통제가 완화되면서 문화에 대한 다양한 논의가 불붙었다. 황하는 이미 죽었다고 외치며 중국의 전통문화를 부정하고 철저하게 새로운 문화를 건설하자는 철저재건론徹底再建論, 19세기 말 중국문화를 본체로 삼고 서양의 과학기술을 활용하자고 주장하던 중체서용론中體西用論과는 정반대로 서양을 근본으로 하고 중국의 전통을 활용하자는 서체중용론西體中用論도 있었지만 중국 전통문화의 장점을 비판적으로 건설하여 새로운 사회주의를 건설하자는 비판계승론도 나타나기 시작했다. 심지어 중국 전통문화의 중심에 있던 유교를 새롭게 부활시켜야 한다는 유교부흥론도 나타났다. 중국에서는 아직까지 전통문화의 부흥을 주장하는 사람은 그렇게 많지 않다. 마치 당나라 때 한유가 고문운동을 주장하고 유교부흥을 외칠 때처럼……

1990년대 후반부터는 개혁개방이 더욱 가속화되면서 이제는 정치적으로는 몰라도 경제체제에서는 사회주의에서 자본주의로 이양되고 있는 중이다. 이제는 사회주의의 학습을 넘어 자본주의의 학습에 열을 올리고 있는 것이다. 자본주의 문화는 사회주의 문화에 비해 교의 성향이 더욱 강하다. 이제 그들은 본격적인 교의 학습에 들어선 셈이다. 중국인들이 언제 졸을 중시하는 자신의 전통문화를 주축으로 삼아 서양문화의 교를 나선형적으로 수용하여 새로운 대교약졸의 통합을 이룰지는 아직은 좀더 두고 보아야 할 것이다.

중국문화와 한국문화

근대 이전까지 동아시아 문화의 종주국은 중국이었다. 그리고 한국은 중국으로부터 선진문화를 수입하는 입장에 있었다. 사실 한국의 전통사상이라고 할 수 있는 유교나 불교는 모두 중국을 통해서 수입된 것이고 그 밖의 정치제도나 문물제도, 문화, 예술 전반에 걸쳐서 중국의 영향은 지대한 것이었다.

다 같은 중국문화권에 속한 지역이지만 일본은 한국에 비해서는 개성이 훨씬 강한 편이다. 이에 비해 한국은 소중화라고 불릴 정도로 중국의 문화를 모방하는 측면이 많았고, 그래서 동양문화사를 전공하는 외국인들도 한국은 중국의 축소판이라고 여겼다.

그러나 조금만 자세히 바라보면 한국문화는 중국문화와는 상당한 차이가 있다. 한국에는 한국만의 특색이 있는 것이다. 한국문화와 중국문화의 차이를 논하는 것은 굉장히 광범위한 주제다. 여기서는 앞에서 이야기했던 대교약졸의 관점에서 두 나라 문화의 차이점을 이야기하고자 한다.

중국과 한국의 음식문화

문화에는 학술, 사상, 종교, 문물제도, 예술 등과 같이 그 지역 문화의 외양적인 특징을 규정지음으로써 사람들이 중요하게 생각하는 영역이 있는가 하면, 실제 생활에 매우 중요하고 그 문화의 실질적인 특징을 규정짓지만 사람들이 별로 중요하게 생각하지 않아 간과되는 부분이 있다. 음식, 의복, 주거양식 등이 간과되는 바로 그것이다. 문화라고 하면 옛날에는 무조건 전자만을 일컫는 경우가 많았으나 최근에 이르러서는 후자에 대한 관심도가 매우 증가하고 있다. 사실 그 지역 문화의 고유한 속내를 알기 위해서는 후자를 제대로 알아야 한다.

전자가 전파력이 매우 강한 반면 후자는 그리 강하지가 않다. 물론 요즈음은 매스컴의 발달로 부분적으로는 후자의 전파속도도 무척 빨라졌지만 근대 이전에는 전혀 그렇지가 않았다. 근대 이전에는 중국의 사상, 종교, 학술, 예술 등이 동아시아 전역을 장악했다. 그러나 음식, 의복, 주거양식 등에서는 중국의 문화가 한국, 일본에 어느 정도 영향을 미쳤기는 했지만 전자만큼 강력한 힘을 발휘하지는 못했다. 그것은 후자가 전자에 비해 자연환경이나 사회환경 및 거기에서 파생되는 생활양식과 더 밀접한 관계가 있기 때문이다.

이 가운데서도 특히 음식은 그 나라의 자연환경이나 사회환경 또는 전반적인 생활양식과 매우 밀접한 관계가 있다. 그리고 때로는 종교적 금기와도 많은 관련이 있다. 예를 들면 불교나 힌두교 성직자나 독실하게 믿는 신도들은 육류를 금하고 채식을 위주로 하고, 이슬람교인들은 돼지고기를 먹지 않는다. 인류학자인 마빈 해리스Marvin Haris는 종교적으로 어떤 특정한 음식을 금하는 것이 단순한 종교적 세계관만의 문제가 아니라, 그 사회의 사회 경제적 배경이나 생태환경과 밀접한 관련이 있음을 밝히고 있는데, 이로 보아 음식문화는 그 사회의 상층문화와 하부구조 전체를 이해하는 데 매우 중요한 관건이 되고 있음을 알 수 있다.

한 걸음 더 나아가 그 지역의 음식문화는 그 지역 사람들의 전반적인 사유체계나 행동양식과도 상당한 연관성이 있다고 주장하는 사람들도 있다. 거칠게 이야기하면 육식을 즐겨 먹는 사람들과 채식을 즐겨 먹는 사람들의 사유체계나 행동양식은 상당히 다르다. 전자가 적극적이고 진취적인 사고방식과 활동적이고 공격적인 행동양식을 지니고 있는 반면, 후자는 다소 소극적인 사고방식과 정적이고 수동적인 행동양식을 가지고 있다. 동양과 서양을 비교해볼 때, 서양 사람들은 육류를 주식으로 하는 반면 동양 사람들은 곡류를 주식으로 하고 있다. 그래서 서양 사람들이 훨씬 적극적이고 활동적이다.

같은 동아시아권 안에서도 육류를 주식으로 하는 유목민족들이 곡류를 위주로 하는 농경민족에 비해 활동적이고 공격적이다. 중국의 역사는 유목민족과 농경민족의 대결과 융합의 역사라고 해도 과언이 아니다. 농경민족인 한족은 유목민족들의 침략을 대비하기 위해서 만리장성을 쌓았지만 결국은 몇 차례나 점령당했다.

음식은 특히 전쟁에서 매우 중요한 역할을 한다. 전투력을 향상시키는 데는 여러 가지 전쟁의 기술이나 무기 등도 중요하지만 그에 못지않게 중요한 것이 바로 먹을거리다. 제대로 잘 먹지 못한 군인은 제대로 싸울 수가 없다. 특히 원거리 전투나 장기간 전쟁에서 보급의 중요성은 더 말할 필요가 없다. 곡류를 주식으로 하는 농경민족은 전쟁에서 먹는 문제가 여간 불편한 게 아니다. 밥을 하고 국을 끓이고 반찬을 만드는 데 시간이 너무 많이 걸리고 취사도구와 식량을 운반하는 것도 보통 일이 아니다. 이에 비해 유목민족의 음식은 휴대하고 조리하기가 간편하기 때문에 전쟁에 매우 유리하다. 그리고 음식의 내용 또한 무시할 수 없다. 유목민족들은 육류와 유제품을 주식으로 하기 때문에 곡류와 채식을 위주로 하는 농경민족의 군인들보다 훨씬 더 강하고 공격적이 되는 것은 당연하다.

13세기 무렵에 몽고 초원에서 흥기한 몽골족이 빠른 시간 안에 인류 역사에서 최대의 제국을 세웠던 데는 여러 가지 요인이 있다. 훌륭한 말의 확보, 강력한 무기인 신종 활의 개발, 광대한 지역에 걸친 훌륭한 정보망의 구축뿐 아니라 뛰어난 전략과 전술의 구사, 정복지역에 대한 관용과 반항하는 지역에 대한 철저한 응징 등을 들 수 있다. 그러나 음식 또한 무시할 수 없는 중요한 요소다.

몽골인들은 평소에 이동의 편리성을 위해 보르츠borcha를 애용했다. 보르츠는 고기를 얇게 찢어서 건조한 육포를 말한다. 이것을 다시 빻으면 매우 가는 실처럼 되는데 작은 용기에도 엄청난 양을 저장할 수 있다. 작은 가죽 주머니 하나에도 한두 달치 분의 식량을 담을 수 있다. 먹는 방식도 간단하다. 급할 때는 날 것으로 먹을 수 있고, 주둔하고 있을 때는 그릇에 물을 부어 조금씩만 풀어 넣고 끓여도 엄청난 양의 고깃국으로 바뀐다. 거기에 야채나 면류를 넣으면 전골이 되는 것이다. 그들은 야채도 건조시켜 빻아서 가지고 다녔다고 한다. 휴대가 간편하고 영양가도 높은 전투식량을 개발할 수 있었던 것은 몽골군의 전투력 향상에 엄청난 도움을 주었다.

이렇게 음식 속에는 많은 문화적인 의미들이 숨어 있다. 그래서 음식문화를 잘 살펴보면 그 나라 문화의 특징들을 많이 발견할 수 있다. 중국과 한국의 음식문화의 차이를 이해하는 것은 중국문화와 한국문화의 차이를 이해하는 데 많은 도움을 줄 수 있다. 여기서 말하는 중국음식이란 물론 소수민족을 포함한 전체 중국의 음식을 말하는 것이 아니라 앞에서 줄곧 이야기했듯이 한족의 음식을 말하는 것이다.

중국인은 한국인과 마찬가지로 기본적으로 곡류가 주식이다. 쌀이 많이 나는 남방에서는 밥을 주식으로 하고, 밀이 많이 나는 북부에서는 면을 주식으로 한다. 하지만 드넓은 영토에 일찍부터 상업과 유통이 발달하여 여러 종류의 육류와 해산물을 이용한 다양하고 풍성한 요리문화를 자랑하고 있다. 중국은 실로 넓은 땅을 가지고 있어서 각 지방마다 요리의 차이도 심하다. 북경요리, 사천요리, 광동요리, 산동요리 등은 제각기 지역적인 특색을 지니고 있다.

그러나 공통적인 특징으로 들 수 있는 것은 일단 음식의 재료가 풍성하고 조리방법이 다양하다는 것이다. 중국인들은 농담 삼아 하늘에 나는 것 가운데서는 비행기, 땅에 다니는 것 가운데서는 탱크, 바다에 헤엄치는 것 가운데서는 잠수함만 빼고 모두 요리할 수 있다고 말한다. 재료의 풍성함과 요리방식의 다양함에서는 전 세계에서 으뜸간다고 할 수 있을 것이다.

또한 중국에는 일찍부터 열을 효율적으로 이용하여 음식을 만드는 조리법이 발달했다. 높은 화력과 식용유를 이용하여 아주 빠른 시간 안에 재료를 볶아내는 방법부터 시작하여 오랜 시간에 걸쳐 천천히 삶아 국물을 우려내는 방법에 이르기까지 실로 다양하다. 전 세계에서 중국요리에 견줄 수 있는 요리로는 프랑스요리를 드는데, 재료의 풍성함과 조리방법의 다양함에서 프랑스요리는 중국요리에 비교가 되지 않는다.

이렇게 중국요리는 재료나 조리방법 면에서 워낙 다채롭고 풍성하기 때문에 자세히 찾아보면 한국요리와 비슷한 것들도 금방 발견할 수 있다. 그래서 중국요리와 한국요리의 차이를 발견하기가 쉽지 않다. 그러나 전체적인 특징과 맛에서는 분명 차이가 있다.

가장 먼저 드러나는 차이는 중국요리는 다채롭고 풍성한 데 비해 한국요리는 단조롭고 조촐하다고 할 수 있다. 중국은 넓은 영토에 다양한 지형, 그리고 여러 종류의 이질적인 문화가 융합되면서 음식문화도 다양함과 풍성함을 잘 보여주고 있는 반면, 한국은 땅도 좁고 지형도 전반적으로 단조로우며 이질적 문화와의 충돌이 별로 없기 때문에 음식문화 또한 아무래도 단조롭고 조촐할 수밖에 없다.

일단 요리의 가짓수만 가지고 볼 때, 중국요리는 한국요리와 비교가 되지 않을 만큼 많다. 요리방식이나 맛으로 보았을 때도 중국음식은 온갖 종류의 조리방식과 다채로운 맛을 다 지니고 있지만, 한국음식은 중국음식만큼 그렇게 다채롭지가 않다. 물론 한국음식도 자세히 들여다보면 반찬의 가짓수가 적지 않고 각각의 반찬들이 다양한 맛을 자랑한다. 그러나 중국음식에 비해서 소박하고도 조촐한 편이다. 이는 식당의 식단을 살펴보면 금방 알 수 있다. 중국에는 아주 자그마한 식당에서도 최소한 수십 가지 이상의 요리 이름을 볼 수 있지만, 한국의 식당에서는 웬만큼 큰 식당에서도 그렇게 많은 가짓수의 요리를 제공하지 않는다. 겉으로 보았을 때 중국음식이 가짓수나 맛의 다양함에서 한국요리를 압도하고 있는 것이 사실이다.

다음에는 맛으로 둘의 차이를 비교해보자. 사실 음식의 맛이란 매우 주관적이기 때문에 비교하기가 매우 어려운 대상이다. 종류 또한 워낙 많기 때문에 어디에 기준을 두어야 할지도 어렵다. 그러나 대략적으로 비교를 해본다면 중국음식의 전반적인 특징이 농염한 맛을 위주로 한다면, 한국음식은 전반적으로 담백한 맛을 위주로 한다고 말할 수 있다.

중국음식의 조리방법이 다양하다고 하지만 가장 주된 것은 갖은 양념을 기름에 볶아서 주 재료 위에 덮는 것이다. 갖는 양념을 기름과 고열을 이용해 볶았기 때문에 여러 가지 맛이 조합되어 진한 맛을 낸다. 물론 기름을 많이 사용했기 때문에 약간은 느끼하기도 하다. 이에 비해 한국요리는 비교적 담백한 맛의 요리가 주종을 이룬다. 물론 한국요리도 고추가 수입된 이래로 맵고 자극적인 맛을 많이 내기 때문에 담백하다고 말하기 어려운 점이 있으나, 이런저런 양념을 동시에 사용하여 농염한 맛을 내기보다는 한두 가지의 양념이 위주가 되는 맛을 추구하고, 특히 기름을 많이 써서 볶기보다는 삶는 방식을 주로 사용하기 때문에 담백이라는 말에 무리가 없다고 할 수 있다.

이상의 이런저런 사항을 조합해볼 때 아무래도 중국요리가 교에 해당한다면 한국요리는 졸에 해당한다고 할 수 있다. 중국요리의 테크닉이나 재료가 다채롭고 풍성하다는 것은 그만큼 요리의 기교가 발달한 것이라고 할 수 있고, 이에 비해 한국요리는 그만큼 소박하고 덜 발달된 상태에 머물러 있다고 할 수 있기 때문이다. 게다가 둘의 맛 차이를 보아도 농염한 맛을 추구하는 것이 교에 가깝고 담백한 맛이 졸에 가깝다고 할 수 있다. 그뿐인가? 맛과 색과 향을 종합적으로 보았을 때 중국요리가 주는 이미지는 매우 화려하다. 이에 비해 한국요리가 주는 이미지는 소박한 편이다. 이 때문에 중국요리를 교에, 한국요리를 졸에 비교하는 것은 그리 큰 무리가 아니라고 생각한다.

그러나 한국요리는 그냥 소박하고 덜 발달된 것만은 아니다. 그 속에는 나름대로의 기교와 안목이 숨어 있다. 즉 단순한 졸이 아니라 대교약졸의 졸이라는 뜻이다. 한국요리가 대교약졸의 졸이라고 하는 데는 여러 가지 근거가 있다.

첫째, 한국요리는 담백한 맛을 추구하지만 그냥 담백한 맛이 아니라 숙성된 뒤에 우러나오는 담백한 맛을 추구한다. 중국음식에 대한 한국음식의 가장 큰 특징은 발효음식이 많다는 것이다. 『삼국지』「위지동이전魏志東夷傳」에 보면 고구려 사람들은 발효음식을 잘 만들었다는 기록이 있다. 구체적으로 무엇인지 밝히지는 않았지만 한국민족이 고래로부터 발효음식을 무척이나 좋아했던 것을 말해주고 있다. 『삼국사기』에도 장과 메주에 대한 기록이 나오는 것으로 보아 발효음식의 역사는 매우 오래된 것임을 알 수 있다.

물론 중국에도 고대로부터 발효음식들이 있었다. 『주례』에 보면 이미 장醬이라는 용어가 등장한다. 기록에 따르면 장에는 해醢와 혜醯 두 종류가 있는다. 해는 새고기, 짐승고기, 물고기 할 것 없이 어떤 고기든 햇볕에 말려서 고운 가루로 만들어 술에 담그고 여기에 조로 만든 누룩과 소금을 넣어 잘 섞은 다음 항아리에 넣고 밀폐하여 1백여 일 동안 어두운 곳에서 숙성시켜 얻은 것이다. 혜는 재료가 해와 같으나 청매실 즙을 넣어서 신맛이 나게 한 것이라고 한다. 이는 오늘날 육장에 가까운 것으로 우리가 먹는 간장이나 된장과는 그 성격이 상당히 다르다.

중국에서 된장과 비슷한 것은 동한 이후의 기록에 처음 등장한다. 콩을 소금에 절여 어두운 곳에서 발효시킨 것을 시豉라고 했는데, 이것이 아마도 된장과 비슷한 것이라고 할 수 있다. 그런데 시라는 것은 중국 고유의 것이 아니라 외국에서 전래된 것이라고 하고, 시의 냄새를 '고려취高麗臭', 즉 고구려 냄새라고 불렀다고 한다. 이로 보아 장을 만드는 발효기술은 중국에서 한국으로 전래되었을 가능성이 많지만, 콩을 발효시켜 된장을 만드는 기술은 한국에서 다시 중국으로 역수출되었을 가능성이 높다.

과거의 역사는 차치하고 오늘날의 요리로 보자. 오늘날의 중국요리에서도 발효 양념을 쓰고 발효를 주된 조리법으로 만드는 요리도 있다. 그러나 한국요리에 비해 가짓수도 적고 그다지 중시되지도 않는다. 이에 비해 한국요리는 기본 양념이 대부분 발효음식일 뿐만 아니라 중요한 반찬들도 대부분 발효식품들이다.

한국은 발효음식의 천국이다. 일단 모든 음식에 반드시 들어가야 할 기본 양념인 간장이 발효음식이다. 요리에는 양념이 필요한데 양념 가운데 가장 기본적인 양념은 짠맛을 내는 소금이다. 우리 몸의 기본 체액에 염분이 필요하기 때문에 우리는 반드시 염분을 섭취해야 한다. 그러나 소금을 바로 그대로 섭취하면 여러 가지 불순물이 많아 몸에 그다지 좋지 않다. 그래서 우리 조상들은 염분을 정제시키고 건강에 좋은 형태로 섭취하기 위해 간장을 개발했던 것이다.

간장을 만드는 데는 실로 긴 시간과 정성이 필요하다. 가을철에 대두를 삶아서 절구에 빻아 메주를 만든 다음 겨우내 방 안에서 발효시킨 뒤, 봄이 되면 먼지를 털어내고 씻어 다시 햇빛에 말려서 장독에 넣는다. 그리고 소금물을 붓는데 이 소금물도 하루 전에 미리 천일염을 물에 풀어서 불순물을 바닥에 가라앉힌 뒤 윗물만 걸러낸 것이다. 그리고는 다시 불순물을 제거하기 위해서 숯을 넣고 맛을 내기 위해 고추와 대추, 때로는 깻잎도 넣는다. 그런 다음에 다시 한 달 반에서 두 달 가까이 숙성시킨다. 그렇게 해서 즙액과 메주를 분리하면 메주는 된장이 되고 즙액은 간장이 된다. 이렇게 분리시킨 즙액을 다시 약 80도 정도에서 10분 내지는 20분 정도 달이고, 이것을 식힌 뒤 독에 넣고 먼지가 들어가지 않도록 망사나 한지로 막고, 다시 숙성시켜야 비로소 음식에 쓸 수 있는 간장이 되는 것이다.

예로부터 우리나라에서는 그 집의 음식 맛은 장맛이 결정한다고 하여 장을 담그는 데 실로 많은 정성을 들였다. 아마도 전 세계에서 이렇게 많은 시간과 정성을 들이는 양념은 그리 많지 않을 것이다. 이렇게 만든 간장은 국이나 찌개는 물론, 나물 무침이나 조림 등 거의 대부분의 음식에 기본 양념으로 사용된다. 우리나라의 음식은 이렇게 오랜 시간과 정성으로 발효된 간장과 된장을 기본 양념으로 하여 만들어진 것이기 때문에 겉으로는 소박하고 담백해보여도 그 속에는 실로 깊게 숙성된 은은한 맛이 있고 우리의 건강에도 참으로 도움이 된다.

그뿐인가? 우리의 반찬 가운데는 얼마나 많은 발효음식들이 있는가? 한국 사람들의 가장 주된 반찬인 김치와 된장찌개가 발효음식이고 대부분의 밑반찬들 또한 그렇다. 다양한 종류의 젓갈류에서부터 마늘장아찌, 고추장아찌, 깻잎장아찌 등 실로 얼마나 많은 종류의 발효음식들이 있는가? 일부 지역에서는 콩잎도 장아찌를 만들어 먹는다. 지금도 그런 사람들이 있지만 옛날 어른들은 잘 익은 장아찌만 있어도 밥 한 그릇 맛있게 먹곤 했다. 그밖에 밥에다가 생선을 넣고 고추양념을 하여 아랫목에서 잘 삭혀서 만든 생선식혜, 밥에다가 엿기름 물을 넣어서 삭혀 만든 명절의 시원한 음료수인 식혜도 바로 발효음식이다. 발효음식의 종류와 가짓수가 풍성한 것으로는 아마도 한국음식을 따라올 음식이 그리 많지는 않을 것이다.

발효음식의 가장 큰 특징은 숙성을 위해 긴 시간이 필요하다는 것이다. 깊은 맛을 내려면 그만큼 느긋함을 필요로 한다. 발효음식의 특징 가운데 하나는 독특한 맛과 냄새 때문에 그것에 익숙하지 않은 사람에게 처음에는 상당한 거부감을 주지만, 일단 한 번 맛을 들여놓으면 실로 오랜 친구와 같아서 헤어질 수가 없다는 것이다. 발효음식의 독특한 맛과 냄새는 바로 유산균 때문인데 그것들은 건강에 매우 좋다. 그래서 어떤 사람은 인류가 만든 음식 가운데 최고의 음식은 바로 발효음식이라고 말하기도 한다.

깊은 맛을 추구하는 한국요리의 특징은 탕 요리에서도 잘 드러난다. 전 세계에서 한국만큼 탕이나 찌개 요리가 발달한 나라도 드물 것이다. 된장찌개, 김치찌개, 곰탕, 설렁탕에서부터 해물탕, 꽃게탕, 각종 전골 요리에 이르기까지 실로 다양한 종류의 탕과 찌개가 있다. 서양에서 탕은 음식을 먹기 전에 수프로 간단하게 먹는 것이고, 중국에서도 탕이란 주 요리를 다 먹고 난 뒤에 후식용으로 먹는 것이며, 일본 또한 탕에 대한 비중은 그리 높지 않다. 그러나 한국음식에는 탕이나 찌개가 주된 요리가 되는 경우가 많다.

그리고 한국의 탕은 서양은 물론이고 중국이나 일본에 비해서도 오랫동안 끓이는 편이다. 중국의 탕 가운데서도 한국의 탕처럼 매우 오랫동안 끓이는 것이 있지만 대부분의 탕은 재료를 식용유에 볶은 다음에 물을 붓고 그 물을 데우는 것이고, 일본요리에도 나베요리라고 하여 냄비에 음식을 끓여 먹는 것이 있지만, 한국의 찌개나 탕처럼 푹 끓이지 않고 가볍게 데쳐서 먹는다. 그리고 우리의 된장찌개에 해당하는 미소시루도 우리나라처럼 푹 끓이는 것이 아니라 살짝 끓인 것이다.

탕이나 찌개는 모든 재료를 푹 삶기 때문에 재료 고유의 신선한 맛이 사라지고 비타민 등 일부 영양소가 파괴되는 단점이 있기는 하지만 재료의 깊은 맛을 우려낼 수 있는 장점이 있다. 특히 뼈를 고아 먹는 곰탕이나 설렁탕 등은 뼈 속의 골수를 우려내는 맛이 있다. 여기에는 튀기거나 볶거나 삶는 것으로는 만들어낼 수 없는 깊은 맛이 있다.

이상으로 보았을 때 한국의 요리는 겉으로는 분명히 중국요리에 비해 조촐하고 소박하며 맛에서도 여러 가지 다채롭고 농염함보다는 담백함을 추구했지만, 그 속을 들여다보면 소박한 가운데 실로 정련된 맛이 있고 담백한 가운데 실로 깊고 은은한 맛이 있음을 알 수 있다. 또한 음식을 만들 때 음식 자체의 맛을 얼마나 맛있게 낼 것인가에 그치지 않고 우리 몸과 마음의 건강에 얼마나 보탬이 될 것인가에 대해 깊이 배려하고 있음을 알 수 있다. 이것은 배경과의 조화를 중시하는 태도에서 나온 것이다. 이런 점들은 우리가 앞에서 이야기했던 대교약졸의 미학에 부합하는 것이다.

한국문화는 중국문화보다 더 깊은 대교약졸의 맛이 있다

이렇듯 중국과 한국은 음식문화가 상당한 다르다. 한국이 중국보다 더 깊은 대교약졸의 맛이 있다. 자세히 살펴보면 음식만 그런 것이 아니다. 우선 음식과 마찬가지로 우리 인간의 삶의 기본이 되는 의복과 주택만 보아도 금방 그것을 알 수 있다.

한국의 옷은 그 형태나 만드는 방식에도 중국과는 차이가 있지만 색감에서 근본적으로 차이가 있다. 우리 민족은 전통적으로 흰옷을 입기를 좋아했다. 이에 대해 혹자는 물감 들일 경제력이 없어서 그렇다고 보는 사람도 있다. 벼슬아치나 귀족들은 유색 옷을 입고 일반 평민들은 잔칫날이나 명절에만 때때옷을 입었던 것으로 보아 평민들의 평복은 물감 들일 돈이 없어 흰색을 애호하게 되었다는 것이다. 그러나 안료 가운데는 매우 비싼 것도 있지만 산야에서 쉽게 구할 수 있는 안료도 많이 있기 때문에 이 주장은 그다지 설득력이 없다.

고대 태양숭배사상에서 나온 것이라고 하는 사람도 있는데 꼭 어떤 종교적 이유라기보다는 미적 기호에서 나온 것이라고 보는 것이 더 합당하다고 본다. 흰색은 실의 바탕색임과 동시에 자연색이다. 그래서 시각적으로 가장 담백하면서도 편안하기 때문에 한국 사람들은 흰색을 선호했던 것으로 보고 싶다.

흰색을 숭상하는 것은 화려한 색을 선호하는 사람들의 관점에서 볼 때는 색에 대한 미감이 발달하지 못한 것으로 보일지도 모른다. 그러나 한국 사람들의 색에 대한 감각은 결코 다른 어떤 나라에 뒤지지 않는다. 우리말 속에 색깔에 대한 어휘가 얼마나 다양하고 정교하게 발달했는가를 보면 알 수 있다. 우리말에서 노란 병아리와 누런 병아리는 그 어감이 완전히 다르다. '노란'이라는 말에서는 무언가 밝고 가볍고 맑은 느낌을 받지만, '누런'이라는 말에서는 무언가 약간은 어둡고 무겁고 탁한 느낌을 받는다. 그것이 생명체와 관련되었을 때는 전자는 귀엽고, 어리고, 생명력이 가득 찬 느낌을 주고 후자는 그 반대의 느낌을 준다. 그밖에 노리끼리하다, 누리끼리하다, 노르스레하다, 누르스레하다 등 다양한 표현이 있다. 중국어에서는 노란색은 노란색일 뿐이고 미묘한 색감의 차이를 설명하기 위해서는 다른 수식어가 붙어야 한다. 아마 전 세계에서 한 가지 색에 대해 이렇게 다양하게 표현하는 단어들이 있는 언어는 그리 많지 않을 것이다. 그것은 그만큼 색에 대한 감각이 뛰어나다는 것을 말해준다.

이전의 한국 사람들은 보통의 경우에는 흰옷을 주로 입었지만 특별하게 신분과 권위를 표현해야 하거나 명절날이나 결혼식 등의 특별한 행사가 있을 때는 매우 섬세하면서도 화려한 색의 옷을 입기 좋아했다. 고관대작이라고 할지라도 조회할 때 외의 평상시 복장은 역시 흰색이었다. 이런 것은 주택의 색에서도 마찬가지다. 일반 백성들 집의 색은 대부분 흰색과 재료의 색을 자연스럽게 사용하는 것을 원칙으로 했다. 그러나 궁전이나 사찰 등과 같이 특별한 권위를 부여해야 하는 곳에서만 울긋불긋하고 화려한 단청을 칠했다.

그것은 참으로 깊은 안목이다. 평소에 늘 보는 색깔이나 흰색을 바탕색으로 할 때는 심리적으로 안정감과 고요함을 지닐 수 있고, 대신 특별한 경우에는 약간의 화려한 색감으로도 대비감 때문에 매우 강렬하고 특이한 미감을 자아낼 수가 있다. 우리 조상들은 색감이 없거나 화려한 색을 염색할 수 있는 기술력이나 경제력이 없어서가 아니라, 화려함과 농염함을 넘어선 소박함과 담백함을 더 선호했기 때문에 흰옷을 즐겨 입었던 것이다. 이것이야말로 전형적인 대교약졸의 미학이 아닌가?

중국과 한국은 주거문화에서도 근본적인 차이가 있다. 중국의 주거문화는 서양과 마찬가지로 맨바닥에 침대와 의자, 탁자를 사용하는 것을 기본으로 한다. 그러나 한국 사람들은 침대나 의자, 탁자 등을 사용하지 않았다. 물론 한국도 간혹 식탁 등을 사용하기도 했지만 그것은 예외적인 경우고 전반적으로 밥상을 사용했다. 우리는 식사와 휴식, 그리고 수면을 모두 방바닥에 앉거나 누워서 해결했다. 그것이 가능한 것은 구들 난방시스템이 있었기 때문이다.

방바닥에 누워서 자고 방바닥에 앉아서 나지막한 밥상을 펴놓고 식사를 하는 것은 침상생활과 식탁생활을 하는 사람들이 볼 때는 원시적으로 보일지도 모른다. 실제로 시각적으로 볼 때 고하의 차이가 있다. 아마도 대부분의 중국인들과 서양인들은 한국의 주거문화를 그렇게 판단할지도 모른다. 한국에서도 근대화 이후 도시에 사는 대부분의 사람들이 난방은 구들을 흉내 낸 바닥 난방을 선택하면서 주거생활에서는 침대와 식탁을 선호하는 것을 보면 우리 스스로도 확실히 그런 시각을 지니고 있다는 것을 알 수 있다. 즉, 구들은 매우 과학적이고 건강에도 좋은 것이지만 그냥 방바닥에 요를 펴고 이불을 덮고 자는 것은 무언가 미개하다는 느낌을 갖고 있다.

그러나 그것은 겉모습만 보고 판단한 것이고, 그 속을 자세히 들여다보면 정반대다. 일단 위생적인 면에서 볼 때 이불을 사용하는 것이 침대를 사용하는 것보다 훨씬 위생적이다. 왜냐하면 바닥을 항상 볼 수 있어서 깨끗하게 청소할 수 있기 때문이다. 그러나 침대는 그 겉은 청소할 수 있지만 그 속은 청소할 수 없다. 그래서 그 속에 먼지가 많이 쌓이고 진드기나 여러 가지 불순한 미생물이 살기에 훨씬 좋은 조건이다. 또한 바닥에 적절한 두께의 요를 깔고 자는 것이 따스한 온기가 직접 등에 미치게 되어 우리 몸을 훨씬 편안하게 해준다. 또한 우리 신체구조에 미치는 영향으로 보아도 의자에 앉는 것보다는 바닥에 방석이나 보료를 깔고 앉는 것이 훨씬 좋다. 골반을 펴주어 몸의 무게중심을 아래로 내려가게 하고 호흡을 깊게 만들어주기 때문이다. 이것은 명상을 하는 데 매우 중요한 관건 가운데 하나지만 일반 보통의 생활에서도 심리적으로 더 깊은 안정감을 준다.

그뿐만이 아니다. 공간의 효율성이나 생태학적인 측면에서 보아도 우리의 주거문화가 훨씬 심오한 배려를 보여주고 있다. 침상이나 탁자는 기본적으로 붙박이로서 일정한 공간을 차지한다. 그리하여 침실과 식당방은 당연히 구분되어야 한다. 그러나 한국의 주거공간은 그렇게 나누어지지 않는다. 하나의 공간에서 요를 깔고 이불을 펴면 바로 침실이 되고 다시 요와 이불을 개서 장롱 속에 넣고 밥상을 펼치면 식당방이 된다. 식사를 마친 뒤에는 밥상을 접어서 다시 한쪽 구석에 두면 그 공간은 다시 거실이 되어서 대화와 휴식의 공간으로 전환된다.

이렇게 공간을 효율적으로 사용할 수 있기 때문에 집을 지을 때 쓸데없이 크게 지을 필요가 없어진다. 중국의 집들이 전반적으로 한국의 집보다 규모가 큰 것은 다른 이유도 있지만 일단 고정된 공간이 많이 필요하기 때문이다. 이에 비해 한국 사람들은 한 공간을 여러 용도로 사용할 수 있기 때문에 그렇게 넓은 공간이 필요하지 않고 아담한 크기로도 얼마든지 불편함 없이 살 수 있었다. 창덕궁 후원의 정자나 방을 보아도 참으로 작고 아담하다. 외국인들의 관점에서는 임금이 사용하는 방치고는 너무나 작아 보일 것이다.

집을 짓는 행위는 기본적으로 자연을 파괴하는 행위라고 할 수 있다. 자연을 사랑하는 우리 조상들은 최소한의 공간으로 사는 지혜를 가지고 있었기 때문에 필요 이상으로 자연을 훼손하지 않았다. 우리 조상들은 주거공간을 만들 때도 단순히 외양을 크게 하고 멋지게 하기보다는 심신의 건강을 살피고 자연에 미치는 영향에 대해서도 세심하게 배려했던 것이다. 이것이야말로 바로 대교약졸의 정수가 아니고 무엇이겠는가?

앞에서도 이야기했듯이 의식주는 문화의 속내다. 중국문화와 한국문화의 속내는 이렇게 다르다. 한국 사람들의 미감이나 생활 감각에는 훨씬 세련되고 심오하며 숙성된 맛이 있다. 또한 자연에 대한 배려가 훨씬 깊고 따스하다. 지금까지 이야기해온 대교약졸의 관점으로 보았을 때 적어도 의식주 분야에서는 한국문화가 대교약졸의 정수에 훨씬 가깝다.

그러면 한국문화의 외양은 어떠한가? 한국문화의 외양을 차지하는 대부분은 중국에서 수입된 것이기 때문에 겉으로 볼 때 한국문화와 중국문화는 큰 차이가 없는 것처럼 보인다. 정치, 사회, 사상에는 유교를 수입했고, 종교에서는 불교를 수입했으며, 건축양식이나 회화와 조각도 기본적으로 중국과 거의 비슷하다. 그래서 어떤 외국 학자들은 한국문화를 중국문화의 축소판으로 보기도 했다.

그러나 조금만 눈을 크게 뜨고 다시 바라보면 그 속에는 상당한 차이가 있음을 알 수 있다. 왜냐하면 속내의 문화적 토양이 서로 다르면 비록 외양은 비슷할지라도 속 맛이 완전히 다를 수밖에 없기 때문이다. 마치 귤이 회수 북쪽으로 건너가면 그쪽의 토양 때문에 탱자로 변하듯이 사상, 종교, 문화, 예술 또한 어느 한 지역으로 건너가면 그 지역의 토양에 따라 변형되기 마련이다.

한국의 유교나 선종은 중국에서 건너온 것이기 때문에 그 기본적인 얼개는 큰 차이가 없지만 그것의 발전 양상이나 사회 속에서의 실제적인 수용 양상을 살펴보면 상당한 차이가 있다. 사상이나 종교 등에 비해 예술적 취향이나 감각 등은 그 차이가 더욱 심하다. 그것들은 멋과 관련이 있고 멋은 맛과 관련이 있기 때문이다. 한국의 예술은 중국의 그것과 기본 얼개는 비슷하지만 그 맛과 멋에서는 상당한 차이가 있다.

앞에서도 살펴보았듯이 동북아시아문화권이 서양문화권에 비해 전반적으로 대교약졸의 아름다움을 더 중시하고 있다. 그러나 같은 동북아시아 안에서도 다시 세분화해서 보면, 중국 사람들이 전반적으로 크고 웅장하고 화려한 아름다움을 좋아하는 반면, 한국 사람들은 작고 섬세하고 담백한 아름다움을 추구하고 있다. 즉, 중국 사람들보다는 한국 사람들이 대교약졸의 아름다움을 더 깊게 이해하고 있다.

문화와 예술의 여러 분야 가운데서도 건축을 중심으로 이야기를 진행해보자. 왜냐하면 건축 분야는 종합적인 성격을 지닌 문화로 그 문화의 총체를 잘 보여주기 때문이다. 건축에는 예술적인 아름다움도 중시되지만 과학기술적인 측면 또한 그 못지않게 중요한 부분이다. 이와 아울러 건축물 속에는 철학적, 종교적 세계관 또한 매우 중요한 부분을 차지하고 있다. 그런 세계관들이 사람들의 공간에 대한 개념을 규정짓고 그 공간의 개념들이 건축물 속에 그대로 표현되기 때문이다. 그렇기 때문에 건축을 보면 그 나라 문화를 훨씬 종합적으로 이해할 수 있다.

한국의 건축물을 보면 궁전이나 사찰, 고관대작의 주택 등은 중국의 영향을 많이 받았고, 일반 서민들의 집은 한국 고유의 특색을 지니고 있다. 이 가운데서 중국과의 비교를 위해 한국의 고유의 특징이 잘 드러나는 일반 서민들의 집보다는 궁전이나 사찰 건축을 중심으로 이야기를 해보자.

한국의 궁전이나 사찰은 기본적인 틀에서는 중국건축의 특징을 그대로 수용하고 있다. 앞에서 살펴보았듯이 중국건축은 목조를 선호하고 군체 건축을 지향하며, 종교적인 거룩한 공간보다는 실용적인 일상의 공간을 더 중시했고 아울러 자연과의 친화성을 더 중시하는데, 그런 특징은 우리나라의 궁궐이나 사찰 건축에서도 그대로 드러나고 있다. 그뿐이 아니라 건축물의 외형이나 건축물들의 배치 등도 중국을 그대로 따르고 있다.

우선 중국 궁전건축을 대표하는 자금성과 한국 궁전건축을 대표하는 경복궁을 비교해보자. 자금성과 경복궁은 모두 『주례』의 「고공기考工記」를 바탕으로 지은 건축물이다. 그 속에 담겨 있는 기본적인 공간 개념은 모두 유가적 이상에서 나온 것이다. 자금성의 주 건축물은 황제가 문무백관들을 거느리고 집정을 하는 태화전太和殿인데 경복궁에는 근정전勤政殿이 그 역할을 하고 있다. 그리고 자금성에서는 황제와 황후가 서로 합방을 하는 곳을 교태전交泰殿이라고 하는데 경복궁에도 교태전이 있다. 경복궁의 교태전은 왕비가 거처하는 곳이라는 점에서 약간의 차이가 있다. 그밖에 자금성과 경복궁은 규모의 차이는 있지만 각 전각의 배치가 거의 비슷하다.

이런 점에서 경복궁은 자금성의 축소판이라고 할 수 있다. 그러나 축소판이라고 하지만 사실 그렇게 작은 축소판은 아니다. 자금성의 전체 면적이 약 72만 평방미터인데 비해 경복궁의 전체 면적은 약 42만 평방미터다. 경복궁이 일제시대를 거치면서 워낙 많이 파괴되어버렸기 때문에 건물 수나 규모로 볼 때는 아주 작아 보이는 것이다.

이처럼 경복궁은 얼른 보기에 자금성의 축소판처럼 보이지만 자세히 보면 상당한 차이가 있다. 일단 자금성은 주변에 산이 하나도 없는 광활한 평지에 지은 건축물이고, 경복궁은 주변에 산을 끼고 지은 건축물이라는 것이 가장 큰 차이점이다. 자금성 뒤의 작은 산인 경산景山은 인공산이다.

자금성은 산이 하나도 없는 광활한 평지에 지은 건물이기에 「고공기」에 드러나는 기하학적인 아름다움을 그대로 재현할 수 있었다. 일단 성의 둘레가

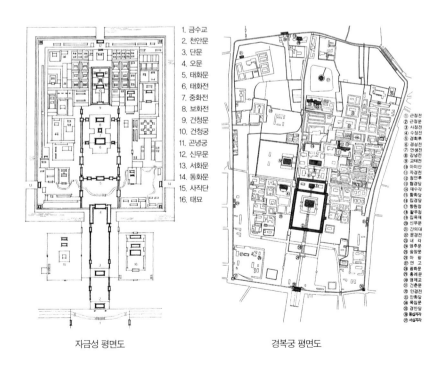

1. 금수교
2. 천안문
3. 단문
4. 오문
5. 태화문
6. 태화전
7. 중화전
8. 보화전
9. 건청문
10. 건청궁
11. 곤녕궁
12. 신무문
13. 서화문
14. 동화문
15. 사직단
16. 태묘

① 근정전
② 근정문
③ 사정전
④ 수정전
⑤ 경회루
⑥ 연생전
⑦ 강녕전
⑧ 교태전
⑨ 아미산
⑩ 자경전
⑪ 청연루
⑫ 협경당
⑬ 재수각
⑭ 함화당
⑮ 집경당
⑯ 향원정
⑰ 향원지
⑱ 집옥재
⑲ 신무문
⑳ 간의대
㉑ 문경전
㉒ 내 각
㉓ 영추문
㉔ 동양문
㉕ 연 고
㉖ 광화문
㉗ 흥례문
㉘ 영제교
㉙ 건춘문
㉚ 인경전
㉛ 만녕달
㉜ 목일문
㉝ 경안당
㉞ 통실자지
㉟ 서십자지

자금성 평면도　　　　　　　경복궁 평면도

향원정

반듯한 직사각형이다. 그리고 그 속의 모든 건물들은 주 궁전인 태화전을 중심으로 대칭과 조화를 이룬다. 그래서 매우 기계적인 통일미를 보여준다.

이에 비해 경복궁의 성은 주변의 지형을 고려하여 완전한 직사각형이 사다리꼴에 가깝고 특히 북쪽은 산의 선을 따라 약간 곡선에 가깝다. 그리고 그 안의 건물들의 배치도 완벽한 대칭보다는 지형의 특징과 흐름을 따라 자연스럽게 배치했다. 그래서 근정전이 중심건물이지만 기계적인 통일미보다는 훨씬 유기적이고 분산적인 통일미를 보여주고 있다.

또한 경복궁은 건물 하나하나가 주변의 산세와 지형을 치밀하게 고려하여 지어졌다. 경복궁의 뒤뜰에 있는 향원정을 보자. 임금의 정자라고 하기에는 너무나 작다. 그러나 향원정을 그만한 크기로 지은 것은 바로 뒤의 산의 능선과 절묘한 조화를 이루기 위해서다. 그뿐만 아니라 다른 건물들도 왕궁의 위용을 드러내고 있지만 주변의 산세와 절묘한 조화를 이루고 있다.

그리고 하나하나의 건축물을 미학적인 관점에서 세밀하게 관찰해보면 자금성의 건축물들이 웅장한 위용을 과시하는 데 힘을 쏟느라 매우 거칠고 엉성한 느낌을 주는 데 비해 경복궁의 건축물들은 훨씬 짜임새가 있고 아기자기한 아름다움을 가지고 있다는 것을 알 수가 있다. 특히 한국의 많은 건축가들이 이야기하듯 궁전의 처마의 선이 보여주는 곡선의 아름다움은 중국과는

태화전

근정전

비교할 수 없을 정도로 자연스러운 멋과 섬세한 기교가 조화를 이루고 있다.

전체적으로 볼 때 자금성은 웅장한 규모, 기하학적인 배열, 기계적 · 집중적 통일미를 중시한 데 비해 경복궁은 적당한 크기에 주변의 산세를 이용한 자연스러운 배열, 그리고 유기적이고 분산된 통일미를 보여주고 있다. 건물 하나하나의 아름다움에서도 경복궁이 훨씬 섬세하고 자연스러움을 자랑한다. 이런 점에서 볼 때 경복궁은 자금성에 비해 대교약졸의 미학을 훨씬 더 높게 구현하고 있음을 알 수 있다.

한국 건축물과 중국 건축물의 또 하나의 큰 차이점으로 들 수 있는 것은 한국의 건축물들이 중국의 그것들에 비해 훨씬 자연 친화적이라는 사실이다. 일반 건축물들도 그렇지만 특히 황실의 원림이나 후원을 비교해보면 그 차이점이 극명하게 드러난다. 왜냐하면 황실원림은 국가권력의 힘으로 최대한 큰 규모로 지을 수 있기 때문이다.

한국에서 왕실원림으로 지금 남아 있는 것은 경주의 안압지와 창덕궁의 후원이다. 그 규모는 그다지 크지 않고 그 속에 있는 건물들도 마찬가지다. 조선시대 왕실원림을 대표하는 창덕궁 후원을 보면 실로 자그마한 규모의 원림이다. 대개가 자연 숲으로 이루어져 있으며 숲 사이사이에 자그마한 인공 연못과 정자가 있다. 모두 주변의 나지막한 산에 파묻혀 실로 자연스러운 조화를 이루고 있고, 연못의 정자나 주변의 건물 또한 산세와 조화를 이루고 있다. 부용지의 정자인 부용정은 실로 작고 아담한 건물이거니와 그 맞은 편에 있는 꽤 큰 건물인 주합루宙合樓도 산의 능선을 넘지 않는다. 주합루는 2층으로 된 건물인데 1층은 왕실의 도서를 보관하는 곳이고 2층은 열람실이자 학문을 연구하던 곳이었다. 왕실 도서관이자 학문기관이라고 하면 크게 지을 수도 있지만 주변 산세와의 조화를 생각하여 아담한 규모로 지었던 것이다.

이에 비해 중국의 황실원림을 보면 일단 규모가 사람을 압도한다. 가장 큰 황실원림인 피서산장도 그렇지만 북경에 있는 이화원만 해도 엄청난 규모다. 이화원의 약 4분의 3을 차지하는 호수인 곤명호는 자연호수가 아니라 인공호수다. 건륭황제 때 원래 작은 저수지를 확장하여 지금과 같은 엄청난 규모의 호수로 만들었던 것이다. 그리고 호수를 따라 무려 7백 미터가 넘는 긴 회랑을 건설했을 뿐만 아니라 만수산 위에 엄청나게 높은 대를 쌓고 그 위에 불향각佛香閣을 세웠다. 물론 산 능선과의 비례나 조화는 전혀 고려하

주합루

불향각

지 않고 웅장함을 과시하는 데만 힘을 쏟고 있다.

왕실의 건물을 지을 때도 이렇게 자연과의 조화를 중시했으니 다른 일반 건축물들은 말할 필요가 없을 것이다. 근대 서구문명이 들어오기 이전의 한국의 건축물들은 하나같이 자연과 조화를 이루는 것을 강조하고 있다. 삼국시대 이래의 불교 사찰이나 조선시대 유교의 이상을 표현하는 서원은 물론이거니와 강 언덕이나 계곡, 산언덕에 지은 누각이나 정자들도 한결같이 주변의 산세와 어우러져, 있는 듯 없는 듯 그 아름다움을 드러내고 있다.

건축만 그런 것이 아니다. 한국의 미술품 가운데 가장 쉽게 접할 수 있는 불상 또한 마찬가지다. 중국의 운강이나 용문의 석불들은 규모가 엄청나게 크고 웅장하지만 그 속에 섬세하면서도 깊은 맛은 없다. 이에 비하면 한국의 석불들은 그 규모는 별로 크지 않지만 실로 깊고도 은근한 맛이 있다. 한국의 화강암은 단단하기로는 둘째가라면 서러워할 정도다. 그렇게 단단한 화강암으로 부드럽고 섬세하게 만들어낸다는 것은 그리 쉬운 일이 아니다. 특히 석굴암은 그 예술적인 아름다움뿐만 아니라 완벽한 배치, 그리고 치밀한 과학성 등이 가히 천하의 일품이라고 할 만하다.

한국의 깊고 그윽한 맛을 잘 드러내는 또 하나의 분야는 도자기 분야다. 청자나 백자를 만드는 기술은 분명 중국에서 수입된 것이다. 그러나 고려와 조선의 도공들은 원산지인 중국보다 훨씬 깊고 자연스러운 색감과 형태를 창출했다. 고려청자의 깊고 은은한 비취색과 조선백자의 담백한 색깔과 형태는 실로 한국 사람들의 미적 감각을 잘 드러내고 있다. 이에 비하면 중국의 도자기는 너무 기교에 치우쳐 깊은 맛이 거의 없다. 그나마 송대의 자기는 그런 대로 볼 만하지만 원대 이후의 도자기를 보고 있으면 번쩍거리는 화려함만이 있을 뿐 그윽하고 깊은 맛은 눈을 씻고도 찾아볼 길이 없다.

이와 같이 한국의 미와 중국의 미를 비교해보면 전반적으로 규모나 화려함에서는 중국 쪽이 앞서고 있지만 깊고 그윽한 맛에서는 한국이 월등함을 알 수 있다. 사실 예술만이 아니라 사상이나 종교에서도 그런 성향이 있다. 근대 이전에 한국의 양대 사상은 불교와 유교다. 그 둘은 모두 중국에서 건너온 것이다. 이 가운데서 먼저 꽃을 피운 것은 불교이고 유교는 비록 일찍 수입되었지만 조선시대에 들어서서야 비로소 본격적으로 꽃을 피우기 시작했다.

불교는 삼국시대 후기에 중국에서 수입된 이후, 고려시대에 이르기까지 한국의 주된 종교로 자리를 잡았다. 중국에서도 불교가 흥성했지만 중국의 민족종교인 도교와의 경쟁이 치열했고 유교의 견제도 있었다. 하지만 한국에 들어온 불교는 한국의 토속종교인 무속사상과 그리 큰 갈등 없이 적절한 조화를 이루면서 고려시대까지 약 천 년 가까운 세월 동안 왕실의 절대적인 후원을 받으면서 성장할 수 있었다.

한국불교는 크게 볼 때 중국불교의 발전을 그대로 답습하고 있다. 초기에는 교종 중심으로 발달하다가 후대에 선종 중심으로 발전하는 것도 그렇고, 일시적으로 라마교가 성행한 것도 그대로 본받고 있다. 그러나 사상적인 관점에서 볼 때 중국불교는 종파불교의 성격이 강한 반면 한국불교는 이미 통일신라시대부터 여러 종파를 융합하려는 통합불교적인 성향이 있었으며 그것은 고려를 거치면서 더욱 체계화된다는 점에서 차이가 있다. 현재 한국불교는 선종을 중심으로 여러 종파의 교리와 의례 등을 통합한 통불교通佛敎다. 전체적으로 보았을 때 한국불교의 핵심은 선종에 있고 적어도 선종의 화두선의 수련 전통에서는 중국보다 훨씬 철저하게 전통을 고수하고 있다.

중국에서 뛰어난 조사와 선사들이 등장하여 선종의 밤하늘을 찬란하게 수놓은 것은 당대 중기에서 송대 초까지다. 이후 중국불교는 참선 수련의 전통은 점차 쇠퇴하고 원대를 거치면서 라마교에 눌리고 명대와 청대에 이르러서는 도교와의 통합이 추진되면서 순일한 맛은 점차 사라진다. 현재 중국사찰에 가보면 한적하면서도 깊고 그윽한 맛이 별로 없고 무언가 요란스럽고 잡스러운 느낌을 주는 것은 바로 도교의 색채가 혼합된 데서 말미암은 것이다.

이에 비해 한국불교는 비록 통불교를 추진했지만 선종을 중심으로 다른 여러 밀교의 진언이나 다른 종파의 의례들을 통합했기 때문에 선종이 지니고 있는 미학인 대교약졸의 미학이 그대로 잘 살아 있다. 또한 전통신앙인 무속신앙도 포용하여 산신각을 두기도 했지만 사찰의 한쪽 구석에 자그마한 크기로 남겨놓았기 때문에 전체적인 분위기를 흐리지 않고 잘 조화를 이루고 있다. 그리고 사찰 건물이나 탑, 불상을 건립할 때도 섬세하면서도 소박하고 장엄하면서도 담백한 맛을 잘 살리고 있으며 특히 주변의 자연배경과 절묘한 조화를 이루고 있기 때문에 매우 편안하면서도 그윽한 맛을 잘 드러낸다. 전반적으로 보아 한국불교가 중국불교에 비해 훨씬 대교약졸의 맛이 잘 살아 있다.

유교 또한 마찬가지다. 한국에 유교가 수입된 것은 불교보다 훨씬 이르다. 위만조선시대와 한사군시대에 이미 유교는 부분적으로 수입되었다고 볼 수 있으나 정확한 사료는 없다. 삼국시대에 이르러서 비로소 유교의 경학이 받아들여졌다. 고구려 소수림왕 2년(372년), 불교가 처음으로 수입되던 그 해에 유교의 교육기관인 태학太學을 건립되었는데 이로 보아 그 이전부터 유교가 상당히 많이 전파되었음을 짐작할 수 있다. 이후 유교는 국가의 정치제도와 정치사상에 어느 정도 영향을 미쳤지만, 고려 때까지는 불교에 눌려 주도적인 사상이 되지 못하다가 조선시대에 들어서서 비로소 가장 중요한 사상으로 떠오른다.

조선에서 채택한 유교는 송대 이후에 발흥한 신유학이고, 그 가운데서도 남송대의 주자가 북송대의 정이의 사상을 중심으로 북송 오자의 사상을 집대성한 성리학이다. 흔히 주자학이라고도 한다. 중국의 유학이 주자학 이후에도 양명학과 고증학 등 여러 차례 변신을 거듭했던 것에 비해 조선은 주자학을 끝까지 고수했다. 그렇기 때문에 사상적인 측면에서 주자학을 훨씬 더 심화시킬 수 있었다.

조선 성리학의 대표적인 사상가는 퇴계 이황인데 그는 주자학을 계승했으나 단순한 답습에 머무르지 않고 주자가 해결하지 못했던 몇 가지 중요한 철학적 주제들을 더욱 치열하게 고민하고 연구하여 새로운 학설을 제시했다. 그 대표적인 것이 사단칠정론四端七情論으로, 퇴계의 사단칠정론은 주자의 사단칠정론과 그 성격을 달리한다. 사단칠정론에 대해 상세하게 설명하려면 많은 지면을 필요로 하므로 여기서는 생략하지만 대략적으로 볼 때 주자보다 정세하고 치밀한 논리를 전개하여 주자학의 논리적 모순을 극복하고 있다. 근래 국내외의 많은 학자들은 퇴계의 학문이 주자학과는 차별성이 있기 때문에 퇴계학이라는 명칭을 사용한다.

이런 학문적 발전보다 더 중요한 것은 조선시대의 역대 왕과 선비들이 유교적 이상을 현실 정치 속에서 구체적으로 실현하기 위해서 많은 노력을 했다는 것이다. 유교는 분명 정치사상이기 때문에 그 사상적 이상이 현실 정치 속에서 제대로 실현되는 것이 가장 궁극의 목적이다. 이런 점에서 볼 때 중국과 한국은 상당한 차이가 있다.

중국은 유교가 창시된 나라고 2천 년 가까이 유교가 국가의 지배이념으로 군림했지만 그것이 전 국가적으로 제대로 구현된 적은 한 번도 없었다. 그것은 국토가 워낙 넓고 문맹률이 높기 때문에 소수의 지식인들에게는 전파력이 있었지만 그 파급력이 일반 대중들에게까지는 미치기가 어려웠기 때문이다. 그래서 유교사상은 피상적인 정치사상이자 사회윤리로 남았을 뿐 실제 사람들의 생활 속 깊숙이 들어가지는 못했다.

이에 비해 조선은 비록 유교사상을 중국에서 수입했지만 그것을 현실 속에서 구현하는 측면에서는 중국보다 깊게 들어간 부분이 있다. 조선 초기 태종 때부터 국가에서 금속활자를 만드는 주자소鑄字所를 건립했고 이를 바탕으로 많은 책자를 만들어 널리 보급했다. 그뿐만 아니라 백성들의 문맹률을 낮추기 위해 한글을 창안하여 일반 백성들에게도 한글을 널리 전했다. 백성들에 대한 교화의 열의는 한국이 훨씬 높았다고 할 수 있다.

또 하나 중시할 것은 조선은 유교의 이상사회를 현실 속에서 구현하기 위해 농업을 근본산업으로 하고 상업을 억제하는 정책을 취했다는 사실이다.

전통적으로 유교는 농업경제를 기반으로 하며 상업은 이익을 추구하는 것이라 하여 폄하하는 경향이 있었다. 왜냐하면 이익을 추구하는 사람들이 많아지면 사회가 각박해지고 나아가 혼란스러워진다고 여겼기 때문이다. 그러나 중국의 역대 왕조에서는 상업을 통제한 적이 거의 없었다. 성리학이 흥성한 남송대만 해도 상업이 극도로 발달했고 나라가 망하는 날에도 일반 백성들은 변함없이 상업과 생업에 종사했다. 원, 명, 청은 말할 필요도 없다.

이에 비해 조선은 참으로 순진하고 고지식할 정도로 고대 주나라 때의 예악문화와 공자와 맹자의 정치 사회적 이상을 현실 사회에 구현하려고 노력했다. 이를 위해 농업을 중심으로 하는 자급자족의 경제체제를 유지하려고 했고 상업의 발달을 통제했다. 물론 생필품의 교환을 위한 시장이야 계속 존속시켰지만 고려 때 멀리 아라비아까지 무역활동을 했던 개성상인들의 활발한 무역의 전통은 조선에 와서는 찾아보기가 어렵게 되었다. 조선의 지도층은 유교의 근본 이상을 좇아 물질적인 풍요보다는 정신적인 가치를 추구했고 이를 바탕으로 풍속을 교화하고 인정을 두텁게 하려고 했다.

이런 여러 가지를 종합적으로 볼 때 조선시대는 중국의 어느 왕조보다 유교의 이상을 현실 속에서 구현하려고 노력했고 실제로 어느 정도 실현했던 왕조였다.

물론 조선시대 유교문명에 부정적인 측면이 없는 것은 아니다. 관료주의나 허례허식의 폐단과 더불어 남존여비와 신분구조의 고착화 등이 그것이다. 또한 유교적 이념에 집착하여 자급자족의 경제체제를 지나치게 고수하고 상업과 무역을 억제했던 것 또한 매우 치명적인 결점으로 지적될 수 있다. 왜냐하면 후기로 갈수록 점차 우물안 개구리가 되어 급변하는 국제 정세에 능동적으로 대처하지 못해 나라가 망하게 되는 비운을 겪게 되었기 때문이다.

이렇게 망국을 겪었고 일제 식민지시대를 거치면서 식민사관 교육을 오랫동안 받아왔기 때문에 우리들은 조선의 유교문화에 대해 대체로 부정적인 시각을 많이 지니고 있다. 게다가 광복 이후 미국의 영향 아래 서양문화를 수용하면서 전통의 유교문화에 대해서 폄하하는 경향은 더욱 심화되었다.

그러나 자세히 들여다보면 조선시대의 유교문화 속에는 부정적인 측면보다는 긍정적인 측면이 훨씬 많다. 5백 년 남짓의 긴 역사를 볼 때 임진왜란, 병자호란, 그리고 열강의 침략을 제외하고는 물질적으로는 그리 풍요롭지 않았지만 마음은 넉넉했으며, 사회적으로도 어느 정도의 불안 요소는 있었지만 전반적으로 안정적인 시대였다. 그리고 문화적인 측면에서 볼 때도 대교약졸의 사상과 미학이 깊게 발현된 시기였다. 최근에 조선시대의 삶과 문화에 대한 새로운 조명이 계속되고 있는데 앞으로 이 방면에 대한 연구가 더욱 활발해져야 할 것이다.

이상으로 중국과 한국의 문화를 매우 거칠게나마 비교해보았는데 중국이 여러 가지 다양한 문화와 예술, 학문, 사상을 창출해내는 역할을 했다면, 한국은 중국이 만들어낸 여러 문화 가운데서 하나의 정수를 받아들여 그것을 심화 발전시키는 역할을 했음을 알 수 있다. 대교약졸의 미학이 깊이의 미학이라는 점을 고려할 때 한국이 중국보다 대교약졸의 본질을 더 깊게 이해했다고 할 수 있다.

문화를 겉모습으로 볼 때 한국문화는 분명 중국문화를 적극적으로 수용하고 추종하고 있기 때문에 독자성이 없어 보인다. 그래서 중국인들은 한국문화를 보면서 대부분 자기네 문화의 아류라고 말한다. 그러나 진정으로 중요한 것은 겉모습이 아니라 그 속의 맛이다. 어떤 문화나 사상의 외양을 창안하는 것도 쉽지는 않지만 그것의 참뜻과 멋을 실제적으로 구현하는 것은 더욱 어렵다. 화광동진이나 대교약졸과 같은 심오한 사상과 미학은 더욱 그렇다.

앞에서 공자와 노자의 삶과 깨달음에서도 말했듯이 화광동진이라는 언어적 개념은 분명 노자에게서 나온 것이다. 그러나 그 화광동진의 사상을 더 깊게 이해하고 그것을 자신의 삶 속에서 제대로 구현했던 사람은 바로 공자다. 마찬가지로 대교약졸이라는 개념을 먼저 창안했던 것은 분명 중국인이었다. 그러나 그 속의 참뜻과 참맛을 제대로 실현했던 것은 바로 한국인이었다. 이제 우리는 우리 문화의 대부분이 중국으로부터 수입된 것이라고 주눅 들 필요가 없다. 왜냐하면 그들로부터 좋은 재료와 자양분을 공급받아서 우리만의 노하우로 중국인들이 흉내 낼 수 없는 깊고 그윽한 문화를 만들어 냈기 때문이다.

그러면 왜 한국이 중국에 비해서 대교약졸의 미학을 더욱 더 깊게 이해할 수 있었을까? 여기에는 여러 가지 이유가 있다. 일단 지리적인 영향이 가장 중요하다고 할 수 있다. 중국은 국토가 광활하고 다양한 지형을 지니고 있다. 중국에는 끝없는 지평선이 펼쳐져 있는 평야지대도 있고 광대한 고원지대도 있으며 험준한 산악지대와 사막지대도 있다. 그래서 여러 가지 다양한 문화가 서로 융합될 수 있는 것이다.

이에 비해 한국은 일단 땅이 좁고 아울러 지형의 다양성이 부족하다. 한국에도 평야지대와 산악지대도 있지만 전반적으로 봐서 산과 평야가 적절히 배합되어 있는 노년기 지형이다. 한국의 지형은 어디를 가도 고만고만하다. 이렇게 지형에서 광활함과 다양성이 부족하기 때문에 문화에서도 다채로움보다는 하나의 전통을 고수하는 단조로움이 있다. 그러나 약간은 단조로운 듯한 노년기 지형의 토양은 담담하고 깊은 맛을 우려내는 데는 좋다.

사실 다양하고 화려한 맛보다는 조촐하고 깊은 맛을 추구하는 한국의 음식문화는 바로 이 노년기 지형의 토양에서 나온 것이고 다양한 중국문화 가운데 한 가지를 택해 깊게 심화시키는 경향도 바로 이 노년기 지형의 토양과 많은 관련이 있다고 할 수 있을 것이다.

또한 유난히 자연과의 친화성을 강조하는 성향도 바로 노년기 지형의 토양에서 나온 것이다. 나지막한 능선이 주를 이루는 노년기 지형은 뾰쪽뾰쪽하고 울퉁불퉁한 청ㆍ장년기 지형처럼 눈에 확 띠는 위압적인 아름다움을 느끼게 하거나, 소유하거나 정복하고 싶은 투지를 불러일으키지 않는다. 그

대신 매우 포근하고 친근한 느낌을 주며 투쟁하기보다는 그와 어우러져 살고 싶은 느긋한 마음을 준다. 결국 한국의 문화는 바로 한국의 토양에서 나온 것이라고 할 수 있다.

지정학적인 영향 또한 무시할 수 없을 것이다. 중국은 일단 땅이 워낙 넓고 다양한 문화들이 서로 충돌하기 때문에 다양한 사상들이 일어나고 융화되는 장점이 있다. 그러나 중국은 국토가 워낙 넓고 또한 한 왕조가 오랫동안 지속되지 못했기 때문에 하나의 문화를 깊게 숙성시키는 데는 불리했다. 이에 비해 한국은 땅이 좁고 하나의 왕조가 오랫동안 유지됐기 때문에 다양성을 포용하기에는 부족해도 지속성 속에서 하나의 문화를 오랫동안 달여서 깊은 맛을 우려내는 데는 유리했다고 할 수 있다.

한국문화의 어제와 오늘

앞에서 우리는 중국문화와 한국문화를 비교하면서 한국의 문화적인 토양으로 볼 때 중국에 비해서 대교약졸의 사상과 미학적 의미를 더 깊게 이해하고 있었음을 이야기했다. 이번에는 한국역사의 긴 흐름 속에서 어느 시기가 대교약졸을 가장 깊게 구현했는지와 지금 현재 한국문화는 어느 지점에 있는지에 대해 살펴보도록 하겠다.

우리는 흔히 반만년의 역사라는 말을 자주 사용한다. 고조선의 건국을 한국사의 시초로 보기 때문이다. 그리고 일부 사람들은 단군왕검이 고조선을 건국한 연도를 기준으로 단기를 사용하여 한국사가 실로 오래되었음을 강조한다. 그러나 고조선에 대한 문헌적인 자료나 고고학적인 물증은 너무나 빈약하기 때문에 언제 건국되었고, 어떻게 발전했는지에 대해서 정확히 알 수가 없다. 고조선은 기원전 108년에 한 무제의 공격을 받아 망하게 된다. 이 시기는 한나라가 건국된 지 약 1백 년 정도가 되던 시기로, 대교약졸의 관점에서 볼 때 졸을 중시하는 중국문화의 기본적인 틀이 잡히던 시기다.

한 무제는 고조선을 멸망시킨 뒤 그 영역에 한사군을 설치했다. 한사군은 원주민의 저항으로 인해 낙랑군을 제외하고는 일찍 철폐되었는데 아무튼 한사군을 통해 중국문화가 한국에 많이 유입되었을 것이다. 고조선 멸망 후에는 여러 나라로 분리되어 점차 고구려, 신라, 백제의 삼국체제로 나아간다. 한국에 삼국이 형성될 무렵에 중국에서도 한나라가 망하고 삼국이 들어섰다가 곧이어 남북조시대로 진입한다. 대교약졸의 관점에서 볼 때 졸에서 교로 막 나아가기 시작하는 시기다. 그리고 한국의 삼국시대 말기에 중국은 다시 강성한 통일기인 수당시대로 들어간다. 교의 문화가 한참 꽃피던 시기다.

고대에는 교통과 통신이 발달하지 못해 문화의 전래가 비교적 늦었기 때문에 당시 문화의 중심지였던 중국과 변방이었던 우리나라 사이에는 문화 전파의 시간적 차이가 상당했다. 개략적으로 볼 때 우리나라에서는 통일신라 전까지는 졸의 시대라고 보아야 한다. 이 시기까지는 유교가 비록 전래되었다고 하지만 그다지 큰 영향을 미치지 못했고 불교 또한 본격적으로 피어나지는 않았다. 그리고 예술적인 측면에서 볼 때도 삼국이 제각각 개성을 지니고 있었지만 전반적으로는 원시적 소박함에 머물고 있다.

통일신라에 이르러서야 비로소 불교가 본격적으로 피어나기 시작하고 문화와 예술 전반에 걸쳐 농염하면서도 화려한 맛이 나타나기 시작한다. 당시 당나라는 불교가 매우 왕성했으며 문화·예술적으로도 화려한 기교를 마음껏 발산하고 있었다. 신라의 많은 승려들은 당나라로 유학을 떠났으며 많은 상인들 또한 당나라를 왕래하면서 문화의 교류가 더욱 활발해졌다. 신라에서도 불교가 급속도로 확장되었고, 문화와 예술에서도 여러 가지 화려하고 완숙한 아름다움이 드러나기 시작한다. 이 시기는 불상의 제작이 가장 왕성하고 최고의 경지에 이르렀던 시기다. 교가 무르익어가던 시기라고 할 수 있다.

고려시대 또한 기본적으로는 교가 계속 이어지던 시기다. 고려 전기는 중국의 송에 해당하고 후기는 원에 해당한다. 송대는 교에서 다시 졸로 되돌아가면서 종교사에서 문화와 예술 전반에 걸쳐 새로운 변화들이 일어나고 있었다. 불교가 쇠퇴하고 신유학이 흥성하며 문화와 예술에서도 소박미와 단순미, 평담미를 가장 높은 이상으로 삼기 시작했다. 그리고 원대에는 대교약졸의 아름다움이 파괴되던 시기였다. 이런 송원대의 문화들의 일부는 곧장 고려에 전래되기도 했다. 예컨대 고려청자의 그윽하고 깊은 맛은 송대에 꽃피운 대교약졸의 미학의 영향으로 형성된 것이다. 그러나 고려는 문화의 변경지대였기 때문에 전반적으로 보았을 때는 교의 연장이라고 할 수 있다. 그래서 불교가 여전히 국교의 지위에 있었고 불상이나 사찰건축 또한 비록 통일신라에 비해 다소 위축된 감이 있지만 활발하게 진행되었다. 회화도 궁중화원을 중심으로 당나라 화풍처럼 화려한 채색의 불화나 인물화 등이 주조를 이루었다. 후기에는 부분적으로 성리학이 수입되어 서서히 퍼져나갔기 때문에 교에서 다시 대교약졸로 돌아가는 과도기적 양상을 보여주고 있다.

그러다 조선시대에 들어오면서 사상적으로나, 예술적으로나 본격적으로 대교약졸의 미학을 꽃피우기 시작했다. 조선 전기는 명나라에 해당하고 후기는 청나라에 해당한다. 명대에는 원대에 파괴된 한족문화를 부흥시키기 위해 한대와 당대의 문화를 추종하는 복고가 유행하고, 청대에는 전체 고전문화를 총결산하는 작업이 한창이었지만, 조선은 아랑곳하지 않고 송대 문화의 정수인 대교약졸을 심화시키는 데 몰두했다.

조선시대는 송대의 성리학을 국시로 삼아 유교적 이상국가를 건설하려고 했고 문화와 예술에서도 대교약졸의 미학을 본격적으로 꽃피우기 시작했다. 고려 때 유행했던 화려하고 강렬한 색채의 불화와 인물화 등은 조선시대에 들어와서는 점차 쇠퇴하고 대신 수묵을 이용한 산수화가 주류를 이루었다. 음악에서도 깊고 그윽한 송대의 아악을 추종하고 그것을 바탕으로 백성 교화와 성정 도야를 위한 음악을 추구했다. 건축에서도 불교사찰의 화려한 건축물보다는 선비들의 고아한 정신세계와 담백한 미학을 잘 담고 있는 서원건축이 유행했다. 도자기에서도 약간의 변화가 있었다. 고려 때의 신비롭고도 그윽한 비취색의 청자도 물론 화려한 채색도자기에 비해서는 대교약졸의 미학을 잘 체현한 것이라고 할 수 있다. 그러나 대교약졸의 관점에서 볼 때는 조선의 도공들이 추구했던 담백하고 자연스러운 맛의 백자가 한 걸음 더 나아간 것이라고 할 수 있다. 이런 점에서 볼 때 조선시대는 대교약졸의 미학이 가장 무르익었던 시기라고 할 수 있다.

조선은 중기에 임진왜란과 병자호란이라고 하는 양대 전란을 겪었다. 한 번은 바다에서의 침입이고 또 한 번은 대륙에서의 침입이었다. 두 번의 큰 전란을 겪으면서도 조선의 국가체제는 전복되지 않았다. 사실 임진왜란은 동북아시아의 국제정세에 지대한 영향을 미친 국제전이었다. 이로 인해 일본은 정권이 바뀌게 되고 중국 또한 간접적이기는 하지만, 그 영향으로 명나라가 쇠퇴하고 만주족이 세운 청나라가 새로운 강자로 등장했다. 그러나 가장 직접적인 피해를 입었던 조선만이 정권의 아무런 변동이 없었다. 그리고 삼십 년이 채 되기 전에 대의명분에의 집착과 국제정세에 대한 판단착오로 정묘호란을 겪고 뒤이어 병자호란을 겪는다. 비록 신하의 예를 갖추는 치욕적인 항복을 했지만 왕조의 전복은 없었다. 그것은 건국 초기부터 진행되어온 유교적 교육정책과 문화정책이 그만큼 깊게 뿌리를 내렸기 때문이었을 것이다.

당시 조선의 문화적인 자부심은 대단했다. 문화적 종주국으로 생각하던 명나라가 망하고 만주족이 세운 청나라가 들어서자 일부 지식인들은 중국에서는 중화의 전통이 끊어지고 오로지 조선에만 그 전통이 남게 되었다고 생각했다. 그래서 겉으로는 청나라에 복종했지만 속으로는 굴복하지 않았다. 물론 그것은 중국문화에 대한 사대주의적인 발상에서 나온 것이다. 그러나 한편으로 생각하면 동아시아 문화의 정수를 누구보다 깊게 체득했다는 자부심이 있었기 때문에 그런 주장을 했던 것이라고 생각된다.

조선시대에 이르러 우리나라는 문화적인 깊이에서 적어도 동북아시아에서는 최고의 경지에 이를 수 있었다. 그러나 우물안 개구리처럼 그 속에 너무 오랫동안 안주했다. 그리하여 18세기부터 급속도로 불어오기 시작하는 서구의 바람을 전혀 감지하지 못했다. 18세기 유럽의 서쪽 끝의 자그마한 섬에서 시작된 산업혁명은 서양문명의 폭발적인 팽창을 불러일으켰다. 19세기 말 우리나라는 열강의 각축장이 되어 버렸고 결국 서구문명의 세례를 먼저 받은 일본에 의해 무참히 점령당하고 말았다. 부국강병의 현실주의적인 노선을 추구하지 않고 안분자족의 이상주의적 노선을 택한 대가는 참으로 가혹했다.

그리고는 1세기 가까운 세월이 흘렀다. 그 사이 우리는 36년 동안 식민통치를 받았고 그것도 모자라 미국과 소련이 주도하는 냉전질서에 의해 분단의 시련을 겪게 되었다. 서양문명의 거센 파도가 전 세계를 휩쓸면서 오랫동안 우리나라에 문명의 자양분을 제공하던 중국은 더 이상 문명의 중심이 되지 못했다. 문명의 중심은 자본주의 문명을 일으킨 서구와 자본주의에 대한 반동으로 사회주의를 추구했던 동구로 옮겨졌고, 그 양대축이 한반도에서 만나게 되면서 우리는 분단을 겪게 된 것이다. 그뿐 아니라 분단의 여파로 동족상잔의 아픔도 겪었으며 이념의 갈등으로 수많은 사람들이 피를 흘렸다. 그런 시련 속에서도 우리에게는 새로운 문화를 접할 수 있는 기회가 주어졌고, 현재 우리는 열심히 새로운 문화를 학습하고 있다. 마치 이전에 중국문화를 학습하듯이 말이다.

앞에서도 보았듯이 우리 민족은 무엇인가를 배우면 매우 깊이 천착하는 기질이 있다. 그리고 학습능력도 탁월한 편이다. 분단과 전쟁의 참상에서 어느 정도 정신을 차리게 되자 남쪽은 1960년대 후반부터 미국의 자본주의를 적극적으로 수용하면서 자본주의 시장질서에 적극적으로 뛰어들었다. 그 결과 사십 년이 채 못 되는 세월 속에 전 세계 사람들을 깜짝 놀라게 할 정도로 훌륭하게 자본주의화에 성공했다. 이와는 반대로 북쪽에서는 철저하게 사회주의를 고집했다. 그 사이 냉전의 원인을 제공했던 소련도 자본주의 시장 속으로 뛰어들고 소련을 수정주의라고 비판하던 중국도 시장경제에 열을 올리고 있다. 그러나 북한은 여전히 사회주의를 고수하고 있다. 마치 명나라가 망한 뒤에 동아시아문명의 정수를 지키겠다고 고집하던 조선의 지식인들처럼……

그러면 그 사이 오랜 세월 익혀왔던 대교약졸의 사상과 미학은 어떻게 되었는가? 당연히 폐기처분되었다. 근대화 이후 우리는 서양문화를 맹목적으로 추종하고 우리 문화는 철저하게 무시했다. 한국적인 것, 동양적인 것이라면 무조건 낙후된 것, 촌스러운 것으로 바라보게 되었다. 한때 우리는 국악은 기생이나 하는 것으로 여기고, 아리아를 부르고 서양 고전음악을 연주해야 비로소 제대로 된 음악을 한다고 여기기도 했다. 그리고 지금도 많은 사람들이 라디오를 듣다가 국악이 나오면 아예 채널을 돌린다. 동양화를 보면 그저 모호한 그림으로 여기고 공자의 이야기는 고리타분한 잔소리로, 선종의 이야기는 뜬구름 잡는 이야기로 여겼다. 아예 전통이라는 말만 나와도 하품을 하거나 고개를 돌리기도 했다. 그리고는 오로지 서구화를 향해 매진했다.

대교약졸의 아름다움을 가장 깊게 추구했던 건축분야를 보자. 목조를 위주로 하며 분산된 통일미를 위해 군체 건축을 추구하며 자연과 조화를 이루는 것을 중시하는 전통건축은 사라져버렸다. 그 대신 시멘트를 자재로 하고 모든 것이 중앙집중식이자 획일화된 통일미를 자랑하는 아파트가 주류를 이루며, 자연과의 조화를 전혀 고려하지 않고 오직 경제적 변수만을 고려한다. 전 세계에서 우리나라만큼 아파트를 좋아하고 집단아파트촌을 많이 건설하는 나라도 없다. 그뿐인가? 건축물을 지을 때는 서양 사람들보다 훨씬 철저하게 자연과의 조화를 무시한다. 그래서 산꼭대기에도 아파트를 세워서 산의 능선을 과감하게 파괴하기를 즐긴다. 주택의 첫 번째 관건은 경제적 실리고, 집을 선택할 때도 심신의 건강을 지키기 위한 보금자리의 개념을 전혀 고려하지 않고 오로지 투자가치를 위주로 선택한다.

그것뿐만이 아니다. 그 사이에 약소국의 설움을 씻어내려는 듯 걸핏하면 동양 최대, 세계 최대를 추구한다. 나라 이름부터 대한민국이라고 하여 대 자를 쓰고 수많은 한강다리들에도 모두 대교를 붙인다. 그리고 주변의 자연 환경과 전혀 어울리지 않는 엄청난 크기에 지극히 천박한 금빛을 입혀 눈을 피곤하게 만드는 동양 최대의 불상을 세우고 기독교의 원산지인 서양사람 들이 감탄을 금치 못할 정도로 세계에서 가장 큰 교회를 자랑하고 있으며, 그밖에 기회만 있으면 크고 웅장함을 과시하려고 한다. 이전에 우리의 조상 들이 지어놓은 건물들을 보니 너무나 작고 초라해 창피함을 느껴 그것을 만 회하기 위해서 그런지도 모르겠다.

또한 언제부터인가 모든 일을 빨리 하는 것을 지상과제로 삼아 속도전에 목숨을 걸고 있다. 매사에 '빨리빨리'를 외치면서 정신없이 달리다 보니 심 지어 느긋하게 관광을 해야 할 장소에 가서도 그런 습성을 버리지 못하고 빨리빨리를 외치며 재촉한다. 이렇게 '빨리빨리'를 부르짖다 보니 부실공사 가 많아져 거창한 이름의 대교가 출근길에 무너지고, 부촌에 고급스럽게 지 은 백화점이 갑자기 무너지는 등 엄청난 재해를 가지고 왔건만 '빨리빨리' 의 신화는 여전히 사람들의 뇌리를 지배하고 있다.

『장자』에 한단지보邯鄲之步라는 고사가 있다. 조나라의 어느 촌사람이 수 도인 한단에 가서 도시 사람들의 걸음걸이를 배우려고 하다가 자기의 원래 걸음걸이도 잊어먹어 나중에 기어서 집으로 돌아갔다는 고사. 한단지보 는 자기 것을 돌보지 않고 남의 것을 배우려고 하다가 원래 알던 것도 잊고 새로운 것도 제대로 배우지 못한 어정쩡한 상태를 가리키는 말이다. 지금 우리의 상태를 잘 설명해주는 말이다.

원래 우리는 토양적으로 대교약졸의 사상과 미학을 깊게 체득하고 있었 고 특히 조선시대에 이르러서는 중국에서 수입된 사상과 예술을 대교약졸 의 관점에서 우리 것으로 체화했다. 그러나 조선이 망하고 근대화의 거센 물결 속에서 지금은 서구의 것을 새롭게 배우느라 원래 지니고 있던 장점을 다 놓쳐버렸고 서양문화에 대해서도 그 정수를 아직 제대로 소화하지 못해 껍데기만 겨우 흉내 내고 있는 중이다. 참으로 이도저도 아닌 어정쩡한 상태에 있다.

그러나 나는 그렇게 비관적으로 보지는 않는다. 지금의 세상이 빨리 돌아가고 문화 또한 엄청난 속도와 규모로 변화하고 있지만 몇 천 년의 긴 세월 우리의 피 속에 전해져 오는 보이지 않는 문화의 힘은 그리 쉽게 사라지지 않는다고 본다. 다만 모든 것이 급변하는 가운데서 정신없이 허덕이며 쫓아가다 보니 그 힘을 제대로 자각하지 못하고 있을 뿐이다. 잠시 숨을 돌리고 제 정신을 차리게 되면 숨어 있던 그 저력은 서서히 다시 드러날 것으로 믿는다.

그 사이 오랫동안 서양문화를 좇아가기에 바빴던 우리들은 최근래에 이르러서야 서서히 우리 전통문화에 대해 관심을 기울이기 시작했다. 이제야 겨우 한 숨을 돌릴 수 있는 마음의 여유가 생기기 시작한 것이다. 물론 우리의 피 속에 흐르는 대교약졸의 미학을 되살리기에는 아직은 좀더 많은 시간이 필요하다.

대교약졸의 힘을 되찾는다는 것은 다시 조선시대의 사상이나 문화, 예술로 되돌아가는 것을 말하는 게 아니다. 그리고 서양문화를 배척하고 우리의 전통문화를 고수하자는 이야기도 아니다. 즉, 대교약졸의 정수는 단순한 복고주의나 유아적 국수주의에 있는 것이 아니라는 말이다. 대교약졸의 정수는 나선형적 통합과 발전에 있다. 이를 위해서는 새로운 배움과 발전의 성과를 잘 갈무리해서 우리의 전통과 어떻게 잘 조화시킬 것인가에 대해서 고민해야 하고 또한 외래문화를 적극적으로 수용하되 주체성을 어떻게 살릴 것인가에 대해 고민해야 한다. 이제는 조선시대까지 이룩했던 우리의 문화적 성과를 졸로 하고, 그 뒤 1백여 년 사이에 겪었던 서양문화를 교로 하여 이를 나선형적으로 통합해야 한다. 그리하여 새로운 문화를 창조할 수 있어야 한다. 즉, 더 큰 차원의 대교약졸로 나아가야 한다. 그리고 그 속에는 우리가 오랜 세월 다져온 심오한 멋에 전 세계를 상대할 수 있는 보편성을 담을 수 있어야 한다.

대교약졸의 현대적 의미

　지금까지 우리는 대교약졸이라는 하나의 키워드를 가지고 중국문화의 전반적인 흐름을 살펴보고 나아가 중국과 한국의 문화의 차이에 대해서도 간략하게 살펴보았다. 그러면 대교약졸은 이 시대에 과연 어떤 의미가 있는 것일까? 그것은 그저 과거 동아시아 문화의 하나의 특징으로서만 의미가 있는 것일까? 그렇지 않다. 대교약졸 속에는 그 이상의 의미가 있다. 대교약졸 속에는 현재 인류문명의 전반적인 문제점을 짚어보고 문명전환의 새로운 방향을 제시할 수 있는 가능성이 숨겨져 있다.

인류의 문명 어디까지 왔나

　사실 문화와 문명의 구분은 쉽지 않다. 원래 문화는 'culture'를 번역한 것으로 경작, 재배를 뜻하는 말이고, 문명은 'civilization'을 번역한 것으로 도시화, 시민화를 뜻하는 말이다. 어원상으로 볼 때는 둘 다 인간의 자연에 대한 조작, 개발을 뜻하는 것이지만, 문화보다는 문명이 더 고도로 발달된 형태를 일컫는 것임을 알 수 있다. 어떤 사람들은 문명이란 인간 외부의 자연을 인간의 목적에 맞게끔 개발 변형하기 위해 고안해낸 산업, 기술, 경제 및 사회제도 등을 가리키는 것으로, 문화란 인간의 내면적 가치를 계발하기 위해 만들어낸 학문, 종교, 예술 등을 가리키는 것으로 보기도 한다. 문명이 물질적인 측면이 강하다면 문화는 다소 정신적인 측면이 강하다.

둘을 종합해볼 때 문명이라는 말 속에는 진보나 발달의 측면을 강조하는 느낌이 많이 들어 있고, 문화라는 말 속에는 그 고유의 특징을 강조한다는 의미가 담겨 있음을 알 수 있다. 음식이나 의복과 같은 영역에는 문화라는 말이 더 잘 어울리고, 과학이나 기술 등에는 문명이라는 말이 더 잘 어울리는 것은 이 때문이다. 물론 문화와 문명을 이렇게 확연하게 구분하지 않고 통용하기도 한다. 문화사를 다루면서 과학이나 기술 등 문명에 관련된 부분도 다루기도 하고, 문명을 이야기하면서 종교나 사상을 다루는 경우도 흔히 볼 수 있다. 이처럼 구분하기 애매한 부분이 많지만 대략 이 정도면 문화와 문명의 차이를 이해할 수 있으리라고 본다. 지금까지의 논의는 문화를 중심으로 전개했지만 이 장에서눈 문명을 중심으로 논의를 펼치고자 한다.

아득한 고대 인류가 채취와 수렵의 단계에 머물러 있었을 때는 문명이라고 할 만한 것이 없었다. 인류는 다른 초식동물처럼 여기저기에 흩어져 있는 열매나 잎, 뿌리 등을 채취하기도 하고 육식동물처럼 사냥을 하면서 먹을거리를 마련했다. 이때의 인간의 삶은 그냥 자연의 일부였다. 그러다가 농경과 목축을 통해 인간은 자연을 자신들의 편의에 따라 조작하는 법을 배우기 시작했다. 문명이 움트기 시작했던 것이다.

농경과 목축 가운데서 인류문명의 발달에 더 큰 견인차 역할을 한 것은 역시 농경이라고 할 수 있다. 농사라고 하는 것은 봄에 씨를 뿌리지 않으면 가을에 결실을 거둘 수가 없다. 그리고 결실을 거둔 농산물 가운데 좋은 씨앗을 남겨두지 않으면 이듬해 다시 농사를 지을 수가 없다. 농경을 시작하면서 인류는 시간의 의미를 이해하기 시작했으며 미래를 위해 준비하는 법을 배우기 시작했다. 또한 농경을 통해 비로소 생산물을 비축하는 것도 알게 되었다.

이와 더불어 사람들은 임시거주지가 아니라 오랫동안 머물 튼튼한 집을 짓기 시작했고, 농경에 필요한 여러 가지 도구를 만들게 되면서 자연에 대한 개발과 조작이 본격화되기 시작했다. 자연의 개발을 위해서는 협업과 분업이 훨씬 더 효율적임을 알게 되어 초보적인 형태의 촌락이 형성되었고, 여러 사람들을 효율적으로 유지 관리하기 위한 정치형태가 나타나기 시작했다. 아울러 자신들이 직접 생산하기보다는 때로는 다른 집단이 생산하여 비축한 잉여생산물을 약탈하는 것이 훨씬 편리하다는 것을 알게 되면서 전쟁이 일어났다.

그러나 초기의 농경 수준은 그다지 높지 못했다. 기껏해야 돌로 만든 농기구로 땅을 갈아서 농사를 지었기 때문에, 생산량도 그리 많지 않았고 겨우 자급자족할 수 있는 단계에 머물렀다. 정치형태도 씨족공동체 또는 부족공동체 정도의 단계에 머물러 있었다. 그러다가 철을 이용할 줄 알게 되면서 농기구의 획기적인 발전과 더불어 생산력도 크게 증가했다. 생산력의 증가는 잉여생산물을 낳게 되었으며 이 잉여생산물을 교환하기 위해 시장이 형성되었다.

시장의 형성은 바로 도시의 형성을 가져왔다. 도시의 형성은 인류문명의 발전에 지대한 공헌을 했다. 도시화는 집중화를 뜻한다. 도시는 흩어져 있는 생산물이 한 군데로 모이는 곳이다. 나아가 정보와 인력이 모이는 곳이고 정치 군사적 힘이 모이는 곳이다. 도시화가 이루어지면서 비로소 초보적인 고대국가가 형성되기 시작했다. 고대국가의 형성은 인적 물적 자원의 집중과 관리를 좀더 쉽게 해주었으며 이에 따라 인간의 자연에 대한 통제력도 비약적으로 발전하게 되었다. 문명이 크게 도약했던 것이다.

이런 정치 경제적 변화에 발맞추어 기원전 6세기를 전후하여 인도, 중국, 그리스, 중동 등의 각 문명권의 사상계에서도 폭발적인 발전이 있었다. 그리고 그것은 거의 동시다발적으로 이루어졌다. 인도에서는 석가모니와 마하비라, 그리고 『우파니샤드』의 많은 사상가들이 우후죽순처럼 등장하여 변화하는 현상세계 너머의 궁극적인 실재를 탐구하고 카르마(業報)와 생사윤회를 넘어서는 개인의 궁극적 해탈을 추구하는 인도사상의 학풍을 형성했다. 중국에서는 공자와 노자를 비롯한 제자백가가 등장하여 어떻게 하면 어지러운 천하를 통합할 것인가, 어떻게 사는 것이 자연의 순리를 좇는 삶인가를 고민하면서 정치와 도덕을 중시하는 중국철학의 학풍을 형성했다.

그리스에는 초기에는 탈레스와 피타고라스, 헤라클레이토스, 파르메니데스 등의 철학자와 수학자들이 던진 만물의 근원은 무엇인가, 만물은 변화하는가 불변하는가 등의 자연철학이 유행했고, 소크라테스와 플라톤에 이르러 인간 중심의 윤리학, 논리학, 정치학 등과 감각세계 너머의 이데아의 세계에 대한 탐구가 진행되었으며, 아리스토텔레스에 이르러 자연과학에서 인문과학, 사회과학을 통합하는 종합적 철학체계를 형성하게 된다. 이런 그리스철학의 가장 큰 특징은 논리적 합리적 사유를 중시한다는 것에 있다.

이에 비해 중동 지방의 페르시아에는 조로아스터가 등장하여 세계를 선악의 투쟁으로 파악하고 초월적 신의 의지를 좇을 것을 강조하는 계시적 종교의 맹아를 싹틔웠다. 조로아스터는 철학자 니체의 『짜라투스트라는 이렇게 말했다』로 인해 우리에게는 짜라투스트라라는 발음으로 더 친숙하다. 조로아스터가 창시한 종교는 창시자의 이름을 따서 조로아스터교라고도 하고 불을 숭배하여 흔히 배화교拜火教라고도 하는데, 그 자체로는 그리 큰 세력을 형성하지 못했지만 이 지역에서 나온 유대교와 기독교, 이슬람교의 발달에 상당한 영향을 끼쳤다.

고대 이스라엘은 기원전 6세기 무렵 바빌론에 멸망당하고 바빌론은 다시 페르시아에 멸망당한다. 유대인들은 페르시아의 지배를 받는 동안 조로아스터교의 영향을 많이 받았다. 유대교 속의 천사장, 천국과 지옥, 부활, 종말 등의 종교적 개념들은 바빌론유수 시절 이전에는 없던 것으로, 바로 조로아스터교의 영향으로 새롭게 형성된 것이다. 그리고 이것들은 상당 부분이 기독교와 이슬람교에 그대로 전해진다.

철학자 칼 야스퍼스는 이 시기를 인류 역사의 축軸의 시대라고 불렀다. 이 시대를 축의 시대라고 부른 이유는 이 시대에 성립된 중요한 사상들이 오랜 세월에 걸친 인류사상사의 가장 중심적인 축이 되어왔기 때문이다. 교통과 통신이 발달하지 못한 고대에 이렇게 아득히 동떨어진 지역에서 동시다발적으로 위대한 사상들이 흥기했다는 것은 실로 흥미로운 일이다.

사실 축의 시대에 등장한 위대한 사상들은 거대 문명권의 출현을 예비하는 것이었다. 당시는 자그마한 국가 단위로 흩어져 있던 지역문명들이 과학 기술의 발달로 인해 좀더 큰 단위의 문명권으로 통합되는 과정에 있었다. 즉, 기술력과 정보력, 조직력을 바탕으로 막강한 군사력을 지닌 하나의 강력한 정치권력이 광대한 지역을 통치하는 시대가 열리기 직전이었다. 이런 새로운 변화에 맞추어 먼저 사상적으로 이전의 자그마한 국가나 민족 단위의 편협한 사상을 훨씬 뛰어넘어 보편적인 인류애를 바탕으로 하는 거대한 사상이 필요했던 때였다.

이렇게 등장한 위대한 사상들은 뒤이어 나타난 강력한 고대제국을 유지할 수 있는 든든한 힘이 되었다. 강력한 군사력으로 광대한 지역을 통치하게 된 제왕들은 사회적 통합을 위해 새로운 사상을 수용하지 않을 수 없었다. 그리고 그렇게 채택된 사상은 고대제국의 통치지역을 넘어서 이웃 지역에까지 영향을 미쳤고 그 뒤에도 정치적 분열과 상관없이 그 문명권 전체의 보편적인 사상체계로 남을 수가 있었다. 사상의 전파력은 정치적 영향력보다 훨씬 크고 오래가기 때문이다. 로마제국에서 융합된 헬레니즘과 헤브라이즘은 로마제국 밖의 유럽 전역에 영향을 미쳤고, 로마제국이 멸망한 뒤에도 지금까지 그 영향을 미치고 있다. 유교사상 또한 중국의 강역을 벗어나 한국, 일본, 베트남에까지 매우 큰 영향을 미쳤다. 그리고 그 영향력은 아직까지 계속되고 있다.

축의 시대에 등장했던 위대한 사상은 그 전파력이 매우 강했다. 그 가운데서도 특히 종교사상의 전파력은 더욱 대단했다. 그들에게는 높고도 험난한 산맥과 가혹하리만큼 황량한 사막도 걸림돌이 되지 못했다. 돈황의 동굴에서 발견된 그리스도상과 장안에 세워진 기독교 교회에 대한 기록들, 인도의 한쪽 구석에 남아 있는 유대교와 기독교의 흔적, 그리고 유럽에 남아 있는 불교의 흔적들을 보면 그 옛날에도 종교사상의 전파는 무척 활발했다는 것을 알 수 있다. 그 가운데 가장 대규모의 전파는 역시 불교의 전파다. 근대 이전까지 가장 넓은 범위의 영향을 미쳤던 것은 불교다. 갠지스강 중류에서 시작된 불교는 인도 전역에 퍼졌을 뿐만 아니라 한때 아시아 전역에 걸쳐 전파되었다. 특히 인도문명권에 결코 뒤지지 않았던 중국문명권이 불교를 전폭적으로 수용한 것은 근대 이전의 종교사상의 교류사에서 가장 특기할 만한 사건이라고 할 수 있다.

이들 축의 시대에 등장한 사상들은 근대 이전까지는 서로 부분적인 교류는 있었고 상당한 범위로 확장되기도 했지만 기본적으로는 대체로 지역성을 벗어나지 못했다. 그러나 근대 이후에 들어서면서 상황은 변화했다. 새로운 변화는 유럽문명권에서 시작되었다.

유럽문명권의 양대 조류는 합리적 이성과 인본주의를 중시하는 헬레니즘과 절대적 신앙과 신본주의를 바탕으로 하는 헤브라이즘이다. 그리스에서 피어난 헬레니즘은 마케도니아의 알렉산더대왕에 의해 거대한 제국 전역으로 확산되고 이어서 로마에 계승되었다. 헤브라이즘은 그 역사가 오래되었다고 하지만 예수 이전까지는 유대인들의 민족종교에 그쳤다. 예수 이후 2~3세기 동안의 순교의 역사를 거쳐 마침내 로마제국을 장악하게 된다. 이후 1천여년 이상 유럽 전역에 절대적인 영향을 미쳤다. 그러다 15세기의 르네상스 이후 오랫동안 억눌려왔던 헬레니즘이 다시 피어나게 되었다. 처음에 문화와 예술에서 시작된 부흥운동은 시간이 흐르면서 점차 합리적 이성을 중시하는 사상운동으로 나아갔고, 그 파급력은 급속도로 정치, 경제, 과학, 기술에도 미치기 시작했다.

중세 때의 유럽문명은 다른 문명권보다 우위에 있지 못했다. 과학기술과 생산력에서 중국문명권에 비해 열세였던 것은 물론 아랍문명권보다도 낙후되어 있었다. 그러나 그리스문명의 재발견을 통해 근대에 진입하면서 그들은 비약적으로 발전하기 시작했다. 오랜 세월 유지되어오던 반농 반유목의 장원경제체제에서 벗어나 도시를 중심으로 상업을 발달시키고 아울러 해외로 눈을 돌리기 시작했다. 그들은 중국에서 먼저 발명된 화약과 나침반을 이용하여 총과 대포를 만들고 대항해와 식민지 개척에 나섰다.

특히 18세기 이후 증기기관의 발명으로 시작된 산업혁명은 유럽문명의 본격적인 팽창을 불러왔다. 상당 기간 동안 진행된 자본의 축적과 과학기술의 진보가 어우러져 나타난 산업혁명은 단순히 유럽문명사에 그치지 않고 인류문명사 전체에 심대한 영향을 끼친 대사건이었다. 산업혁명은 인류의 생산력을 비약적으로 증대시켰을 뿐만 아니라, 교통과 통신의 발달을 촉진하여 큰 블록으로 나누어져 있던 여러 문명권들을 하나의 문명권으로 통합시키는 결과를 낳았다. 산업혁명의 발상지인 유럽의 문명이 세계를 제패하게 된 것이다.

흔히 말하기를 근대 서구문명의 힘은 과학과 민주주의라고 한다. 산업혁명은 인류에게 이전과는 비교가 되지 않을 정도의 규모로 자연을 개발하고 조작하여 물질적 이익을 창출할 수 있는 힘을 가져다주었다. 또한 피를 흘려가며 이룩했던 시민혁명은 인류를 구속하던 여러 가지 억압과 불평등을 떨쳐버리고 인류 사회에 어느 정도의 자유와 평등을 가져왔다. 그들이 만든 민주주의제도는 지금 대부분의 국가에서 채택하고 있는 정치형태다.

물론 근대 서구문명에 어두운 점이 없는 것은 아니다. 팽창 과정에서 실로 탐욕에 가득 찬 제국주의적 침략과 약탈을 일삼았고, 그로 인해 비유럽 지역의 많은 사람들이 피와 눈물을 흘려야만 했다. 좀더 냉정하게 이야기하면 근대 서구문명의 팽창의 역사는 문명의 탈을 쓴 야만의 역사라고 할 수 있다.

그뿐만 아니라 산업화의 중심지였던 유럽 내에서도 계층간의 심각한 갈등이 일어나게 되었다. 일찍 부를 축적한 자본가들은 산업화가 진행되면서 기하 급수적으로 더 많은 부를 축적하게 되었지만 그렇지 못한 사람들은 자신의 노동력밖에 팔 수 없는 노동자가 되어야 했다. 특히 산업화의 과정에서 황폐화된 농촌을 떠난 수많은 사람들은 도시빈민이 되어 기본임금도 제대로 받지 못하는 열악한 조건 속에서 겨우 생명을 유지하는 비참한 처지가 되었다. 이런 상황에서 19세기 후반부터는 자본가들을 타도하고 노동자 중심의 균등한 분배를 주장하는 경제체제에 대한 이론들이 나왔다. 사회주의가 등장하게 된 것이다.

이런 부정적인 면에도 불구하고 과학기술과 계몽주의에 대한 신념으로 인류의 진보를 확신하던 서구문명은 20세기에 이르러 크나큰 위기에 부닥쳤다. 20세기 전반에 진행된 두 차례의 세계전쟁은 서구문명의 한계를 여지없이 드러냈다. 그들이 그렇게 찬양하고 믿어왔던 합리적 이성의 힘은 그들을 중세의 종교적 광기와 봉건 신분제도의 억압에서 해방시켜주기는 했지만, 국가주의와 민족주의를 가장한 파시즘의 횡포는 막지 못했다. 그리고 인류의 생산력을 증대시키고 삶에 편리한 문명의 이기들을 제공하던 과학의 힘은 더 짧은 시간에 더 많은 사람을 죽일 수 있는 치명적 살상무기를 생산하는 데 이용되면서 인류에게뿐만 아니라 자연에도 엄청난 재앙을 불러왔다.

일부 선구적이고 양심적인 지식인들은 근대 서구문명이 얼마나 야만스럽고 탐욕스러운가에 대해서 처절하게 자각하고 반성하기 시작했으며 근대 서구문명 전체의 틀에 대해서 회의하고 고민하면서 새로운 틀을 모색하기 시작했다. 그리하여 근대 서구문명을 문명발달의 절대적인 기준으로 삼던 우월주의적 태도에서 벗어나 겸허한 마음으로 다른 문명권과 대화하고 배우려는 사람들도 나타나기 시작했다. 이런 사람들 가운데 일부는 근대 서구문명의 병폐를 치유하는 대안으로 동양적 직관주의에 관심을 가지기도 했다.

그러나 그것은 지극히 소수의 움직임이었다. 20세기 후반에 들어서서도 냉전이라는 이름으로 전쟁은 계속되었고, 기성의 정치권력은 그럴듯한 구호 아래 여전히 사회적, 정치적 약자에 대한 폭압과 착취를 자행했으며, 더 나은 미래를 위한 경제개발이라는 미명 아래 자원의 낭비와 환경의 파괴는 더욱 거대한 규모로 진행되었다.

이에 1960년대 후반에는 젊은 학생들을 중심으로 기성의 정치권력을 통렬하게 비판하고 허울 좋은 명분 아래 자행되는 추악한 전쟁을 반대하는 운동이 일어났다. 이른바 68혁명이다. 68혁명은 정치운동에서 출발했지만 점차 근대 서구의 자본주의적 삶의 양식 자체를 반대하고, 인간과 인간이 더 깊게 만나고 인간과 자연이 공존할 수 있는 새로운 삶의 양식을 모색하는 운동으로 발전했다. 그 영향으로 환경운동, 생명운동, 새로운 영성운동, 신과학운동 등의 이른바 뉴에이지 운동이 등장했고, 소수의 지식인들 사이에서 거론되던 탈근대주의도 점차 대중적으로 확산되기 시작했다. 이 모든 것들은 근대 서구문명에 대한 근본적인 반성과 새로운 대안의 모색이라고 할 수 있다.

그러나 이런 반성과 모색의 움직임은 아직은 너무나 미미한 편이다. 1960년대 말과 1970년대에 걸쳐 유럽을 중심으로 서서히 세력을 키워가던 새로운 진보적 흐름은 1980년대 이후에 미국을 중심으로 다시 거세게 불기 시작한 보수화의 바람으로 그 세력이 주춤해졌다. 이에 비해 그나마 자본주의를 견제하는 세력이었던 사회주의가 1990년대에 들어 몰락하게 되자 자본주의는 그야말로 아무런 제지도 없이 거침없는 독주를 계속하고 있다.

최근에 거세게 불어닥치고 있는 신자유주의와 세계화의 바람은 겉으로는 그럴듯한 구호와 명분을 내세우고 있지만, 그 속을 들여다보면 자본력과 기술력에서 절대우위를 점하고 있는 미국을 비롯한 일부 선진국들이 후진국들을 더욱 철저하게 자본주의적 시장경제체제 속으로 편입시키려는 발상에서 나온 것이다. 너도 나도 오로지 이익을 추구하는 장사치의 마음밖에 없다. 이제는 후진국들도 가만히 있지 않고 경제개발에 박차를 가하고 있다. 그 가운데서도 오랫동안 사회주의의 장막 속에서 잠자던 중국이 세계시장으로 뛰어들면서 생긴 여파는 실로 만만치가 않다.

자본주의 문명의 성장신화 뒤에는 과학기술의 눈부신 발전이 있다. 산업혁명 이후에 나타난 문명의 이기들은 인류의 삶의 질을 크게 바꾸었다. 수도 헤아릴 수 없는 문명의 이기 가운데서 인간의 삶에 가장 심대한 변화를 일으킨 것은 역시 교통과 통신 수단들이다.

인류 역사에서 최대의 영토를 자랑했던 몽골제국이 그 방대한 영토를 다스릴 수 있었던 것은 바로 교통과 통신의 발달 때문이었다. 그들은 방대한 유라시아 대륙 곳곳에 말을 바꾸고 사람이 쉬어갈 수 있는 역참을 두어 교통의 편의를 도모했으며, 급한 일이 있을 때는 4천 킬로미터, 1만 리의 먼 길을 열흘 안에 달려 소식을 전할 수 있게 만들었다. 그것은 그 당시로서는 상상도 할 수 없을 정도의 빠른 속도였다.

그러나 지금은 전화를 통해 수만 리 밖의 소식도 즉시 접할 수가 있다. 그뿐인가? 라디오나 텔레비전 등의 대중매체의 발달로 문 밖을 나가지 않고도 세상 소식을 다 알 수 있게 되었고, 특히 인터넷의 발달은 전 지구의 정보를 책상 위에서 쉽게 접할 수 있게 했다. 최근 급속도로 발전하고 있는 이동통신 기기들은 전화, 텔레비전, 인터넷을 통한 정보들을 언제 어디서나 손쉽게 접할 수 있게 만들었다. 그리고 옛날에는 먼 길을 가려면 최소한 몇 달 동안의 기나긴 여행을 각오해야 했다. 장안에서 실크로드를 거쳐 로마로 가는 길은 1년 가까운 대장정이다. 그러나 이제는 비행기를 타면 지구촌 어디라도 하루 만에 갈 수가 있다. 아직은 일상화가 되지는 않았지만 우주를 여행할 날도 멀지 않았다. 모두 눈부신 과학기술의 덕분이라고 하지 않을 수 없다.

그러나 과학기술에는 밝은 면만 있는 것은 아니다. 제2차 세계대전이 끝날 무렵에 만들어진 핵무기는 전쟁을 빨리 끝나게 해주었지만 이전과는 차원이 다른 위협을 인류에게 안겨다주었다. 지금 인류가 가지고 있는 핵무기는 지구 위의 모든 생명체를 다 절멸시키고도 남을 정도다. 물론 그 파괴력이 워낙 가공할 만한 것이기 때문에 어느 누구도 함부로 사용하기는 쉽지 않지만, 그런 무기를 가지고 있다는 것 자체가 위험하다. 극단적인 상황에서는 어떤 선택이 나올지 모르기 때문이다.

그것뿐만이 아니다. 인류가 발달시켜온 과학기술은 지구 환경에는 심각한 악영향을 미치고 있다. 20세기가 끝나가던 1999년 세계의 많은 석학들은 앞으로 지구촌이 해결해야 할 여러 가지 과제 가운데 가장 시급한 과제로 지속 가능한 경제발전과 환경오염 문제를 꼽았다. 지속 가능한 경제개발은 자원과 환경문제와도 직접적으로 관련이 있는 것이기 때문에 실제로 인류문명에 대한 가장 심각한 위협은 환경문제다.

그 아름답던 대지도 오염되어가고 하천도 썩어가고 있으며 심지어는 바다도, 하늘도 심각한 오염에 시달리고 있다. 그보다 더 큰 문제는 이산화탄소 과다 배출로 인한 오존층 파괴와 지구 온난화다. 이미 이삼십 년 전부터 많은 환경학자들이 오존층 파괴와 지구 온난화현상의 심각성에 대해 경고했고 지금 그 효과는 그대로 나타나고 있다. 지구 전체의 기온이 점차 올라감에 따라 온대기후인 우리나라의 기후도 점차 아열대기후로 변해가고, 남극과 북극의 빙하가 녹으면서 해수면이 점차 상승하고 있다. 이로 인한 이상기후로 해마다 지구촌 전체가 몸살을 앓고 있다.

그러나 세계 각국의 기업들은 여전히 경기위축에 대한 걱정 때문에 환경문제에 대해서는 관심을 기울일 틈이 없다. 그나마 환경주의자들의 강력한 경고 때문에 1992년에 리우에서 지구환경회의를 개최하고, 1997년에는 지구 온난화 방지를 위해서 온실효과를 낳는 가스 사용을 억제하는 교토의정서를 채택했다. 교토의정서는 선진국들이 먼저 솔선하여 온실효과를 가져오는 가스량을 감축시킬 것을 강조하고 있다. 그러나 세계 최대의 에너지 소비국이자 인구 당 에너지 소비량이 다른 나라를 압도하고 있는 미국은 교토의정서를 탈퇴했다. 얼마 전 멕시코만 일대에서 불어닥친 초강력 허리케인 때문에 엄청난 수해를 입었지만, 미국은 아직도 교토의정서를 거부하고 있다.

물론 경제적인 문제 때문이다. 미국은 만약 미국이 교토의정서에 가입하게 되면 단기적으로 미국경제는 30% 가까이 규모가 축소될 것이며 수백만 개의 일자리가 감소하고 삶의 질이 크게 떨어질 것이기 때문에 도저히 가입할 수 없다고 변명하고, 또한 최근의 기후변화가 반드시 온난화 때문에 나타난 것이라는 증거가 없다고 강변하고 있다. 미국은 환경문제에서 경제성장은 방해요소가 아니라 오히려 해결책이며, 경제가 계속 성장하면 장기적으로는 온실가스를 줄일 수 있는 신기술을 개발하여 문제를 해결할 수 있다고 주장한다. 참으로 초지일관 경제성장 우선주의를 고수하고 있다.

자본주의 경제체제의 선두주자인 미국이 이런 태도를 보이고 있으니 그 뒤를 쫓아가는 후발주자들은 더 말할 나위가 없다. 지금 경제개발에 여념이 없는 중국 사람들은 환경에 대해서는 거의 관심이 없다. 거대한 동아시아 대륙 전체가 경제개발의 소용돌이 속에서 썩어가고 있고 그 여파는 우리나라에도 미치고 있다. 그러나 중국을 탓하고 제재할 수 있는 국가는 어디에도 없다.

사실 과학기술 자체는 가치 중립적이다. 그것을 어떻게 사용하는가에 따라 인류에게 도움이 되기도 하고, 치명적인 해가 될 수도 있다. 문제는 그것을 사용하는 인류의 의식 수준에 있다. 그 사이 인류는 물질적 능력에서는 엄청난 진보를 해왔지만 정신적 능력에서는 아직도 제자리걸음 수준이다. 근대 이후의 계몽주의는 봉건적 신분제도의 억압과 불평등을 타파하기는 했지만 가진 자와 못 가진 자의 불균형을 해소하지는 못했다. 지금 세계는 선진국과 후진국 사이의 빈부 차이가 날로 심해가고 있으며 계층과 계층 사이에도 부익부 빈익빈의 현상이 가속화되고 있다. 이런 것들은 분명히 장기적으로는 국가와 국가, 계층과 계층 사이에 심각한 갈등을 불러일으켜 인류문명의 발전을 가로막게 될 것이다.

그럼에도 불구하고 거대 자본가들은 자신들의 부를 더욱 더 확장하기 위해 신자유주의를 들먹이면서 국가와 국가, 기업과 기업, 개인과 개인의 무한경쟁을 부추기고 있다. 겉으로는 화려한 미사여구가 있지만 그 속을 자세히 들여다보면 물질적 이익에 대한 탐욕만이 있을 뿐이다. 지금은 금융자본주의시대다. 전 세계 경제의 흐름은 소수의 금융자본가들에 의해 지배당하고 있고 자본의 논리가 모든 것을 결정한다.

인류의 정신적 능력을 향상시켜주고 사회를 통합하는 데 큰 역할을 했던 종교는 급작스러운 물질문명의 발달을 좇아가지 못하고 답보상태에 머물러 있다. 사람들에게 물질적 탐욕을 넘어서는 진정한 삶의 가치를 탐구하게 해야 하는 종교는 아직도 맹신과 기복의 차원에 머물러 있다. 그리고 여러 개로 나누어져 있던 문명권들이 하나로 통합되는 지구촌시대라는 새로운 환경에 걸맞은 공존과 화합의 장을 제공하기는커녕 배타적 교리로 인해 갈등과 분열을 조장하고 있다. 냉전이 끝난 뒤에 일어난 지구촌 분쟁의 상당수가 종교간의 갈등에서 말미암은 것만 보아도 잘 알 수 있다.

지금 인류문명의 미래는 불투명하다. 미래에는 과학기술의 눈부신 발달로 새로운 에너지원이 개발되고 환경문제도 해결되며 더 많은 문명의 이기와 편의시설로 물질적으로도 더욱 풍요로울 뿐만 아니라, 많은 인류가 서로 화합하며 자유와 평등이 실현되는 이상사회를 건설할 수 있을 것이라고 전망하는 사람도 있다. 그러나 많은 사람들, 특히 환경전문가들은 대량생산과 대량소비를 강조하는 지금의 자본주의 문명이 근본적으로 변혁되지 않는 한 인류는 환경오염으로 인한 이상기온 현상, 그로 인한 물과 식량의 고갈, 아울러 오존층의 파괴와 천연림의 감소로 인한 산소의 부족과 같은 문제에 부딪혀 심각한 위기에 처할 것이라고 우려하고 있다. 그리고 빈부 격차나 종교간의 갈등과 같은 문제들 또한 인류평화를 크게 위협하는 요소가 될 것이라고 경고하고 있다. 지금 인류문명은 갈림길에 서 있다.

자본주의 문명, 무엇이 문제인가

지금 세계를 지배하고 있는 것은 근대 서구문명이다. 좀더 구체적으로 이야기하면 자본주의 문명이다. 자본주의 문명의 힘은 실로 막강했고 지금도 여전하다. 그것은 분명 인류역사의 발달에 상당 부분 긍정적인 역할을 했다. 그러나 앞에서도 간략하게 말했듯이 여러 가지 부정적인 그림자도 많다. 그에 대한 근본적인 반성과 개선 없이 무작정 끌려간다면 인류의 미래는 결코 밝지 않다. 지금은 자본주의 문명에 대해 좀더 심각한 반성과 새로운 대안에 대한 모색이 필요한 때다.

지금까지 많은 양심적이고 선구적인 지식인들은 자본주의 문명의 문제점에 대해 비판하고 그 대안에 대해서도 진지한 고민을 해왔다. 그러나 지금까지는 대체로 경제체제 또는 정치체제의 관점에서 접근하고 있고, 또한 근대 서구의 계몽주의적 관점의 연장선 위에서 접근하는 것이 보통이다. 자본주의를 가장 통렬하게 비판했던 사회주의의 기본 개념들, 노동자와 농민이 정치주체가 되는 사회, 분배의 정의가 이루어지는 사회 등은 기본적으로 근대 계몽주의의 연장이다.

여기서는 자본주의의 문제를 단순한 정치·경제체제의 관점이 아니라 문명적 문화적 관점에서 좀더 종합적으로 바라보고자 한다. 또한 근대 서구문명의 틀 안에서만 바라보지 않고 다른 문명권 특히 우리 동북아시아문명권과 비교하면서 그 특징을 살피고자 한다. 그럴 때 좀더 객관적으로 바라볼 수가 있을 것이다.

앞에서 우리는 교와 졸의 관점에서 서양문화와 중국문화를 비교했다. 그리고 그 특징 가운데 하나로서 교가 대체로 발산형이라면 졸은 수렴형이라는 이야기를 했다. 서양문명의 원류인 그리스문명은 처음 형성될 때부터 바다에 가까운 구릉지를 자연 배경으로 삼았기 때문에 농업으로는 자급자족이 될 수가 없었고 그보다는 상업과 수공업을 중심으로 발달했다. 그리고 상업의 발달과 더불어 일찍부터 항해술이 발달했으며 해외식민지 개척을 추구했다. 유달리 모험정신과 개척정신을 중시하는 것도 바로 이런 분위기에서 나온 것이다. 그리고 농경을 주요 산업으로 하고 네 계절의 변화가 뚜렷한 자연환경 속에 살던 중국 사람들이 자연의 변화에 순응하고 어우러지는 것을 중시하는 것과는 달리, 그리스 사람들은 상업과 수공업, 해외개척을 중시하다 보니 자연에 대해 호기심을 가지고 탐구하는 것을 더욱 중시했다. 이런 사회분위기 속에서 그리스문명은 자연스럽게 속으로 차분하게 침잠하는 수렴형보다는 바깥 세계로 에너지를 발산하는 발산형이 주된 특징으로 자리 잡게 된 것이다.

근대 자본주의 문명은 바로 이 발산형이 극대화된 것이다. 자본주의는 처음 형성될 때부터 강력한 팽창력으로 주변을 초토화시켜 나가면서 성장했다. 자본주의는 처음 일어날 때 섬유산업을 위주로 발전했으며 섬유산업을 위해 주변의 목장이나 농장들을 사들여 면화 밭으로 만들었다. 그것이 인클로저enclosure 운동이다. 그 결과 거기서 쫓겨난 농민들은 값싼 노동력을 제공하는 도시빈민으로 전락했다. 그렇게 되자 자본은 더욱 집중되고 그 자본의 힘은 더욱 확장되어갔다. 그 확장된 자본의 힘은 더욱 더 많은 원료와 시장을 필요로 하게 되었고 결국 해외식민지 개척에 나설 수밖에 없는 것이다. 1, 2차 세계대전은 결국 식민지 개척에 혈안이 되어 있던 선발자본주의 국가들과 후발자본주의 국가들의 충돌로 일어난 전쟁이었다.

문제는 처음에는 인간이 자신들의 필요에 의해 자본을 형성했지만 나중에는 그렇게 형성된 자본이 스스로 관성의 힘을 지니면서 인간을 지배하기 시작했다는 것이다. 자본주의 사회를 지배하는 가장 큰 힘은 자본의 논리다. 그리고 자본의 논리 가운데 가장 중요한 것은 팽창의 논리다. 자본주의는 본질적으로 팽창해야 존재할 수 있는 경제체제다. 이렇게 급격하게 팽창을 추구하다보면 거품이 형성된다. 그리고 이 거품은 한 번씩 빠지게 된다. 그리고 때로는 거품이 심하게 빠지기도 한다. 그것이 바로 경제 공황이다.

자본주의는 수축을 두려워한다. 그래서 계속 몸을 부풀려야 한다. 마치 비만아가 자신의 비대해진 몸집을 유지하기 위해 끊임없이 더 많이 먹어야 하듯이 자본주의 또한 비대해진 몸집을 유지하기 위해서 끝없이 시장을 개척하고 소비를 창출해야 한다. 그리하여 생존에 직접적으로 필요 없는 부분에서도 과잉소비를 유발시키고 있다. 자본주의의 역사는 바로 시장 개척과 소비 확장의 역사다. 끊임없이 새로운 시장과 소비를 만들지 않으면 쓰러지기 때문이다.

　앞에서도 보았듯이 농업과 목축을 통해 문명이 움트기 시작한 이래 인류는 끝없이 팽창을 추구해왔다. 문명의 역사는 자연에 대한 인간 영역의 확장의 역사다. 문명권마다 제각기 약간의 차이는 있지만 전체적으로 보았을 때 모두 더 많이 생산하고 더 많이 소비하기 위해 노력해왔고, 그것을 위해 경작지와 목초지를 확대해왔으며 도시라고 하는 사람들만이 사는 문명의 공간을 확충해왔다. 그것은 중국문명권이라고 크게 다를 바 없다. 이렇게 인간의 문명의 영역이 점차 확대될수록 자연은 거꾸로 점차 파괴되어갔다.

　그러나 농경문명 1만 년 동안은 인간의 영역이 아무리 확대되었다고 해도 기본적으로는 자연계의 균형을 깨트리는 상태까지 나아가지는 않았다. 그러나 산업혁명과 더불어 본격적으로 시작된 자본주의 문명은 불과 2백 년 남짓한 짧은 기간 동안에 수백만 년 동안 인류가 써온 자원보다 수백 수천 배나 더 많은 자원을 사용했으며 치명적인 오염물질로 아름다운 지구의 강과 산, 바다와 하늘을 심각한 수준으로 망쳐놓았다. 이제 우리들이 저지른 잘못들이 부메랑이 되어 우리의 생존 자체를 위협하는 수준에 이르게 되었다. 그럼에도 불구하고 자본주의는 여전히 배고프다고 말하면서 팽창만을 추구한다.

　자본주의 문명의 기본 속성이 팽창을 지향하기 때문에 문화, 예술, 사상 전반에 걸쳐서도 그 영향이 그대로 나타나고 있다. 자본주의시대의 문화, 예술, 종교 등은 모두 발산형이다. 앞에서도 보았듯이 원래 서양의 문화와 예술, 종교는 동양에 비해 발산적이다. 그러나 자본주의시대의 문화는 그것이 더욱 극단화되어 나타나고 있다.

자본주의 문명의 본질은 이윤을 추구하는 데 있다. 이윤을 추구하기 위해 상품화할 수 있는 것이라면 무엇이든지 다 상품화한다. 이렇게 모든 것을 상품화하기 위해서는 인간에게 끝없이 물질적 욕망을 부추기고 감각적 쾌락을 자극해야 한다. 물질적 욕망이란 외적 대상을 향한 욕망이다. 감각적 쾌락이란 우리가 체험할 수 있는 쾌락 가운데 가장 외피에서 얻어지는 것이다. 이것들은 우리의 마음을 가만히 가라앉히는 것이 아니다. 우리의 마음을 끊임없이 외부의 대상으로 향하도록 하는 것이다. 이것은 전형적인 발산형이라고 할 수 있다.

사실 예로부터 정신적인 가치와 마음의 평정에서 오는 기쁨을 추구하는 것은 그리 흔하지는 않았다. 유사 이래로 대부분의 사람들은 물질적 욕망과 감각적 쾌락을 추구해왔다. 그러나 이전에는 물질적 욕망과 감각적 쾌락을 추구할 수 있는 규모나 범위가 한정되어 있었다. 지금은 사회구조, 생산양식, 삶의 양식 등 모든 면에서 총체적으로 물질적 욕망과 감각적 쾌락을 부추기고 있다.

자본주의 문명은 우리에게 엄청난 물질적 풍요를 가져다주었다. 여러 가지 많은 문명의 이기들이 우리의 삶을 실로 편하게 만들어주고 있다. 인간이 해야 할 수많은 일들을 기계들이 거의 다 대신해주고 있으며 이전에는 도저히 맛볼 수 없었던 많은 감각적 쾌락을 가능하게 만들어주었다.

근대 자본주의 문명의 결정체라고 할 수 있는 미국의 대중문화에는 이런 경향이 더욱 심하다. 미국의 대중음악과 할리우드 영화, 그리고 그들의 스포츠 산업을 보면 이를 정말 실감할 수 있다.

미국의 대중음악은 참으로 자본주의적인 속성을 잘 보여주고 있다. 초기의 경건한 퓨리턴적인 음악들은 자본주의가 성장하면 할수록, 도시가 확장되면 될수록 철저하게 사람들의 음악적 쾌감을 자극하는 쪽으로 발전해왔다. 20세기 후반에 들어오면 그 경향이 더욱 가속화되어 음악도 날이 갈수록 강렬하고 자극적으로 변했다. 특히 록 뮤직은 지금까지 인류가 만들어낸 어떤 음악보다 강렬하다. 고막을 찢는 금속성 소리, 강렬한 비트, 연주자와 가수들이 미친 듯이 날뛰며 폭발적으로 뿜어내는 정열, 그리고 거기에 열광적으로 호응하여 괴성을 지르고 몸을 흔드는 청중들의 모습은 전형적인 발산형 문화의 한 단면을 보여주고 있다.

할리우드의 영화는 또 어떤가? 영화는 자본주의적인 속성이 가장 잘 드러나는 문화영역이고 그 가운데서도 할리우드 영화야말로 발산형을 중시하는 자본주의의 특징을 적나라하게 보여준다. 천문학적인 자본을 투입하여 만든 할리우드의 영화들은 전 세계의 극장에서 개봉되면서 엄청난 수익을 올린다. 그리고 그 내용에서도 발산적 특징이 잘 드러나고 있다. 숨 가쁘게 진행되는 사건들, 화끈한 폭발, 잔인한 살인, 숨 막히는 섹스 장면 등을 정신 없이 따라가다 보면 어느덧 영화는 끝난다. 대부분 말초적인 쾌락만을 추구하는 영화다. 요즈음은 좀더 말초신경을 자극하는 기발한 장면을 만들기 위해 컴퓨터 그래픽과 같은 모든 첨단 기술을 동원하여 경쟁하고 있다. 참으로 끝없이 밖으로, 밖으로만 치닫고 있다.

그들의 스포츠 산업 또한 대단하다. 매머드급 경기장에 모인 수만 명의 사람들과 텔레비전 앞에 모인 수백만 수천만 명의 시청자들은 자신들이 좋아하는 NBA리그 농구 선수들과 메이저리그 야구 선수들의 화려한 플레이에 열광한다.

자본주의 사회에 살고 있는 우리는 정말 물질적 욕망과 감각적 쾌락의 홍수 속에서 허덕이고 있다고 해도 과언이 아니다. 그 속에서 우리의 마음은 안정을 찾지 못하고 들떠 있다. 속으로 차분히 침잠할 줄 모르고 끊임없이 밖으로 뛰쳐나가려고만 한다.

대중예술만 그런 것이 아니라 종교 또한 마찬가지다. 원래 종교는 내면 세계를 추구하는 것이다. 그러므로 기본적으로는 수렴형에 속하는 것이다.

그러나 자본주의시기에 가장 폭발적인 팽창을 했던 기독교는 다른 종교에 비해 훨씬 발산적이다. 앞에서도 말했듯이 예수의 삶 자체가 매우 드라마틱하고 그 에너지가 강렬하다. 그런데 기독교 가운데서 구교인 가톨릭이나 동방정교 등이 비교적 차분한 데 비해 개신교는 발산적인 경향이 더욱 강하다. 가톨릭이나 동방정교가 오랜 세월의 풍파를 겪으면서 이제는 차분히 내성적인 단계에 들어선 것에 비해 개신교는 시작된 지가 얼마 되지 않아 젊음의 에너지가 넘쳐흐르기 때문일 것이다. 또한 개신교가 근대 이후에 나왔기 때문에 발산형의 근대 서구문명의 분위기에 더욱 맞기 때문이기도 할 것이다.

개신교 가운데서도 유럽 교회와 미국 교회의 분위기는 상당히 다르다. 유럽의 교회가 대부분 차분하고 고요한 반면 미국의 교회는 훨씬 역동적이고 시끌시끌한 편이다. 유럽의 교회가 차분한 것은 개신교를 포함한 기독교인의 숫자가 점점 줄고 있는 것과 직접적인 관계가 있을 것이다. 아울러 자본주의 문명의 중심지가 유럽에서 미국으로 넘어간 것과도 어느 정도 상관 관계가 있을 것이다. 현재 자본주의 문명의 심장부는 바로 미국이고, 개신교의 중심지도 바로 미국이다.

미국의 케이블텔레비전의 기독교방송국에서 방영되는 성령부흥회를 보면 그 에너지가 대단하다. 깜깜한 무대에서 갑자기 환하게 비추는 조명을 받고 천사처럼 하얀 옷을 입은 수백 명의 성가대가 등장한다. 그들의 노래는 처음에 애잔하면서 맑고 고운 전통 찬송가에서 출발하여 강렬한 음색과 빠른 박자, 그리고 현란한 조명이 서로 어우러져 춤을 추는 록 가스펠까지 종횡무진이다. 그렇게 고양된 분위기 속에서 스포트라이트를 받고 등장한 부흥목사 또한 정열적이다 못해 격렬하게 느껴질 정도의 엄청난 에너지로 설교한다. 그리고 치유은사의 장면이 나오고 군중들은 감격에 겨워 어쩔 줄을 모른다. 마치 한 편의 화려한 대중공연을 보는 느낌이다.

광복 이후 우리나라는 철저하게 미국의 자본주의를 추종했고 교회 또한 미국 개신교의 분위기를 좇아갔다. 그래서 우리나라의 개신교 또한 매우 발산적인 분위기다. 물론 우리나라의 개신교 교회 가운데서도 차분한 분위기를 강조하는 교회가 없지는 않겠지만 대부분은 발산적인 분위기를 추구한다.

특히 심령 부흥회 같은 데 가보면 이런 발산형의 분위기는 더욱 강화된다. 힘차게 끊임없이 부르는 찬송가, 손바닥에 쥐가 날 정도로 세게 치는 박수 소리, 목이 터져라 울며불며 외치는 기도 소리 등이 뜨거운 열기를 더해준다. 이런 강력한 발산형의 분위기 속에서 몇몇 사람들이 심리적 공명 현상이 일어나면서 뜨거운 성령을 체험하게 된다. 즉, 강렬한 종교적 정서의 고양을 체험하게 된다. 그리고 그 정서적 고양은 마치 열병처럼 쉽게 주변 사람을 전염시킨다.

그들은 교회 안에서만 발산을 추구하는 것이 아니다. 때와 장소를 가리지 않고 쉴 새 없이 발산을 추구한다. 그래서 어디에 가도 티가 난다. 그들은 자신의 종교를 남에게 과시하고 남들에게 퍼트리기 위해 애를 쓴다. 그래서 역전 광장이나 거리에 모여 찬송가를 부르거나 확성기로 소음공해를 일으키면서까지 자신들의 종교적 에너지를 발산한다. 심지어는 지하철 안에서도 큰소리로 자신의 신앙간증을 외치면서 다닌다. 주변 사람들이 눈살을 찌푸려도 전혀 아랑곳하지 않는다. 왜냐하면 속에서부터 강한 확신과 영적 에너지가 밖으로 계속 터져나오기 때문에 자신을 돌이켜볼 여유가 없기 때문이다.

종교적 확신의 발산은 양적 팽창과 밀접한 관련이 있다. 1970년대 근대화가 본격적으로 진행되면서 우리나라의 개신교는 실로 폭발적인 양적 팽창을 해왔다. 게다가 자본의 집중화, 거대화를 추구하는 자본주의의 나쁜 점을 본받아 대형 교회가 많이 들어섰다. 세계 최대의 교회는 물론 세계 10대 교회 가운데 무려 다섯 개가 우리나라에 있다는 것이 이를 잘 말해주고 있다. 물론 개신교 내에서도 뜻있는 신학자나 교인들은 이것에 대해 우려를 표시한다. 그리고 일부 목회자들은 부촌에 우뚝 서있는 대형 교회보다는 소외받는 이웃과 함께 하는 작은 교회를 추구하고, 종교적 확신의 발산 속에서 외적 팽창을 추구하기보다는 신앙의 질적 심화를 위해 그리스도의 참뜻을 생활 속에서 실천하려고 노력한다. 그러나 개신교의 전반적인 분위기는 가톨릭이나 불교에 비해 팽창과 발산의 성향이 강한 것이 사실이다.

종교에서 양적 팽창주의는 그 종교 자체의 신앙의 질을 떨어트릴 뿐만 아니라 다른 종교와의 공존에도 좋지 않은 영향을 미친다. 지금은 지구촌 시대다. 지구촌 안에는 여러 종교가 있다. 지구의 평화를 위해서는 이들 여러 종교들이 서로 공존하는 법을 배워야 한다. 이를 위해서는 이제는 차분한 마음으로 스스로의 신앙을 내적으로 심화시키는 일과 아울러 열린 마음으로 다른 종교와 대화를 나누어야 한다.

이상의 예들로 보아도 지금의 자본주의 문명은 산업구조나 문화, 예술, 종교, 사상을 막론하고 전반적으로 팽창과 발산을 추구하고 있음을 알 수 있다. 앞에서 중국문화와 서양문화를 비교하면서 이미 보았듯이 사실 문학, 회화, 음악, 미술, 종교, 스포츠 등은 겉으로는 서로 분야가 다르지만, 그 속으로 들어가면 무언가 공통적인 특징이 배경으로 깔려 있음을 알 수 있다. 그것은 일종의 문화정신이라고 할 수 있다. 자본주의 문명의 문화정신은 바로 팽창과 발산이라고 할 수 있다.

이런 팽창과 발산의 추구는 분명 문명의 발달에 많은 공헌을 했다. 그러나 지금은 분명 그 정도가 지나치다. 앞으로도 계속 팽창과 발산만을 추구할 경우 인류 문명 전체가 심각한 위기에 처할 것은 불을 보듯 뻔하다. 이제는 조금 정신을 차려야 한다. 들떠 있는 마음을 차분히 가라앉히고 우리가 타고 있는 이 문명의 열차가 어디로 가고 있는지 살펴보아야 한다. 지금까지 우리는 그저 속력을 내기 위해서 정신없이 석탄을 퍼 집어넣을 줄만 알았지 이 열차가 가는 방향에 대해서는 제대로 모르고 있었다. 그저 막연한 환상 속에서 장밋빛 미래가 있을 것이라는 불확실한 상상만 하고 있을 뿐이다. 이제는 차분히 이 문명의 나아갈 방향에 대해서 생각을 하고 조정을 해야 한다.

문명전환의 키워드로서의 대교약졸

대교약졸은 바로 이 시대 문명의 새로운 방향을 모색하는 데 좋은 방향타가 될 수 있을 것이다. 왜냐하면 대교약졸 속에는 팽창과 발산을 다시 안으로 거두는 지혜가 숨어 있기 때문이다. 즉, 양적 팽창을 질적 심화로 전환시키는 열쇠가 숨겨져 있다.

대교약졸은 자연의 변화에 대한 깊은 관찰에서 나온 깨달음이다. 무릇 봄은 새로운 생명이 싹을 틔우는 시기다. 초봄이 되면 어리고 여린 싹과 고운 꽃잎들이 조심스럽게 두터운 땅과 딱딱한 나무껍질을 뚫고 나와 새로운 생명을 틔워낸다. 봄이 점차 깊어가면서 꽃들은 흐드러지게 피어나고 화사한 아름다움을 뽐낸다. 이어서 여름이 오면서 이번에는 잎들이 무성하게 자라 녹음을 이룬다. 그러나 가을바람이 불기 시작하면 녹음을 자랑하며 무한히 번성할 것만 같은 잎들도 점차 색이 바래지고, 열매들은 속으로 영글어간다. 가을이 깊어지면서 무성하던 잎들은 떨어지고 곡식과 열매는 성숙되어 결실을 맺는다. 그리고는 기나긴 겨울 동안 새로운 생명의 잉태를 꿈꾸며 휴식을 취하게 된다. 대교약졸의 미학은 계절적으로 볼 때 가을의 미학이다. 화사하고 농염한 외양적인 아름다움을 안으로 거두어들이면서 속으로 영글어가는 것을 중시하는 미학이기 때문이다.

한 개인의 인생에도 사계절이 있다. 유아기와 청소년기가 인생의 봄이라면 청년기와 장년기는 에너지를 발산하며 정열적으로 일해야 할 여름의 시기다. 그리고 중년기와 노년기는 결실을 거두고 서서히 인생을 정리하는 가을의 시기다. 죽음은 휴식의 계절 겨울이다. 그리고 조직 또한 마찬가지다. 조직에는 자그마한 규모의 조직에서 국가와 같이 큰 규모의 조직이 있는데, 물론 조직이란 인간이 만든 인위적 구성체이기 때문에 자연계처럼 뚜렷하게 봄, 여름, 가을, 겨울로 나누기 어려운 면이 있지만, 그것들도 일종의 유기체와 같아 태어나고 성장하고 쇠퇴하고 소멸함이 있다.

거시적인 관점에서 바라볼 때 인류의 문명 또한 이런 자연의 섭리를 벗어나지 않는다. 인류문명의 발전을 계절에 비유하면 농경과 목축의 시작은 봄이라고 할 수 있다. 농경과 목축을 시작하기 전까지의 인류는 그저 자연의 일부로 존재했고, 인류라는 존재는 있었지만 문명은 아직 존재하지 않았다. 농경과 목축의 시작으로 인류문명은 비로소 싹을 틔울 수 있었다. 기나긴 시간 천천히 싹을 틔우던 인류문명은 철기문명의 개화로 인해 잉여생산물이 많아지고 도시가 형성되면서부터 여름으로 들어서기 시작했다. 도시의 형성은 국가의 등장을 부르고 국가와 국가 사이의 경쟁으로 문명은 급속도로 발전하기 시작했다. 뒤이어 위대한 사상이 등장하고 강력한 고대제국이 등장하면서 다양한 문명의 꽃과 나무들이 무성하게 번창했다. 그러다가 산업혁명 이후의 자본주의시대에 이르러 인류문명은 번창함의 극에 다다르게 되었다. 그리고 지금도 그 무성함과 번창함은 계속 더해가고 있다.

그러나 인류문명이 언제까지나 이렇게 양적 팽창을 추구하며 번영할 수는 없다. 현재 생태계를 비롯한 지구환경의 조건 등으로 상황을 판단해보건대 지금은 무더운 여름을 지나 서서히 가을바람이 불어오기 시작하는 때다. 최근 지구촌에 나타나는 여러 가지 환경재앙이나 이상기후들은 바로 인류문명의 계절이 가을이 되었음을 알려주는 징후들이다. 옛말에 떨어지는 낙엽 하나만 보아도 가을이 오고 있음을 알 수 있다는 말이 있다. 가을이 올 때는 준비를 해야 한다. 가을이 다가옴에도 불구하고 계속 양적으로 부풀리기를 하면서 성장을 추구하는 것은 매우 위험하다. 인류문명 전체의 파멸을 가지고 올 수도 있다. 가을이 다가오는 이 시기에는 밖으로 무성하게 뻗어나가기보다는 속으로 알차게 영글어가야 할 때다. 이런 시기에 가장 절실하게 요구되는 것이 바로 동아시아, 그 가운데서 우리나라에서 오랫동안 숙성된 대교약졸의 지혜다.

우리 속에는 현 인류문명의 병폐를 치유할 수 있는 저력이 담겨 있다. 왜냐하면 우리나라는 세계 어느 나라보다 대교약졸의 사상과 미학을 깊게 이해하고 그것을 구체적으로 실현해온 경험이 있기 때문이다. 비록 지금은 근대 서구문명의 충격 속에서 어정쩡한 한단지보의 상태에 머물러 있지만 우리 피 속에 흐르는 대교약졸의 지혜를 바탕으로 원래 우리가 지니고 있던 좋은 전통과 새롭게 배운 서구문명의 장점을 나선형적으로 통합하여 새로운 문명을 창출할 수만 있다면 인류문명의 전환에 주도적인 역할을 할 수가 있을 것이다. 나는 우리에게 충분한 가능성이 있다고 본다.

혹자는 국력도 약하고 여러 가지 모순들이 가득 찬 우리나라와 같은 나라가 어떻게 세계문명을 주도할 수 있을까 하는 의심을 가질 수 있을 것이다. 그러나 인류의 문명사를 보면 문명을 주도하는 위대한 사상은 강대국에서 나오는 것이 아니라 약소국에서 나왔고, 그것도 모순과 갈등이 집약된 곳에서 나왔음을 알 수 있다.

공자가 태어난 노나라는 당시 강대국이 아니라 강대국 제나라의 위협을 받던 자그마한 나라였다. 그뿐만 아니라 노나라는 당시 예 문화를 고수하려는 전통세력과 춘추시대 말기에 가속화되고 있던 새로운 변화를 추구하던 신흥세력이 서로 팽팽히 대립하면서 갈등과 모순이 가득 찬 나라였다. 붓다가 태어난 카필라국의 정치상황은 정확히 알 수는 없지만 약소국임에는 틀림없고, 예수가 태어난 유대지방 또한 변방의 소국이자 로마의 식민통치 속에서 모순과 갈등이 들끓던 사회였다.

지금부터 약 1세기 반 전만 해도 우리나라는 동아시아의 한쪽 구석에 있는 조용한 아침의 나라였다. 문명의 거센 파도는 우리끼리 조용히 오순도순 살 것을 허락하지 않았다. 사나운 제국주의의 물결 속에 우리나라는 하루 아침에 열강의 각축장으로 변했으며 강제로 세계질서에 편입되고 말았다. 그리고는 망국의 비애, 광복의 기쁨과 분단의 아픔, 동족상잔의 비극을 겪으면서 우리나라는 세계문명의 용광로로 변했다.

지구의 반대편인 유럽에서 19세기 후반부터 불어닥친 자본주의와 사회주의의 대립과 갈등이 한반도로 옮겨지면서 우리는 민족분단의 비극과 좌우 이념대립이라는 극단적인 갈등 속에서 많은 아픔을 겪게 되었고 그 고통은 지금도 계속되고 있다. 그뿐인가? 종교에서도 우리나라는 매우 독특한 상황에 처해 있다. 현재 우리나라의 종교 세력을 보면 크게 불교, 개신교와 가톨릭을 포함한 기독교, 민족종교로 나눌 수 있는데, 대체적으로 보아 불교와 민족종교를 합한 동양종교의 신도 수와 개신교와 가톨릭을 합한 서양종교의 신도 수의 비율이 비슷하다. 기독교는 근대 이후 유럽 제국주의의 팽창에 힘입어 전 세계로 확장되었지만 전통적인 고등 종교를 지니고 있는 아시아에서는 그다지 세력을 얻지 못했다. 현재 아시아에서 자기네 전통종교와 근대화의 과정에서 유입된 기독교가 비슷한 세력으로 양분하는 나라는 우리나라밖에 없다.

경제체제와 종교는 인류문명의 양대 축이다. 하나는 인간의 물질적 삶을 결정짓는 토대고 또 하나는 인간 정신문명의 꽃이다. 이 양대 축 모두 서로 이질적인 세력이 팽팽하게 대립하고 있는 곳은 전 세계에서 한반도가 유일하다.

그뿐인가? 전통과 현대의 갈등은 또한 얼마나 심한가? 현재 우리나라의 초고속 인터넷망과 핸드폰의 보급률은 세계 선두를 달리고 있으며 네티즌들의 활약 또한 다른 나라의 추종을 불허할 정도다. 우리의 삶의 양식은 그야말로 정보화시대의 최첨단을 달리고 있다. 그러나 우리의 행동양식이나 의식형태를 한 껍질만 벗겨보면 농경사회의 전통적 가치가 여전히 강력한 영향을 미치고 있음을 알 수 있다. 명절만 되면 전국의 고속도로가 주차장이 될 정도로 교통지옥을 겪으면서도 고향을 다녀오려는 현상은 다른 나라에서는 보기 어려운 희귀한 현상이다.

이 좁은 한반도에 자본주의와 사회주의, 서양종교와 동양종교, 현대적 삶의 양식과 전통적 가치가 서로 격렬하게 부딪히면서 들끓고 있다. 그리고 전통문화와 최첨단의 문화가 서로 부딪히고 있다. 그뿐인가? 세계의 최강대국인 미국, 러시아, 중국, 일본이 서로 부딪히는 곳도 바로 한반도다. 1백여 년 전에도 이들 네 나라는 한반도를 두고 치열한 경쟁을 벌였다. 그러나 그때의 이 국가들은 세계의 최강대국이 아니었다. 당시의 최강대국은 영국과 프랑스였고 독일이 막 쫓아가는 중이었다. 그러나 지금 이 네 나라는 여러 가지 면에서 볼 때 세계의 최강대국들이다. 우리나라는 실로 문명의 용광로라고 하지 않을 수 없다.

사실 짧은 기간 동안에 펄펄 들끓는 용광로 속에서 너무나 많은 것을 보고 겪다 보니 다소 혼란스러움이 느껴지는 것이 사실이다. 거기에다 요즈음은 진보와 보수, 세대와 세대의 갈등까지 겹쳐 혼란스러움이 더욱 가중되고 있다. 그러나 나의 관점으로는 그 혼란은 단순한 혼란이 아니라 새로운 문명을 창출하기 위한 창조적 혼란이다. 인류문명사를 살펴보면 새로운 문명은 항상 서로 이질적인 문명들이 서로 팽팽하게 대립하고 충돌하는 가운데서 탄생하는 것임을 알 수 있다. 원래 새로운 생명의 탄생은 산고를 필요로 하는 것이다.

현재 우리가 겪는 혼란은 새로운 문명을 분만하기 위한 산고다. 나는 우리나라가 새로운 문명을 창출할 수 있는 여러 가지 내적, 외적 조건을 제대로 갖추고 있다고 본다. 그러나 문명의 창출은 이런 조건만으로 되는 것이 아니다. 거기에는 반드시 그 사회구성원들의 능동적이고 주체적인 참여가 필요하다. 이제는 문명에 대한 비전을 가지고 적극적으로 새로운 문명창조에 참여할 때다.

그러기 위해서는 먼저 경제구조에서 자본주의 체제를 지양해야 한다. 인간에게 끝없이 경쟁적으로 물질적 탐욕을 강요하고 성장과 팽창만을 강조하는 자본주의 체제는 문명의 가을에는 적합하지 않기 때문이다. 그렇다고 해서 사회주의처럼 획일화되고 경직된 경제체제를 택하자는 말도 아니다. 사실 자본주의와 사회주의는 모두 근대 서구문명에서 나온 것이다. 자본주의의 핵심은 자유로운 경쟁에 있고 사회주의의 핵심은 평등한 분배에 있다. 자유와 평등이라는 말은 서로 양립할 수 있는 것 같지만 실제로는 서로 모순된다.

자유를 추구하는 자본주의 체제에서는 평등이 보장되지 않는다. 자본주의에서의 자유는 시장 속에서의 경쟁의 자유를 가리키는데 겉으로는 자유로운 경쟁을 말하지만 실제로는 대자본을 가진 쪽이 결정적으로 유리하기 때문에 구조적으로 공정한 경쟁이 될 수가 없다. 시간이 흘러갈수록 부익부, 빈익빈이 심화된다. 우리나라도 빈부 격차가 날이 갈수록 커지고 있어 심각한 사회문제가 되고 있다.

반면 평등을 추구하는 사회주의에서는 개개인의 자유가 구속당한다. 평등한 분배라는 이름 아래 국가권력의 간섭이 너무나 심해지기 때문이다. 게다가 이윤에 대한 동기가 없기 때문에 노동의 자발성과 자율성이 부족한 것도 큰 문제다. 더 심각한 것은 관료 주도의 계획경제 체제는 아무래도 유연성이 부족하다는 것이다. 사람이나 조직이나 경직되면 생명력은 고갈될 수밖에 없다. 그리고 환경의 변화에도 적응하기가 더욱 힘들다. 사회주의가 자본주의와의 경쟁에서 패배하고 몰락한 것은 바로 이 때문이다. 그러나 평등의 이상은 아직도 유효하다.

이제 인류는 자본주의와 사회주의를 넘어서야 한다. 양자의 단점을 버리고 장점을 취해 자율성과 유연성이 있는 자유로운 경쟁을 지향하면서도 부의 지나친 편중을 막고 최소한의 평등이 보장되는 경제체제를 건설해야 할 때다. 그리고 자유와 평등의 조화보다 더욱 중요한 것은 생태계와의 조화다. 그 사이 성장 지상주의에 바탕을 둔 무분별한 개발로 우리의 산과 들, 강과 바다는 만신창이가 되었고 그 피해는 부메랑이 되어 우리에게 고스란히 되돌아오고 있다. 이제는 성장 지상주의인 지금의 경제체제를 극복하고 적절히 생산하고 적절히 소비하며 생태계와 조화를 이루는 경제체제를 모색해야 한다. 아울러 노동이 지니고 있는 다른 가치들은 다 배제된 채 오로지 금전을 벌어들이는 수단으로만 인식되는 천박한 경제체제에서 노동이 자아성취와 성장의 중요한 수단으로 인식되고 세상과 다른 사람을 깊게 만나게 해주는 방편으로 여겨지는 더 성숙한 경제체제로 나아간다면 더없이 좋을 것이다.

나는 우리 속에는 그것을 할 수 있는 가능성이 있다고 본다. 우리나라는 오랜 기간 동안 단일한 문화공동체를 이루어온 단일민족의 국가이면서도 지금 세계에서 유일한 분단국가로 남아 있다. 남은 천박한 자본주의 국가로, 북은 경직된 사회주의 국가……. 이로 인해 동족상잔의 비극도 겪었다. 전쟁을 체험한 세대는 지금도 서로에 대한 적대감과 원한이 많이 남아 있다. 그러나 이제는 과거의 아픔에 집착할 것이 아니라 미래 지향적으로 생각해야 한다.

나는 분단이 우리 민족에게 많은 아픔을 남겼지만 문명사적으로 보면 매우 깊은 뜻이 숨겨져 있다고 본다. 즉, 우리에게는 자본주의와 사회주의를 지양하고 새로운 문명을 창조할 역사적 사명이 주어진 것이라고 보고 싶다. 우리는 한 민족이기 때문에 반드시 통일을 해야 한다. 그러나 단순한 통일만으로는 별다른 의미가 없다. 분리 이후에 새롭게 하나가 될 때는 더 큰 차원의 발전이 있어야 하지 않겠는가? 남과 북이 서로 마음을 열고 교류하면서 서로 공유할 수 있는 경제체제, 정치사회체제를 만들 수 있을 때 문명사적으로, 인류사적으로 의미 있는 통일이 될 수 있다고 본다. 그것도 단순히 서구적 경제체제의 관점에서 양자를 평면적으로 통합하는 것이 아니라 우리의 전통문화와 서구문화를 나선형적으로 통합하여 새로운 경제체제를 창출해야 한다고 본다.

우리 조상들은 물질적인 풍요보다는 정신적, 문화적 깊이에 더 많은 관심을 가졌다. 중국 사람들은 유교 문명의 창시자라고 하지만 실제로는 일찍부터 경제적 이익을 우선시하는 상인商人문화를 발달시켰고, 일본 사람들은 오랜 전국시대를 통해 무력으로 상대방을 제압하는 무인武人문화를 발달시켰던 반면, 한국 사람들은 물질적 풍요보다는 정신적 가치를, 전쟁보다는 평화를 추구하는 문인文人문화를 발달시켜왔다. 조선시대가 특히 그렇다. 예로부터 우리나라를 동방예의지국이라고 불렀다. 물론 그 속에는 사대주의, 형식주의 등의 부정적인 의미가 없는 것은 아니지만 좀더 긍정적으로 바라보면 한국 사람들은 그만큼 사람이 지녀야 할 정신적 가치를 존중하고 그것을 삶 속에서 구체적으로 실현했다는 것을 보여준다. 그리고 평소 유교적 질서 아래 엄격한 신분사회가 유지되었지만 필요에 따라서는 위아래가 하나되는 공동체 의식을 발휘할 줄 알았고, 물질적으로 그리 넉넉하지 않아도 사람과 사람들이 서로 마음을 열고 어우러질 수 있는 분위기만 조성되어 있으면 얼마든지 신명을 내면서 삶을 즐길 줄 알았다.

그뿐만 아니라 우리 조상들은 대교약졸의 사상을 깊게 터득했기에 사람과 사이의 조화만이 아니라 인간과 자연의 조화를 추구하는 생태사상이 고도로 발달했다. 집 하나를 지을 때도, 길 하나를 낼 때도, 다리 하나를 만들 때도 주변의 산세와 물의 흐름을 살려가면서 그 속에서 아름다운 조화를 이루는 것을 추구했다. 배경과의 조화미에서는 아마도 우리나라를 따라올 나라가 그리 많지 않을 것이다. 또한 우리 속에는 생태계의 만형으로서 전체의 조화와 균형을 이끌어내려는 지혜가 있었다. 그래서 옛날 우리 조상들은 가을철 감나무에서 홍시를 딸 때도 까치밥을 위해서 몇 개는 남겨놓는 넉넉함을 발휘했고 천렵이나 사냥을 할 때도 필요 이상으로 싹쓸이를 하는 것을 금했다. 자그마한 미물이라 할지라도 함부로 해치지 않고 공존하기를 바랐던 것이다.

지금 우리는 거의 반세기가 넘는 분단 상황 속에서 남쪽은 자본주의체제를, 북쪽은 사회주의체제를 추구하고 있다. 그 사이 얼마나 많은 피와 눈물을 흘렸던가? 수많은 이산가족들은 얼마나 더 이별의 고통을 겪어야 하는가? 사회주의와 자본주의는 모두 원래 우리의 것이 아니다. 그것은 유럽에서 건너온 것으로 이 한반도에서 새로운 통합을 이루기 위해 우리 민족에게 주어진 숙제다. 우리는 이 숙제를 풀어야 한다. 그리하여 사회주의와 자본주의를 넘어서 인간과 인간이 서로 자유로운 경쟁을 하면서도 조화를 이루고 인간과 자연이 공존을 할 수 있는 새로운 경제·사회시스템을 창출해야 한다. 그것이 진정한 의미의 통일이고 약 1백 년 동안 우리 민족이 세계사의 흐름에 편입되면서 겪었던 고통들을 승화시켜 새로운 역사를 창조하는 길이다.

다음으로는 종교 문제이다. 오랜 세월 종교는 인류 정신문화의 꽃이었다. 인류는 종교를 통해 물질적 가치를 넘어서는 더 고원한 가치를 추구했으며 보편적인 윤리를 이해할 수 있었다. 물론 문학이나 철학, 역사학 등도 인류 의식의 성장에 많은 도움을 주었지만 종교처럼 폭넓게 많은 사람들에게 영향을 끼치지는 못했다. 얼마나 많은 문학가와 예술가들이 종교적 정열과 감동 속에서 위대한 문학작품과 미술품, 음악, 건축물 등을 남겼던가? 기독교가 없는 서양의 중세와 불교가 없는 중국의 위진남북조시대는 상상하기가 힘들다. 종교는 지금도 여전히 많은 사람들에게 삶의 본질적인 의미와 가치를 일깨워주고 사랑, 자비, 봉사, 청빈, 겸손 등의 소중한 정신적 가치를 전해주고 있다.

그러나 종교는 때로는 편협한 배타주의와 우월주의를 드러내며 서로 다른 종교집단과 심각한 갈등을 만들어내기도 한다. 심한 경우에는 종교에서 강조하는 사랑과 평화의 메시지와는 정반대인 전쟁과 살육으로 나아간다. 중세 때의 십자군전쟁은 물론이고 종교개혁 가운데 신교와 구교의 전쟁으로 얼마나 많은 사람들이 피를 흘렸던가? 지금도 기독교와 이슬람교, 유대교와 이슬람교의 갈등은 계속되고 있고 이것은 지구촌의 평화에 심각한 위협을 주고 있다. 많은 사람들이 21세기의 주요한 과제의 하나로 종교간의 공존과 화합을 들고 있다.

또 하나의 문제는 지금의 종교가 가진 세계관의 일부가 너무나 전근대적이라는 것이다. 예를 들면 기독교에서는 부활과 영생을 주장하고 불교에서는 윤회와 해탈을 주장한다. 이와 같은 사후세계관은 그 종교 안에서는 진리로 받아들여질지는 모르지만 그 종교 밖에 있는 사람들에게는 보편적 진리로 인정받기 어렵다. 또한 일부 사람들은 종교를 통해 세계의 참모습을 탐구하고 더 궁극적인 삶의 가치를 추구하지만 많은 사람들은 여전히 기복적 차원이나 현실 도피의 차원에서 종교를 받아들인다.

근대 이후 과학이 발달하고 합리적 이성을 중시하게 되면서 종교의 위력은 그 이전에 비해 크게 감소하기 시작했다. 그리하여 일부 성급한 사람들은 과학과 합리적 이성이 고도로 발달하게 되면 종교는 자연스럽게 소멸될 것이라고 예언하기도 했다. 또 어떤 이는 종교를 민중의 아편이라고 격하시키기도 했다. 그러나 세상에는 과학과 이성만으로는 해결할 수 없는 것들이 많다. 그리고 최근에는 산업사회의 폐단인 인간 소외현상과 인간성의 황폐화가 점차 심해지면서 정신적 공허함을 달래기 위해 종교에 관심을 가진 사람이 도리어 늘어나고 있는 추세다. 그리고 과학기술 만능주의 시대에 그 고삐를 그나마 조율할 수 있는 것은 종교밖에 없다. 어떤 의미에서는 앞으로 종교의 필요성이 더욱 커질지도 모른다.

그러나 지금의 종교로는 곤란하다. 낙후된 세계관과 기복적 성격도 문제지만 더 큰 문제는 자본주의 문명의 폐단을 극복하고 더 높은 정신적 가치로 이끌어야 할 종교가 겉으로는 화려한 언어를 구사하며 고고한 척하지만 실제로는 자본주의 문명에 굴복당하여 물신을 숭배하면서 양적 팽창만을 추구하고 있다는 것이다. 물론 숭고한 삶의 가치를 추구하는 종교인들도 없지는 않지만 그 힘은 너무나 미약하다. 이제는 종교에서도 커다란 변혁이 필요하다.

예전에 우리나라는 종교간의 갈등이나 대립은 그다지 심하지 않았다. 삼국시대에서 고려시대까지는 불교가 주도적인 종교였다. 조선시대는 유교를 국시로 삼아 불교를 억제했다. 불교는 명맥을 유지할 수 있었지만 주도적인 종교는 되지 못했다.

그러나 지금은 실로 다양한 종교가 병존하고 있다. 인도에서 들어온 불교, 중국에서 건너온 유교, 서양에서 수입된 기독교, 그밖에 천도교, 원불교, 대순진리회 등의 민족종교도 있다. 가히 종교의 용광로라고 할 수 있다. 이렇게 많은 종교가 병존하고 있으면서도 참으로 다행스럽게도 작은 갈등은 있지만 심각한 충돌은 없다. 그것은 우리나라 사람들이 종교적으로 어느 정도 성숙되어 있기 때문이다.

하지만 우리의 역할은 그 정도에 그치는 것이 아니다. 우리는 이 종교의 용광로 속에서 새로운 차원의 종교를 만들어내야 한다. 여기서 말하는 새로운 차원의 종교란 이런저런 종교를 종합한 또 하나의 종교를 만들자는 것이 아니다. 종교 자체의 수준을 한 단계 승화시켜야 한다는 것이다. 그 관건은 영성 또는 종교성을 높이는 데 있다.

영성靈性이라는 말은 사람들에게 어느 정도 알려져 있지만 종교성宗敎性이라는 말은 그리 익숙한 말이 아니다. 종교성이란 간단하게 설명하면 자아와 세계의 참모습을 탐구하고 삶의 궁극적인 가치를 추구하려는 성향을 가리키는 말이다. 영성은 특정 종교에서 주로 많이 사용하는 용어이기 때문에 여기서는 종교성을 중심으로 이야기를 펼치고자 한다.

대부분의 종교들은 자아와 세계의 참모습을 탐구하고 삶의 궁극적인 가치를 추구하며 실천한다는 면에서 서로 공통점을 가진다. 그런데 그 구체적인 답이 무엇인가에 대해서는 종교마다 다르다. 특히 세계의 참모습에 대해서는 큰 차이가 있다. 예를 들면 기독교에서는 창조론을, 힌두교에서는 범신론을, 불교에서는 연기설을 각각 주장한다.

이런 세계관은 제각각 절대적인 진리로 받아들여지고 있다. 그러나 지금은 지구촌 시대다. 그 집단에 속한 사람들은 그 답을 절대적인 진리로 믿겠지만 좀더 넓게 바라보면 그것은 집단 주관적인 믿음일 뿐이다. 어느 것이 절대 객관적인 진리인지는 아무도 모른다. 자연과학에서도 이미 세계의 궁극적 모습은 알 수 없다는 불가지론이 나오고 있는데 하물며 종교에 있어서랴. 어찌 자기 종교의 진리를 절대 객관적인 진리라고 장담할 수 있겠는가. 집단 주관적인 믿음일 뿐이다.

사실 중요한 것은 진리 자체보다는 진리를 찾기 위해 질문을 던지는 행위이고 진리를 찾아가는 과정이다. 이것이 좀더 진보된 종교성이다. 불확실한 답을 맹신하기보다는 답을 찾는 과정 자체에 충실할 때 우리는 좀더 열린 마음을 지닐 수 있고 겸허해질 수 있다. 종교성을 추구하는 것은 종교를 가지는 것과 직접적인 상관은 없다. 종교를 통해서 종교성을 추구할 수도 있지만 종교가 없어도 종교성은 추구할 수 있기 때문이다. 특히 진보된 종교성은 더욱 그렇다.

진보된 종교성의 또 하나의 특징은 물질과 정신, 몸과 마음을 통합한다는 것이다. 종교는 본질적으로 육체보다는 마음을 중시하며 물질보다는 정신을 중시한다. 그래서 금욕적 성향이 강하다. 진보된 종교성에서도 마찬가지다. 그러나 기존의 종교의 금욕주의는 상당 부분 전근대적이다. 근대 이전에는 영성을 위해 육체를 부정하기도 하고 물질적 욕구나 감각적 쾌락을 지나치게 억압하기도 했다. 그러나 근대 이후 인간에 대한 이해가 깊어지면서 육체를 긍정하고 물질적 욕구나 감각적 쾌락에 대해서도 향유할 수 있는 만큼 향유하는 방향으로 나아갔다. 물론 지나친 방종의 폐단이 없는 것은 아니지만 이것은 분명 발전적인 것이다. 진보된 종교성에서는 근대의 성과를 수용하면서 더 자율적인 금욕을 추구한다. 그리하여 물질적 가치와 정신적 가치가 조화를 이루려고 한다. 극단적인 금욕주의나 정신지상주의는 쾌락주의나 물질주의와 마찬가지로 지양해야 할 대상이다.

그런데 이것은 단순히 종교 자체만으로는 해결될 문제가 아니다. 사회경제체제는 끊임없이 황금만능주의와 물질만능주의를 추구하면서 종교만 숭고한 정신적 가치와 금욕적 태도를 지니라고 하면 심각한 모순과 괴리가 생긴다. 이 시대 많은 종교인들이 겉으로는 금욕주의를 표방하지만 실제로는 물욕에 빠지는 것은 바로 이 때문이다. 그래서 사회경제체제의 개혁도 더불어 필요한 것이다. 이제 종교는 초월의 세계와 내세만을 추구할 것이 아니라 현실의 세계와 일상의 삶으로 돌아와야 한다. 즉, 화광동진이 되어야 한다.

사실 경제체제와 종교는 인류문명의 양대 축이다. 이제는 이 둘이 서로 만나야 한다. 그럴 때 인류문명에 희망이 있다. 우리나라는 자본주의와 사회주의, 서양종교와 동양종교가 서로 팽팽하게 대립하고 있다. 경제체제와 종교 자체만의 통합이 아니라 이 양대 축이 서로 통합을 이루어야 한다. 우리나라는 이러한 통합이 이루어질 수 있는 외적 조건은 이미 갖추어져 있다. 그리고 내적인 힘인 대교약졸의 지혜도 누구보다도 깊다. 이제 필요한 것은 우리 모두의 주체적이고 자발적인 참여다.

전통과 현대의 갈등은 사실 앞에서 말한 양자의 통합을 더욱 절실하게 만든다. 우리나라는 다른 나라에서 2~3백 년에 걸쳐 이룩했던 산업화를 수십 년 만에 완성했고 지금은 정보화의 최첨단을 달리고 있다. 외적인 모든 것은 너무나 빠른 속도로 변화하고 있지만 사람이 어떻게 살아야 하는가에 대한 내적 가치체계는 천천히 변하기 때문에 많은 갈등과 고뇌가 뒤따른다. 그러나 그 때문에 무의식 속에서는 알게 모르게 그것을 해결하려는 노력을 하게 된다. 전통과 현대의 갈등은 결국 사회주의와 자본주의를 넘어선 인간과 자연이 조화를 이루는 생태적 경제체제를 만들고, 세계의 참모습과 삶의 진정한 가치를 추구하는 종교성이 발현할 수 있을 때 비로소 해결된다.

이상 문명의 전환을 위해서 우리가 할 수 있는 것들을 살펴보았는데 이 가운데서 가장 관건이 되는 것은 종교성의 고양이다. 사실 경제체제문제는 제도와 시스템의 문제이기 때문에 개인의 영역을 넘어서는 것이다. 이에 비해 종교성을 고양시키는 것은 마음만 먹으면 누구나 실천할 수 있는 문제다. 먼저 개개인이 종교성을 고양시킬 수 있으면 사회적으로 법과 제도를 개혁할 수 있는 여건이 성숙될 수 있다. 그리고 전통과 현대의 갈등은 종교성이 고양되어 사회의 시스템이 변화되면 자연스럽게 해결될 수 있다.

그러면 어떻게 하면 종교성을 빠른 시간 안에 고양시킬 수 있을까? 나는 명상이야말로 종교성을 고양시킬 수 있는 가장 효율적인 길이라고 생각한다. 왜냐하면 원래 명상은 종교성을 고양시키는 도구로 쓰였기 때문이다. 많은 사람들이 명상이라고 하면 인도의 명상을 떠올린다. 그것은 최근 인도의 명상법이 서구에 널리 소개되었기 때문이다. 그러나 명상은 인도에만 있었던 것이 아니다. 세계 대부분의 종교에는 모두 의식 각성을 위한 심신수련법이 있다. 힌두교에는 요가 및 탄트라 명상법이 있고, 불교에도 화두선과 위빠사나를 비롯한 많은 명상법이 있다. 유일신에 대한 신앙을 중시하는 유일신교에도 명상법은 있다. 유대교의 카발라, 이슬람교의 수피즘, 기독교의 관상법 등이 바로 그것이다. 고대의 위대한 종교가들은 이런 명상법을 통해 진리를 체험했으며 심오한 정신세계를 열었던 것이다.

과거에 명상은 일반 사람들에게는 전수되지 않았다. 그도 그럴 것이 과거에는 명상법이 매우 비의적이고 까다로워 일반 사람들은 따라하기가 어려웠기 때문이다. 그러나 금세기에 들어서서 이런 여러 가지 비의적 명상법들이 점차 과학화되고 대중화되는 추세를 보이고 있다. 특히 동서문화의 교류가 활발해지면서 서양 사람들이 동양의 명상에 대한 관심도와 이해도가 점차 증가하게 되면서 명상의 대중화와 과학화가 더욱 가속화되는 현상을 보이고 있다.

명상이 대중화되고 과학화되는 것은 인류의 의식혁명을 위해서 매우 고무적인 현상이라고 할 수 있다. 명상은 인류의 정신적 능력을 빠른 시간에 향상시킬 수 있는 좋은 방편이다. 제대로 된 명상은 올바른 세계관과 인생관을 가지게 해주며 그것을 실천할 수 있는 강력한 힘을 제공할 수 있다.

명상은 비종교인들에게도 필요한 것이지만 종교인들에게는 더욱 필요한 것이다. 명상을 통해 종교인들은 기복적 차원의 종교 행위를 한 차원 끌어올릴 수 있고 아울러 종교적 집단주관을 극복할 수 있다. 왜냐하면 명상은 경전이나 교리에 대한 신념을 강화하기보다는 종교적 성스러움을 직접 체험하는 것으로써 도그마적인 요소가 훨씬 적기 때문이다. 그래서 우리나라와 같은 다종교 사회에서는 명상이 종교간의 대화와 이해를 촉진시키는 데 많은 도움을 줄 수 있을 것이다.

물론 명상에 문제점이 없는 것은 아니다. 명상에 깊게 심취하는 경우 때로는 내면적 고요와 평화 또는 깊은 희열이 생기는 대신에 현실의 일상생활과는 괴리되고 내면에만 안주하려는 경향이 나타나기도 하며, 때로는 특정한 세계관에 빠져 다른 집단의 사람들이나 일반 사람들과 소통하지 못하는 경우도 발생한다. 명상 또한 원래 종교와 더불어 발달해온 것이어서 깊게 들어가면 종교적 흔적이 어느 정도는 남아 있기 때문이다. 명상을 개인적 구도의 관점에서만 접근한다면 이런 문제들은 그다지 문제될 것이 없다. 그러나 명상을 사회적 관점에서, 특히 문명전환의 관점에서 바라본다면 이런 문제들은 하루 빨리 개선되어야 할 부분이다.

나는 처음에는 개인적 구도의 관점에서 명상을 접했지만 화광동진과 대교약졸의 의미를 이해하고 난 뒤부터는 명상이 가지고 있는 사회적 가능성에 대해 눈뜨게 되었고 나아가 문명적 관점에서 좀더 거시적으로 명상을 바라보게 되었다. 그리하여 오랜 명상체험과 다양한 명상에 대한 이론들을 종합하여 앞에서 말한 진보된 종교성을 고양시킬 수 있는 명상법을 계발했다. 그것은 바라보기 명상법이다.

바라보기 명상법은 몸 바라보기, 마음 바라보기, 삶 바라보기로 구성되어 있다. 몸 바라보기를 하는 것은 마음에만 치우치지 않고 몸과 마음의 조화를 이루기 위해서다. 마음 바라보기에서는 단순히 내면의 깊은 고요와 평화를 느끼거나 어떤 특정한 종교적 의식 상태를 체험하게 하기보다는 자신의 마음을 있는 그대로 성찰하는 것을 중시한다. 그리고 삶 바라보기에서는 단순히 내면에만 집중하는 기존의 명상법과는 달리 화광동진의 원리에 따라 현실의 삶으로 돌아와 세상과 소통하면서 현실과 조화를 이루는 것을 중시한다. 특히 자신의 내면적 욕구와 현실의 상황을 조화시키는 방법을 익힌다.

바라보기 명상에서는 무조건적인 금욕을 주장하지 않는다. 그보다는 욕구의 정체를 잘 알아차려서 현실 속에서 조화를 이루는 것을 중시한다. 바라보기 명상이 지니고 있는 여러 가지 가능 가운데 욕구 조절능력은 참으로 중요하다. 왜냐하면 욕구라는 것은 개인적인 영역도 있지만 사회적으로 공유하는 영역이 더 많기 때문이다.

욕구는 현실사회를 움직이는 구체적인 힘이다. 진화의 최고 단계에 이른 인간에게는 다양한 욕구가 있지만 현실을 움직이는 기본적 욕구는 식욕이나 성욕 등의 생리적 욕구와 재물욕, 권력욕, 명예욕 등의 사회적 욕구다. 이런 욕구들은 한 개인의 삶을 유지시키는 동력인 동시에 사회 전체를 이끌어가는 동력이다. 이런 욕구들이 조화와 균형을 이룰 때 한 개인이나 그 사회 전체는 건강성을 유지할 수 있다.

그러나 이 조화와 균형이 무너질 때 개인이나 사회는 파멸로 치닫는다. 그것은 매우 두려운 일이다. 그래서 어느 사회나 그 사회 구성원에게 욕구의 조정을 요구한다. 비교적 타율적이고 강제적인 수단인 법률과 규범으로부터 내면적 자율성을 더 강조하는 윤리, 도덕, 종교에 이르기까지 욕구의 조정을 위한 다양한 수단들이 있다. 사실 일반적인 윤리와 도덕 또는 좀더 고차원적이고 종교적인 윤리가 추구하는 이상은 좋지만 현실적으로 지키기가 쉽지 않다. 입으로는 좋은 말을 다하면서 실제로는 욕망의 노예가 되어 위선적인 행동을 보여주는 종교인들이 얼마나 많은가? 명상은 욕구 조정 수단 가운데서 가장 고차원적이고 자율적인 조정 수단이다. 그 이유는 대부분의 명상 속에는 욕구를 조절하는 구체적인 테크닉이 있기 때문이다.

그러나 기존의 명상법은 대체로 지나치게 고원한 차원의 금욕을 추구하기 때문에 일반인들이 접근하기 어려운 면이 있다. 그래서 명상가들 가운데서도 겉으로는 물욕의 초월을 이야기하지만 자세히 들여다보면 물욕을 교묘하게 포장하는 경우도 많다. 바라보기 명상에서는 지나치게 고원한 금욕을 주장하지 않는다. 왜냐하면 그것은 개인의 구도 차원에서는 의미가 있을지 몰라도 사회적으로는 별로 의미가 없기 때문이다. 바라보기 명상에서 추구하는 금욕은 보통 사람들이 실천할 수 있는 범위 안의 욕구 조절능력을 말한다.

예를 들면 명상을 통해 감각기관이 조금만 정화되기만 해도 불필요하게 자극적인 음식들을 탐욕스럽게 먹는 행위로부터 벗어날 수 있다. 그리고도 더 깊은 만족감을 얻을 수 있다. 나는 오랜 명상을 통해 얻은 직관으로 감각과 자극량, 만족도의 상관 관계를 이해하게 되었는데 그 관계는 다음과 같다.

우리에 진정으로 필요한 것은 자극량이 아니라 만족도다. 만족도는 내면의 감각의 민감도에다 외부의 자극량을 곱한 것이다. 우리의 감각이 민감할 때는 외부의 자극량이 그리 많지 않아도 만족도는 높아진다. 그러나 우리의 감각이 둔감할 때는 외부 자극량이 높아져도 만족도는 그다지 높아지지 않는다.

어릴 때나 가난할 때는 별것 아닌 음식도 정말 맛있게 먹었던 것 같은데 나이를 먹고 생활이 나아지고 난 뒤에 다시 먹어보면 전혀 그런 맛이 나지 않는다는 이야기를 주변에서 자주 듣는다. 당연한 일이다. 어릴 때나 가난할 때는 민감했지만 나이를 먹거나 배가 부르면 민감도는 떨어지기 때문이다. 그렇게 충족이 되지 않으면 사람들은 자극의 양을 늘려서 만족도를 높이려고 한다. 그런데 여기에 한 가지 문제가 있다. 자극의 양이 늘어날수록 감각기관의 민감도는 점차 무뎌진다는 것이다. 그래서 얼마 있지 않아 다시 불만족을 느끼고 자극량을 더욱 늘리려고 한다. 악순환이 계속되는 것이다. 그리고 이렇게 악순환이 계속되면 우리의 몸이 망가진다. 바라보기 명상에서 말하는 금욕이란 바로 이런 악순환을 끊는 정도의 금욕이다. 일정 기간만 적절히 금욕하면서 명상을 하면 우리의 감각기관은 자연스럽게 순화되면서 민감도가 올라간다.

우리의 행복지수도 마찬가지다. 외부의 자극량에 마음의 민감도를 곱한 것이다. 마음이 깨어 있어 민감할 때는 작은 자극량에도 쉽게 만족한다. 그런데 마음이 불안하거나 흐트러져 있을 때는 민감도가 떨어지기 때문에 많은 양에도 행복을 느끼지 못한다. 주변에 보면 과도한 구매욕에 빠져 정신없이 고가의 물품을 구입하는 사람들이 있다. 십중팔구는 심리적 결핍감을 느끼는 사람들이다. 마음이 허전하기 때문에 그것을 보상받기 위해 필요 이상의 구매를 하는 것이다. 하지만 바라보기 명상을 통해 차분한 가운데서 자신의 마음을 잘 알아차리면 자연스럽게 그런 현상은 사라진다.

　자본주의는 기본적으로 재화에 대한 인간의 욕망을 바탕으로 이루어진 문명이다. 그리고 계속적으로 팽창을 해야 존재할 수 있다. 그래서 우리로 하여금 끊임없이 많이 생산하고 많이 소비하도록 부추긴다. 이를 위해서는 우리의 감각을 자극해야 한다. 그래서 모든 것들은 날이 갈수록 화려하고 화끈하고 자극적으로 되어간다. 그 속에서 우리의 감각과 마음은 점차 더 무뎌지고 그 결과 만족도를 높이기 위해서는 더 많은 재화를 소비해야 하며 더욱 말초적인 감각을 추구해야 한다. 그렇게 해서 생산된 부는 일부 계층에게만 편중되고 그것은 비만과 기아의 불협화음을 만들고 있다. 이러한 양극단 현상은 한 나라에만 국한되는 문제가 아니라 지구촌 전체의 문제다.

　자본주의의 심장부인 미국사회에서는 비만환자가 커다란 사회문제다. 그들은 지나친 경쟁과 스트레스로 인해 심리적으로 항상 불안하다. 게다가 그들의 영화나 음악, 스포츠 등의 대중오락들은 실로 자극적이고 발산적이어서 사람들의 감각기관을 무디게 만들고 마음을 들뜨게 만든다. 마음은 불안으로 인해 채워지지 않는 갈증이 있고 감각기관의 민감도도 떨어져 있기 때문에 결국 자극적인 음식을 과다하게 먹게 된다. 게다가 그들의 음식은 대부분 자극적이다. 매우 달거나 매우 짜다. 그들은 짠 피자를 허겁지겁 먹고 갈증을 풀기 위해 인공감미료가 많이 들어간 음료수를 벌컥벌컥 마신다. 그리고는 달짝지근한 아이스크림을 디저트로 먹는다. 비만해지지 않을 수 없다. 그래서 많은 사람들이 다이어트에 대해 고민을 한다.

　반면 선진자본주의 여러 나라들에 의해 수탈당한 제3세계에서는 수많은 어린 생명들이 기아로 비참한 죽음을 맞이하고 있다. 이 얼마나 한심하고 부끄러운 일인가? 그럼에도 불구하고 선진국들은 계속 더 많은 돈을 벌어들이기 위해 노력하고 있다. 이것은 사람도 죽이고 환경도 파괴하는 죄악이다. 그러나 미국을 비롯한 선진국들은 몇 푼의 자선금을 내면서 생색을 낼 뿐 근본적으로 자신들의 부의 축적을 멈추려고 하지 않는다.

이제는 개인적인 다이어트가 필요한 것이 아니라 사회적인 다이어트가 필요하다. 그렇지 않으면 인류문명 전체가 위험하기 때문이다. 이를 위해서는 사회적으로 비정상적이고 왜곡된 욕망의 거품을 빼야 한다. 명상은 이 문제를 해결하는 데 분명 도움을 줄 수가 있다. 물론 소수의 개인적인 노력으로 사회제도가 쉽게 바뀌지는 않는다. 그렇지만 그런 운동이 확산되어 적게 소유하고 적게 소비하는 것이 더 아름다운 삶의 양식이라는 사회적 공감대를 형성하기만 하면 그것을 바탕으로 여러 가지 사회제도와 체제를 변혁하는 작업을 더 쉽게 진행시킬 수 있으리라 생각한다.

모두 다 치열한 경쟁 속에서 정신없는 달리기를 하고 있는 지금의 시대, 특히 문명의 용광로 속에 있는 우리들을 보면 때로는 어지럽기조차 하다. 이제는 한숨을 돌리고 차분하게 이 모든 것들을 관조해보자. 그리고 우리의 피 속에 흐르는 대교약졸의 힘을 되살리자. 그리하여 이 모든 대립들을 융해시켜서 새로운 문명을 만들어내자. 동과 서가 통합되고 물질과 정신이 어우러지며, 전통과 현재가 조화를 이루는 새로운 문명을 창출해내자.

가만히 명상을 해보면 문화와 예술에서도 서양적인 발산의 아름다움에 빠져서 은은하고 그윽한 우리의 아름다움을 얼마나 무시했던가를 알게 될 것이다. 대교약졸의 미학이 이 시대에 얼마나 필요한 미학인지도 알게 될 것이다. 이 말은 회화에서 산점투시를 살려야 하고, 음악에서 다시 오음으로 돌아가 느리고 편안한 소리를 추구해야 하며, 건축도 반드시 군체건축과 목조건물로 지어야 한다는 뜻이 아니다. 대교약졸은 복고가 아니다. 그것은 나선형적 통합이고 새로운 창조다. 주체성을 가지고 서양 문화와 예술의 장점을 수용하여 가장 한국적이면서도 세계적 보편성을 지닌 문화와 예술을 창조해야 할 것이다. 이렇게 새로운 문명과 문화를 창조할 수 있을 때 비로소 인류문명을 주도하는 나라가 될 수 있을 것이다.

지금까지 2천 5백 년 전의 중국의 지식인이자 명상가였던 노자의 지혜의 말, 그 가운데서도 대교약졸이라는 한 구절을 가지고 중국문화와 서양문화를 비교하고, 중국문화와 한국문화도 비교하면서 그것이 지닌 인류문명사적 의미까지 살펴보았다. 대교약졸은 참으로 짧은 구절이지만 많은 의미를 지니고 있다. 그리고 그 아름다움은 참으로 여러 분야에 적용시킬 수 있다. 그 가운데서도 가장 바탕이 되면서도 어려운 부분이 바로 우리 자신의 삶의 미학이다. 대교약졸의 미학으로 자신의 삶을 한번 살펴보자. 외적으로 화려함과 번잡함, 농염함에 치우쳐 소박함과 단순함, 평담함을 놓치고 있지는 않는지, 삶의 한 부분의 아름다움을 가꾸는 데 치우쳐 전체 삶에서 통일미를 놓치고 있지 않는지, 그리고 나의 삶이 이 사회에서 더불어 추구하는 공동의 선과 조화를 이루고 있는지 성찰해보자.　　　　　들녘

|도움이 되는 책|

▶ 『도덕경』 관련서

김광하, 『노자도덕경』, 너울북, 2005.

김학주, 『장자』 상·하, 을유문화사, 2001.

김홍경, 『노자』, 들녘, 2003.

쉬캉성 지음, 유희재 옮김, 『노자평전』, 미다스북스, 2003.

오석명, 『백서노자』, 청계, 2003.

왕필 지음, 임채우 옮김, 『왕필의 노자』, 예문서원, 1999.

이강수, 『노자와 장자』, 길, 2005.

최진석, 『노자의 목소리로 듣는 도덕경』, 소나무, 2001.

▶ 미학 관련서

김갑수, 『장자와 문명』, 논형, 2004.

리쩌호우 지음, 윤수영 옮김, 『미의 역정』, 동문선, 1991.

리쩌호우 지음, 윤수영 옮김, 『화하미학』, 동문선, 1999.

쉬푸관 지음, 권덕주 옮김, 『중국예술정신』, 동문선, 1990.

윤재근, 『동양의 미학』, 둥지, 1995.

장파 지음, 유중하 외 옮김, 『동양과 서양, 그리고 미학』, 푸른숲, 2001.

조민환, 『중국철학과 예술정신』, 예문서원, 1998.

한흥섭, 『장자의 예술정신』, 서광사, 1999.

▶ 문학 관련서

김영구, 『중국문학사강의』, 한국방송통신대학교출판사, 2005.

김학주, 『중국문학사』, 신아사, 1990.

김학주, 『중국문학의 이해』, 신아사, 2003.

디트히리 슈바니츠 지음, 인성기 외 옮김, 『교양』, 들녘출판사, 2001.

소포클레스 지음, 천병희 옮김,『소포클레스의 비극』, 단국대학교출판부, 2004.
아리스토텔레스 지음, 천병희 옮김,『시학』, 문예출판사, 2002.
아폴로도로스 지음, 천병희 옮김,『원전으로 읽는 그리스 신화』, 숲, 2002.
임창순,『당시정해』, 소나무, 2005.
한국중국산문학회,『중국고전산문바로읽기』, 중국어문화원, 2000.

▶ 회화 관련서
E. H. 곰브리치 지음, 백승길 옮김,『서양미술사』, 예경, 2003.
김병종,『중국회화연구』, 서울대학교출판부, 1997.
껴루 지음, 강관식 옮김,『중국회화이론사』, 미진사, 1989.
양신 외 지음, 정형민 옮김,『중국회화삼천년』, 학고재, 1999.
장훈,『중국미술사 101장면』, 가람기획, 1999.
제임스 케힐 지음, 조선미 옮김,『중국회화사』, 열화당, 2002.
최승규,『서양미술사 100장면』, 한명, 2005.

▶ 음악 관련서
도널드 H. 반 에스 지음, 안정모 옮김,『서양음악사』, 2005.
로베르 주르뎅 지음, 채현천 · 최재천 옮김,『음악은 왜 우리를 사로잡는가』, 궁리, 2005.
리우쒸 지음, 홍희 옮김,『예의 정신-예악문화와 정치』, 동문선, 1994.
리우짜이성 지음, 김예풍 · 전지영 옮김,『중국음악의 역사』, 2004.
양인리우 지음, 이창숙 옮김,『중국고대음악사』, 솔, 1999.
조남권 외 옮김,『악기-동양의 음악사상』, 민속원, 2005.
한흥섭,『중국 도가의 음악사상』, 서광사, 1997.

▶ 건축 관련서
계성 지음, 김성우 · 안대회 옮김,『원야-중국건축 및 조경』, 예경, 1993.
리우뚠정 지음, 정옥근 외 옮김,『중국고대건축사』, 세진사, 2004.
리우청시 지음, 이주로 옮김,『중국 고건축 기행』, 컬처라인, 2002.
리원허 지음, 이상해 외 옮김,『중국고전건축의 원리』, 시공사, 2003.
윤장섭,『중국의 건축』, 서울대출판부, 1999.
정영선,『서양조경사』, 누리에, 2001.
정영철,『서양건축사』, 기문당, 2005.

▶ 태극권 관련서
고영근,『고교수의 태극권 특강』, 세종출판사, 2005.
노희덕,『세계체육사』, 서울대학교출판부, 1999.

박종구, 『밝은 빛 태극권』, 정신세계사, 2001.

松田隆知 지음, 권오석 옮김, 『중국무술사』, 서림문화사, 1979.

이찬, 『태극권경』, 하남출판사, 2003.

천쎤 지음, 김종석 옮김, 『진씨태극권도설』, 밝은 빛, 2003.

▶ 선종 관련서

關口眞大 지음, 이영자 옮김, 『선종사상사』, 홍법원, 1989.

길희승, 『인도철학사』, 민음사, 1994.

박재현, 『깨달음의 신화 – 원형과 모방의 선불교사』, 푸른역사, 2002.

아베쬬이치 외 지음, 최현각 옮김, 『인도의 선, 중국의 선』, 민족사, 1991.

아서 F. 라이트 지음, 최효선 옮김, 『불교와 중국지성사』, 예문지, 1994.

우찡슝 지음, 서돈각, 이남영 옮김, 『선학의 황금시대』, 천지, 1997.

폴커 초츠 지음, 김경연 옮김, 『붓다』, 한길사, 1997.

▶ 유교 관련서

H. G. 크릴 지음, 이성규 옮김, 『공자, 그 인간과 신화』, 지식산업사, 1997.

금장태, 『유교개혁사상과 이병헌』, 예문서원, 2003.

금장태, 『유교사상과 종교문화』, 서울대학교출판부, 1997.

차이팡루 지음, 김봉건 옮김, 『유학, 전통과 현대화』, 서광사, 1999.

천웨이핑 지음, 신창호 옮김, 『공자평전』, 미다스북스, 2002.

카이즈카 시게키 지음, 박연호 옮김, 『공자, 생애와 사상』, 서광사, 1991.

팡뚱메이 지음, 남상호 옮김, 『원시유가 도가 철학』, 서광사, 1999.

펑여우란 지음, 박성규 옮김, 『중국철학사』, 까치, 1999.

▶ 중국사 관련서

라이샤워 지음, 전해종 옮김, 『동양문화사(상)』, 을유문화사, 1989.

서울대학교동양사학연구실 편, 『강좌 중국사』 1~7, 지식산업사, 1989.

신성곤 외, 『한국인을 위한 중국사』, 서해문집, 2004.

이근명, 『중국역사』, 신서원, 2002.

존 킹 페어뱅크 외 지음, 김형종 외 옮김, 『신중국사』, 까치, 2005.

존 K. 페어뱅크 지음, 김한규 옮김, 『동양문화사(하)』, 을유문화사, 1992.

중국사학회 지음, 강병매 옮김, 『중국역사박물관』, 범우사, 2004.

찰즈 허커 지음, 『중국문화사』, 한길사, 1987.

한국철학사상연구회, 『현대중국의 모색 – 문화전통과 현대화 그리고 문화열』, 동녘, 1994.

▶ 우리 문화 관련서

국립국어연구원, 『우리문화 길라잡이』, 학고재, 2002.

마빈 해리스 지음, 서영진 옮김, 『음식문화의 수수께끼』, 한길사, 1998.

신영훈, 『우리문화, 이웃문화』, 문학수첩, 1997.

이덕수, 『신궁궐기행』, 대원사, 2004.

이정수 외, 『테마가 있는 한국문화』, 선인, 1999.

이효지, 『한국의 음식문화』, 신광출판사, 1998.

주강현, 『21세기 우리문화』, 한겨레신문사, 2001.

주강현, 『우리 문화의 수수께끼』, 한겨레신문사, 2004.

채영철, 『중국요리』, 지구문화사, 2003.

▶ 문명사 관련서

미래사회와 종교성 연구원, 『대안』, 이채, 2004.

미래사회와 종교성 연구원, 『모색과 쟁점』, 이채, 2005.

박이문, 『문명의 위기와 문화의 전환』, 민음사, 1996.

송희식, 『사회주의와 자본주의의 지양』, 비봉출판사, 1992.

송희식, 『자본주의우물을 벗어난 문명사』, 모색, 1995.

이대훈, 『세계의 화두』, 개마고원, 1999.

이매뉴얼 월러스틴 지음, 나종일 외 옮김, 『역사적 자본주의, 자본주의문명』, 창작과 비평사, 1995.

정수일, 『고대문명교류사』, 사계절, 2001.

제레드 다이아몬드 지음, 강주헌 옮김, 『문명의 붕괴』, 김영사, 2005.